뇌에 능통한

치료자가 되기 위한 워크북

Bonnie Badenoch 저
이영호 역

뇌처럼 현명한 치료자가 되기 위한 동반서

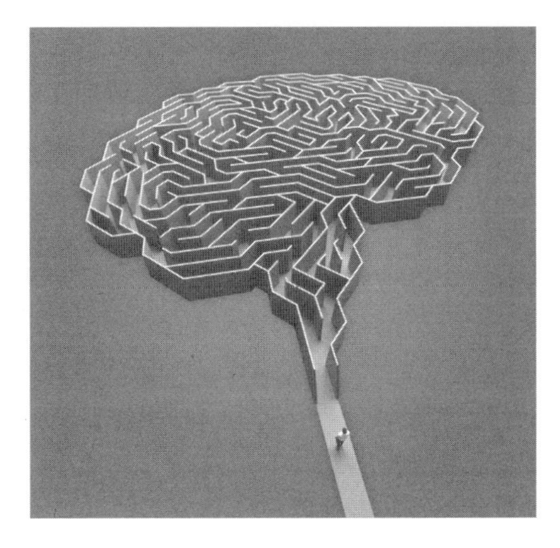

The Brain-Savvy Therapist's Workbook

A Companion to Being a Brain-Wise Therapist

학지사

THE BRAIN-SAVVY THERAPIST'S WORKBOOK:
A Companion to Being a Brain-Wise Therapist
by Bonnie Badenoch

역자 서문

환자나 내담자를 만나 자신이 도움을 주는 방법이 무엇이든, 그것이 환자의 증상과 나아가 관계나 삶에 변화를 가져 오게 만들면 이런 변화는 어떤 과정을 통해 이루어질까 하는 호기심과 의문이 생기기 마련이다. 특히 작용기전이 밝혀져 있는 약물치료나 물리적 치료가 아닌 정신치료를 통한 이런 변화는 더욱더 그렇다.

최근 들어 대인관계 신경생물학의 발전은 이런 호기심과 의문에 대한 답을 주고 있다. 뇌, 마음 및 관계가 한 가지 실제(reality)의 서로 다른 측면이라는 것과 정신치료가 관계에 의한 사회적 뇌를 통해 암묵적 기억이 의식화되면서 이를 치료관계라는 안전한 틀 안에서(여기까지는 소위 우측 양식이 작동한다) 외현적인 새로운 해석을 경험하도록 만들어(이제부터는 소위 좌측 양식이 작동한다) 지금과 다른 새로운 이야기(narrative)를 만드는 것으로 이야기한다. 이런 과정에서 각 수준(신경전달물질에서부터 뇌의 영역에 이르기까지)에서 통합이 이를 만들어 주고, 뇌가 선천적으로 가지고 있는 통합과 복합성을 향한 힘, 또 인간 마음이 가지고 있는 회복 탄력성, 그리고 우리의 관계가 가지고 있는 공감적 지지 등이 이를 가능하게 해 준다는 것이다.

우리 인간의 뇌는 만유의 영장이 되기 위한 진화와 발달 과정에서 외적인 요인, 특히 일차적으로 돌보는 외적 대상에 의해 상처를 받아 붕괴될 수 있는 취약한 뇌를 가지게 되었다. 그래서 환경적 요인에 의해 우리의 뇌는 쉽게 경험의 붕괴를 일으켜 소위 말하는 장애(dis-order)를 가지게 된다. 그러나 다행히 우리는 관계의 공감적 지지, 감정적 조율 및 공명을 통해 경험의 재구성의 과정을 밟아 이를 회복시킬 수 있으며 대인관계 신경생물학은 이를 과학적으로 밝혀 주고 있다. 이는 과학이 치료자와 환자 모두에게 주는 밝은 희망의 빛이고 회복을 위한 아주 넓고 단단한 지지이기도 하다.

대인관계 신경생물학에 대한 관심을 가지고 대니얼 시겔(Daniel Siegel)의 『쉽게 쓴 대인관계 신경생물학 지침서(Pocket Guide to Interpersonal Neurobiology)』와 루이스 코졸리노(Louis Cozolino)의 『정신치료의 신경과학(The Neuroscience of Psychotherapy: Healing the Social Brain)』을 번역해서 한국 독자들에게 소개한 바 있다. 이 책들을 읽고 번역하면서 역자는 본 책의 저자인 보니 바데노크(Bonnie Badenoch)도 말했듯이 사람들이 대인관계 신경생물학에 대해 배우면 배울수록, 이것의 이론적 원칙들을 치료자 자신과 내담자에게 적용할 수 있게 치료 실제로 옮기고 싶은 욕심이 증가하게 된다는 것을 느꼈다. 이런 막연한 욕심 안에서 헤매고 있을 때 마침 이 워크북은 역자에게 하나의 답으로 다가왔다.

이 책은 워크북 형태로 만들어져 있다. 워크북 형태인 이유는 치료자가 단지 머리로 그것을 이해하는 것이 아니라 실제 체화되어 가는 과정을 통해 위의 욕심을 실현하여 대인관계 신경생물학의 핵심 원칙을 치료에 적용하는 데 있어 자신을 실제적인 동반자로 작용하도록 만들기 위해서인 것이다.

이 워크북에서 바데노크는 관계 안에서 대인관계 신경생물학을 연습하기 위해 뇌와 마음을 어떻게 준비해야 하는가에 대한 개론으로 시작하면서 비판단적인 공간 열기, 암묵적인 것 탐색하기, 기억 이해하기, 공감 키우기, 내적 이야기를 양육하기 및 자비로 가득 찬 용서 연습하기 등을 위한 프로토콜과 연습을 제시하고 있다. 제2부에서 그녀는 뇌의 기본 지식에 대한 개론을 제공해 주면서, 치료실 안에서 뇌가 어떻게 작동하는지를 설명해 주고 치료자가 기억을 재형성하고 발현되는 이야기를 지지하기 위해 마음과 뇌와 함께하는 치료 작업을 격려해 주고 있다. 제3부에서 그녀는 대인관계 신경생물학의 관점에서 새로운 치료 패러다임을 제안하고 있다. 이 워크북은 들어주는 동반자와 함께하도록 구성되어 있다. 두 명이 하는 것이 가장 이상적이라고 생각하지만 역자는 혼자서 할 수도 있고, 여러 명이 함께하는 집단이나 워크숍의 형태로 진행하는 것도 가능하다는 생각이다.

이 책을 읽고 적용하기 전에 우선 대인관계 신경생물학에 대한 개괄적인 소개와 개념을 정리한 대니얼 시겔(Daniel Siegel)의 『쉽게 쓴 대인관계 신경생물학 지침서(Pocket Guide to Interpersonal Neurobiology)』를 먼저 읽고, 그다음 대인관계 신경생물학의 원리와 개념을 정신치료에 적용해서 좀 더 임상적으로 가까워진 루이스 코졸리노(Louis Cozolino)의 『정신치료의 신경과학(The Neuroscience of Psychotherapy: Healing the Social Brain)』을 차례로 읽어 볼 것을 권한다. 그러면 대인관계 신경생물학의 원리와 개념이 개념적 차원에서 임상 실제로 어떻게 연결되는가를 머리로 뿐만 아니라 몸으로도, 그리고 관계 안에서도 느끼는 데 훨씬 도움이 될 것이라 생각된다.

이 책이 많은 치료자에게 뇌와 마음에 대한 이해와 이를 넘어서 관계에 대한 이해 그리고 이를 통한 치료적 범위의 확장에 도움을 줄 수 있기를 기대하고, 이 확장이 치료자들이 돌보고 지지하는 환자 및 내담자까지 이어져서 우리 모두가 건강하고 안녕된 삶을 영위하는 데 보탬이 되었으면 하는 바람을 가진다.

우리가 과학을 공부하게 되어 이론을 알고, 이론이 실제에서 어떻게 작동하는지 그 과정을 알게 되고, 그리고 나면 이론을 실제에 적용해 보는 것이 마지막 단계일 것이다. 이 책은 이 마지막 단계를 가능하게 해 주는 책이다. 그것도 자기 자신을 통해, 동료를 통해, 내담자와 환자를 통해 그리고 지구에 함께하는 모든 인간을 통해…….

역자의 욕심에 책을 번역하겠다고 쉽지 않은 부탁을 드려도 매번 책의 출판을 기꺼이 허락해 주시는 학지사 김진환 사장님께 다시 한번 감사를 드리고, 책을 만들면서 노고를 아끼지 않으신 편집부 이세희 님께도 감사를 드린다. 이 책의 번역은 역자에게 특히 더 의미 있는 시기에 이루어졌다. 마음의 고통이 심해서 더 이상 피할 곳이 없을 때, 이 책 한 줄 한 줄은 위로로, 격려로 그리고 인간 회복에 대한 희망으로 읽혀졌다. 그리고 내 곁에는 언제나 그렇듯이 가족이 함께 해 주었다. 사랑은 누구에게도 그렇겠지만, 내 삶의 전부인 것을 다시 한번 느낀다.

"사랑은 항상 어려움을 동반한다. 하지만 사랑이 좋은 이유는 사랑이 가져다주는 거대한 에너지 때문이다." 빈센트 반 고흐의 말로 이 글을 마치려 한다.

2021년 7월

이영호

저자 서문

사람들이 대인관계 신경생물학에 대해 알기 시작하면 이것을 잘 적용하고 싶어지고 종종 자신의 치료나 삶 안에 적용하고 싶은 욕구가 강해질 수 있다. 이 워크북은 우리 자신과 다른 사람들에 있어 우리의 관계를 영원히 변화하도록 만들 수 있는 새로운 방식에 의해 우리가 완전히 '물들' 때까지, 우리 자신을 체화된 그리고 관계적인 뇌와 마음이 가져다주는 경이로움(Siegel, 2007, 2010a, 2010b)에 몰입할 수 있도록 초대할 것이다. 나는 이 워크북이 나로 하여금 적어도 하루에 50번 이상 그와 같은 몰입을 경험하도록 해서, 일상생활에서도 허튼 이야기가 아닌 믿을 수 있는 이야기를 할 수 있도록 해 주고, 치료에서도 공감적인 흐름에 따라 이야기할 수 있도록 해 준다고 믿고 있다. 전념과 집중을 통해 이 구체적인 지식은 우리의 지각을 풍부하게 만들어 주어 우리 치료 작업의 흐름 안에 이것들이 통합될 수 있는 길을 발견하게 만들어 줄 수 있다.

과학은 이제 말할 것도 없이 우리의 일상적 삶의 일부가 되어 가고 있고, 대중매체는 정기적으로 이들 과학에 대해 정보를 제공해 주고 있으며, 특히 새로운 발견이 의미하는 것이 무엇인지에 대해 집중적으로 알려 주고 있다. 그러나 이 부분적이고 단편적인 정보의 대부분은 그냥 흥미를 끄는 데 그칠 뿐이고 어떻게 뇌, 마음 그리고 관계가 만들어져서 우리가 죽을 때까지 서로가 서로를 형성하는 데 어떻게 영향을 미치는지에 대하여 획기적으로 커다란 그림을 제공해 주고 있지는 못하다. 우리가 특히 대인관계 신경생물학(IPNB)(Cozolino, 2006, 2010; Schore, 2003a, 2003b, 2009a, 2009b; Siegel, 1999, 2006, 2007, 2010a, 2010b)의 개념 안에서 발전되고 통합된 원칙에 대한 광범위한 이해를 얻기를 원한다면, 문은 열릴 것이고, 알아차림 안에서의 전환도 일어날 수 있으며, 그러면 이런 변화들이 생각, 언어 및 행동 안에서 더 큰 친절함과 짝지어져 인간의 상태에 대해 좀 더 명료하게 이해할 수 있도록 도와줄 것이다. 이렇게 문이 열리면 우리는 마음 안에 뇌를 지닌 심장을 키울 수(to nurture the heart with the brain in mind) 있는 더 큰 힘을 발견하게 된다. 이렇게 자비와 명료함이 병합되면 이것은 치료와 삶에 기반이 되어 줄 수 있고, 앞으로 더 큰 세상에 도움과 이득을 가져다줄 수 있는 새로운 기초를 닦아 준다. 우리의 작업은 대니얼 시겔, 앨런 쇼어(Allan Schore) 및 루이스 코졸리노와 같은 혁신자이자, 통합을 하는 사람들에 의해 이루어졌는데, 이들 각각은 과학적 발견에서 얻은 원자재를 가지고 패러다임을 전환시키고, 사회를 바꿀 수 있는 비전을 만들어 내었다. 이제, 우리는 이들 원칙을 실제에 적용할 수 있는 아주 좋은 기회를 맞고 있다. 나는 이보다 더 가치 있는 일이 있다는 것을 상상할 수가 없다.

지난 2년간, 나는 내 책인 『뇌처럼 현명한 치료자가 되기(Being a Brain-Wise Therapists)』(Badenoch, 2008)에 대해 일군의 치료자, 선생님들, 사회사업가 그리고 이외의 사람들과 이야기할 기회를 가졌었다. 내가 가장 많이 들었던 이야기는 독자들이 자신의 환자나 가족 및 학생 그리고 자기 자신에게 치유적 존재로 어떻게 자신을 제공해 줄 수 있는가에 대해서 서로가 다르게 느끼고 있다는 이야기와, 여기에 더해 치료 대화에 뇌와 마음을 어떻게 포함시켜야 하는지에 대해 실제적인 아이디어를 얻고 싶다는 이야기였다. 우리가 우리의 관계에 뇌의 이해에 기반한 관점을 적용하면 행동이 발생하는 과정은 더욱더 확연해지지만 이렇지 않으면 사람들은 왜 자신이 그렇게 행동하는지 이해하지 못하게 되고, 어려운 문제가 된다. 많은 연구결과가 우리에게 조율된 관계가 치유에 있어 단일 요인으로서는 가장 중요한 변인이 된다는 것을 보여 주고 있고, 또 비판단적인 수용이 조율에 가장 효과적인 요인이라는 것도 보여 주고 있기 때문에 이 문제가 우리가 넘어서야 하는 매우 중요한 한계점이다(Bohart, 2003; Bphart, Elliott, Greenberg, & Wilson, 2002; Bozarth, Zimring, & Tausch, 2002). 우리의 뇌가 기본적인 생존 배선의 일부분으로서 끊임없이 판단하기 때문에, 감정적으로 생생한 변연계와 통합적인 중간 전두엽 영역 간에 강력한 연결이 이런 판단들이 만들어지는 과정이 서서히 이루어지게 만드는 데 꼭 필요하다. 이런 강력한 연결이 우리로 하여금 우리에게 온 모든 환자들에게 수용적인 마음으로 함께할 수 있도록 만들어 줄 수 있다. 이 책의 모든 페이지는 우리가 이런 과정을 키우는 것을 돕도록 쓰여 있다.

얼마 동안 IPNB에 참가한 경험이 있는 사람들은 좀 더 완벽하게 체화된 알아차림으로 가는 길이 자연스럽게 다음과 같은 세 가지 부분으로 이루어진다는 것을 알게 된다.

1. 개인적으로 우리 자신의 뇌와 마음에 대해 친숙해지기
2. 신경학적 과정에 대한 지식에 대한 충분한 자신감을 가지고 뇌를 우리의 상담실로 가져오기, 그리고
3. 우리의 치료적 이야기, 즉 IPNB에 기반한 치료가 어떻게 발현하는 정신적 · 관계적인 건강을 지지해 주는지에 대해 내적인 암묵적 · 외현적 이야기를 심사숙고하고 써 내려가기

첫걸음을 위해, 시인 데이비드 화이트(David Whyte, 2007)가 이야기했듯이 우리는 '가까이에서 시작(start close in)'해야만 한다. 그리고 우리의 환자들이 어떤 것을 경험하든 또 통합하든 간에 그것을 온전하게 수용하는 것을 방해할 수 있는 **우리의 내적 세계에 있는 알려져 있지 않은 암묵적인 측면에 빛을 비쳐 주어야** 한다. 우리가 이런 과정에 의식적으로 주의를 기울임으로써 우리 안의 내적인 돌보는 관찰자를 발전시켜 나갈 수 있고 이는 우리의 정신의 일부분으로, 우리 환자들의 발현하는 경험에 대해 깊이 공명하면서도 동시에 부드럽게 관찰하는 상태 안에 머물러 있을 수 있도록 도와준다. 신경생물학적으로 이야기하자면, 이 내적인 과정은 **통합적 신경가소성**(integrative neuroplasticity)을 촉진시켜 뇌의 회로들을 함께 결합시켜 줌으로써 우리가 더 일관적인 마음을 가질 수 있도록 해 주고 공감과 친절함에 대해 더 큰 능력을 가질 수 있게 해 준다(Siegel, 2007). 동시에 우리 자신은 뇌와 마음이 함께 작업해서 우리의 지식을 더 단단하게 만들어 주는 살아 있는 실험실이 되어 이 안에서 커져 가는 좌측 양식(left-mode)의 알기(knowing)가 우측 양식의 경험하기(experiencing) 속으로 확장하게 된다. 줄여 이야기하자면, **이 워크북의 첫째 부분은 명료함과 자비에 대해 개인적인 내적 뿌리를 키우는 데 기여해 줄 것이다.**

비록 작업의 이 부분은 성찰을 통해 나타나지만 IPNB 또한 우리로 하여금 뇌가 **관계적**이라는 사실을 인식하게 도울 수 있다. 관계적이라는 이야기는 우리의 신경 회로가 다른 이의 뇌 안에서 일어나는 발화와 지속적으로 의사소통하고 있음을 의미한다(Iacoboni, 2007, 2009). 이런 느낌을 가지는 것만으로는 우리의 관점을 쉽게 전환시키게 만들지 않는다. 오히려 우리의 눈은 이들이 분리되어 있다는 환상에 의해 강화되어 왔고, 또 강화되고 있다. 그러나 우리의 뇌가 다른 사람의 뇌에 지속적으로 영향을 주고 있다는 것에 대해 좀 더 명백하게 알아차리게 되면 우리는 다른 사람과 우리의 과정을 공유함으로써 자기-발견을 향한 우리 자신의 움직임을 더 크게 만들 수 있는 지혜를 발견할 수 있게 될 것이다. 그래서 나는 당신이 이 워크북을 시작할 때부터 이야기를 들어주는 파트너와 함께할 것을 강력히 권고한다. 그 파트너는 이 워크북을 당신과 함께 그 자신 나름대로 작업을 해 나갈 것이고, 그러면 당신과 파트너 모두

는 각 단계에서 각자의 발현되는 경험을 함께 공유할 수 있게 될 것이다. 조율이 잘된 상태에서 자신의 이야기를 들어주는 사람에 의해 통찰을 얻을 수 있고, 이 경우에는 어려움을 느끼는 것조차도 통합된 신경가소성을 키우는 가장 강력한 방법 중 하나가 될 수 있다(Siegel, 2010b; Siegel & Hartzell, 2003). 의식적인 수준에서 이런 조율은 따뜻하고 수용적 공간으로서 작용하여 점차적으로 알아차림의 수준이 올라가면 암묵적인 것을 외현적인 것으로 만들어 줌으로써 우리를 내적인 세계로 더 깊게 들어갈 수 있도록 허용해 준다. 의식적인 알아차림의 아래 수준에서는 이런 조율이 말하는 사람과 듣는 사람 모두의 신체, 변연계 및 피질이 함께 엮여진 동조된(synchronous) 움직임에 의해 이루어진다(Marci, Ham, Moran, & Orr, 2007; Marci & Reiss, 2005; Schore, 2009a, 2009b; Siegel, 2010b; Siegel & Hartzell, 2003). 이런 파트너가 없이 **대인관계** 신경생물학을 연습한다는 것이 나로서는 상상이 가지 않는다. 만약 처음에 이렇게 하는 것이 부끄럽게 느껴진다면, 이런 반응에 대한 이유를 내적으로 물어보는 것이 도움이 될 수 있을 것이다. 이렇게 하는 것이 옳다고 느껴지고 또 다른 사람을 이 과정의 어떤 단계에서든 함께 참여하도록 하는 것이 명료함과 자비를 만들어 나가는 데 더 많은 도움을 줄 수 있다는 사실을 인식할 수 있을 때까지 결정 내리는 시간을 갖도록 하라.

제1부의 연습하기는 일생을 함께 가는 유용한 동반자가 될 수 있을 것이다. 왜냐하면 일상의 경험은 우리에게 끊임없는 도전이며 통합에는 끝이 없기 때문이다. 이에 반해 이 책의 제2부는 **IPNB의 핵심 개념에 대한 우리의 이해를 견고하게 만들어 주고, 이런 좌측 양식에 의해 이루어진 이해를 IPNB의 원칙에 대해 점차 커져 가는 우리의 느낀 감각(felt sense)과 합쳐질 수 있게** 만들어 주는 데 초점이 맞추어져 있다. 제1부에서는 이 체화된 지혜를 다양한 치료적 상황에 적용한 많은 예를 통해 이 과정을 지지해 주고 있다. 우리의 목적은 특정 환자와의 작업을 구체화하는 것이 아니라 치유 과정의 흐름을 내재화시키는 것이기 때문에, 나는 예를 들 경우에도 마음에 초점을 맞춘 예를 선택하였다. 우리는 치료에 있어 패러다임의 전환을 기대하고 있기 때문에, **우리가 치료에 대해 생각하는 방식, 진료하는 방식 및 환자와 이야기를 나누는 방식** 모두를 통합을 향한 뇌의 움직임에 대한 우리의 느낀 감각으로 채워야 한다. 이것은 우리의 치료 과정이라는 무늬로 가득한 양탄자에 대해 풍부한 재료를 보태줄 것이고, 치료라는 옷을 이음매가 없이 매끄럽게 만들어질 수 있도록 해 줄 것이며, 이렇게 될수록 공감적 흐름을 더 지지해 주고 풍부하게 만들어 줄 것이다. 제2부에서 논의되는 4단계 과정은 우리의 관점에 이런 영구적인 변화를 만들어 내는 데 필요하고 충분한 내재화된 지식을 갖는다는 것이 어떤 것인가를 보여 주고 있다.

1. 개념에 대해 충분히 파악을 하는 것, 그래서 아이디어나 용어를 찾기 위해 허둥대지 않는 것(이는 주로 좌측 양식 과정에 의해 이루어진다)
2. 우리가 기존에 가꾸어 왔던 개인적인 역량을 이렇게 개념에 대해 늘어가는 지식과 함께 통합을 해서 우리의 환자 안에서 무엇이 일어나고 있는지에 대해 몸으로 그리고 인지적으로 인식할 수 있도록 만드는 것(이것은 좌측 양식의 알기와 우측 양식의 경험하기가 결합되는 것에 바탕을 두고 있다)
3. 지식을 습득하기에서 말하기로 옮겨 가기(통합 과정) 그리고
4. 이들 세 가지 측면을 하나의 뇌 작용으로 통합을 해서 쉽게 흐름을 알아차려 이것이 자연스럽게 치료 안에서 **있는**(are) 우리 모두가, 그리고 치료 안에서 우리가 **하는**(do) 모든 것의 기초가 되도록 하는 것

이런 목적을 위해 제2부에서는 핵심 원칙에 대한 우리의 지식을 깊게 만들어 주는 장들이 제공되고 있고, 여기에서 연습하면서 이들 개념이 가지는 의미에 대해 심사숙고하고, 또 써 볼 수 있도록 구성되어 있다. 그리고 들어주는 파트너와 함께해서 뇌에 대한 이야기하기를 연습하고, 개념을 적용해 보고, 이 새로운 세계를 우리의 내담자들과 공유하기 위해 자신만의 독특한 이야기를 만들어서 이를 소리 내어 이야기를 하도록 구성되어 있다. 새로운 것을 학습하기에서 이야기하기로의 이런 전환은 다른 뇌 회로를 필요로 하고, 아마도 높아진 자율신경계 각성도 필요할 것인데, 이야기하기는 우리 자신의 지식을 공개하는 것이기 때문에 큰 소리로 연습하는 것이 필수적이다. 우리는 또한 환자와의 작업에서 나타난 특별한 예를 연습하는 데도 시간을 투자하게 될 것이다. 그러면 우리는 우리 자신만의 특별한 환자에게 이렇게 더 깊어진 이해를 적용하기 위해 심사숙고하고, 쓰고, 또 이를 논의할 수 있는 공간을 가질 수 있게 된다. 각 원칙은 우리 환자들과 뇌에 대해 **터놓고 이야기를 할 수 있는** 기회를 확실하게 해 줄 뿐만 아니라 환자와 **함께 있을 수 있도록** 해 주는 부가적인 길을 제시해 줄 것이다. 공부하기, 심사숙고하기, 말하기 그리고 쓰기를 번갈아 가면서 하는 시간을 갖는 것은 우리의 뇌에게 새로운 정보를 수행으로 옮길 수 있는 견고한 신경망을 만들 수 있는 기회를 제공해 준다. 반복은 이런 새로운 알아차림을 더 강화시킬 수 있게 해 주기 때문에 우리가 이런 관점에서 충분히 행동하고 이야기할 수 있다고 느낄 때까지 이 장들에서 몇 번에 걸쳐 반복할 것이고, 아마도 이런 목적을 위해 시간과 자원을 쓴다는 것은 확실히 좋은 투자가 될 수 있을 것이다.

우리의 뇌는 복잡한 체계이기 때문에 분화 및 이에 뒤따르는 이들 분화된 부분들의 결합의

과정을 통해(Siegel, 1999) 끊임없이 좀 더 큰 통합과 일관성을 향해 움직인다. 치료 상황에서 뇌가 가진 지혜가 쉽게 흐르는 것을 경험하는 네 번째 단계는 아주 큰 노력 없이도 일어날 수 있다. 점차 더 분화된 우측 양식과 좌측 양식에 의한 학습하기는 자연스럽게 IPNB의 지혜라는 견고한 틀 안에서 하나로 뭉쳐지게 된다. 이런 통합된 양상이 발현하는 경험이 점차 우리 이해의 지속적인 부분으로 자리 잡게 되면 이것은 뇌의 알아차림이 단지 마음의 일시적인 상태가 아니라 체화되고 뿌리 깊게 자리 잡은 하나의 성향이 되고 있다는 명백한 증거가 된다.

마지막 단계는 제3부에 제공되어 있는데, 이는 치료 실제에서 암묵적 · 외현적 이야기를 알아차리고 이를 쓰는 것으로, 이런 작업은 치료에 대한 작업가설(working hypothesis)을 의식적인 이야기로 연결시켜 주는 통합적인 과정이 더 진행될 수 있도록 지지해 준다. 이제, 우리는 상당한 수준으로 발전된 우리의 공감적인 관찰자적 능력을 가지게 될 것이고, 뇌, 마음 및 관계에 대한 많은 지혜로 우리 자신을 가득 채우게 될 것이다. 그렇게 되면 우리는 치료에서 지속적으로 나타나는 **의식적인 매개체**(conscious parameter)와 그보다 더 많은 **알아차리지 못하는 양상**(out-of-awareness patterns) 모두를 심사숙고하기 시작하는 확실한 위치에 도달하게 된다. 실제적으로 인간이 어떻게 상처받고 어떻게 치유받는지에 대해 우리가 의식적 혹은 무의식적으로 파악하고 있는 큰 그림이 우리로 하여금 환자를 초대할 수 있는 방을 만들 수 있도록 해 주고 그들에게 영양을 제공해 줄 수 있는 특별한 음식을 준비할 수 있게 해 준다. 몇 개의 예들이 도움을 줄 수 있을 것이다. 나는 의식적으로 우리 모두는 하나의 자기로 이루어진 것이 아니고, 마음의 여러 상태가 집합된 것이라는 인식을 가지고 있기 때문에 나는 환자들로 하여금 그들의 내적인 세계의 여러 측면을 만나고 치유하도록 초대를 한다. 이와 함께 나는 우리 모두는 각자가 개별적인 자기라고 믿기 때문에 당연히 나는 각각 환자에게 다른 초대장을 보낸다. 좀 더 근본적인 차원에서—이것은 흔히 잘 보이지 않고 잘 고려되지도 않지만—만약 내 안 깊이에 있는 암묵적 기억이 많이 불편한 절망감을 가져 오게 한다면 나는 내 환자를 가운데에 블랙홀이 있는 우측 양식 환경으로 초대를 한다. 그러면 나와 환자 모두는 이 블랙홀에 빠지게 되어 환자들의 발현된 절망이 나의 암묵적 상처에 닿을 수 있게 된다.

우리의 신경 통합이 증가되면서 우리는 치료 실제를 위해 청사진을 만들어 주는 개인적인 이야기를 끄집어내기 시작할 수 있게 되는데 이는 우리로 하여금 환자들이 내놓는 내적 경험들을 담을 수 있는 방법을 보여 줄 수 있도록 해 주고, 우리 자신의 고통이나 두려움을 건드리지 못하도록 환자들이 내적으로 침범하는 것을 무의식적으로 막는 것도 알 수 있게 해 준다. 이런 좀 더 큰 그림을 의식적으로 품으려는 행동은 우리에게 내적인 안전감을 제공해 주어서,

꼭 말을 하지 않아도 환자들에게 치유에 대한 탐색을 위한 단단한 기반을 만들어 준다.

비록 우리가 종종 경험하는 분리가 '의식의 광학적 망상'(Einstein, 1950)일지라도 그것은 우리 안에 있는 것이 개인적인 것이라는 믿음으로 우리의 마음을 움직일 수 있다. 우리가 알고 있는 거울 신경세포와 공명회로라는 것이 우리의 내적 세계, 즉 의도, 감정 및 그 이상 더 많은 것들이 우리의 환자들에게 퍼져 나가서 신경 회로를 형성하게 만들도록 함으로써 환자들이 우리의 내적인 가정들과 함께 춤추게 만들어 준다. 시간이 지나면서 이런 마음 상태는 신경학적으로 뿌리를 깊게 내려서 우리는 환자들의 내적 공동체의 한 부분으로 내재화된다. 이 과정은 우리의 초기 애착 경험에서 사용되었던 것과 유사한 회로를 사용한다. 최근에 나에게 이야기했던 한 젊은 환자는 그의 아버지가 어떻게 말도 없이 자신의 분노를 중단하게 만들고 아버지에게 향한 투쟁을 포기하게 만들었는지를 느낄 수 있다고 말하였다. 그는 그 당시 세 살 아이였기 때문에 그냥 이 가장 중요한 사람의 내적 세계에 사로잡혀 빠져 들어가 버리게 되었던 것이었다. 그는 자신의 삶이 없다는 사실을 좇아 들어가기 시작해서, 세상이 어떻게 돌아가는지에 대한 자기 아버지의 가장 깊은 암묵적 확신에 자신도 모르게 무의식적으로 참여하게 된 순간까지 도달하게 되었던 것이다. 우리가 함께 작업하면서 그는 나를 자신의 고통스러운 감옥에 대해 공감을 가진 목격자로서 경험하였고, 이와 함께 자신을 열정과 낙관 그리고 삶의 가능성에 대한 자신감을 가진 인간으로서 인정해 주는 목격자로서 경험하게 되었다(이는 나 자신이 여러 해 동안 훌륭한 치료를 받아 온 덕택이다). 시간이 지나면서 그는 나를 자신의 생생한 감정을 표현할 수 있도록 지지하고 격려하는 사람으로 내재화하였고, 이런 자질들을 체화된 구체적인 내적인 존재로서 나를 내재화하게 되었다.

대인관계적인 하나 됨(interpersonal oneness)이 가상이 아닌 실제라는 것을 보여 주는 연구의 의미를 받아들인다면 우리는 치료자의 정신건강의 중요성에 놀라지 않을 수 없다. 당연한 다음 단계를 생각한다면 우리는 상담가, 정신치료자, 심리학자 및 정신과의사를 훈련시킨다는 것이 얼마나 중요한지 그 의미를 알 수 있게 된다. 우리 모두의 존재 그 자체는 정신적 균형, 회복력, 성취 및 자비가 가득 찬 삶에 대한 우리 환자들이 가진 능력에 대해 바탕이 되어 주는 신경학적 변화에 보탬이 되거나 방해가 될 수 있다. 비록 많은 훈련 프로그램이 일정 시간의 치료를 권장하거나 요구하고 있지만 이런 교육적인 치료시간이 환자들과 우리가 관계를 맺는 방식에 영향을 줄 수 있는 피훈련자 자신의 뇌와 마음, 애착 양상, 암묵적 기억들, 마음의 내재화된 상태 및 내적 세계의 여러 다른 중요한 요인을 알아차릴 수 있는 힘을 키우는 것을 꼭 필요로 하지는 않는 것 같다. 한 가지 고무적인 발전은 일부 프로그램이 우리가 환자들을 비판단적으로 수용할 수 있는 데 기초가 될 수 있는 마음챙김 연습을 제공하고 있다는 점이다. 나의 희망은 이런 프로그램이 별도의 것으로 분리되어 운영되지 않고 각 과정의 일부로 그리고 부수적인 과정이 아닌 핵심적인 교육과정으로서 이 책에서 우리가 하고 있는 작업과 같은 것을 포함하기 시작했으면 하는 것이다. 이와 같은 방법으로 우리는 첫 환자를 만나기 전에 단단한 내적 바탕을 만들 수 있는 데 필요한 학습과 경험 사이의 균형을 맞출 수 있을 것이다.

내가 이 책에서 기대하고 있는 것이 무엇일까? 나는 이 책이 우리 자신과 다른 사람들의 내적 세계를 작업하는 데 있어 깊이 있는 시각과 존중에 기반한 전문가적인 효능감과 성취를 이끌어 낼 수 있는 개인적인 변화가 일어날 수 있는 길을 제공해 주었으면 한다. 이런 깨달음은 우리 모두 안에서 자비와 친절한 행동을 만들어 줄 것이고, 이것은 이 지구를 유지하는 데 단단한 근거가 되어 줄 것이다. 이 책은 진짜 워크북(WORKbook)이다. 그래서 이 책은 연습을 통해서만 점차적으로 신경학적 통합을 확대시키고 강화시켜 나갈 수 있다. 각 개인의 요구에 따라 연습을 독창적으로 적용하는 데 주저하지 말라.

진행 과정을 이야기하자면, 우리는 통합을 이루는 데 서두르면 안 된다. 실제로 치료자로서 혹은 인간으로서 어떤 방식으로든 빨리 성취를 위해서 움직여야 한다는 강압이나 압박은 우리가 가족이나 사회로부터 배워 온 것이 반복되는 것일 가능성이 높다. 어떤 경우이든 간에 이것은 생산적이지 않다. 대신 과정의 각 부분에 그때그때 집중하는 것이 통합을 만들어 내는 데 비옥한 기반을 제공해 줄 것이고, 우리 각각 안에서 자연스럽게 뿌리내리게 만들어 줄 것이다. 이 도입부 전체에 걸쳐 보여 준 농업이나 식물학과 같은 이미지는 우리가 풍부하고 자연스러운 성장 과정에 참여하고 있는 운이 좋은 참여자라는 나의 느낀 감각에 그 뿌리를 두고 있다. 좀 다른 은유를 이용하자면, 나는 이 워크북이 당신의 동반자가 되기를 바라고 있다. 이 책이 당신과 함께 삶을 영위하면서 책이 해어지고 마크로 가득 차게 되어, 마치 『벨벳 토끼 인형(The Velveteen Rabbit)』(Williams, 1922/1983)에서 그 어린 주인의 지속적인 사랑놀이를 통해 진짜가 되어 버린 봉제인형처럼 말이다.

차례

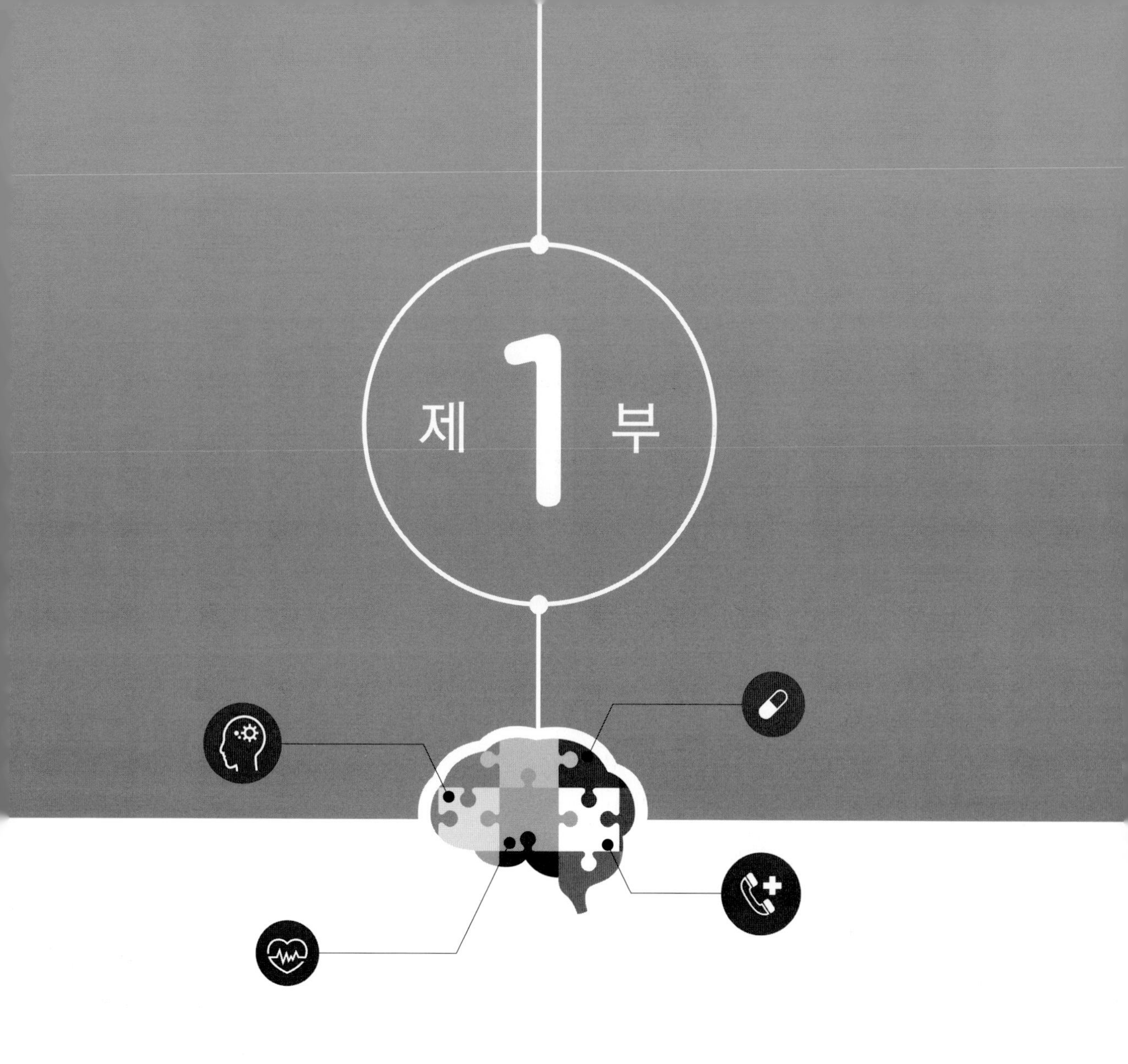

관계를 위해 우리의 뇌와 마음 준비시키기:

대인관계 신경생물학에 대해 개인적으로 연습하기

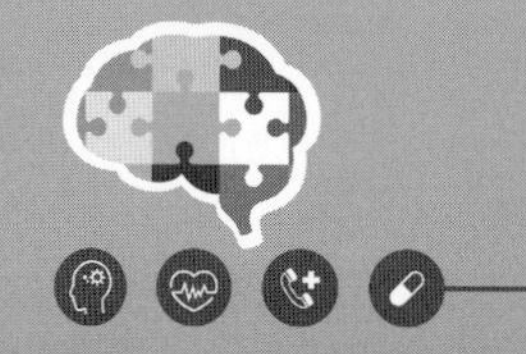

서론

이전 장에서 이야기했던 농업적인 이미지를 그대로 떠올린다면 이제 우리는 자기 변용(self-transformation)이라는 작업을 땅을 파듯 그렇게 **파고드는 것**이라고 이야기할 수 있다. 아마도 이것은 정답을 찾기 위해 경험적인 우측 양식을 논리적인 좌측 양식이 이리저리 찔러 대는 그런 이미지를 떠올리게 할 것이다. 그래서 우리는 우측 양식 과정이 스스로 이야기할 수 있는 분위기를 만들어 내는 연습을 하는 한편, 몸과 마음이 우리의 역사의 가닥을 모아 만들어 낸 일관된 이야기를 전뇌 과정(a whole-brain process)으로 듣는 연습을 할 것이다. 우리 중 5%에서 30% 사이의 사람들이 좌측 반구가 감정적으로 생생한 역사를 담당하고 우측 반구는 논리적 언어를 담당하고 있다는 사실을 고려한다면(Holder, 2005), 우리는 우리 뇌가 정보를 처리하는 독특한 방식을 이야기할 때 우측 반구, 좌측 반구라는 용어보다는 **우측 양식 과정**(right-mode processing) 및 **좌측 양식 과정**(left-mode processing)이라는 용어를 사용하려고 한다. 이와 함께 이들 용어는 두 가지 서로 다른 에너지와 정보의 흐름으로 인식하게 하는 데도 도움을 줄 수 있다. 그리고 에너지와 정보 각각은 이들이 작동하는 데 핵심적인 부분이기도 하다.

우측 양식 과정에 대한 이해를 높이기 위해 이 워크북의 첫 번째 부분은 6개의 경험 세트를 제공해 줄 것이다. 이것을 자신의 들어주는 파트너와 함께 공유해서 다음의 네 가지 능력을 강화시키는 데 도움을 받도록 하라.

- 우리 자신을 친절하게 그리고 비판단적으로 수용하는 마음을 가지고 관찰하기
- 우리의 우측 양식이 속삭이는 소리를 들을 수 있도록 능력을 키우기

- 우리의 내적 세계의 양상들과 내적 세계를 구성하고 있는 요소에 대해 명료함을 키우기, 그리고
- 우리의 성장에 상처를 준 모든 사람에 대해 자비가 가득 찬 용서에 바탕을 둔 감정적으로 해결된 이야기를 새롭게 쓰기

이들은 각각 따로 분리된 과정이 아니기 때문에 한 가지가 이루어지게 되면 이것이 다른 과정에 대해 문을 열어 주게 된다. 예를 들어, 친절과 수용으로 우리 자신을 관찰하는 것은 우리로 하여금 흔히 우측 양식으로부터 오는 무언의 이야기를 들을 수 있게 되어 내적인 안정감을 가져 온다. 그리고 일반적으로 숨겨져 있는 마음 상태를 밝히는 데 주의를 집중하는 것은 관찰할 수 있는 능력을 키워 준다. 이들을 모두 함께 고려한다면 이들 4개 모두는 우리를 조율된 인간으로 살아갈 수 있도록 만들어 주는, 바로 그 신경 회로들의 신경학적 통합을 가져 오게 활성화시켜 준다(Siegel & Hartzell, 2003).

당신은 제1부가 연구에 대한 결과는 상대적으로 적은 반면에, 경험에 대해 더 많이 할애하고 있다는 것을 알게 될 것이다. 우리가 제2부에서 이들 주제에 대해 환자들의 관점에서 다시 논의하게 될 때 우리의 지식을 키우는 데 도움을 줄 수 있는 많은 연구결과들에 대해 이야기할 것이다. 그러면 우리가 그들의 뇌, 마음 그리고 관계에 대해 알게 된 것을 그들과 이야기할 때 우리는 안정감을 느낄 수 있게 될 것이다. 그러나 지금 이 부분은 개인적인 부분이기 때문에 우리의 내적인 과정에 더 초점을 맞추는 것이 우선이다.

나는 우리 모두가 이 깊숙한 개인적인 과정을 향해 움직이면서 우리 자신을 일차적인 지지자가 될 수 있도록 우리 자신을 향해 친절하게 시작하기를 바란다. 드러나 있든 아니면 드러나 있지 않든 간에 비판적인 관찰자를 가지고 있지 않는 사람은 거의 없다. 이것을 쓰고 있는 지금에도 나는 올바른 단어와 생각을 찾기 위해 싸우고 있다. 나는 "그래, 당신은 할 수 있어. 아이스크림을 먹으러 일어나지 말아. 그냥 계속해서 해."라고 이야기하는 목소리를 들을 수 있다. 격려를 위한 말임에 틀림이 없지만 이 목소리는 실제로는 압박을 주고 있고 만약 내가 지금 일어나 버리면 실패할 것이라는 보이지 않는 메시지를 담고 있어 불안을 일으킨다. 나는 이들 갈등이 있는 에너지 흐름의 영향을 내 몸(가슴과 다리에 긴장감), 신경계(약간 증가된 심박 수), 마음(좀 불명확한 생각, 나 자신과 갈등을 빚는 감정) 및 나의 총체적인 안녕감(내가 쓰기를 시작했을 때보다는 확실히 안녕감이 떨어져 있다)에서 느낀다. 이제, 만약 내가 내 자신의 시각을 변화할 수 있게 이것을 허용하고 비난적인 목소리를 친절한 눈으로 바라볼 수 있게 된다면 나의 마음

은 더 넓어져서 비난의 목소리와 글을 쓰는 나 자신 모두를 친절하게 감싸 안을 수 있게 될 것이다. 나의 가슴은 넓어지는 느낌을 느끼게 되고, 나의 맥박은 가라앉고, 나는 속으로 미소 짓게 되고, 단어는 더 쉽게 떠오르고 안녕감을 훨씬 더 많이 느끼게 된다.

이렇게 간단한 관점의 변화가 우리에게 이용 가능한 신경 회로의 수와 종류를 증가시켜 줌으로써 신경 발화를 재조직화시킨다. 이렇게 하는 것은 분화(differentiation) 작용이기 때문에 이것은 우리로 하여금 다양하게 활성화된 마음의 상태를 확실하게 들을 수 있도록 허용해 준다. 마음은 우리에게 "나는 지금 쓰기를 멈추고 싶어"와 "계속해서 해"라는 이야기를 해 준다. 이와 함께 시야가 넓어지면서 판단하지 않고 바라보기 때문에 이 두 목소리의 신경학적 활성화가 다 허용되어 갈등을 완화시켜 주고 통합을 준비할 수 있게 된다. 두 목소리 사이의 갈등이 사라지게 되면서 우리의 통합적인 뇌는 흔히 우리로 하여금 다음에 오는 최선의 선택에 대해 확신을 갖게 해 준다. 앞의 경우에는 글을 좀 더 쉽게 쓸 수 있게 되면서, "이제 쉴 시간이야."라는 다른 메시지를 들을 수도 있게 되는 것이 그것이다. 아마도 이 둘 모두 확실하게 조용히 가라앉게 되면 실행은 더 쉬워지게 될 것이다. 이런 마음과 행동의 일관성이 통합적인 뇌가 보여 주는 신호 중 하나다.

다음의 몇 개 장에서 제공될 각 경험들은 주어진 과제에 대한 당신의 내적인 반응에 귀 기울이는 것으로 시작하게 될 것이다. 당신이 할 수 있는 만큼 최선을 다해 당신의 몸, 신경계 및 마음에 집중하고, 그 일을 미리 예측해서 활성화된 마음의 목소리/상태를 구분하도록 하라. 각 장마다 이런 자기 성찰에 대해 쓸 수 있는 여백이 제공될 것이다. 우리가 강압적이고, 비판적이며, 공포에 차고 그리고 긴장된 상태로부터 열려 있고, 이완되고, 수용적인 마음의 상태로 움직일 때마다 우리는 조절과 친절함의 뇌 구조를 만들고 있는 것이다. 만약 우리가 규칙적으로 이런 상태로 들어가게 된다면, 이것은 점차적으로 노력하지 않고도 그냥 우리 있는 그대로의 모습으로 있는 것인 마음의 성향(a trait of mind)으로 변해 갈 수 있게 된다.

이제 당신에게 첫 번째 과제가 주어질 것이다. 당신의 첫 번째 과제는 당신 자신에게 끊임없이 관대하라는 것이다. 잠깐 동안 친절한 느낌을 갖도록 하라. 그리고 당신의 몸, 신경계 및 마음에서 이에 대해 어떻게 반응하는지에 대해 기록하도록 하라. 이와 함께 이것이 당신의 전체적인 안녕감에도 어떤 영향을 주는지에 대해서도 주목할 필요가 있다. 당신이 할 수 있는 한 최선을 다해 당신이 **왜** 그렇게 반응하는지를 설명하려 하기보다는 그냥 상황을 있는 그대로 서술하려고 하라. 서술(description)은 친절한 마음을 가지고 하는 관찰을 통해 자연스럽게 오고 또 이런 관찰을 지지해 주는 반면에, 설명(explanation)은 내적인 상태와 더 얽히게 만들어

내고 문제가 무엇인지를 알아내기 위해 좌측 양식 과정에 빠지게 만든다.

한 걸음 더 나아가서 쓰고 있는 것에 대한(아니면 혹시 쓰고 있지 않은) 당신의 반응에 대해 주목하도록 하라. 당신의 어떤 부분에서 당신이 쓰고 있는 것에 대해 비판이나, 좌절, 분노, 축하 혹은 자부심이 느껴지지는 않는가? 아니면 당신이 쓰고 있지 않는 것이 당신을 부끄럽거나 화가 나게 하지는 않는가? 만약 이 과정에서 주목할 만한 긴장이 느껴진다면 커다란 관용의 마음으로 당신이 쓴 것과 당신이 그것을 어떻게 썼는지에 대해—결과와 과정 모두에—혹은 단순히 당신이 쓰는 것을 선택하지 않았다는 사실에 대해 친절한 수용의 자세로 돌아가도록 하라. 당신이 더 마음을 내려놓고 비판단적으로 된다면 당신은 내적 비난이 얼마나 종잡을 수 없이, 또 끊임없이 이루어지는가에 대해 느낄 수 있게 될 것이다.

우리는 수용을 연습하는 도중에 마음 안의 판단자들이 초대하지 않아도 주기적으로 나타나 우리로 하여금 자주 큰 갈림길과 마주하게 만든다. 한 길은 다시 그것을 바로 할 수 없어서 화가 나게 만드는 길이고, 다른 한 길은 지금대로 친절한 수용을 지속하도록 해 주는 길이다. 우리의 사회는 일반적으로 이야기하자면 과정보다는 성취에 큰 가치를 두고 있기 때문에 우리가 끊임없이 판단적인 공간으로 돌아가게 되면서 느끼게 되는 감정은 실패와 수치심을 담당하는 신경망을 자극한다. 우리 대부분은 다음과 같은 무의식적인 암묵적 학습 지침을 가지고 있다.

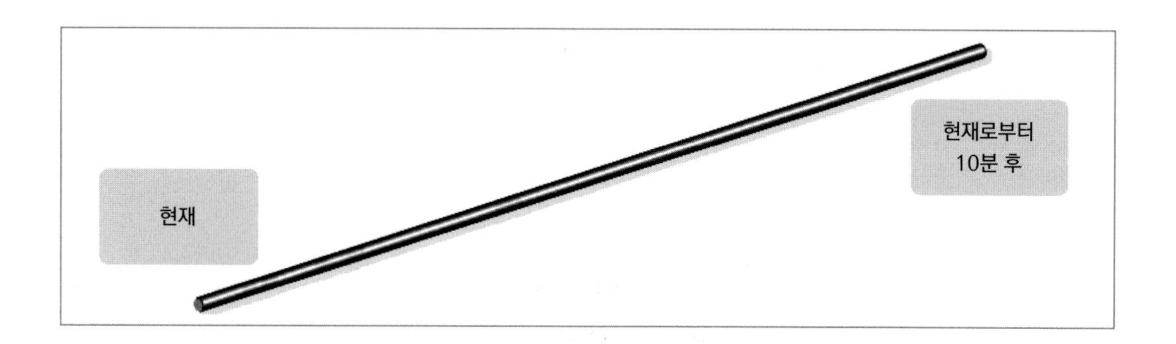

실제로, 우리가 아동기까지 포함되는 오래전에 만들어진 정신적 문제에 의해 근원을 가지고 있는 아주 깊게 뿌리 내린 신경망을 다룰 때, 그 과정을 보면 흔히 다음과 같다.

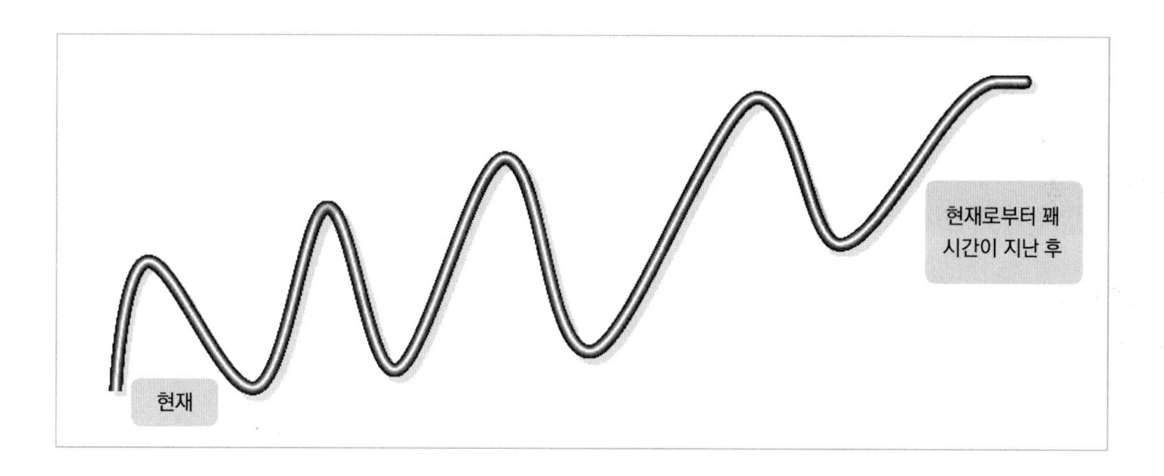

이런 패턴을 받아들이는 것이 우리가 한 번에 우리의 자기-비판적인 목소리를 변화시키지 못할 때에도 우리 자신에게 자비를 베푸는 데 도움을 줄 수 있다. 물론 오래된 신경 패턴이 갑작스럽게 재연결이 이루어지는 것이 신경생물학적으로 불가능한 것은 아니지만, 일반적으로는 뿌리가 깊게 내린 신경망은 반복을 통해 많은 신경 가닥들이 엮여서 강력한 밧줄처럼 강해져 있는 경우가 많다. 이렇게 신경학적으로 강하게 만들어져 있기 때문에 유사한 상황에서 이것이 재활성화될 수 있는 가능성이 높다. 이런 패턴들의 뿌리가 우리의 변연계 회로 내에 자리를 잡고 있어 자기 비난의 순간에는 통합적인 회로가 개입하기 전에 이것이 아주 빨리 작동해서 우리 마음을 압도해 버리게 된다. 그래서 만약 우리의 마음이 판단에 쉽게 반응을 하고 있다면 우리는 '이것이 당연한 것이구나.' 하고 받아들이게 된다. 이것이 처음에는 외부에서 왔지만 나중에는 몇십 년 동안 자신 안에서 반복이 된 비난으로 인해 만들어진 신경계의 강도를 고려한다면 이런 반응은 납득이 갈 만하다. 이해하기 쉽게 말하자면, 우리는 역설적으로 이제 이런 경험을 앞으로 친절한 수용을 가져 올 수 있는 또 다른 기회로 여기기 시작한다는 것이다. 이 과정을 친절하게 지속하는 것이 우리 뇌를 서서히 재연결시켜 주어 삶을 변화시키게 만들 수 있을 것이다.

지금이 당신의 들어주는 파트너와 처음으로 연결될 수 있는 절호의 기회다. 만약 아직 아무도 결정하지 못했다면 누구를 파트너로 정할 것인지를 생각하기 위해 잠깐 여유를 가질 필요가 있다. 그리고 당신에게 맞는 파트너를 찾는 데 망설이고 있는 것은 아닌지 친절하게 돌아볼 필요가 있다. 대인관계 연결이 가지는 신경이 재연결되는 것에 대한 힘을 고려한다면 비판단적인 공간을 만드는 노력을 위해 두 마음이 결합되는 것의 가치는 따지기가 어렵다. 당신과 당신의 파트너는 각자의 독특한 관계 안에서 많은 유형의 관계를 만들어 낼 수 있을 것이다. 그러나 나는 당신이 특정한 방식으로 관계 맺기를 제안한다. 들어주는 사람은 얼마 동안 들어주기만 하도록 하라. 들어라—그런데 온전하게 들어라. 판단은 가능한 없이 그리고 가능한 많이 그 사람의 입장에 서서 듣도록 노력하라. 말하는 사람은 비판적인 목소리와 비판단적인 상태와 연관된 신체 감각, 감정 및 지각에 대해 자신이 무엇을 알아차리고 있는지에 대해 공유하기 시작을 할 수 있다. 이렇게 되면, 말하는 사람은 본능적인 경험(visceral experience)의 흐름에 따라 자신의 내적 세계를 자유롭게 오갈 수 있게 된다. 침묵하는 경우가 생긴다면 말하는 사람과 듣는 사람 모두가 다음 내적인 경험 층에 변화가 일어나기 전까지 이 침묵을 존중하는 마음으로 함께하는 것이 도움이 된다는 사실을 알게 될 것이다. 어떤 시점이 되면 말하는 사람이 자신은 지금으로서는 완결되었다는 느낌을 가질 수 있게 될 것이고, 이러면 듣는 사람과 말하는 사람 간에 역할을 바꿀 수도 있다.

어떤 사람들에게는 이것이 쉽고 자연스러운 과정인 반면에, 어떤 사람들에게는 침묵을 향해 이야기하는 것이나 또는 수용적으로 듣는다는 것이 슬픔, 불안 및 분노를 일으키게 하거나 다른 신체적 감각이나 감정 혹은 저항을 불러일으킬 수 있다. 당신들 서로가 공유하는 경험을 탐색하면서 이 과정을 통해 일어날 수 있는 모든 것에 대한 공간을 만들어 놓는 것이 매우 도움이 될 수 있다. 이 공간을 통해 생긴 문제를 원래의 문제와 마찬가지로 친절함, 호기심 및 존중하는 마음으로 다루어야 한다. 이것이 피해서 돌아가는 것은 전혀 아니며 이렇게 알아차리는 능력과 **현재 이 순간에 있는 것**(present in the moment)을 향해 유연하게 접근하는 능력이 알아차림과 조절의 회로를 더 강화시켜 주게 될 것이다. 이 말하기-들어주기 시간을 번갈아 가면서 하고 난 뒤에 시간을 잠깐 갖고 이에 대한 당신의 경험을 다시 생각해 보고 그것을 여기에 쓰도록 하라.

심사숙고하기(reflection), 들어주기(being heard) 및 쓰기(writing)는 우리가 지금하고 있는 과정의 핵심이다. 여기에서 제1부의 각 장의 내용에 대해 잠깐 살펴보도록 하자. 우리는 '비판단적 공간 열기(Opening a Nonjudgmental Space)'로 시작하게 될 것이다. 많은 연구결과가 우리가 운동을 통해 근육의 강도와 유연성을 증가시키는 것처럼 주의를 집중하고 수용할 수 있는 마음의 능력을 키우는 회로들을 훈련할 수 있음을 보여 주고 있다. 자애 명상과 자비 명상의 두 가지 유형의 명상을 차례로 시행하면 이렇게 수용성이 증가되도록 도와줄 수 있고, 우리는 우리의 돌보아 주는 자세로 관찰을 하는 마음을 더 확장시킬 수 있게 된다. 이 워크북의 첫 번째 부분을 통해(그리고 아마도 삶 전체를 통해서) 이런 능력이 생기게 되면 이것은 앞으로 남은 우리의 내적인 여정에 기반이 되어 줄 것이다.

두 번째와 세 번째 장은 '우리의 암묵적 바다 탐색하기(Exploring Our Implicit Seas)'와 '기억의 조각 모으기(Gathering the Filaments of Memory)'인데 이 둘은 우리를 두 종류의 암묵적 경험을 알아차리는 데 초대한다. 우리가 우측 양식 과정에 참여하고 있으면 우리는 **정신모델**(mental models) 혹은 **암묵적 패턴**(implicit patterns)이라고 부르는 세계가 이렇게 작동하고 있을 것이라는 무의식적인 가정의 지속적인 흐름을 따라가고 있다는 것을 알게 될 것이다. 이들을 우리는 **기억들**이라고 부르고 있기는 하지만 그 기억들은 과거에 일어난 사건들을 상기해 내는 일상적인 경험으로만 나타나는 것은 아니다. 그보다는 그들은 오히려 행동적인 충동이나, 신체적 감각 혹은 감정적인 고조 등으로 더 나타날 수 있고 여기에 더해 현재 순간의 다양한 경험들의 의미에 대한 지각에 그 기억들이 영향을 미칠 수 있다. 다르게 이야기하면 그들은 우리 삶의 모든 생각, 느낌 및 행동을 만들어 내고 우리가 세상을 바라보는 데 알아차릴 수 없는 렌즈처럼 작용을 한다.

이것이 첫 번째 유형의 암묵적 기억이다. 두 번째 유형의 암묵적 기억에 대해서는 흔히는 불편한 외상이나 관계상의 싸움 때문에, 뇌의 통합적인 흐름으로부터 떨어져 나와 신경망이 캡슐처럼 싸여 있거나 아니면 해리된 주머니처럼 되어 있는 것을 상상해 볼 수 있다. 이것이 현재의 경험에 의해 자극을 받게 되면 활성화되어 우리 존재 전부에 감정적인 영향을 쏟아 내어 흔히는 우리의 일상 기능을 파괴시킨다. 어떤 유형의 기억이든 간에, 우리는 우리가 **영원히 현재인 과거**(eternally present past)라고 부르는 것에 의해 사로잡히게 된다. 이들 기억의 한 가지 특징은 그들은 시간이라는 소인을 가지고 있지 않아, 이것이 우리의 경험으로 들어왔을 때 우리는 이것이 기억이라는 느낌이나 인식이 전혀 없다는 것이다. 그들은 말 그대로 시간과 통합이 되어 있지 않기 때문에 우리의 마음이 인지적으로 그들이 과거에 일어난 것이라는 알고 있는가에 상관없이 항상 현재로 경험이 된다.

우리가 암묵적 세계를 얼핏이라도 들여다볼 수 있는 방법 중 하나가 예술적인 작업에 전념하는 것인데 예술은 이들 말이 없는 영역을 직접 표현하게 해 주는 매개체로 작용하기 때문이다. 나는 앞으로 이 부분에서 도움이 될 수 있는 방법을 제시할 것이다. 또 다른 방법은 특히 우리와 가장 가까운 관계 안에서 몸이나 시각에서 반복적으로 발현되는 양상을 심사숙고해 보는 것이다. 이런 두 과정을 사용해서 우리는 우리 자신의 우측 양식의 목소리를 알아차릴 수 있는 능력을 키울 수 있고, 마음 저 깊이에 자리 잡은 패턴과 주머니에 닿기 시작할 수 있을 것이다. 우리 앞에 예상이 되는 미래에 대한 이런 영원히 현재에 있는 청사진과 해리된 기억이 외현적이고/의식적인 알아차림 속으로 들어오게 되거나 이들이 현재의 진실을 부정하는 생생한 지각들과 합쳐지게 되면, 이들은 변용(transformation)되게 된다(Ecker, 2008, 2010; Ecker & Hulley, 1996, 2000a, 2000b, 2008; Ecker & Toomey, 2008). 물론 그냥 단순하게 부드러움을 가지고 우리의 내적인 세계에 집중하는 것도 가능한데, 특히 들어주는 파트너와 함께할 때 더 가능하고, 이렇게 하는 것은 의식적 알아차림의 수준에서보다는 아래의 수준에서 이들 암묵적 패턴을 변화시키는 것을 가능하게 해 준다(Schore, 2003a, 2003b; Siegel, 2007, 2010b).

내적 세계가 우리에게 열리는 것에 대한 또 다른 시각은 우리가 우리 안에 있는 여러 다른 마음의 상태에 대해 친숙해지는 것으로 이것은 제4장인 '공감적인 내적 세계 만들기(Fostering an Empathic Inner Community)'에서 해야 할 작업이다. 우리는 기억을 한번 일어난 것이든 반복적인 경험이든 간에 이것을 그때 사건의 핵심으로 생각할 수 있거나, 아니면 우리의 코드화되어 저장된 경험을 우리가 감정적으로 중요했던 관계를 가졌던 사람을 내재화해서 생긴 다양한 마음의 상태로도 볼 수도 있다. 화난 아버지는 내적으로 놀라서 두려움에 빠진 아이와 쌍을 이룰 수 있고, 놀아 주는 엄마는 자발적이고 능동적인 아이와 쌍을 이룰 수도 있다. 우리가 이들을 깊이 성찰해 보면, 우리는 이 쌍이 우리의 건강한 발달을 만들어 주고 있음을 알 수 있을 것이고 우리 자신이나 다른 사람과의 고통스럽고, 공감적이지 않은 관계를 만들어 내는 패턴을 담고 있음도 알 수 있게 될 것이다. 이런 내적 세계를 좀 더 단단하게 만들 수 있는 방법으로서, 그리고 또한 통합의 도구로서 우리는 다시 예술과 이 상황에 대한 친절한 알아차림을 가지고 다시 드러나 펼쳐지는 이 공동체(unfolding community)의 문제를 치유하게 된다. 이들 쌍이 구성원 사이의 긴장을 해소시키면 내적인 조화가 더 커지게 되고 우리로 하여금 환자들이 자신들의 이런 내적 싸움을 스스로가 해결할 수 있는 힘을 키울 수 있게 안내해 주는 길을 만들어 준다.

우리가 이 제4장을 통해 작업을 하면 우리는 당연히 우리의 일상적인 삶을 이끌어 가는 흔히는 알아차리지 못하고, 보이지 않는 문제들이나 이야기들에 대해 알아차리게 되는 힘이 커지게 될 것이다. 우리는 이 작업을 마음챙김적으로, 친절하게, 그리고 이야기를 들어주는 파트너와 함께하기 때문에 우리의 내성의 창(window of tolerance), 즉 조절이 무너지지 않은 채 우리가 감내할 수 있는 감정적 경험의 정도, 또한 커질 가능성이 높다. 이렇게 확장되어 넓어진 창은 환자와 우리가 함께하는 작업에 기초가 되어 준다. 왜냐하면 이것은 우측 양식 안에 내재화되어 있는 목소리를 들을 수 있는 능력이 증가시켜 주고 감정적으로 생생한 경험을 자비가 가득한 마음으로 담아 주고, 조절할 수 있는 능력도 증가시켜 주기 때문이다.

이제 우리의 몸과 우측 양식 과정을 담당하는 회로들을 더 큰 통합을 향해 끌어낼 수 있게 되고, 또한 그들을 부드러운 알아차림으로 끌어안을 수 있게 작업을 하였다면 그다음은 이제 제5장과 제6장인 '이야기 줄거리에 함께하기(Joining the Strands of Narrative)'와 '자비로 가득한 용서의 예술 연습하기(Practicing the Art of Compassionate Release)'의 길로 나가야 한다. 이야기(narratives)는 궁극적으로는 여러 사건들 안에서 우리가 자신에게 삶의 의미에 대해 말해 줄 수 있는 것을 찾는 것이지만, 이야기는 일상적인 경험 양상을 바꿈으로써 자기 자신을 드러낸다. 이것을 과정의 관점에서 본다면, 우리의 좌측 양식은 우리 이야기를 만들어 내는 데 있어 우측에서 오는 정보의 흐름에 의존하고 있다는 것을 의미한다. 만약 우리가 우측 양식과 접촉하지 않은 채 그대로 놔둔다면, 흔히 우리는 단지 욕구를 충족시키기 위해서 무엇인가를 만들게 될 것이다. 우측 양식의 정보가 파편적이거나 혹은 부분적인 경우, 이야기는 이런 조각이나 파편에 뿌리를 둔 논리적 결론에 의해 만들어지게 된다. 이런 조각들은 처음에는 진짜 경험에 의해 그리고 나중에는 말에 의해 함께 붙어서 그럴듯하게 응집된 이야기(cohesive narrative)를 만들어 낸다(Siegel, 1999). 우리의 우측 양식 회로가 이런 파편화나 해리를 제거해 줄수록 이야기에 대한 이해의 깊이는 더해지고, 우리의 역사를 통합적으로 이해할 수 있는 일관적인 이야기가 만들어질 가능성이 높아진다.

예를 하나 들려고 한다. 과거의 학대로부터 온, 나의 환자의 결합된 이야기는 자기 경멸, 자신은 자신과 연관이 있는 모든 것을 망쳐 버린다는 강한 느낌 및 자신의 삶은 망가졌다는 확신 등을 포함하고 있었다. 그녀가 자신의 내면에 있는 매우 친숙하고 자신을 통해 흘러내려 온 세대를 관통하는 고통을 볼 수 있게 되면서 그녀의 과거사가 가지는 의미는 변하게 되었다. 그녀는 이제 자신을 적어도 증조할머니까지 거슬러 올라가는 희생양이 되어야 하는 여인들의 비극적인 선상 위에 있는 딸로서 보게 되었다. 비록 그녀는 자신의 할머니를 비롯해 이 여성들에게 친근감을 느꼈지만 그녀는 자신이 이 세대를 관통하는 고통의 흐름을 중단시키려 노력하고 있다는 것을 알고 있었고, 이런 점에서 그녀는 다른 여인들과 확연히 구분되었다. 이것은 인지적으로 이야기하기가 아닌 그녀의 우측 양식의 축적된 경험과의 깊이 있는 접촉에 의해 이루어진 새롭게 의미 만들기였다. 그녀가 이야기를 확장시켜 하나하나 껍질을 더 벗겨 나갈수록 자신의 상처에 대해, 그다음에는 그녀에게 상처를 주었던 모든 사람들에게 자비로 가득한 용서가 이루어졌고, 이에 따라 그녀의 존재감은 눈에 띄게 초조하고 긴장된 상태에서 평화롭고 기쁨에 찬 상태로 변화하게 되었다.

우리 각각도 우리들의 통합 작업의 바로 이 단계에서 이런 것을 발견하게 될 수 있다. 이것은 마치 내적 세계에 대한 커튼이 열려서 우리가 우리 가족의 역사 속 깊이로 빠져 들어갈 수 있게 되는 것처럼 보일 수 있다. 나는 내가 어렸을 때 벌어졌던 전쟁인 베트남전에서 집으로 돌아오는 군인들의 이미지를 기억해 내었다. 이 이미지는 흔히 부상을 당한 한 명의 젊은 사람이 근접 촬영한 것처럼 보이다가 더 확대가 되어 치료를 받고 모든 부상당한 사람들이 파노라마처럼 지나간다. 우리 이야기 내용은 아주 고통에 찬 것은 아닐 수 있지만, 우리는 우리 가족의 여러 세대를 관통하는 이야기에 대해서도 이와 같이 확장된 알아차림의 느낌을 느낄 수도 있다. 우리 안에 내재화된 이야기에 대해 이렇게 넓게 끌어안게 되면 우리의 삶에 영향을 주었던 모든 사람들에 대해 자비가 가득한 이해와 용서를 위해 변환하는 단계를 가질 수 있게 된다.

우리가 이런 자기-알아차림의 과정을 겪는다는 것은 환자들에게 요청할 탐험을 병행하고 있다는 것을 보여 주는 것이다. 나는 때로는 믿음직한 치료자의 도움을 받아, 아니면 잘 들어주는 동료와 함께, 아니면 어떤 때는 혼자서 숲길을 따라 앞으로 걸어 나가는 것이 매우 가치 있는 일이라는 것을 발견하곤 했다. 비록 연구들이 우리 자신에게 조율할 때와 다른 사람들이 우리에게 조율할 때 같은 통합 회로가 작동되고 있다는 것을 보여 주고 있지만(Siegel, 2007), 우리의 신경생물학은 기본적으로 대인관계적이라는 것이 맞는 이야기다. 왜냐하면 우리는 선천적으로 태어나서 죽을 때까지 서로의 뇌를 영향을 주도록 그렇게 만들어져 있기 때문이다. 당신 중 어떤 사람은 이미 다른 사람을 들어주는 파트너로 두는 것의 이점을 알아차렸을 수 있다. 그 사람 또한 이 과정을 통해 자신의 일관성을 지속해 나가는 데 전념하게 된다. 여기에 아직 도달하지 못한 사람들을 위해 나는 이 문제를 다시 거론하고 있다. 왜냐하면 많은 연구들이 우리에게 생각을 세 번 반복하면 이것이 생각을 행동으로 옮기게 만들 수 있다는 것을 보여 주고 있기 때문이다.

이것은 신경학적 통합을 지지해 주는 과정일 뿐만 아니라 개인적 일관성 및 관계의 풍부함도 증가시켜 준다. 그러나 이것은 우리의 신경생물학, 심리학 그리고 의미를 찾으려는 우리의 지속적인 노력 및 관계를 풍요롭게 하려는 시도를 소중하게 만들어 주는 같은 길이기도 하다.

준비하기

앞으로 오는 대부분의 경험들을 제대로 하려면…….

줄이 쳐진 것이든 아니든 상관없이 당신의 미적 감각을 자극하는 빈 도화지를 준비하라.

그리고 당신을 기분 좋게 해 주고 직관적으로 당신의 요구에 적합하다고 느껴지는 크기의 그림판을 마련하라. 당신의 손가락이 종이의 질과 공명을 이루고 있음을 확인하라. 이제 당신의 손에 맞는 그림 도구를 골라라. 당신은 많은 색깔을 쓰고 싶은가? 당신의 크레용의 모양이나 느낌을 좋아하는가? 마커는 어떤가? 분필은? 아니면 펜이나 연필은? 이들 모두는 어떤가? 이들을 우세 손이 아닌 손으로 사용해 보도록 하라. 이들 각각의 무게나 냄새를 시험해 보아라. 당신이 원하는(want) 것보다도 무엇을 더 **요구**(need)하는지 내적으로 귀를 기울여 보라.

자, 그들을 따로 떼어 놓으라.

그다음에는 앞으로 진행 과정에 대해 당신의 들어주는 파트너와 대화를 하는 것이 도움이 될 것이다. 당신들을 얼마나 자주 만나는 것이 좋을까? 주의를 기울여 듣기가 좋은 장소는 어디일까? 어떻게 듣는지에 대해 특정한 지침이 필요한가? 당신이 만약 도움을 받는다면 어디서 받아야 할까? 이런 파트너십에 대해 가지는 걱정이나 기대에 대해 그것이 무엇이든 간에 함께 고민해 보는 것이 서로 간에 편한 관계를 만들기 위한 좋은 첫걸음이 될 것이다. 이것이 첫 대화일지라도, 유유히 서로 주고받는 리듬을 발견할 수 있는지 알아볼 수 있다.

자, 이제 우리는 주요 동맹으로서 서로에게 친절한 태도를 가지고 출항하도록 하자.

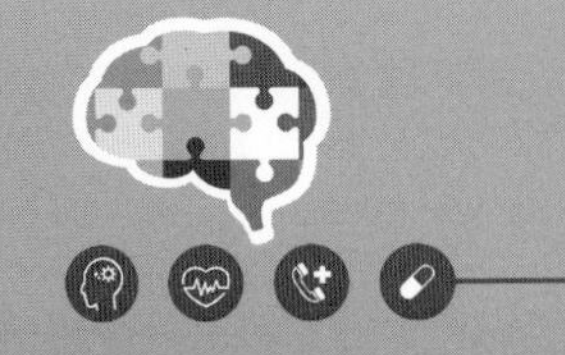

제1장 비판단적 공간 열기

우리의 내적 세계로 나가기 위한 초대에 대한 우리의 반응에 대해 친절함을 가지고 잠깐 지켜보는 것으로 이 장을 시작하도록 하자. 우리 몸은 아마도 우리에게 우리가 안도, 조심, 불안, 흥분 및 그 외에 많은 가능성들을 경험하고 있다고 신호를 보내고 있을 것이다. 이들 메시지에 주의를 기울이면 **걱정**과 **즐거움** 등과 같은 감정들을 알아차리게 되고 이것이 정점에 이르게 되면 이들에 해당하는 **죄어드는 위장** 혹은 **부푼 가슴**과 같은 단어들이 우리의 의식 안으로 들어오게 될 것이다. 그 감정에 대한 이유를 설명하는 것보다 그 감정을 정확하게 표현하는 것이 우리의 편도를 안정시켜 준다(Hariri, Bookheimer, & Mazziotta, 2000). 이런 안정화가 감정에 이렇게 단어를 붙여 주는 것이 2개의 뇌 반구를 함께 작용하도록 해서 조절을 촉진시켜서인지, 아니면 한 가지 마음 상태가 다른 마음 상태에 의해 내적으로 이해가 된다고 느껴서인지, 아니면 이 둘 다에 의해서인지에 대해서는 연구결과가 없다. 어떤 경우라도 우리는 그 순간에 우리의 상태를 친절하게 알아차림으로써 우리의 뇌가 조절의 회로를 만들 수 있도록 도와줄 수 있다. 지금 여기에 현재 당신의 기분을 서술적인 용어를 사용해서 써 보도록 하라.

____

____

____

____

____

우리는 또한 잠깐 멈춰 달라고 요청을 받아 보면 우리가 얼마나 조급해하고 있는지 알 수 있다. 우리 중 많은 사람들이 삶의 속도가 순식간에 빨라져서 매 순간의 경험이 주는 내적인 속삭임을 들을 수 없게 되었다. 이렇게 오랜 세월의 '빨리 빨리'에 의해 만들어진 우리의 신경계 패턴과 축적된 신경 강도가 속도의 변화에 대해 불편함을 느끼거나 저항하게 만들 수 있다. 오랜 시간 강화된 습관의 경우, 아주 작은 변화도 새로운 신경 패턴이 힘을 얻기까지는 주의 집중, 전념 및 인내를 필요로 한다. 나는 비타민을 사기 위해 새로운 곳으로 가야 했는데, 이렇게 새로운 장소로 가는 것에서 오는 익숙하지 않음 때문에 많은 저항을 느껴야 했다. 만약 우리가 이 장을 여유롭게 시작하는 것에 대해 저항을 느낀다면, 이것은 우리가 속도라는 측면에 연결되어 있는 방식을 반영하는 것일 가능성이 높다. 그렇다면 우리는 이것을 친절함을 가지고 자신도 모르게 속도를 내려고 밀어붙이는 것에 대해 알아차려서 이에 대한 몸의 감각을 확인하고, 이들 감각이 몸의 반응과 느낌에 대한 적절한 단어를 찾도록 하라. 그리고 여기에 그것에 대해 쓰도록 하라.

속도에 대한 대가가 크기 때문에 우리는 속도를 늦추어야 한다. 우리가 우리 자신의 내적인 면과 접촉하고 있지 못하면 우리는 대인관계에서도 황량해질 뿐만 아니라 모든 인간 사이에 공명을 이루는 지속적이고 아주 미묘한 메시지로부터도 차단될 것이다. 스포트라이트를 받고, 어쩔 수 없이 나를 멈추게 하는 상황에서 나는 '보행' 신호를 위해 기다리고 있는 젊은 여인을 힐끗 보게 되었다. 그녀는 나의 눈길에 반응하였고 우리는 순간 서로 인간적인 눈길을 나누었으며 그것이 나를 따뜻하게 만들었다. 이 만남은 오랫동안 따뜻함과 연결의 감각으로 지속되었고, 특히 우리가 우선적으로 주의를 기울일 때 서로의 뇌와 마음에 지속적으로 피드백하는 방법을 강하게 상기시켜 주었다. 앞으로 마주하게 될 장들을 통해 짧은 휴식시간이 많이 주어질 것이고, 이것은 우리에게 이런 알아차림이 특성이 되어 우리 자신과 타인 모두와 연관해서 자연스럽게 나타날 수 있을 때까지 우측 양식에서 오는 지속적인 메시지의 흐름을 듣는 습관을 만드는 데 도움을 줄 것이다. 이렇게 속도를 늦추고 '함께(with)'하는 능력이 우리의 개인적인 일관성에, 아이들에게 안정적인 애착을 제공해 주는 데 필요한 우리의 능력에, 그리고 환자를 위해 치유적인 분위기를 만들어 내는 우리의 능력에 가장 크게 이바지하게 될 것이다.

친절하게 관찰하기

우리는 이러한 연습을 할 때 그냥 관찰하는 것이 아니라 사려 깊게 관찰하는 것을 강조한다. 왜냐하면 우리는 안녕의 주관적인 경험과 조율된 관계 능력으로 연결되는 우리 뇌의 일관성을 향한 자연스러운 흐름과 협동하려 하기 때문이다. 이 통합적인 과정은 **분화**(differentiation)와 그리고 뒤따르는 **결합**(linkage)의 두 단계를 밟는다. 우리의 마음을 관찰할 수 있는 능력이 발달하는 것은 우리의 뇌와 마음에서 일어나는 순간순간의 사건으로부터 분리되어 우리 자신을 경험할 수 있도록 허용해 주는 분화의 활동 결과다. 친절함은 우리의 관찰하는 마음을 편안함과 이해의 부드러운 손길을 통해 이들 에너지와 정보의 흐름과 결합시켜 준다. 이 둘이 합쳐져서 애착의 경우와 유사한 경로를 사용하는 것으로 보이는 뇌의 통합 회로를 완성시킨다.

잠깐 시간을 내어서 이를 당신에게 적용시켜 보자. 첫째, 조용한 장소로 옮겨서 당신 몸의 경험, 감정 및 생각의 흐름을, 이들 중 어떤 것도 당신이 아님을 느끼면서 관찰해 보라. 이런 식으로 관찰할 때 당신의 몸은 어떻게 느끼는가? 이런 관찰에 더해 당신의 경험 모두를 기꺼이 받아들이고, 몸의 변화에 주의를 기울이면서 친절함을 추가해 보라. 이런 식으로 몇 번을 반복하고 이런 두 종류의 관찰에 대한 당신 몸의 반응에 대해 아래에 적어 보도록 하라.

수용으로 가는 길

온전하게 수용적인 상태의 마음을 위해 우리 존재 안에 어떻게 공간을 만들 수 있을까? 이것을 다르게 말하면, '우리가 생생한 경험의 존재하에도 어떻게 돌보아 주는 관찰자로서 온전히 머무르는 능력을 더 키울 수 있을까?'로 표현할 수 있다. 고대로부터 내려오는 명상 및 정신적인 문화의 전통에 도움을 받아, 우리는 **현재 순간에 집중을 유지하면서, 충분히 이완되어 수용으로 갈 수 있게 되는 기반으로서 우리의 마음을 한 가지 경험(호흡, 발 딛기)에 주의를 기울이는 능력을 키우는 것**으로 이를 시작할 수 있다. 수용을 정립하기 위한 시도로서 하나에 집중하는 능력을 우선 발전시킬 수 없으면 우리는 정상적으로 훈련할 수 없고, 훈련되지 않은 마음은 감각적인 경험 혹은 기억 속으로 방황하게 될 가능성이 크며, 돌보아 주는 관찰자는 자기의 길을 잃어버리게 될 가능성이 높다. 대니얼 시겔(Daniel Siegel, 2007)은 알아차림의 바퀴 중심과 각 개별적인 경험의 바퀴 둘레 및 이들을 함께 이어 주는 바큇살을 가진 바퀴로 마음에 대한 은유를 제시하였다. 우리가 의지적으로 우리의 집중력을 충분히 바퀴 중심에 머무르게 훈련하게 되면, 주의를 집중한 마음의 상태는 이것이 하나의 성향이 되어서 바퀴 둘레 위에 어떤 점이라도 바로 알아차릴 수 있는 우리의 능력을 지지해 주게 된다. 훈련을 지속해서 발전되면 우리는 돌보아 주는 관찰자로서 바퀴 중심에 머무르는 것을 선택할 수 있게 되고, 이렇게 되면 내적으로 어떤 일(감각의 형태로 나타나는 기억, 생각, 느낌, 행동에 대한 충동 등등)이 일어나든 아니면 외부로부터 우리에게 오는 어떤 것(감각 및 관계상의 경험들)이든 친절함을 가지고 알아차릴 수 있게 된다. 그러나 우리가 바퀴 중심에 간헐적으로 머물거나 제대로 머무르지 못한다면 충분한 강도를 가진 신경 발화가 일어나지 못해 우리를 바퀴 중심에서 끌어내어 복잡하게 뒤얽힌 경험 속으로 빠지게 만들 것이다([그림 1-1]을 보라).

나는 지금 앉아서 글을 쓰고 있는데 나의 돌보아 주는 관찰자는 대부분 나와 함께 해 주고 있다. 나의 마음 안에 생각의 흐름에 집중하면서 나는 친절함으로 이 과정을 감싸 안으며 내가 하고 있는 집중에 대해 알아차리고 있다. 물론 집안에서 나는 다른 소리에 대해서도 알아차리고 있지만 그 소리들은 대부분 주변에 머무르고 있어 내가 쓰고 있는 마음과 돌보아 주는 관찰자로부터 집중을 그렇게 많이 빼앗아 가지 않는다. 다람쥐가 창가를 가로질러 뛰어가고 비글 종인 라일리가 바로 내 옆에서 큰 소리로 짖어 댄다. 돌이켜 보면, 나는 신경계가 지각된 위험에 대해 주의를 기울일 수 있게 나를 바퀴 둘레 쪽으로 잡아당겨 갑자기 활성화되고 있는 것을 알아차리고 있다. 나의 모든 알아차림이 바퀴 중심에서 바퀴 둘레로 전환되면서 나의 돌보아 주는 관찰자와 집중하고 글을 쓰는 마음은 사라져 버린다. 그러나 이런 변화 뒤에 교감신경계가 잔잔해지면서 마음은 다시 바퀴 중심으로 돌아오게 되고 다시 글을 쓸 수 있게 생각 및 단어와 연결될 수 있도록 해 준다. 잠시 후 나는 내 마음이 마감일자, 친구의 병, 오늘 저녁 개에게 줄 먹이가 충분히 있는지 없는지 그리고 그 외에 일상의 일부분인 계속되는 불확실성으로 인한 걱정에 빠지면서 어느 순간 글 쓰는 일이 주변으로 밀려나고 나의 돌보아 주는 관찰자도 사라졌었다는 것을 알아차린다. 과거에 대한 걱정과 이것이 미래에 어떤 영향을 미칠까에 대한 걱정이 나로 하여금 의식적으로 현재 순간에 집중하는 것에서 멀어지게 만든다. 이것은 더 넓은 나의 돌보아 주는 관찰자적인 마음의 범위를 잠깐 벗어난 짧은 시간 여행을 경험한 것이고, 파도처럼 움직이는 내적 사건에 반응해서 바퀴 둘레 위의 한 점에서 또 다른 점으로 이리저리 흔들린 것이다. 우리의 마음은 집중할 수 있는 능력의 강도를 더 키우고 돌보아 주는 관찰자의 강도를 더 키워서 이렇게 현재 순간에 집중하는 마음의 상태가 점진적으로 우리 존재의 안정적인 일종의 특성으로 전환될 수 있게 해야 한다.

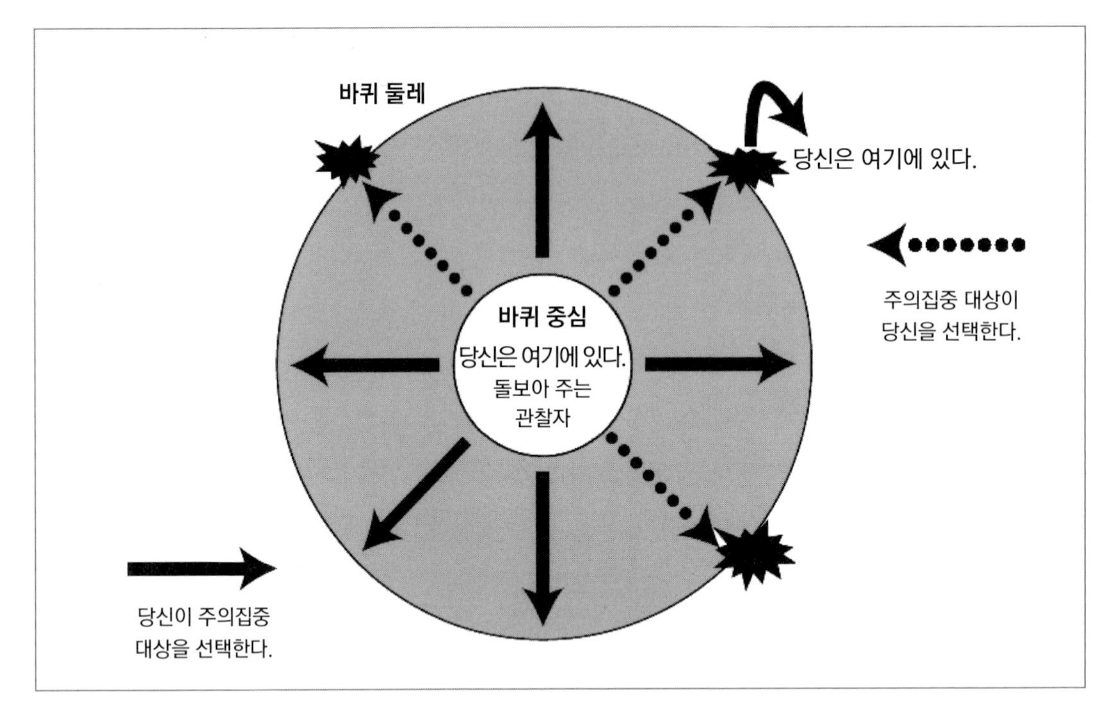

[그림 1-1] 대니얼 시겔(2007)이 제시한 알아차림의 바퀴

하루를 통해, 우리는 자기감이 외적이나 혹은 내적인 사건에 의해 좌지우지되는 바퀴 둘레에 있거나 아니면 바퀴 중심에 머무르면서 우리가 선택한 바퀴 둘레의 어떤 점에 대해 알아차림을 집중하거나 한다. 이렇게 할 수 있는 우리의 능력은 우리가 근육을 강하게 만드는 것과 같이 주의집중과 이의 반복을 통해 주의집중력을 강화시키는 노력에 달려 있다.

사건의 흐름 안에 머물러 있으면 우리는 바퀴 중심의 경험이 두 요인으로 이루어진다는 것을 알 수 있게 된다. 그중 하나는 우리에게 다가오는 모든 내적인 자극이나 외적이 자극에 의해 이끌리지 않고 우리가 선택한 대로 주의력을 집중할 수 있도록 해 주는 것이고, 또 다른 하나는 우리의 내적 삶을 끌어안을 수 있게 해 주는 좀 더 넓은 관점을 우리에게 부여해 주는 것이다. 이들 두 층은 신경 통합이 점차적으로 증가하는 것을 반영해 줄 가능성이 있는데, 신경 통합은 집중하는 능력을 증가시켜 주고 신체와 변연계의 급증하는 통합에 있어 중요한 역할을 하는 전부 대상회(Brefczynski-Lewis, Lutz, Schaefer, Levinson, & Davidson, 2007; Holzel et al., 2007)와 섬엽을 통한 중간 전전두엽 회로와 함께 우리의 돌보아 주는 관찰자의 깊이와 강도를 확장시켜 준다(Lazar et al., 2005). 이런 상태에 더 안정적으로 안착되면 우리는 자신이 우리의 몸 안과 관계 안에서 일어나는 오고 가는 경험 이상의 무엇이라는 것을 깨닫게 되고, 이런 확장적인 마음의 상태는 모든 신경 발화가 펼쳐질 수 있는 공간이 되어 준다. 이렇게 내적 시각이 성숙해지고 또 신경적으로 뿌리내리게 되면, 우리는 우리 자신이나 남들에 대해 좀 더 쉽게 비판단적인 수용적 자세를 지닐 수 있게 된다([그림 1-2]를 보라).

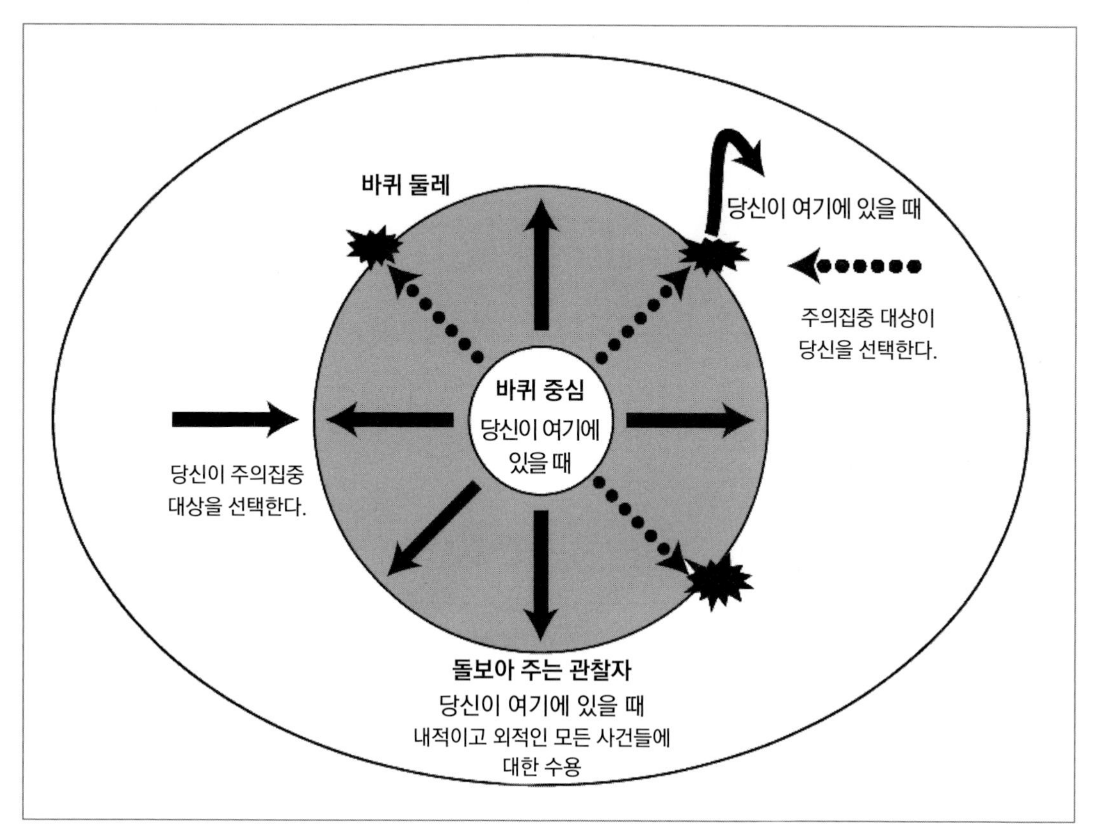

[그림 1-2] 바퀴 중심의 경험에 대한 새로운 차원의 출현

부가적인 연습을 통해 바퀴 중심은 헤매는 마음의 경험 및 집중된 마음의 경험 모두를 끌어안기에 충분할 만큼 커질 수 있게 된다.

잠깐 시간을 내어서 바퀴 중심과 바퀴 둘레 경험 사이에 무엇이 다른지를 느껴 보도록 하자. 최선을 다해 우리를 돌보아 주는 관찰자로 있도록 하면, 우리는 마지막 몇 분간의 생생한 경험을 마음 안으로 들어가게 만들 수 있다. 바로 여기에서부터 우리는 선택한 하나의 목표물에 대해 집중력이 강해지는 순간을 알아차리게 될 수 있게 된다. 이는 마음이 자극에 따라 이리저리 방황하는 그런 순간들과는 비교가 되는데, 이런 방황하는 마음은 내적이나 외적인 자극에 반응해서 자동적으로 일어나는 신경 발화에 의해 나타난다. 이런 알아차림에 더해 우리는 부가적인 새로운 질의 경험을 느낄 수 있게 되는데, 이것은 지금 우리가 마지막 순간에 성찰을 통해서 하고 있는 것으로, 우리 마음의 일부가 오고 가는 정신적 활동을 친절함으로 관찰하면서 집중과 방황의 경험 모두를 바라볼 수 있게 되는 것을 말한다. 이런 경험을 단어로 표현하는 것이 종종 명료함을 증가시켜 주고 이에 대해 물어보는 것은 종종 알아차림에 대한 문을 열어 준다. 따라서 여기에 우리의 내적 경험을 정의하는 데 좀 더 집중할 수 있게 해 줄 수 있는 몇 가지 질문을 기술하였다.

- 방황하는 상태에서 당신의 몸과 신경계는 어떻게 느껴지는가?
- 집중하는 상태에서 당신의 몸과 신경계는 어떻게 느껴지는가?
- 돌보아 주는 관찰자의 상태에서 당신의 몸과 신경계는 어떻게 느껴지는가?
- 각 경험이 가진 감각 질(feeling quality)은 어떤 것인가?

당신이 발견한 다른 점에 대해 서술적인 용어를 사용해서 써 보도록 하라.

___

___

___

___

___

___

___

___

___

___

___

___

이 페이지 모서리를 접어 표시해 놓고 당신이 현재 이 순간에 했던 경험에 대해 친절하게 관찰하는 이 연습을 앞으로 며칠이고 몇 주에 걸쳐 많이 반복하는 것이 당신의 마음이 훨씬 더 쉽게 그리고 정확하게 이런 전환들을 나중에 돌아볼 때만이 아니라 나타나는 그 순간에도 알아차리고 추적할 수 있는 능력을 만들고 발전시키는 데 도움을 줄 수 있을 것이다.

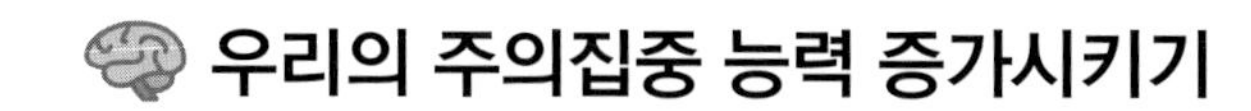

우리의 주의집중 능력 증가시키기

이런 능력을 더 발전시키기 위해 우리는 불교의 전통에서 빌려 온 마음챙김 연습에 전념할 필요가 있다. 마음챙김의 여러 변형들이 현재는 스트레스 감소, 정신 및 육체적 치유, 만성 통증 관리 및 진행되고 있는 어려움에 마주하고 있음에도 불구하고 안녕감을 올리는 방법으로 종교적이 아닌 일반적인 상황에서 사용되고 있다(Kabat-Zinn, 2003, 2005; Kabat-Zinn, Lipworth, Burney, & Sellers, 1986; Miller, Fletcher, & Kabat-Zinn, 1995). 이렇게 매일 하는 훈련은 우리의 주의집중 능력을 강화시켜 주고 뇌기능에 변화를 가져다주며 점차적으로 뇌의 구조를 변화시켜 줄 뿐만 아니라 돌보는 관찰자의 성장을 도와줄 것이다(Lazar et al., 2005). 이것이 기술적으로는 매우 간단하다. 그러나 특히 처음에 시작하는 것이 쉽지가 않다.

집중력 키우기

신체적으로 준비를 하고 조용하고 편안한 장소를 찾아서 발을 바닥에 대고 의자에 앉거나 의자나 바닥에 책상다리를 하고 앉도록 하라. 허리를 곧게 하는 것이 도움이 되고 발과 손은 가장 자연스럽게 그리고 편안한 자세로 두도록 하라.

편안함을 느끼면, 눈을 감고 당신의 콧구멍을 통해 오고 가는 호흡의 **감각**에 주의를 집중하도록 하라. 이것은 호흡에 대해 생각하는 것과는 다른 것이다. 당신의 마음을 들숨의 신체적인 감각에 집중하고 그다음에는 날숨의 신체적 감각에 집중하도록 하라. 호흡을 하면서 당신의 콧구멍에서 느껴지는 온도의 변화나 혹은 당신의 가슴이나 배의 운동에 집중하도록 하라. 호흡의 움직임에 더 주의를 집중하기 위해 당신의 손을 가슴이나 배에 올려놓을 수도 있다. 매일 콧구멍, 가슴 혹은 배 중에서 당신이 가장 자연스럽게 집중할 수 있는 부위의 감각에 집중하는 시간을 가지도록 하라. 호흡의 깊이나 지속시간을 변화시킬 필요는 없다. 단지 감각에 집중하라.

마음이 방황하면, 당신의 마음이 정상적인 활동에 관여하고 있음을 따뜻함을 가지고 비판단적으로 지켜보고 난 뒤 그냥 부드럽게 호흡의 감각으로 되돌아오도록 하라.

매일 이것을 적어도 20분 반복하는 것이 집중력을 더 크게 키워 주는 데 좋은 시작점이 될 것이다.

천천히 시작한다는 마음을 가지고 지금 바로 하던 일을 멈추고 시작하는 것이 도움이 될 것이다. 그런 뒤에 다음 페이지에 있는 마음챙김적 알아차림 일지를 잠깐 적도록 하라.

연습을 시작하면, 당신의 경험을 당신의 들어주는 파트너와 공유할 수 있는 시간을 가지는 것이 내적으로 집중한 후에 대인관계적으로 연결되는 일련의 패턴을 만드는 데 도움이 될 수 있다. 함께 마음챙김적 알아차림을 하고 관계를 조율하는 것(대니얼 시겔이 2007년 의식의 통합과 대인관계적 통합이라고 부른 것)은 우리가 환자들에게 제공하기를 원하는 치유 경험에 대해 기초를 만들어 주기 때문에 우리들만의 과정을 함께 연습하는 것이 매우 도움이 될 것이다.

우리는 여기에서 명상 연습 중 가장 흔히 하는 유형 중 하나를 소개하고 있다. 당신은 소리를 이용하거나, 앉아 있으면서 심상을 이용해서 집중하거나 아니면 걸으면서 걸음걸이에 집중할 수도 있다. 이런 방법들이 호흡 이외에 집중력을 키우는 데 많은 도움이 되기 때문에 시도해 볼 것을 권고한다. 그러나 새로운 신경망이 규칙적인 경우에 강화되기 때문에 궁극적으로는 한 가지를 지속적으로 연습할 수 있게 습관을 만드는 것이 가장 좋은 결과를 가져 오게 할 것이다. 만약 당신이 호흡 명상에 대해 좀 더 깊게 들어가고 싶어 한다면 당신은 지속적으로 감각에 집중하여 들숨이 몸 전체를 통해 퍼져 나가는 것을 느끼고 이것이 방 전체에 그리고 궁극적으로는 우주를 통해 퍼져 나가는 느낌을 느낄 수가 있을 것이다. 이 연습을 서둘러서 다음 단계로 넘어가려 하지 말라. 실제로 다음 수준으로 넘어가기 전에 우리 자신을 더 익숙하게 만들고 더 안착시키려 노력하는 것이 더 좋은 생각이다.

이 연습을 하다 보면 '잘 되는' 날과 '잘 되지 않는' 날이 있기 마련이다. 이런 평가를 내리는 것도 우리가 우리의 판단하는 마음을 통해서 만들어진 성공에 대한 우리의 선입견을 듣고 있기 때문이다. 우리가 친절함의 렌즈를 통해 관찰할 수 있을 때 돌보아 주는 관찰자는 우리의 마음이 어느 날은 다른 날보다 더 방황하려 하는 큰 힘을 가지고 있다는 것을 그냥 알아차릴 수 있을 것이다. 우리가 자신에게 무언가 지속적으로 나아지기를 원하는(우리가 정의한 대로) 것보다 지속적으로 연습하는 그 자체에 가치를 부여한다면 집중 훈련을 좀 더 쉽게 패턴화시킬 수 있게 만들 것이다.

많은 시간이 지나게 되면 이 연습은 현존하는 가장 오래된 불교 경전에서 사용된 언어로 알려진 팔리어로 **사마타**(samatha)라고 불리는 정신적 활동의 상태를 만들어 낼 수 있다. 사마타의 어원을 보면 이것은 정신적 초조함을 평정시켜 안정감을 지속시키고 의도적인 집중력을 수 시간 동안 지속되게 만드는 것을 의미한다(Ray, 2004; Wallace, 2006). 각각의 연습자에 따라, 또 같은 연습자라도 하는 날에 따라 마음은 다른 상태를 가져 오는 확장감, 즐거움, 평정심 및 자

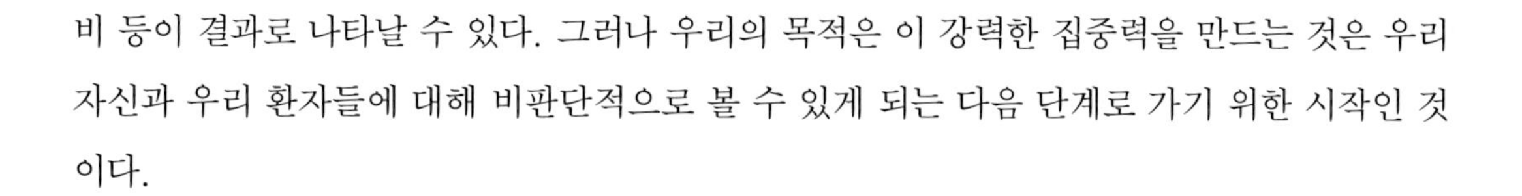
비 등이 결과로 나타날 수 있다. 그러나 우리의 목적은 이 강력한 집중력을 만드는 것은 우리 자신과 우리 환자들에 대해 비판단적으로 볼 수 있게 되는 다음 단계로 가기 위한 시작인 것이다.

마음챙김적 알아차림 일지

명상 연습에 대한 당신의 **경험**과 **판단**에 대해 부드럽게 서술하기 위해(설명하는 것이 아닌) 이 페이지를 사용하도록 하라. 당신의 경험과 판단과 관계있는 당신의 신체 감각, 신경계 활성화 및 감정 고조를 좇아가도록 하라. 당신이 비록 집중과 수용에 대한 이런 연습에 경험이 많은 연습자일지라도 이렇게 쓰는 연습을 하는 것이 도움이 될 것이다. 당신 마음속에 어떤 이미지가 떠오르면 이 일지에 그것을 그려 넣는 것이 도움이 된다. 만약 당신이 글을 쓰고 그림을 그려 넣는 것이 도움이 된다는 것을 알게 된다면 이 페이지들이 다 채워진 후에도 이런 내적 탐색에 대해 당신이 따로 구입한 일지에 계속해서 적어 보도록 하라.

앉아서 수용 안에 머무르기

이제 우리는 의식 안에서 일어나는 모든 것을 받아들이는 연습에 주의집중하려는 노력을 너무 꽉 잡지 않으려 한다. 나는 눈을 감고 잠깐 여기에 앉아 의자에 닿아 있는 내 몸, 바닥에 닿아 있는 내 발, 창문을 때리는 빗방울, 자고 있는 우리 강아지의 조용한 코골이 소리, 내 심장이 뛰는 소리, 마음챙김적 알아차림이라는 단어를 가지고 놀고 있는 내 생각, 마치 요람에서 흔들리고 있을 때처럼 나의 몸을 통해 흐르는 에너지의 흐름, 나의 입가와 눈가를 찡긋하게 하는 작은 미소 및 내 머리의 각도 등등 모든 내적 · 외적 경험에 대해 기꺼이 받아들이면서 이들이 알아차림 안에 밀려왔다가 다시 빠져 나가는 것을 알아차리고 있다. 이 중 몇몇 경험은 나를 잡아채서 바퀴 둘레에 있는 자신들의 자리로 끌어내는 것처럼 보인다. 예를 들어, '우리 강아지에게 저녁을 줄 사료가 충분히 있을까?', '내가 준비해야 하는 것은 아닌가?'와 같은 생각이 그것이다. 그러나 이들도 대부분 몇 분 정도 지속될 뿐, 나는 좀 더 큰, 그리고 좀 더 영속적인 자기 안에서 일어나는 이 모든 활동인 주관적인 경험을 즐기면서 나의 돌보아 주는 관찰자 안에 그대로 머무를 수가 있다. 이런 마음 상태에서 나는 수용의 느낌과 유머를 느끼고 가슴에서 따뜻함과 충만감을 느낀다. 나는 개 먹이를 걱정하는 것에 대한 비난이 스쳐 지나가는 것을 느끼지만 나는 내가 판단하고 있다는 것을, 또 판단하고 있다는 사실을 알아차리면서 그것을 내가 할 수 있는 한 최대한으로 친절함을 가지고 감싸 안는다. 이와 같은 순간에는 유머가 꼭 필요하다.

만약 우리가 주의집중 능력 발전에 대해 좀 더 여유를 가지고 거리를 둔다면, 우리는 수용 안에 머무르게 되고, 이렇게 되면 순간순간 경험에 대한 알아차림을 지지해 주고 뒷받침해 주는 집중적인 알아차림 내에 내재하고 있는 질적인 느낌을 알아차릴 수 있게 된다. 우리는 내적으로 확실하게 뿌리를 내리고 있기 때문에 새롭게 발생한 사건들이 우리를 그렇게 쉽게 바퀴 둘레로 끌어내지 못한다.

이제, 눈을 감거나 뜨고서, 등을 세우고, 팔과 손은 편안하게 놓고서 앉아서, 잠깐 동안 수용 안에 머무르려 노력해 보자. 그리고 이에 대해 마음챙김적 알아차림 일지에 적어 보도록 하라. 이렇게 하는 것은 당신으로 하여금 경험 그 자체뿐만 아니라 경험에 대한 당신의 판단, 그것이 부정적이건 긍정적이건 간에, 까지도 따뜻함을 가지고 알아차리는 데 도움을 줄 것이다. 당신은 호흡에 집중하는 것과 앉아서 수용성 안에 머무르는 것에 대한 주관적인 경험 사이에 차이가 있음을 알아차리게 될 것이다. 만약 당신이 그렇게 쓰고 그리는 것이 당신의 경험을 풍부하게 만들어 준다는 것을 깨닫게 된다면 계속해서 매일 자기 성찰을 시도하고 그것을 여기에 있는 일지에 기록하고 또 당신의 개인 일지에 기록하도록 하라. 다음 방문 시에 당신의 들어주는 파트너와 수용성에 대한 당신의 경험을 공유하게 되면 그것이 이 연습의 깊이를 더 깊게 해 주고 공고하게 자리 잡게 도와줄 것이다.

치료적으로 함께 있어 주는 존재(therapeutic presence)를 위한 기반으로서 명상

우리를 관계적 인간 및 치료자로서 특히 효과적으로 만들어 주는 마음의 이런 면을 발전시키는 데 있어 특별히 적절해 보이는 한 가지 접근법은 우리가 명상할 때마다 이 두 가지 연습을 병합해서 하는 것이다. 즉, 호흡에 대해 10~15분 정도 집중한 이후에, 비슷한 시간을 확장적인 수용으로 옮겨 가서 이를 10~15분간 시행할 수 있다. 이렇게 한 연습에서 다른 연습으로 이동하는 것은 주의력 집중을 수용의 장으로 옮기는 것을 촉진시켜 주고, 이것은 내적 · 외적 사건들이 순간순간에 변화무쌍하게 나타나는 근저에 자리하고 있는 안정성이 뿌리내리게 해준다. 나는 종종 이런 전체적인 과정을 경험하기도 하는데, **기저에 자리 잡고 있는 온전한 그리고 집중적인 주의력에 대한 감각을 잃어버리지 않은 채로** 마치 화살처럼 집중을 시작해서 점차 이완되어 요람 안에 있는 것과 같은 감각을 느끼게 된다.

시간이 지나면서 우리는 집중해서 유지할 수 있는 능력이 일상적인 성향으로 나타나기 시작한다는 것을 알게 될 것이다. 그리고 우리는 종종 모든 내적 · 외적 사건들에 대해 우리의 마음이 자동적으로 친절함으로 지켜보도록 한 발짝 뒤로 물러서게 된다는 것도 느낄 수 있게 될 것이다. 이런 경험이 스트레스 상황하에서 자발적으로 나타나게 될 때, 우리는 더 이상 편도의 반응이 위협적이 되어 변연계와 전전두엽 영역 사이에 연결을 붕괴시키지 않을 정도로 뇌가 통합되었다는 것을 알게 된다. 우리가 노력을 더하고 시간을 더 투자할수록 처음에는 힘을 들여야만 되었던 연습이 점차 신뢰할 수 있을 정도의 신경망으로 변화되고, 궁극적으로는 우리 성격의 영속적인 부분으로 경험될 것이다. 신경이 강화되는 이런 과정은 선박용 밧줄을 짜는 것과 유사하다. 밧줄을 짤 때 첫 번째 줄은 강하지 않고 쉽게 끊어지지만 점차 줄들이 보태져서 더 잘 짜지면 결국에는 이것이 큰 배를 흔들리지 않게 묶어 놓을 수 있게 된다.

연습을 막 시작했을 때는 흔히 수용에 집중을 유지할 수 있는 유일한 방법은 이용 가능한 한 가지 과제에 대한 경험이 오고 가는 것에 집중하면서 움직이지 않고 앉아 있는 것이다. 그러나 지속적으로 노력을 하면 우리가 하는 모든 활동의 진행 과정을 추가할 수 있게 된다. 연습이 더 완성도를 높여 갈수록 우리는 지금 진행되고 있는 것을 바라보면서 또 참여도 할 수 있는 '깊은 눈(deep eyes)'을 통해서 본다는 느낌을 알아차리게 될 것이다. **바퀴 둘레에 참여하고 있는 마음 상태와 바퀴 둘레에서 오는 현재 진행되고 있는 모든 흐름에 집중하고 있는 상태는 친절함을 지닌 주의력을 가지고 비판단적으로 지켜보는 마음 안으로 모여지게 된다.** 그래서 궁극적으로는 이들 마음의 상태들은 끊임없이 함께 작동하게 된다.

이런 유형의 광범위한 통합은 공감과 자비의 경험을 끌어낼 뿐만 아니라 이렇게 더 일관적인 신경활성화 상태에서 자연스럽게 발생하는 행동을 불러일으킨다. 우리의 위험을 인식하는 편도 회로가 전전두엽 회로와 잘 연결되어 있을 때, 우리의 행동은 상처받은 과거에 의해 덜 영향받고 공감적이고 도덕적 바탕이 단단한 배려에 의해 좀 더 유도가 되는 마음 상태에 의해 영향받게 되며, 이것은 되돌아 와서 우리 자신과 다른 사람들의 건강을 증진시키게 해 준다. 비록 사람들이 명상을 통해 얻은 이런 내적 경험을 치유되지 않은 상처에 반응해서 숨는 장소로 사용할 수 있다는 것도 사실일 수 있지만, 앞의 모든 소견은 명상이 수동성(passivity)을 이끌어 낼 수 있지 않을까 하는 흔히 가질 수 있는 염려가 신경생물학적 근거를 가지고 있는 것은 아님을 보여 준다. 불교 심리학자인 잭 콘필드(Jack Kornfield, 2007)는 자신의 치료자가 이를 '스님의 방어(monk's defense)'라고 부른다고 이야기하였다.

마음속에 숨는다는 것에 대한 경고를 염두에 두고, 최소한 당신이 이 워크북을 통해 당신의 방식을 만들 때까지 나는 당신에게 매일 이 연습에 전념할 것을 권한다. 나는 만약 당신이 그렇게 하게 되면 이는 당신의 일생을 통해 지지를 하는 힘이 될 것이라 믿는다. 이것은 비록 우리 마음의 치료되지 않은 모든 측면을 위한 따뜻하고 안전한 공간을 마련하는 것이기는 하지만, 이것은 우리 삶에 대해 펼쳐지는 이야기로 통합하기 위한 자신의 방식에 대해 자비가 가득한 수용의 방법을 찾는 것이기도 하다. 그래서 이 큰 내적 공간에 우리는 환자가 우리에게 가져 오는 모든 것을 따뜻하게 담을 수 있게 되는 것이다. 다음 장에서 우리는 암묵적 세계와 깊게 친해지기 위한 시도를 시작할 것인데 이런 과정은 우리가 현재 이 연습을 통해 만들고 있는 이 기초 위에 쉽게 기대어 이루어지게 될 것이다.

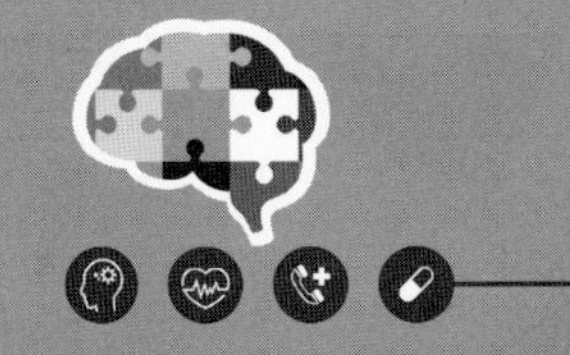

제 2 장 우리의 암묵적 바다 탐색하기

우리가 우리 자신을 차분하면서도 친절한 호기심을 가진 태도를 가질 수 있게 만들기 위해 현재 진행하고 있는 경험을 만들어 낸 기억의 뿌리와 친해지는 것부터 시작하려 한다. 우리 삶의 초기에 특히 생후 12~18개월 사이에 우리는 주로는 우측 양식 과정에 의해 신체 감각, 감정 고조, 행동적 충동, 지각 및 때로는 이미지의 조각들로 입력된 기억의 바다를 만들어 낸다. 이후 반복을 통해 이들 신경 발화들이 축적되어 정신모델이 되고 이 정신모델은 글자 그대로 우리가 헤엄치게 될 예측의 바다가 되는 데 기초가 되어 주는 에너지와 정보의 흐름으로 구성된다(Schore, 2003a, 2003b; Siegel, 1999). 이 암묵적 기억은, 물론 이후의 경험에 의해 어느 정도 변화가 되기는 하지만, 우리의 애착 경험을 부호화해서 입력하기 때문에 특히 더 중요하다(Cozolino, 2006; Schore, 2003b; Siegel & Hartzell, 2003). 이렇게 이들 신경망은 관계가 어떻게 만들어질 것인지에 대한 우리의 예상/예측에 정보를 제공해 준다. 이것들은 우리에게 감정적 의미를 가진 관계 안에서 우리가 어떻게 행동할 것인가를 유도해 준다. 그리고 공명회로를 통해, 이것들은 이렇게 확립된 패턴에 따라 우리와 관계를 맺을 가능성이 있는 사람들 쪽으로 우리를 살짝 밀어붙이기도 한다. 이런 식으로 패턴의 친숙함이 종종 경멸이라는 감정이 일어나기도 전에 관계를 맺게 만들기도 한다.

대부분의 치료관계라는 것이 흔히는 애착 경험적인 요소를 가지고 있기 때문에 이런 암묵적 기억은 첫 만남에서부터 치료적인 정서적 친밀감 안에서 작동한다. 우리 환자들은 자신의 삶에 있어 취약한 부분을 모르는 사람과 나누겠다는 내적 결정을 하고 우리를 만나러 온다. 가장 깊은 수준에서, 그들의 유전적으로 뿌리를 둔 연결을 찾으려 하는 경향성은 그들이 조율과 무조건적인 수용에 대한 내재화된 욕구를 가지고 있음을 의미한다. 이런 연결에 대한 무언의 요청은 우리뿐만 아니라 환자들 안에 있는 애착 회로를 건드리게 될 것이다(Schore, 출판 중). 사실상 우리가 수련받기 위해 선택하는 치료 유형이나, 우리가 이런 유형의 치료를 적용하는 방법은 적어도 부분적으로는 우리 자신의 애착 경험에 의해 유도된다고 이야기할 수 있다. 우리는 이 문제에 대해 앞으로 제3부에서 좀 더 자세히 살펴볼 것이다. 당연히 이런 패턴은 우리가 치료관계를 포함해서 앞으로 펼쳐질 관계에 대해 본능적으로 어떤 기대를 가질 것인가에 대한 내적인 암묵적 틀을 형성한다. 만약 우리가 조율하는 데 있어 심각한 문제를 가진 거부적인 패턴에 의해 만들어진 암묵적 패턴을 가지고 있다면 우리는 우리 환자들의 애착에 대한 무언의 요청 신호를 전혀 알아차리지 못할 것이다. 우리 중 혼란스러운 가정환경에서 자라난 사람은 자신의 암묵적 세계가 우리가 환자를 만날 때 앞으로 혼란이 폭발하게 될 것이라 예상하고 있기 때문에 불안감을 느끼게 될 것이다. 만약 우리가 운 좋게 우리를 안정적인 애착으로 이끌어 주는 확고한 애착을 가진 부모를 만날 수 있었다면 우리 환자들은 따뜻함으로 반길 가능성이 높고, 환자들이 가진 회복 탄력성에 대해 믿음을 가지고 앞으로 펼쳐질 환자들의 감정적으로 생생한 여행을 끌어안을 수 있는 충분한 내적인 공간을 가지고 있을 가능성이 높다. 주로 우측 양식 과정에 위치하고 있는 이런 내적인 가정의 영향은 매우 크지만, 우리의 지각은 우리의 내적인 암묵적 세계의 속삭임에 의해 끊임없이 변화하기 때문에 흔히 이를 알아차릴 수가 없다.

잠깐 짬을 내어 앞 단락에서 한 이야기로 인해 떠오르는 어떤 암묵적 경험에 대해서든 친절함으로 알아차려 보도록 하라. 대니얼 시겔이 **마음보기(mindsight)**(2010a, 2010b)라고 불렀던 것을 행동으로 옮기기 위해 주의력을 안으로 향하게 하고 거리를 둔(distant), 혼란스러운(chaotic), 그리고 친절하고 안정적이라는 서로 다른 유형의 애착에 대한 단어로 인해 당신 안에서 일어나는 감정의 흐름이나 신체적인 감각 중 어떤 것이라도 알아차리도록 해 보라. 그리고 당신이 알아차린 것에 대해 써 보도록 하라. 각 패턴에 대한 당신의 내적 경험에 대해 **설명하려고** 하기보다는 그냥 **서술하도록** 하라. 이렇게 쓰는 것이 우리로 하여금 에너지와 정보의 이런 흐름과 함께 현재에 머무를 수 있게 해 준다. 반면에 설명은 우리를 좌측 양식 기능으로 끌어내 버린다. 우리가 이들 경험을 함께 하나로 이야기 안으로 연결시킬 시간이 올 것이다. 그러나 지금 우리는 단지 우측 양식 과정에 대해 내적 귀를 더 열고 이를 듣는 우리의 능력을 더 확장시키려 노력해야 한다.

그런 뒤에 잠깐 시간을 내서 당신이 당신의 감각이나 감정에 대해 앉아서 비판단적으로 훈련하고 있는 것에 대해 비판적이거나 혹은 축하하는 반응을 하고 있지 않는지에 알아차려 보도록 하라. 흥미롭게도 축하하는 것은 비판의 다른 면으로, '자기 자신이 옳다.'라는 판단인 것이다. 이 둘은 모두가 우리를 친절함을 지닌 관찰과 안정된 신경계로부터 멀어지도록 끌어내 버린다. 판단적인 상태에서 관찰적인 상태로 전환되는 경험을 하게 되면 이 둘에 대해 다음에 간략하게 적도록 하라.

우리가 앞의 장과 이번 장을 하면서 우리 속 아주 깊이에 있는 기대를 만든 우리들의 여러 종류의 초기 애착들에 대한 알아차림을 더 깊게 할 수 있을 것이다. 우리가 앞으로 제5장과 제6장을 하면서 우리는 이런 근원적인 경험들에 대해 명명을 할 수 있게 될 것이다. 지금은 첫

걸음으로 그것이 무엇이든 간에 우리가 공유하기를 원하는 암묵적 세계에 관심을 기울이려 한다.

암묵적 기억 인식하기

우리 안에 있는 암묵적 기억에 파묻혀 있다는 사실을 단지 인지적으로만 인식하는 것이, 우리가 그들에 대해 충분히 인식할 수 있거나 우리에게 문제가 되는 암묵적인 기억들을 치유하는 데 관심을 기울이지 않는다면, 우리에게 그렇게 도움이 되지 않는다고 말할 필요도 없을 것이다. 그러나 암묵적 기억의 바다에서 일어나는 파도에 대해 본능적으로 알아차린다는 것은 우리에게는 꽤 힘든 도전이다. 우리는 우리의 기억을 다음과 같이 보여 주곤 한다. "우리가 동네 아이들과 걷던 해변에서 당신의 첫 바다의 별을 발견했던 때가 기억이 나니?" 이런 질문에 의해 불러내는 외현적 기억은 **과거에 일어났던 것, 시작과 중간** 그리고 **끝**이 있는 것, **장면들**과 연관되어서 그리고 아주 **쉽게 의식적인 알아차림으로 불러낼 수** 있는 것으로 경험된다. 그러나 암묵적 기억은 이와 아주 다르다. 그들은 일상적인 시간의 흐름에서 벗어나 있고 그래서 우리에게 기억의 감각은 우리를 과거에 빠져 있는 것처럼 느껴지게 만든다. 실제로 그들은 끊이지 않고 지속되는 **신체 감각, 감정 고조, 자동적인 행동적 충동 및 지각적인 왜곡** 등으로, 우리와 함께해서 현재의 모든 경험에 영향을 준다. 다르게 이야기하면, 그들은 우리의 일상적인 시간 감각과 통합되지 않고 있어, 지속적으로 펼쳐지는 우리 삶 안에서 이들은 **영원히 현재인 체화된 과거**(eternally present, embodied past)인 것이다. 우리가 주의를 집중하기 시작하면 우리가 내적·외적인 자극에 반응해서 올라가고 내려가는 파도를 지닌 바다를 지니고 살고 있다는 것을 알아차리게 될 것이다.

종종 이들은 무언의 경험으로 나타나고 그들이 형성되었던 사건들과 결부되는 어떤 장면도 없이, 흔히는 의식적인 알아차림 이하의 수준에서 이루어진다(이것은 이들이 의식될 수는 있지만 대부분 그렇지 않다는 것을 의미한다). 이들은 대부분 우리가 우리 자신 혹은 남들과 지속적으로 관계를 맺는 방식으로 표현되고, 우리 삶이 앞으로 어떻게 펼쳐지기를 바라는지의 광범위한 패턴 안에서 드러난다. 우리가 이런 패턴들에 집중할 수 있는 능력을 만들어 나가기 시작하면 우리는 각각의 관계적 만남을 형성하는 데 있어 이들이 얼마나 강력한 역할을 하는가를 볼 수 있게 될 것이다. 이와 함께 우리는 관계가 더 친밀할수록 암묵적 형성력이 더 크게 작용하고 있다는 것을 인식하게 될 것이다. 우리는 배우자나 아이들과는 애착의 끈이 너무 강력해서 이들 패턴이 아주 깊게 섞여 있다. 장기적인 치료적 관계가 치료자와 환자 모두에게 이와 같은 풍부한 깊이를 가질 수 있게 하는 방법이 될 수 있다.

이야기 하나만 하도록 하자. 이야기는 나와 환자의 초기 만남 중 하나에서 시작되는데, 나는 매번 내가 의자에 앉아 조금씩 앞으로 움직이면 내 젊은 환자는 마치 자신의 몸이 공격받았던 것을 기억하는 듯이 약간씩 움츠리는 것을 알아차리게 되었다. 이 순간 마치 내가 그에게 상처를 준 것처럼 눈에 눈물이 고였으나 나는 그것에 대해 별로 주의를 기울이지 않았다. 그것은 내 의식적인 마음을 사로잡지 않았다. 그러나 나의 선택이나 허용 혹은 알아차림 없이도 시간이 지나면서 내 몸은 곧 닥칠 공격에 대한 그의 암묵적 공포를 촉발시키지 않으려 하는 암묵적으로 얽힌 내 마음 상태가 만들어 낸 어색한 경직에 점점 적응되어 갔다. 돌이켜 생각해 보면, 그 전에 보여 주었던 연결의 경험에 대한 내 신체 반응의 일상적인 흐름이 정지된 것처럼 느껴졌었다. 이 문제에 대한 나의 첫 번째 의식적인 자각은 내가 이 환자와 보내는 시간에 대해 두려워하고 있다는 것을 인식하였을 때 찾아왔다. 이런 사실은 나에게 이해되지 않았는데, 왜냐하면 나는 특히 그를 좋아하는 마음으로 치료를 시작하였고 그 시점에도 그렇게 느끼고 있기 때문이었다. 내가 두려움과 마주하자 나의 몸은 경직되기 시작했고, 나를 궁극적으로는 내 속 깊숙이 자리 잡고 있는 아버지를 아픔으로부터 지켜야 한다는 요구와 만나게 하였다. 이렇게 암묵적인 것이 외현적인 것으로 되자, 나는 자신의 내적 고통과 있는 그대로 만날 수 있도록 허용해 주기를 바라는 이 젊은 환자의 요구와 내가 아주 어린아이였을 때 나의 아버지를 심리적으로 건강하게 지켜야 한다는 나의 절박한 요구 사이에 구분을 좀 더 잘할 수 있게 되었다. 이렇게 내 자신에 대한 치료적 작업이 이루어지고 난 뒤에 나는 이 암묵적 촉발에 대한 경직된 반응을 해결할 수 있게 되었다. 내가 이 이야기를 통해 진짜 전하고 싶은 말은 두 사람 사이에 어떻게 강력한 암묵적 소통이 드러나지 않게 이루어질 수 있는가에 대한 것이다(Ginot, 2009; Schore, 출판 중).

이런 경험을 염두에 두고 본다면, 치료에 있어 대부분의 윤리적인 위반은 치료자의 내적 세계의 붕괴된 측면으로 인한 암묵적 얽힘이 환자의 깊은 패턴과 닿아 공명을 일으킴으로써 일어난다고 볼 수 있다. 만약 이런 과정을 알아차리지 못한다면, 결국 치료자는 자신과 환자 둘 모두의 초기 애착에서 온 상처를 그대로 반복하는 춤을 계속 추게 될 것이다. 나는 자신의 환자들의 취약한 점을 칼 같이 잡아내어 치료자와 환자의 경계를 침범하는 치료자들과 작업을 경험한 적이 있는데, 이들이 이렇게 할 수밖에 없는 암묵적인 고리를 가지고 있는 독특한 내적인 세계를 명확하게 알게 되기 전까지는 이해하기 힘들었다. 그들은 모두가 거의 비슷한 이야기를 하였다. "저는 제 자신이 이러고 있는 것을 알고 있고 이것이 잘못되었다는 것도 알고 있습니다. 그러나 제 마음대로 되지 않아요." 우리가 우리 자신의 내적 과정에 대해 좀 더 잘 들어주는 사람이 될수록 이렇게 남의 문제를 잡아내는 사람이 될 가능성은 크게 줄어들게 될 것이다. 그와 동시에 이런 깊은 공명은 아주 깊은 공감의 원천이 되어 줄 수 있다(Ginot, 2009). 이에 대해서는 제2부에서 더 다룰 것이다.

모든 암묵적 기억들이 다 말이 없는 것은 아니다. 종종 오른쪽에서 흘러 들어온 이들 에너지와 정보의 방출을 이해하기 위한 노력의 결과 좌측 양식 과정으로 표현된다. 첫 번째 치료회기 중간쯤에 환자는 나에게 "나는 당신의 정신건강에 위험할 수 있어요. 당신은 나와 있을 때는 당신 자신을 보살피는 게 좋을 것 같네요."라고 이야기를 하였다. 그의 눈은 공포로 커져 있었고 마치 나를 해치지 않도록 자신을 막기 위해서 그런 것처럼 자신의 손을 소파 쿠션 사이에 생긴 틈 속으로 찔러 넣고 있었다. 그에게 자신의 나이 든 부모 모두가 파괴적인 사람으로 여겨졌던 아주 오래된 경험을 기억하고 있다는 느낌이 없었다. 대신에 그는 자신과 연관된 사람은 누구이든 간에 자신의 삶에 의미 있는 것을 잃을 위험을 감수해야 한다는 확고한 믿음을 그대로 가지고 있었다. 우리가 이런 생각을 가지는 이유에 대해 작업을 한 이후에도 꽤 오랫동안 파탄적인 관계에 대한 그의 두려움과 자신이 붕괴되고 재앙을 당하는 것이 피할 수 없는 운명이라고 생각하는 그의 끊임없는 파고드는 예측은 우리의 치료적 경험에 아주 강력한 영향력을 계속 유지하였다.

우리가 암묵적인 기억을 이해한다고 해서 암묵적 기억이 변화하지는 않는다. 암묵적 기억들은 이 암묵적 기억들과 현재의 지각이 모두가 감정적으로 생생하게 느껴질 때 변용적인 지각을 가지고 그들의 병치적 위치(juxtaposition)에 대해 반응했을 때만 변화할 수 있다(Ecker, 2008, 2010; Ecker & Hulley, 1996, 2000a, 2000b, 2008). 이런 병치적 위치는 우리에게 뿌리 깊게 내려진 정신모델에 의한 관계 패턴과는 다른 대인관계상의 경험이 반복되는 형태로 나타날 수 있다. 내 젊은 내담자와 나는 이 새로운 암묵적 씨앗이 나의 진정으로 환영하는 마음에 의해 깨어난 그의 안에 깊게 자리 잡은 패턴이 퇴적된 땅 위에 가장 뿌리를 잘 내린다는 것을 알게 되었다. 처음에 그는 나의 삶에 대한 긍정적이고 의미 있는 느낌이 자신의 존재에 의해 파괴되고 있다는 신호를 발견하기 위해 나를 지켜보았다. 그러나 서서히, 그에 대한 나의 진정한 기쁨과 나의 지속적인 낙천주의에 의한 공명을 통해 그의 암묵적인 패턴은 자신이 돌봄을 받을 만한 가치가 있고 가까운 관계 안에서도 서로 주고받는 도움을 줄 수 있다는 기대로 전환하기 시작하였다.

생후 1년간에 우리의 모든 기억들은 완전히 암묵적이고 그 이후의 우리의 기억들은 비록 그들이 외현적일 때에도 암묵적인 측면을 가지게 되는데, 이것은 신체 감각, 행동적 충동, 감정 고조 및 지각 등이 매 순간 코드화되어 저장되는 경험의 일부분이 된다는 것을 의미한다. 그러나 생후 12~18개월 후에는 이들 암묵적인 조각들이 해마를 통해 외현적 기억으로 좀 더 많이 통합되게 되는데 4~5세가 되면 이런 능력이 좀 더 안정적이 되고 신뢰도도 높아지게 된다. 만약 우리가 최근에 즐거웠던 일을 생각하게 되면 우리는 즉각적으로 이 경험의 시각적, 청각적, 촉각적, 감정적, 신체적 그리고 지각적인 요소를 경험하게 될 것이다. 물론 이것이 과거에도 일어났었다는 현상이라는 사실을 인식하면서 말이다. 이렇게 기억은 암묵적 기억 형태에 외현적 기억 형태가 더 해져서 우리의 일상생활 안에서 스며들어 있다. 나는 크리스마스트리 조명을 좋아한다. 그래서 최근 12월 마지막 몇 주 동안 동네를 차를 타고 돌아다녔던 생각을 하게 되면, 나는 조명을 보고/캐럴을 듣고/시나몬 티의 맛을 음미하고/내 어깨가 이완이 되고 가슴이 따뜻해지는 것을 느끼며/기쁨의 미소를 즐기고/지금 이 순간 세상은 좋은 곳이라고 인식하게 되는데, 이 모든 것은 눈 깜박할 사이에 지나간다. 그러면 나는 암묵적 기억과 외현적 기억이 하나가 되어 이루어진 나의 이런 반복적인 경험에 의해 만들어진 복잡한 나의 신경망에 감사하게 된다.

우리의 암묵적 세계 경험하기

단순히 개념을 이해하는 것이 우리를 실제적인 것과 진짜로 가까워지게 만들어 주지 않기 때문에, 우리 대부분이 우리가 암묵적 기억으로 들어간다고 느낄 수 있는 수단으로써 확실한 예를 갖고 싶어 한다. 이제 우리는 우리의 발을 우리 자신의 암묵의 바다에 담그기 위한 시간을 가지려 한다. 암묵적 기억은 우측 양식 과정에 뿌리를 두고 있기 때문에 처음에는 이것이 주는 메시지를 몸을 통해 듣고 난 뒤에 이 경험에 형태와 내용을 부여하는 데는 예술적인 방법을 사용하는 것이 도움이 될 것이다. 이 과정을 시작할 때 당신이 선택한 예술적인 방법 때 사용할 도구들을 챙겨 보는 것이 좋을 것이다. 그러고 난 뒤에 당신의 들어주는 파트너와 함께 이 탐색을 함께하도록 하라. 조율된 두 마음이 이 연습이 가져다주는 이점을 더 크게 만들어 줄 것이다.

첫째, 할 수 있는 한 최선을 다해, 우리 자신에 관해 친절하고 비판단적인 마음의 상태로 들어감으로써 준비하도록 하자. 당신은 이런 시도가 어떻게 당신의 돌보는 관찰자를 활성화시키고 당신으로 하여금 이 순간에 일어나는 것이 무엇이든 간에 상관없이 그것을 더 쉽게 받아들일 수 있게 하는지 알 수 있게 될 것이다. 시작하면서 당신의 암묵적 세계가 당신에게 이야기하도록 허용할 때, 당신의 몸이 어떻게 느끼는지를 알아차리도록 하라. 여기에 당신의 신체적인 감각을 몇 단어로 서술해 보도록 하라.

____

____

____

____

____

____

이제 지난 수일 혹은 수 주 간 경험했던 특별히 즐거웠던 혹은 의미 있었던 일을 마음에 떠올려 보도록 하라. 그것이 당신의 몸과 마음을 가득 채우도록 놔두어라. 그래서 원래의 경험과 비슷한 풍부한 내적 경험에다 당신을 데려다줄 수 있는 일종의 시간 여행을 하도록 하라. 즐거운 방법으로 당신의 신체적 감각에 마음을 연 채로 앉아 있으라. 그리고 당신이 할 수 있는 최선을 다해 특정한 쪽으로 지향하거나 판단하지 않은 채로 알아차리고, 알아차리고 또 알아차리도록 하라. 그러고 난 뒤에 이 공간을 몇몇 서술적인 단어, 예를 들어 손과 발이 따뜻해졌다, 가슴이 이완되었다, 눈이 살짝 감겼다와 같은 말을 사용해서 쓰도록 하라.

____

____

____

____

____

이 경험의 암묵적 측면에 대한 알아차림을 더 하기 위해 당신의 주의력을 당신이 그리는 데 사용하고 있는 물질에 돌리도록 해 보라. 이 순간에 어떤 색깔이 특별히 에너지를 느끼게 하는지 느껴 보도록 하라. 당신의 우세하지 않은 쪽의 손을 사용하여 기억된 경험으로 자연스럽게 나타나도록 그림을 그려 보도록 하라. 꼭 경험의 내용을 그릴 필요는 없고, 당신의 몸을 통해 움직이는 에너지와 정보의 흐름에 형태를 부여하기만 하면 된다. 만약 그리기가 끝났다면 잠깐 동안 그림과 함께 앉아 있어 보도록 하라. 계속 더 앉아서 당신의 몸이 원하는 움직임에 대해 알아차리면서 그림 자체와 그리는 행위에 대한 당신의 반응에 대해 인식하도록 하라. 처음에는 신체 감각으로 솟아오르는 느낌들을, 그런 뒤에는 특정한 감정들로 구체화해서, 마지막으로는 당신의 마음에 떠오르는 생각들을 알아차리도록 하고 이를 써 보도록 하라.

이 그림을 그리게 만든 기억으로 되돌아가서 당신 자신과 세계에 대한 당신의 지각에 영향을 주고 있는 그 경험과 어떻게 접촉하고 있는지를 알아차리도록 하라. 그러고 난 뒤 그리는 경험이 이들 지각들을 어떻게 증폭시키거나 혹은 변화시켰는지에 대해서도 알아차리도록 하라. 그리고 이에 대해 여기에 간단하게 서술하라. 당신이 쓰면서 최선을 다해 자비를 가지고 관찰하는 마음 상태에 머물러 있으려 노력하라. 그리고 당신의 외적인 활동에 대한 당신의 내적 경험에 반응하여 그들이 당신의 몸을 통해 움직이는 것을 이용해 에너지와 정보의 흐름이 어떻게 전환하는지에 대해 알아차리도록 하라.

긍정적인 경험에 초점을 맞추어 이 훈련을 반복하는 것이 당신의 우측 양식 과정에 귀 기울일 수 있는 신경망을 발전시키는 데 도움을 줄 것이다. 이것은 교향곡을 구성하는 여러 종류의 음악을 들을 수 있는 귀를 만드는 것과 비슷하다. 매일 연습하는 것이 가장 효과적인 이유는 이것이 규칙적으로 새로운 패턴을 강화해 주어, 이 패턴의 시냅스 강도를 증가시켜 주기 때문이다. 당신의 들어주는 파트너와 함께 대화를 하면서 당신 둘 모두가 발견한 것을 공유하는 것과 함께 이루어질 때 대인관계 결합을 통해 신경 변화는 더 많이 이루어지게 된다. 최선을 다해 당신이 쉽게 에너지와 정보의 흐름을 느낄 수 있을 때까지 암묵적인 것의 신체적인 측면에 집중한 채 머물러 있도록 하라. 이 흐름은 당신의 근육, 심장, 폐, 위, 목, 장, 피부에서 증가되었다 감소되었다를 반복한다. 이들은 긴장감의 크고 작은 변화, 호흡의 깊이의 변화, 심장박동의 변화, 위 운동의 증가 혹은 감소, 피부 민감도의 변화, 목에 걸린 느낌 혹은 움직이고 싶은 충동 등으로 경험될 수 있다. 그곳에서 이들로부터 일어나는 지각을 느끼면서, 느낌의 흐름에 대한 알아차림을 자연스럽게 따라갈 수 있을 것이다.

이제 이를 다시 시도해 보도록 하자. 돌보는 관찰자의 마음 상태로 들어가, 즐겁고 의미 있었던 최근 경험을 생각하고, 이들 기억에서 일어나는 신체적 감각과 움직임을 인식하고 나서 이에 대해 짧게 서술하도록 하라.

그리고 에너지와 정보로부터 일어나는 그림을 그려 보도록 한다. 그림이 완성된 다음 그 그림과 함께 머무르면서 이 순간 당신이 당신 자신과 세상에 대해 지각하는 것에 대해 당신이 느낄 수 있는 것을 느껴 보도록 하라. 지금 이 순간 당신은 당신 자신에 대해 따뜻하게 수용하거나 혹은 날카롭게 비판하는 것을 알아차리고 있는가? 당신은 세상에 대해 기쁘게 느끼는지, 수용적으로 느끼는지 아니면 비판적으로 느끼는지를 알아차리고 있는가? 당신은 당신의 삶에서 가지는 경험들이 의미 있는 것인지 아니면 공허하거나 어쩌다 일어난 일이라 느끼고 있는가? 당신은 당신에게 무슨 일이 일어나건 상관없이 자신의 삶을 잘 관리할 것이라 예상을 하고 있는지 아니면 당신의 삶이 어려운 문제들로 인해 압도당할 것이라 생각하는가? 이런 질문들에 대한 답은 아주 많을 것이고, 이렇게 추상적으로 보이는 질문들은 주어진 그 순간에 우리의 암묵적인 흐름에 의해 만들어진 것이다. 여기에서 부여된 가능성들은 잠재적으로 일어날 수 있는 반응들의 연속선상에 끝부분에 있는 것으로, 당신은 이런 부여된 가능성으로부터 무엇을 선택하기 위해서가 아니라 당신의 실제 경험이 가지는 미묘함을 주의 깊게 듣기 위해 초정된 것이다. 정리하자면, 이 질문들은 우리가 우리 자신을 경험하고, 현재 세계를 경험하며, 과거 경험들과 그리고 앞으로 펼쳐질 미래를 경험하도록 우리를 이끈다. 그리고 이들 모두는 암묵적인 '무의식적 삶(underlife)'에 의해 크게 영향을 받는다. 그림을 즐겁게 그리는 시간을 다시 가진 후에 당신의 신체적 경험, 감정의 흐름 및 이것으로부터 올라오는 지각에 대해 간단하게 서술하도록 하라.

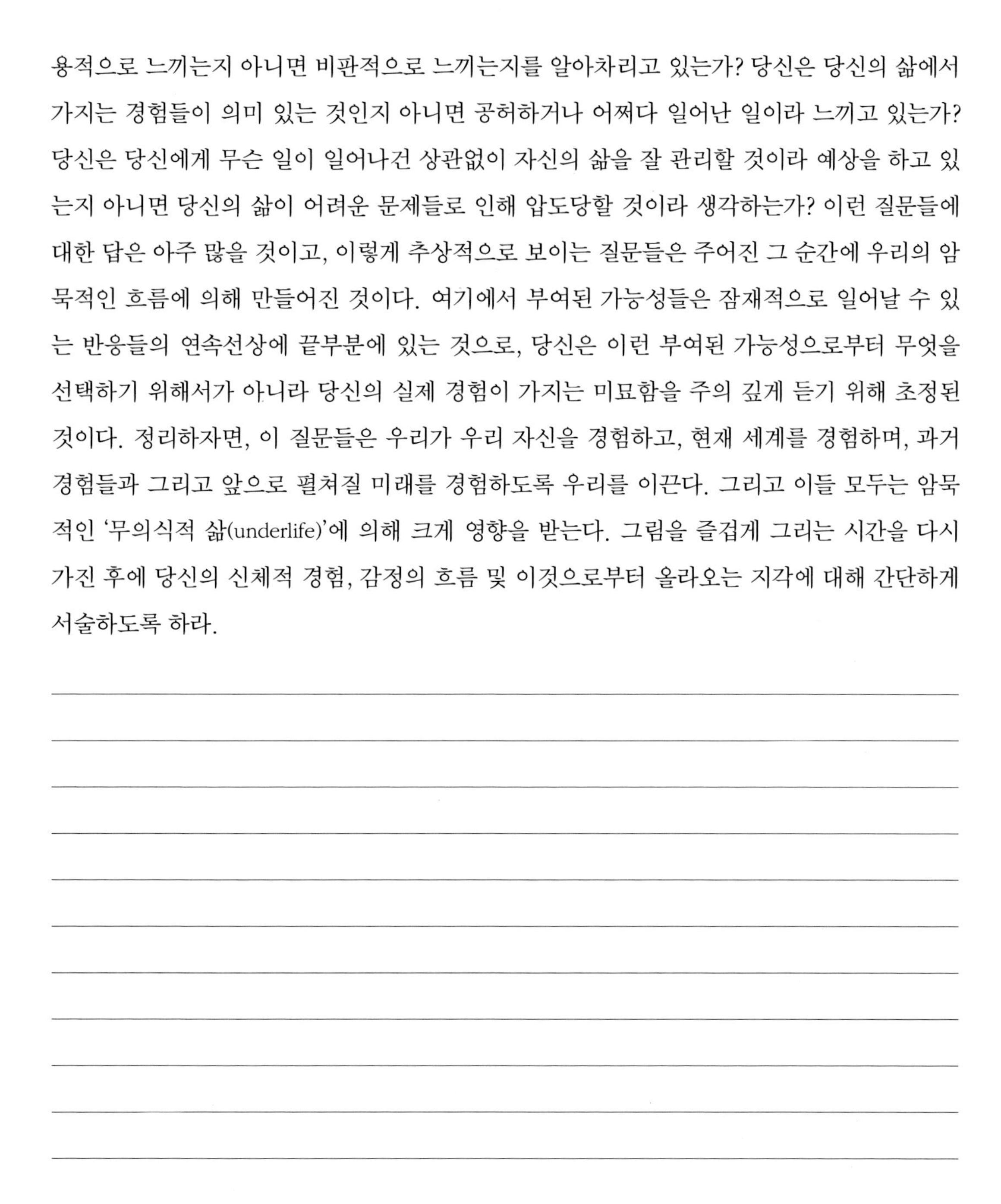

이들 훈련을 통해 우리는 우리의 암묵적 바다가 우리의 듣는 마음이나 마음의 눈에 자신을 알릴 수 있는 다양한 방법에 대해 우리가 민감해질 수 있도록 노력하고 있다. 지금 이런 식으로 주의를 집중하고 있는 과정에 비해 내용은 그렇게 중요하지 않다. 우리가 우리 자신과 좀 더 깊게 닿을 수 있을수록 우리는 자연스럽게 가족, 친구, 동료, 환자 등과 같은 다른 사람들과 더 깊게 닿을 수 있고 또 그들을 위해 노력할 수가 있게 된다. 조율된 마음은 에너지와 정보의 흐름을 듣기 위한 더 넓은 주파수 폭을 만들어 낸다. 시간이 흐르면서 우측 양식 과정을 듣는 마음 상태는 우리 존재가 가지는 일종의 특성이 될 정도로 강화되어 우리가 일상적인 활동을 하고 있는 가운데에서도 지속적으로 사람들을 연결시켜 주는 관계의 흐름 및 동기적인 흐름에 대해서도 알아차리는 것이 가능하도록 만들어 준다.

좀 더 연습을 시작하기 전에, 우세하지 않은 쪽의 손으로 그린 그림에 대해 명명한 단어가 많은 도움이 될 수 있다. 이론적으로, 우리의 우세하지 않은 쪽의 손은 우리를 암묵적 기억을 담고 있는 뇌 반구와 연결을 해 준다. 이것은 일반적으로는 우측 반구이지만 적은 수의 사람들에서는 손잡이와 상관없이 우측 양식 과정이 좌측 반구에서 일어날 수 있다(Holder, 2005). 결과적으로 무엇이 우리를 우리 경험에 대한 느낀 현실(felt reality)에 가장 강력하게 연결시켜 줄 수 있는가를 보기 위해서는 양손으로 그림을 그려 보는 것이 도움이 될 수 있다. 이렇게 익숙하지 않은 방식으로 그리는 것이 때때로 우리의 예술적 수준이 충분하지 않을 것이라는 두려움을 줄여 줄 수 있는데 왜냐하면 우리는 일반적으로 자신에게 이렇게 잘 쓰지 않는 손으로는 제대로 잘 그리기를 기대하지 않기 때문이다. 이렇게 기대를 줄이는 것이 경험의 흐름을 좀 더 자유롭게 종이에 풀어 놓을 수 있게 해 줄 수 있다. 어떤 경우이든, 예술은 암묵적 패턴을 드러내 대부분의 경우에 말로 표현되지 않는 우측 양식 과정을 직접적으로 접촉해서 표현할 수 있는 길을 제공해 준다. 이미지의 흐름과 색깔의 흐름이 당신의 내적 세계에 대해 의미를 부여해 주거나 특정 틀을 벗어나게 해 줄 때까지 적어도 수회 반복해서 시도하는 것은 의미가 있다. 때로는 우리의 개인사가 우리로 하여금 우리 신체의 메시지를 믿지 못하게 만드는 원인으로 작용할 수 있는데 신체의 메시지는 우리가 이미 잘 알고 있는 느낌을 만들려 하기 때문이다. 만약 우리의 부모가 우리에게 잘 조율을 해 줄 수 있었고 우리에게 우리의 마음 상태를 정확하게 반영해 줄 수 있었다면—"내가 지금 슬퍼 보이는구나."—우리는 우리 자신이 내적으로 아는 것에 대해 신뢰할 수 있도록 배웠을 가능성이 높다. 그러나 부모가 우리에게 이런 미러링(mirroring)을 제공해 주지 못했다면 우리는 이런 메시지를 듣고 믿는 데 어려움을 가지게 되었을 것이다. 이것은 특히 우리가 경험하고 있었던 것에 대해 정확하게 반영을 받지 못했거나 아니면 변해야 한다고 이야기를 들었을 때 더 그렇다. 나는 여섯 살 때 뒷문에서 감정이 폭발했던 것이 생생하게 기억나는데 나는 "나는 조니가 싫어!"라고 외쳤는데 어머니는 "아니야, 너는 그렇지 않아."라로 이야기하고 설거지를 계속하셨다. 지금 바로 이 순간, 나는 분출하려는 에너지가 내 안에서 확 올라오는 것을 느끼면서 내 몸 전체가 긴장이 되는 것을 느낄 수 있다. 그리고 바로 가슴이 먹먹해지고, 몸을 돌리게 되고, 눈물이 눈가에 맺힌다. 바로 내 안에 체화된 수치심 때문이다. 어머니는 내가 미움으로 가득 찬 사람으로 자라기를 원치 않으셨을 것이다. 그러나 그 순간 나는 내 감정에 대한 나의 감각이 틀리다는 것을 배웠고 그래서 나는 그들이 알고 있는 나 자신을 신뢰할 수 없게 되었다. 만약 이런 경험들이 규칙적으로 반복된다면 우리는 그냥 자신에 대해 듣는 것을 중단하게 될 것이다. 만약 우리가 이런 경험을 했다면 우리는 아마도 처음에는 이들 암묵적 기억 듣기 연습을 하는 데 어려움을 느끼게 될 수 있다. 지속적으로 연습하는 것, 특히 이를 다른 사람에 대해 친절하게 듣는 연습과 함께한다면, 이것이 우리의 내적 목소리를 듣도록 해 주는 신경 연결을 서서히 열어 주게 될 것이고, 진실에 대한 우리의 믿음과 체화된 느낌의 가치도 회복시켜 주게 될 것이다.

초기 애착 경험에 대한 암묵적 기억

우리의 얼마 동안은 우측 양식 과정을 들을 수 있는 능력을 발전시키기 위해 시간을 투자한 후에 이제는 초점을 암묵적 기억에 대해 전환시켜서 그것이 따뜻하든, 차갑든 혹은 혼돈스럽든 간에 상관없이 초기 애착 경험에 대해 직접적으로 접근할 수 있도록 하려 한다. 잠재적인 거절이나 혹은 실제의 거절이 있는 상황이거나 아니면 따뜻한 연결이 있는 상황 모두가 이 깊숙이 존재하는 것, 즉 애착에 대한 접근을 가능하게 해 준다. 이제 우리는 우리가 받아들이고 있는 정보에 대해 이해하려고 노력하는 것보다 돌보아 주는 관찰자가 들어주는 능력을 키우는 것에 좀 더 관심을 기울여야 한다. 그래야 우리는 신체적 감각, 행동적 충동 및 대부분의 느낌을 관찰할 수 있게 될 것이다.

잠재적인 거절에 대한 걱정을 할 만한 상황 중 하나는 사회적으로 모르는 사람들로 이루어진 집단에 들어가는 것일 것이다. 만약 우리가 강의를 하러 가거나 아니면 전문적인 활동에 참가할 때는 상황이 가지는 사회적 측면 그 자체가 우리를 방어해 준다. 그러나 혼자서 칵테일파티에 참가하러 갈 때에는 우리가 어떻게 받아들여질지에 대해 우리 자신의 암묵적 모델에 내적으로 노출되게 되는 것이다.

가능하다면, 들어주는 파트너와 함께 이 연습을 해 보도록 하라. 당신의 돌보는 관찰자가 되어서 당신이 모르는 사람들 안에 홀로 있었을 때의 당신 몸과 마음 상태로 들어 가보도록 하라. 당신은 당신이 참을 수 있는 역치를 넘어서기 바로 전에 당신 몸에서 무엇을 알아차릴 수 있는가? 바로 거기에서 잠시 동안 머무르도록 하라. 그러면서 감각, 느낌 그리고 행동적 충동 등의 형태로 일어나는 모든 것에 대해 자비가 가득 찬 마음으로 알아차리도록 하라. 신체적 감각과 느낌의 흐름을 그림으로 그려 보도록 하라. 그리고 이들이 자연스럽게 나타나는 대로 그것을 아래에 간단히 써 보도록 하라.

____

____

____

____

____

____

____

듣고, 그리고, 쓰는 과정에 대한 판단과 사회적 인물로서 당신에 대해 당신이 가진 판단(비판적인/칭찬을 하는)에 대해 친절하게 알아차리는 시간을 가져 보도록 하라. 이런 판단이 당신의 몸과 당신의 느낌에 어떻게 영향을 주는지를 알아차리고 써 보도록 하라. 그러고 난 다음 당신이 이런 판단을 놓아 버리고 당신의 돌보는 관찰자로 이 경험들을 감싸 안을 수 있을 때 당신의 존재에서 일어나는 상태의 변화에 대해 알아차리도록 하라.

____

____

____

____

____

____

____

우리 자신이 거절당할 가능성이 높은 상황에 놓이게 되면 그것이 우리의 애착 회로를 건드릴 수 있다. 그렇기 때문에 우리는 진정한 마음으로 따뜻한 연결을 제공해 주려 하는 사람을 만날 수 있는 것이다. 우리는 그 사람의 따뜻함과 진심에 빠지는 것을 느낄 수 있거나 아니면 우리가 어린아이로서 고통과 두려움을 느끼게 만들었던 애착 때문에 놀라서 뒤로 물러서 버리게 될 수도 있고, 혹은 이 중간 어디쯤의 반응을 보일 수도 있다. 다시 돌보는 관찰자가 되어서 누군가가 당신에게 따뜻한 연결을 제공해 주었을 때의 마음과 몸을 불러 오도록 하라. 이것은 당신과 가까운 사람이나 아니면 새로운 사람에 의해서 그랬을 수 있다. 자비와 부드러움으로 당신의 신체 감각과 움직이고 싶은 충동 및 느낌에 집중하라. 그리고 당신의 경험을 그리고 이에 대해 기술해 보고, 이 경험에 대한 당신의 판단에 대해서도 그리고 서술해 보도록 하라.

___

___

___

___

___

___

___

___

___

___

우리가 계속해서 암묵적 세계에 서서히, 존중하는 마음을 가지고 그리고 따뜻하게 접근을 하면 우리는 더 깊은 마음에 급격하게 들어가고 있음을 느끼게 되고, 그러면 이것은 우리의 관점에 있어 변화를 가져다주는데, 이런 관점의 변화는 우리로 하여금 **암묵적 뿌리가 우리의 고착된 믿음이나 행동 전략에 어떻게 이바지하고 있는가**를 알고 이해하는 데 도움을 준다. 이런 관점에서 보면, 만약 우리가 인지적이거나 행동적인 면만 보고 접근했다면 드러나지 않았을 우리 존재 측면과 기능 측면 사이에 깊이 자리 잡은 일관성을 드러나게 해 준다.

우리가 이들 훈련을 통해 움직이게 되면 우리의 뇌 또한 이들 경험과 아마도 가장 초기의 아동기 상호작용을 포함하는 과거의 관계에서 보였던 패턴 사이에 연결을 만들어 나가기 시작할 것이다. 우리의 뇌는 항상 더 큰 통합을 찾으려 하기 때문에 우리가 다양한 경험의 끈들을 알아차림 안으로 끌어들이게 되면 이런 결합은 자연스럽게 일어나게 된다. 우리가 친절함을 가지고 그렇게 하려는 시도만으로도 신경 통합이 이루어질 수 있는 비옥한 환경이 만들어질 수 있다.

이제 잠깐 시간을 내어 이 과정의 속도나 패턴이 어떻게 느껴지는지를 점검해 보도록 하자.

쉼 없이 읽는 것에 대해서 익숙해진 우리들에 잠깐 쉼을 가지고 내적인 경험을 향해 움직이도록 하는 것, 그림을 그리도록 하는 것, 서술적인 단어만을 가지고 쓰도록 하는 것, 휴식을 위해 시간을 가지는 것, 혹은 신체에 특히 신경계에 영향을 주는 다른 많은 방법 등을 지속적으로 요청하는 것은 파괴적으로, 신경질 나는 것으로, 혹은 어리석은 것으로 느껴질 수 있다. 당신은 연습은 없이 읽기만 할 수도 있지만 그것 또한 그것에 대한 어떤 감정들을 느끼게 만들 것이다. 그런 감정들 중 하나는 이 장에서 수없이 반복된 것으로 우리가 경험하는 순간에서 순간으로 움직이면서 느껴지는 것이 바로 그것이다. 연습하는 것은 매번 신선함의 느낌을 가져 올 가능성이 높으나 그것을 그냥 읽는 것은 아마도 지루하게 느낄 가능성이 높다. 당신 자신을 호기심과 개방된 마음으로 과정 및 그 과정에 당신이 어떻게 전념하고 있는지에 대한 당신의 신체 및 감정적 반응을 느끼도록 허용해 주라. 그리고 그것을 서술하도록 하라. 당신의 들어주는 파트너가 적은 것과 비교해 보는 것이 이 특별한 시기에 의미 있는 경험이 될 수 있을 것이다.

____

____

____

____

____

____

우리의 우측 양식 과정에 전념하려는 노력이 저항을 만나게 되는 것은 놀라운 일이 아닌데 특히 이것이 학문적인 신경망을 위해 많은 단어와 자극이 있는 책이라는 형태로 올 때 더 그렇다. 그 말들 속에서 항상 여유롭게 성찰적인 요소들을 허용할 수 있는 마음의 상태로 우리 자신을 재조명하는 것은 많은 헌신적인 작업을 필요로 한다. 친절함과 지속성이 핵심인데, 조바심은 아마도 이 과정을 연습하면서 언젠가는 만날 수 있는 흔한 동반자 중 하나일 수 있다. 저항과 조바심에 마주했을 때 이를 부드러움과 유머로 다루는 것이 우리에게 진정한 선물이 될 수 있다.

우리가 이들 연습을 훈련해 나가면 우리는 첫 번째로는 우리가 자신의 돌보는 관찰자를 향해 움직이거나 그렇게 되는 것, 그런 뒤에는 경험을 알아차리고 기술하는 것, 그다음에는 경험에 대한 우리의 판단에 부드럽게 주의를 집중하는 것으로 이루어진 이 과정에 대한 내적 패턴을 이미 가지고 있다는 것을 알 수 있게 될 것이다. 각 단계를 지나가면서 우리는 우리의 일상적인 삶을 유지하는 데 있어 우리 자신과 다른 사람들과의 이런 종류의 관계를 만들어 나가는 능력을 키워 주는 신경 회로의 강도를 더 강하게 만들게 되는 것이다. 이미 내가 몇 차례 언급한 것처럼 규칙적으로 반복하는 것이 핵심이다. 새로운 신경망은 마치 어린 싹처럼 지속적인 돌봄을 필요로 한다. 당신이 규칙적으로 반복하기를 원하는 연습이 들어 있는 페이지의 귀퉁이를 접어 두어 상태가 특성으로 바뀔 때까지 당신의 일상의 일부가 되도록 만드는 것이 좋다. 그렇게 되면 의식적인 노력이 없이도 연습을 수행할 수 있는 순간이 오게 될 것이다.

다음 장에서 다룰 기억의 다른 측면으로 옮아가기 전에 우리가 해 온 생각들에 결론을 내리기 위해 종합적으로 정리를 해서 마지막으로 짧게 써 보도록 하자. 암묵적 기억은 우리에게 자신의 존재에 대해 몇 가지 단서를 제공해 준다. 예를 들어, 신체적 감각, 행동적 충동, 감정 고조 및 종종은 이미지의 조각들이 동반되는 지각의 전환 등이 그것이다. 어느 날, 나는 60대 정도의 나이가 들어 보이고 작은 아이의 손을 잡고 있는 아주 따뜻한 미소를 지닌 머리가 많이 벗겨진 사람을 보았다. 나는 그 당시 내가 우리 비영리 단체를 위해 해야 했던 모든 연말 회계에 대해 약간의 불만을 가지고 깊은 생각에 빠져 있었다. 내가 그들을 보았을 때, 내 가슴은 말 그대로 따뜻해졌고, 내 가슴은 부풀어 올랐으며, 나의 얼굴은 미소로 가득해졌고, 내 손은 마치 내 할아버지 손 안에 있는 작은 손처럼 느껴졌으며 나는 바로 그 상황 그대로의 세상에서 사랑받는 존재라는 인식으로 가득 차 있었다. 몸, 느낌 및 지각에 있어 이런 전환은 갑자기 그리고 전반적으로 일어나 나를 놀라게 하였다.

이제, 당신이 이와 같은 전환을 경험했을 때 그 순간을 공유하기 위해 당신의 더 깊은 마음을 초대하라. 그리고 이 경험의 각각의 측면, 즉 신체적 감각, 행동적 충동, 감정 고조 및 지각에 있어 변화 등에 대해 쓰도록 하라. 당신에게 오는 이 에너지와 정보의 흐름을 편안하게 느낄 수 있도록 보고 그것을 당신의 자비로운 포용으로 감싸도록 하라. 당신이 받은 것에 대한 모든 판단 및 당신이 그것을 받을 수 있는 능력에 대한 모든 판단에 대해 느끼도록 하라. 당신의 마음이 당신에게 풍부한 경험을 하도록 해 준다면 이것을 몇 번 반복하도록 하라. 그런 뒤에 당신의 들어주는 파트너와 이 경험과 이 장안에서 이루었던 과정에 대해 공유하면서 함께 시간을 보내도록 하라.

이 장의 일차적 목표는 우측 양식을 들을 수 있는 우리의 능력을 발전시키는 것이지만, 우리의 내적 세계에 친절하게 집중해 준 것과 들어주는 파트너로 부터 우리가 받은 자비 또한 조절과 통합을 증가시켜 주는 회로에 우리도 모르게 함께 엮어 들어가 있다. 우리는 뇌의 기능을 변화시키고 뇌의 구조를 구조화시킨다. 점차 커지는 듣는 기술을 사용해서 우리는 이제 다음의 두 장에서 다룰 우리의 내적 세계의 특정한 측면과의 더 깊은 만남을 위해 이동하려고 한다.

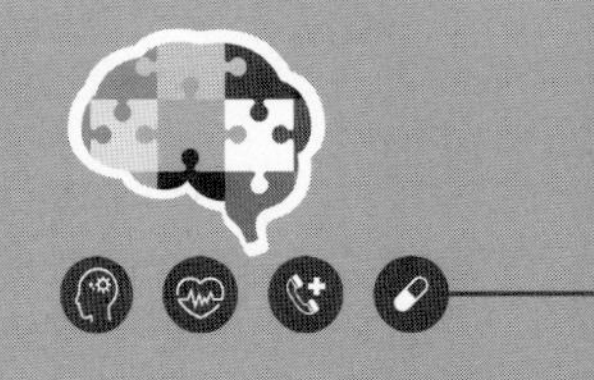

제3장 기억의 조각 모으기

우리는 모두 매 순간 기억의 음악 안에서 춤을 춘다. 종종 우리는 마치 과거에 대한 신경의 재각성에 전혀 영향을 받지 않는다는 듯이 "아, 그건 그냥 기억일 뿐이야."라고 이야기한다. 그러나 우리가 만약 과학적 관점에서 본다면 기억이 우리의 경험 대부분이라고 정의할 수 있다. 우리가 자궁 안에 있을 때 우리의 신경계는 우리를 둘러싼 세계가 얼마나 안전한지 아닌지에 대한 기억들을 형성한다. 우리는 일정 수준 이상의 신경전달물질의 활성화, 또 일정 수준 이상의 신경 발화 패턴 및 이런 경험들에 의해 이미 형성된 애착과 달래는 행동 등을 가지고 태어난다(Field, Diego, & Hernandez-Rief, 2006). 유아의 뇌는 우리를 돌보는 사람의 눈, 젖 그리고 손을 찾을 수 있도록 유전적으로 준비되어 있고, 우리를 돌보는 사람들의 돌봄은 바로 변연계와 피질 회로의 구조를 만들 수 있도록 해 줄 것이다(Cozolino, 2006; Schore, 2003a, 2003b; Siegel, 1999). 우리 유전자 수준에서도 애착의 기억이 들어 있어, 어머니의 돌봄에 반응해서 어떤 유전자는 발현되고 또 어떤 유전자는 발현되지 않는다(Hill, 2010; Morgan & Whitelaw, 2008; Whitelaw & Whitelaw, 2006). 우리가 일생을 살아가면서 새로운 기억이 축적되고 이들은 반복을 통해 현재의 패턴으로 뿌리내리고 이와 동시에 이전의 패턴을 변화시킨다. 우리는 끊임없이 체화된 그리고 또 관계적인 뇌 안에서 이들 에너지와 정보의 흐름을 경험해 나간다.

우리가 우리 자신의 회상 교향곡에 초점을 맞추기 전에 기억의 침투성이 가지는 본능적인 감각 및 기억이 일관적이지 않고 조각나게 되는 이유를 알기 위한 시간을 먼저 가지려 한다. 우리 안에서 작동하고 있는 기억의 다양한 측면을 건드림으로써 우리는 현재 경험을 만들어 주는 신경 패턴을 변별하는 관찰자가 될 수 있다. 나는 당신에게 당신 안에 기억이 작동하는 방식을 알아보려 한다면 이 모든 것을 천천히 읽으라고 권하고 싶다. 우리는 더 깊이 생각을 하거나 쓰기 위해서 몇 군데에서 잠시 쉴 수 있을 것이다. 그리고 거기에 더해 우리 자신에게 이들 단어에 대한 우리의 반응에 지속적으로 알아차리고 있기를 권하는데 이는 돌보는 관찰자의 신경망을 더 발전하게 만들어 줄 것이다.

과거, 현재 그리고 미래에 대한 기억의 영향

우리의 뇌에 대한 공부는 우리가 삶의 순간을 지나오면서, 심지어 우리가 과거에 대해 의식적으로 생각하고 있지 않은 순간조차도 이들 기억의 패턴 위에 올라서 있다는 것을 명확하게 해 주었다. 기억은 병렬적으로 작동하는 뇌의 여러 서로 다른 시스템에 의해 이루어지며 이들 서로 간에 직접적인 신경 연결은 없다(Milner, Squire, & Kandel, 1998). 예를 들어, 우측 양식을 담당하는 변연계 영역과 좌측 양식을 담당하는 의식 및 언어 모듈 사이에 직접적인 연결은 없다. 이들 우측 양식의 신경 발화는 오로지 양쪽 반구를 연결하는 통합 회로로 모여져서 좌측으로 들어가게 된다. 이것은 우리의 내적 삶이 우리의 다음 행동에는 지속적으로 영향을 주는 반면에 영원히 우리가 알아차릴 수는 없다는 것을 의미한다. 지난 장에서 보았듯이, 암묵적 기억은 우리 안에서 지속적으로 흘러서 지각적 편향을 일으키고, 감정의 톤에 영향을 주며, 몸의 감각과 행동에 영향을 준다. 우리의 삶이 그렇듯이 이들 대부분은 우리의 의식 바깥에서 일어난다.

우리의 의식적 알아차림 안과 바깥 모두에서 동시에, 1초에 적어도 네 번의 발화 패턴의 변화를 가져 오는 뇌는 주로 활성화 확률이 특정한 패턴을 가진 신경 강도에 의해 영향을 받아 형성된 네트워크의 경로를 따른다(Siegel, 1999). 왜 특정 신경망이 의식에 가장 빈번하게 등장하는지 완전한 이야기는 알 수 없지만 우리는 일련의 신경 회로가 자석처럼 강해서 의식에 규칙적으로 끌려 들어오는 것이 아닌가 하고 추측하고 있다(Siegel, 1999). 이것은 우리 뇌가 각각 서로 다른 발화들에 의한 춤에 의해 이루어지고 있음에도 우리에게 지속감을 부여해 주는데, 이것은 우리가 영사용 필름 위에 각 슬라이드 사이에는 간격이 있지만 영화 화면에서는 영상이 자연스럽게 흘러가는 것을 느낄 수 있는 것과 유사하다.

기억이 우리의 과거, 현재 및 미래에 대한 지각에 어떤 영향을 가지는가를 가지고 시작하도록 하자. 우리가 **과거**에 대해 직접 주의를 기울일 때, 우리는 우리 안에 있는 오래된 경험을 되살리는 신경 발화를 시작하게 된다. 특정 상황하에서 우리는 기억에다 그 순간의 에너지와 정보를 더하는데, 우리가 더 이상 특정 에너지와 정보의 흐름에 집중하지 못하게 될 때 이것이 재저장될 것이다. 그러면 우리는 적어도 기억했다는 기억은 가질 수 있게 될 것이다. 또 다른 과정을 통해, 이 과정은 의식의 알아차림 바깥에서 일어나는 것으로, 이를 담당하는 일련의 전용 회로는 우리 뇌 안에 있는 암묵적 기억의 흐름을 개인에게 적절한 의미를 가지는 패턴과 연결시킨다(Buckner, Andrew-Hanna, & Schacter, 2008; Fox, 2008; Greicius et al., 2008; Horovitz et al., 2008). 원래는 우리의 의식적인 마음이 집중을 덜하고 있는 상태일 때 주로 활성화된다고 믿고 있었던 이 통합적 회로가 이제는 대부분의 시간에 점화되고 있다는 사실을 알게 되었다(Raichle, 2010). 따라서 우리의 뇌는 대부분은 의식적인 알아차림 안에 지각되지 않는 방식으로, 지속적이고 끝없이 발현이 되는 과거가 현재와 미래를 만들고 변화시키는 데 작용하고 있는 것이다.

잠시 동안 지속적으로 변화하는 과거라는 생각에 대해 생각해 보도록 하자. 우리는 최근에 화가 났던 기억을 의식적으로 알아차림으로써 이 기억이 변화시키는 과정 중에 의식적인 부분에 대해 약간의 맛을 볼 수 있을 것이다. 화가 났던 기억이 당신의 몸과 신경계에 미치는 영향을 의식하도록 하라. 그리고 이 기억에 대해 친절하게 관찰하고 이것이 과거를 회상할 때 일어나는 당신의 본능적 경험을 어떻게 전환시키는지에 대해서도 알아차리도록 하라. 이 기억에 대한 당신의 몸과 감정적인 반응에 대해 간략하게 서술하고 기억에 더해 이를 돌보는 관찰을 하게 되었을 때 몸과 감정적 반응에 대해서도 간략하게 서술하라.

이 연습을 자주 하게 되면 우리는 특정한 과거 문제 하나에 그렇게 얽매일 필요가 없다는 것을 느낄 수 있다. 우리 마음에 대해 부드럽게 초점을 맞추는 것은 신경 통합을 증가시켜 주고, 그러면 우리는 주관적으로나 객관적으로 모두 좀 더 넓은 맥락과 관점에서 과거의 사건을 다룰 수 있게 된다. 이런 관점의 전환은 과거 경험의 의미를 새롭게 부여해 주고 이들이 일상생활에 미치는 영향을 변화시켜 준다.

이제 우리의 관심을 **현재**로 돌려보자. 우리의 현재 경험의 대부분은 과거의 기억에 의존한다. 암묵적 정신모델과 우리의 신 피질 안에 존재하는 이전 경험에 의해 만들어진 예상 패턴을 통해 다음에 무엇이 올지를 알게 됨으로써 우리는 새로운 사건을 경험한다(Hawkins & Blakeslee, 2004; Siegel, 1999). 만약 반복적인 경험에 의해 만들어진 변치 않는 이런 표상의 내적 유도가 없다면 우리는 각 상황을 마치 끊임없이 알지 못하는 세계를 마주해서 아주 새롭게 느끼거나 어린아이가 움직이는 것처럼 대응해 나갈 것이다. 그러나 우리의 뇌가 분화가 이루어지면서 뇌는 다음 단계를 위한 지름길처럼 작용하는 신경망을 형성하게 되었고, 이는 우리로 하여금 의식적인 생각 없이도 많은 행동을 실행에 옮길 수 있도록 해 준다. 이런 생각, 느낌 및 행동의 양상은 건강한 삶을 지지해 주거나 아니면 신체적 감각, 감정, 지각 및 관계적인 선택을 외상적이고, 고통스러우며, 생명이 없는 과거의 패턴으로 연결해 주거나 할 것이다.

현재는 우리에게 다른 기회를 제공해 준다. 우리가 마음챙김적으로 집중할 때 우리는 나뭇잎의 모양, 냄새, 색조 및 질감이나 아이를 높게 들어 흔들 때 아이의 얼굴에서 뿜어져 나오는 즐거움과 같은 그 순간에 우리에게 다가오는 새로운 경험을 온전하게 경험함으로써 생생한 새로운 기억을 만들어 내는 데 참여할 수 있게 된다. 감각에 집중을 하면 이전과는 다른 방식으로 피질을 활성화시킴으로써 우리는 이전 사건에 의해 만들어진 변치 않는 표상에 덜 영향받고 현재의 새롭고 생생한 만남에 더 집중할 수 있게 된다.

집중하는 시간을 가져 봄으로써 이런 경험을 맛보도록 해 보자. 당신 가까이에 있는 어떤 것이든 그 물체를 골라 당신 손 안에 올려놓고 잠시 동안 당신의 집중력을 집중해서 그것의 감각을 느껴 보도록 하라. 그것으로 인해 무엇이 보이고, 들리고, 맛이 느껴지고, 질감이 느껴지며, 냄새가 느껴지는가? 당신의 마음이 흔들려서 멀어지면 아주 부드럽게 다시 그것에 돌려놓아 당신의 감각적 경험에 다시 머무르도록 하도록 하라. 비록 잠깐이더라도 이런 식으로 당신의 집중력을 발휘할 때 당신의 신체적 감각, 당신의 느낌 및 크게 볼 때 세계에 대한 당신의 지각에 미치는 영향을 알아차리도록 하라. 그리고 이 연습을 수행하면서 떠오르는 어떤 판단이건 그 판단에 대해서도 알아차리도록 하라. 그런 다음, 다음과 같이 세 가지를 적어 보도록 하

라. 그 물체에 대한 서술, 현재 당신의 신체적 감각, 느낌 및 지각에 대한 서술, 당신의 판단과 그것이 당신의 몸과 지각에 대한 영향에 대한 서술하라.

우리가 경험을 영원히 간직하기를 원할 때, 말 그대로 우리 뇌의 신경 발화 패턴이 살아 있기를 원할 때, 이 기억에 규칙적으로 방문하면서 지속적으로 관심을 가지면 우리는 이것을 깊게 뿌리내리게 할 수 있다. 그 순간에 대한 마음챙김적인 집중을 통해 우리는 좀 더 현재 중심적인 방식으로 경험을 할 수 있게 만들 수 있어 우리에게 현재와 미래는 과거와 같다고 이야기해 주는 이미 축적된 위에서 아래로(top-down)의 발화에 의해 영향을 적게 받을 수 있게 된다. 기억이 과거의 멜로디를 완전히 덮어 버리는 대신에 우리는 이 경험의 가락(lilt)을 독특한 것으로 좀 더 명확하게 들을 수 있게 될 것이다(Hawkins & Blakeslee, 2004; Siegel, 2007).

아주 오래된 우리 집을 팔게 되었을 때, 나는 사랑하는 정원을 떠나는 것이 슬펐으나 최근에 와서 신경생물학을 깊이 알게 되면서 아마도 나는 푹신한 잔디와 꽃밭을 나와 함께 가져 갈 수 있다는 생각을 하게 되었다. 그래서 나는 적지 않은 시간을 내가 좋아하는 장소에 앉아 정원을 바라보면서 시간을 보냈고, 더 많은 시간을 여기 지구에서 일하게 된 의미에 대해 생각하고, 만지고, 깊게 숨 쉬고, 느끼면서 보냈다. 나는 그것을 잃어버렸다는 생각을 덜하게 되었고 그것 안에서 더 머무를 수 있게 되었다. 우리가 떠나야 되는 날이 왔을 때, 나는 뒷마당으로 가는 마지막 방문의 비통함을 느꼈다. 그러나 우리의 새집에 도착을 하자—실제로 정원이 없는 일시적으로 머물 집—, 나는 정원을 잃어버렸다는 생각 대신에 그것에 내가 머무르고 있다는 것에 집중력을 집중한다면 나는 아직도 나의 이전 집 정원을 걸을 수 있다는 것을 발견하였다.

시간이 지나면서 나는 나의 이전 정원이 나에게 살아 있고, 현재에 존재하며, 흙으로 만들어진 안식처가 될 수 있다는 것을 믿게 되었다.

지금 이 순간에 마음챙김적으로 집중하는 것은 우리에게 대부분이 오래된 기억으로 채워져 있는 경우에도 새로운 주제와 멜로디를 추가할 수 있는 내적 공간을 만들 수 있게 해 주고 어떤 경우에는 암묵적인 흐름을 완전하게 변하게도 해 줄 수 있다(Ecker & Hulley, 1996, 2000a, 2000b, 2008; Ecker & Toomey, 2008). 과거를 현재에 의식적으로 그려 넣는 이 작업은 우리가 감정적으로 생생한 경험을 돌보는 관찰자의 따뜻한 포용 안에 담아 주는 신경 회로를 가질 수 있을 때 특별히 강력하게 작용한다(Siegel, 2007, 2010b). 이것이 이 장에서 우리의 일차적인 개인 작업이 될 것이다. 따라서 나는 나중에 자세히 이에 대해 이야기할 것이다.

미래에 대해 깊이 생각을 하게 되면 우리는 우리 자신을 기억으로 완전하게 떼어 놓고 무엇인가 새로운 것을 만들어 내야 하는 것처럼 생각할 수 있다. 그러나 우리는 미래를 실제적로는 과거의 경험에 기반을 둔 예상에 대한 흐름인 뇌의 신경 발화 패턴 안에서만 경험할 수 있다. 따라서 기억은 우리가 미래를 암묵적으로(대부분의 경우에 해당) 그리고 외현적으로(어느 정도에 해당) 어떻게 틀을 짤 수 있는가에 영향을 준다.

내 환자 중 일부는 고통스럽고 위협적인 암묵적 기억에 압도되어서 과거와는 다른 미래를 상상할 수가 없다고 이야기한다. 그래서 "저는 **항상** 혼자입니다.", "저는 **항상** 버려야 할 쓰레기가 될 겁니다.", "저는 안정을 느끼거나 만족하는 사람이 **전혀** 되지 못할 것입니다."라고 이야기한다. 외현적이고 의식적인 수준에서도 그들은 암묵적 과거가 실제로 영원한 현재이고, 더 나아가 확실히, 이들 기억들이 시간의식과 통합이 될 때까지 이것은 유일한 미래이기 때문에 다른 가능성을 전혀 상상할 수가 없다. 변화를 위한 많은 작업을 하고 암묵적 기억을 시간적으로 통합하는 작업을 한 후에 이들은 다르게 이야기할 수 있게 된다. 즉 "저는 과거에 혼자**였었습니다**. 그리고 나는 지금 나는 혼자가 아니라는 것을 압니다. 왜냐하면 적어도 당신과 제가 함께 있으니까요.", "제 부모님이 저를 쓰레기처럼 **취급하셨었습니다**. 그래서 저는 제가 그렇다고 믿었습니다. 이제 저는 다른 사람들과 마찬가지로 가치 있는 사람이라는 것을 알겠습니다.", "저의 어머니에게 애인이 끊임없이 있었기 때문에 저는 이 사람 저 사람 손에서 컸다고 **느꼈었습니다**. 이제는 저는 한 사람의 충분한 사랑은 지속적으로 받을 수 있다고 생각할 수 있게 되었습니다."라고 이야기할 수 있게 된다. 시제의 변화와 **항상**이나 **전혀**와 같은 단어가 없어지는 것이 내용에서의 변화와 마찬가지로 이들 암묵적 사실들이 이 경험을 정말로 과거의 것으로 경험할 수 있게 해 주는 외현적 기억으로 통합되고 있다는 것을 보여 주는 신호인 것이다. 이와

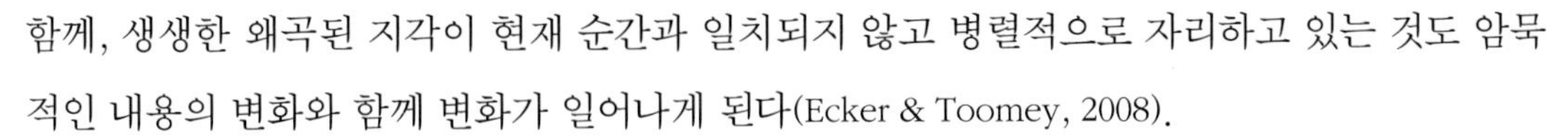

함께, 생생한 왜곡된 지각이 현재 순간과 일치되지 않고 병렬적으로 자리하고 있는 것도 암묵적인 내용의 변화와 함께 변화가 일어나게 된다(Ecker & Toomey, 2008).

이들 암묵적인 속삭임은 고통스럽고 위협적인 경험에 의해 만들어진 덫과 같은 패턴 이외에 강함, 탄력성 및 연결과 같은 메시지를 담고 있을 수도 있다. "나는 전혀 정말로 혼자라고 느끼기 않을 거야.", "나는 항상 문제를 해결할 수 있게 도움을 받을 수 있을 거야.", "나는 무엇이든 해낼 수 있는 충분한 힘을 가졌어."와 같은 것이 그것이다. 이런 지지적인 암묵적 기억은 삶의 초기에 조율된 관계에서부터 오고 그 이후 삶의 과정에서 우리를 이끌었던 공감적인 동료들에 의해 강화된다. 이 에너지와 정보의 흐름은 우리 안에 있는 풍부한 가능성으로부터 우리를 가두어 두는 것들과 함께 나란히 존재한다.

우리의 기억 안에 자리 잡고 있는 **항상**과 **전혀**에 대해 알아차릴 수 있도록 마음을 열어 놓은 채로 잠시 시간을 보내도록 하자. 당신의 돌보는 관찰자로 들어가서 내적으로 "나는 항상 …… 할 것이야."라고 이야기를 하고 난 다음 당신의 더 깊은 마음이 당신에 가져다주는 소리를 들을 수 있도록 이완된 상태에서 집중을 유지하도록 하라. 친절함을 가지고 그 소리를 듣고, 그것이 당신의 몸, 느낌 및 지각에 미치는 영향을 알아차리도록 하라. 그러고 난 뒤 잠깐 시간을 내어서 당신이 들은 단어를 쓰고 그 단어로 인해 당신이 무엇을 경험했는지에 대해서도 설명하려 하지 말고 그대로 서술하도록 하라.

다시 당신의 돌보는 관찰자 안에 머무르면서 "나는 전혀…… 할 수 없어."라고 이야기를 하고 이에 대해 앞의 **항상**에 대해서 했던 것처럼 써 보도록 하라.

이제 잠깐 시간을 가지고 당신의 **항상**이나 **전혀**에 대한 평가, 그리고 이 과정에 대해 당신이 한 것에 대한 평가가 어떤 평가이든 이 평가에 대해 알아차리도록 하라. 그리고 당신 자신을 아주 친절하게 대하도록 하라. 만약 어떤 평가이든 평가를 알아차렸다면 이 판단이 당신의 몸, 느낌 및 지각에 대해 미친 영향에 대해 몇 단어로 서술하도록 하라.

우리가 과거와는 다른 외현적 예상을 만들 수 없게 만드는 암묵적 예상에 의해 그렇게 완전히 압도되지 않을 때조차도 가끔은 미래가 우리에게 분열되는 경우가 있다. 우리가 의식적으로는 다른 형태의 상황이나 관계를 상상할 수 있지만 그것이 나타나는 현상이 충분하지 않다는 것을 발견하게 된다. 이런 경우에 무엇이 우리에게 가능한 것인가에 대해 암묵적으로 알고 있는 것이 이미 잘 확립된 다른 신경망들의 힘과 병합해서, 변화에 대한 우리의 의식적 욕구를 짓밟아 버린다. "언젠가는 나의 왕자/공주가 올 것이다."라는 생각은 어린 시절의 상실을 떠오르게 하는 그러나 실제로는 다가서기 불가능한 사람에 대한 이끌림을 불러오게 만든다. 이런 제약들에 대한 부드러움, 개방 및 호기심이 우리의 삶이 어떻게 전개될 것인가에 대해 이렇게 확실히 믿고 있는 우리의 부분을 수용해 줄 수 있는 마음의 상태로 들어가게 해 줄 수 있다. 우리가 그 부분을 추적해서 강력한 암묵적 정신모델의 근원을 찾아 여기에 이것을 변용시키는 경험을 추가할 때, 우리의 핵심 유도 지각(core guiding perception)이 변할 수 있고, 또 변한다.

조각난 혹은 해리된 기억

기억들이 과거, 현재 및 미래에 대한 우리의 경험에 영향을 미치는 방식 이외에, 고통스럽고 위협적인 경험들이 이를 회복시켜 주는 조율이나 돌봄을 만날 수 없을 때 우리의 마음은 여러 다른 종류의 고장 난 선을 따라 조각이 나 버릴 수 있다. 이런 경험의 파편은 뇌에서 통합적인 에너지와 정보의 흐름과는 분리된 채로 남아 있게 되고 그러면 이들은 중재의 가능성이 있는 입력 정보들과 단절되어 내적으로나 외적으로 이를 떠올리게 하는 자극에 의해 쉽게 촉발된다. 그러면 이들은 자주 완전하게 활성화되어 폭발하게 되고 그 결과 우리의 마음, 몸 그리고 관계를 지배해 버린다. 이런 패턴은 너무 자동적이어서 우리 모두는 이것을 피할 수가 없다. 그렇기 때문에 우리의 삶의 질과 환자를 위하여 우리가 환자들에게 일관적인 사람이 될 수 있는 능력은 우리 두뇌가 얼마나 많은 통합을 이루었는가에 달려 있다(Siegel, 2010b). 불완전한 통합으로 만들어진 몇 가지 기억 패턴을 맛보도록 하자. 시작하기 위해 우리는 **우리의 의식적인 마음의 메시지와는 아주 다른 암묵적 기억의 흐름**을 알아차려야 한다. 예를 들어, 친밀한 연결에 대한 내 환자의 명백한 기대와 적극적으로 이를 찾으려는 노력에도 불구하고, 그녀의 아무도 자신과 지속적으로 연결되지 않을 것이라는 암묵적인 확신은 그녀를 지속적인 고립으로 강력하게 밀어 넣었다. 어렸을 때 그녀는 엄마에게 손을 뻗었었지만 엄마는 그녀의 영유아기 내내 지속되었던 만성적인 우울증의 한가운데로 들어가 멀어지기만 하는 것으로 느껴졌었다. 이제, 이 강력한 에너지와 정보의 흐름에 시달리는 내 환자는 혼자 지내는 것에 대해 언뜻 보기에는 그럴듯한 이유인 너무 바빠서, 혹은 너무 피곤해서와 같은 이유를 만들어 내었고 자신을 만나려 하는 사람들에 대해서는 수많은 바람직하지 않은 특징들을 찾아내었다. 이 모든 행동들은 그녀의 좌측 양식 과정에 의해 논리적으로 그럴듯한 이유를 만들어 주어서, 아무도 자신에게 맞는 사람은 없기 때문에 자신이 신과 인간으로부터 버림받았다는 느낌에서 벗어날 수 있게 해 주었다. 그러나 밑으로 그녀의 행동은 "너는 언제나 버림받을 것이다."라는 계속 진행되는, 반박할 수도 없고, 또 노력해 보았자 아무 소용이 없다는 신념에 찬 메시지에 의해 움직여진 것이다.

잠시 시간을 내어 당신이 원하는 것과 이것이 실제 펼쳐지는 것에 대한 당신의 의식적인 의도를 보여 줄 수 있도록 당신의 더 깊은 마음을 초대하도록 하라. 잠깐 동안 수용적인 태도를 가지고 앉아서 마음과 몸에 무엇이 오고 가는지에 대해 바라보도록 하라. 그리고 내용과 과정에 대한 당신의 마음 안에 있는 어떤 판단이든 그것을 알아차리고, 그것이 펼쳐지는 것과 이것이 당신의 몸과 감정에 대해 가지는 영향 및 떠오르는 어떤 판단이든 이들에 대해 간단히 써 보도록 하라. 그리고 이 모든 것을 친절함으로 감싸 안는 시간을 잠시 갖도록 하라.

붕괴된 암묵적 기억은 **해리의 주머니에서 조용히 잠자고 있다가 오직 내적 혹은 외적인 경험에 의해서 건드려졌을 때만 행동으로 나타나는** 형태를 취할 수도 있다. 나의 새로운 환자 중 한 명이 자기 자신이 '미쳐 가고' 있다는 생각을 보고하였다. 수 주 전, 그는 신호등이 초록색으로 변할 때마다 심한 심계항진을 경험하기 시작했었다. 나는 그에게 그 당시 무슨 일이 있었는지를 물어보았다. 한참 생각하더니 그는 자신이 농구를 하고 있는데 다른 선수와 심하게 부딪쳐서 그의 머리가 농구 링을 받치고 있는 골대에 머리를 박았던 사실을 기억해 냈다. 그는 마음이 흔들렸지만 그대로 농구를 하였다. 그의 첫 초록색/심계항진 경험은 그 게임을 하고 집으로 돌아오면서 시작되었다. 함께 발화한 것은 함께 연결이 되어서 함께 살아남는다는 것을 알기 때문에(Hebb, 1949; Post et al., 1998), 나는 이 두 경험의 동기화가 궁금했다. 그러나 그에게 아무 말도 하지 않았다. 몇 회기 동안 그의 신체 감각에 대해 작업을 한 후, 그는 심하게 흔들렸었다는 강력한 신체적 감각(그의 목이 휘어지고 머리가 다쳤을 때 느꼈던 느낌)을 느끼고 있음을 알게 되었다. 그러나 그는 언제 그것이 일어났는지에 대해서는 외현적인 기억이 없었다. 그는 그것을 자신의 어머니에게 물어보려 마음을 먹었다. 어머니는 그에게 그가 생후 9개월 때에 함께 차를 타고 가고 있었는데 이때 신호등이 초록색으로 바뀌어서, 속도를 올렸고, 다른 사람이 차 라이트를 켠 상태로 차 오른쪽의 그녀의 좌석 뒷부분을 옆으로 박아서 심하게 빙글빙글 돈 적이 있다고 이야기를 해 주었다. 그때는 아이들을 뒷좌석에 태워 안전벨트를 의무화적으로 매도록 하는 것을 시행 전이라서 그의 유모차는 앞자리 조수석에 놓여 있었다. 유모차를 묶고 있던 구식 안전벨트가 느슨하게 풀려서 그의 머리가 차 문 쪽 유리창에 부딪쳤다. 그의 엄마는 "그때 너무 아쉬웠었지. 우리는 그때 매우 재미있던 순간이었는데, 나는 너에게 어떻게 신호등이 변하고 있는지를 보여 주고 있었고 너는 그것에 대해 재미있어 하고 있었던 순간이었는데."라고 말을 하였다. 환자와 엄마 모두 크게 다치지는 않았고 이 이야기는 가족사의 미로로 사라져 버렸다. 그러나 농구 경기에서 그의 오른쪽 머리에 입은 충격이 오래 묻혀 있던 신경망을 활성화시켜서 그의 빛의 시야를 녹색으로 바꾸면서 이것이 그가 이전 사고 때 느꼈던 공황과 짝을 이루게 되었다.

우리 대부분이 이런 식의 암묵적 주머니를 가지고 있을 가능성이 높고, 우리는 나중에 이 장에서 이들을 의식적인 알아차림으로 초대할 수 있을 것이다. 이와 동시에, 우리 모두는 **어떤 경험의 신체적 측면이나 감정적 측면은 단절시킨 채로, 그 경험에 대한 내적 비디오를 보고 듣는 식으로 분리된 또 다른 기억을** 가지고 있다. 많은 경우 우리는 전체적인 경험에 집중하려는 노력을 하지 않기 때문에 이를 의식하지 못하는데, 만약 우리가 그렇게 노력한다면 기억의 조각이 하나로 모여져 일관성 있는 전체를 만들게 된다. 그러나 때로는 기억의 분열이 너무 심할 수 있는데 이것은 우리가 처음에 이 경험들을 코드화해서 저장하는 방식을 반영해 주는 것이고, 이것과 다른 유사한 기억들과의 관계를 반영해 주는 것이기도 하다. 오랫동안 나는 내가 열여덟 살일 때 일어난 낡은 폭스바겐이 길에서 약 500피트를 산골짜기를 따라 굴러떨어지는 것을 선명하게 시각화할 수 있었다. 나는 내가 그 사고에서 잘 살아남았고 단지 몇 바늘 꿰매고 약간의 물리치료의 도움을 받으면 되었었다는 것을 잘 알고 있다. 그러나 내가 얼마나 노력을 하는지에 상관없이 나는 무엇이 그와 같이 무기력하게 만들고 또 조절 상실을 경험하게 만드는지 연결시킬 수 없었다. 그것은 마치 보이지 않는 손에 의해 닫혀 버린 문 뒤쪽 경험의 일부처럼 여겨졌다. 기억할 수 없는 것이 나의 삶에 해가 되지 않았으나 그 사고에 대한 나의 본능적 감각이 없다는 것이 나에게는 신기했었다. 수년 후, 치료에서 중요한 아동기 외상으로부터의 회복 과정을 진행하면서 나는 그 기억의 느낌에 대한 주요 요소가 무력감과 조절 상실이라는 것을 경험하였다. 내가 치료 작업을 통해 알게 되면서, 산에서 굴렀던 기억은 자연스럽게 완전하게 돌아왔다. 내 치료자의 치료실에서 나는 구르고, 비명을 지르다 지쳐 바닥에 누워 버리고, 숨이 차지만 즉각적으로 다른 부상자를 수색하는 경험을 하였다. 그리고 나는 폭스바겐에 대한 기억의 분열이 내가 아주 더 어렸을 때 일어났던 생각과 느낌의 분리 뒤에 자리하고 있다는 것을 바로 깨달았다.

더 드물게 일어나는 경우로, 흔히는 갑작스럽고 폭력적인 외상에 의해 만들어지는데, **성인으로서 우리가 이들 경험을 외현적인 기억으로 부호화해서 저장할 수 있을 정도로 신경학적으로 충분히 성숙되었음에도 불구하고 여기에서 오는 모든 기억이 의식적인 알아차림에서 제거되어 버릴 수 있다.** 그 효과는 너무 강해서 스트레스와 연관된 화학물질들이 편도(암묵적 기억)에서 해마(외현적 기억)로 이동을 차단해 버리고 우리로 하여금 강한 신체 감각, 행동적 충동, 감정 및 지각들로부터 멀어지게 만들어서 이들이 사건과 연관된 어떤 기억들과도 연결되지 않게 만든다. 흔히는 신체가 즉각적으로 설명할 수 없는 무엇인가 본능적인 기억을 경험하고 있다는 신호가 이 경험이 외현적이고 의식적인 알아차림으로 들어오고 있다는 첫 번째 신호가 된다. 나의 동료와 나는 다른 사람들은 목격한 외상과 연관해서 이것에 대한 기억을 가지고 있지 못한 몇몇 퇴역군인에 대해 연구한 적이 있다. 한 젊은 사람은 자신이 이완될 때마다 자신의 오른쪽 얼굴을 가리고 싶은 행동적 충동을 느낀다고 이야기하였다. 그와 그의 치료자는 이 암묵적 조각을 추적하였는데, 전쟁에서의 비극적 공격의 여러 다른 부분들이 이 한 가닥의 신경망을 중심으로 모이기 시작하였다. 결국, 그의 치료자의 따뜻함과 명료함의 포용 안에서 그는 의식 안에서 전체 기억을 감당해 낼 정도로 조절되기 시작하였고, 서서히 그것이 그의 뇌의 현재 진행되고 있는 흐름 안으로 통합되어 갔다.

외상의 한 구석에, **기억은 각각 분리된 자기가 속하는 구분된 꾸러미 안에 보관이 되게 되고 이것이 바로 현재 우리가 해리성 정체성 장애라고 이름 붙이고 있는 것이다.** 신경생물학적 관점에서 이 장애는 외상이 클수록 통합을 위한 신경적 그리고 신경화학적인 제한이 더 커진다는 원칙이 자연스럽게 확장된 것이다. '장애'라는 용어를 사용하는 것이 나에게는 어려운 일인데 왜냐하면 이런 종류의 분열은 실제로는 견딜 수 없는 외상에 마주했을 때 우리가 사용할 수 있는 아주 고도의 적응 전략이기 때문이다. 주관적인 관점에서, 우리는 우리의 뇌와 마음 안에서 무엇이 보이지 않게 되었는지 또 불편한 어떤 것이 분리되어 고립된 채로 남아 있는지를 볼 수 있게 된다.

우리 기억의 영역으로 들어가기

우리 안에서 기억들이 통합하고 혹은 통합에 실패하는 방식은 이런 기본적인 패턴을 따른다. 그러나 우리가 특별히 우리 경험을 각각 어떻게 부호화해서 저장하는가는 우리의 지문만큼이나 독특하다. 이장의 남은 부분에서 우리는 우리 기억의 영역으로 서서히 그리고 부드럽게 들어가려고 한다. 친절하게 집중을 해서 그들을 만져 주고, 분리되었던 것을 흐름의 안으로 엮어 넣어서 펼쳐질 수 있도록 하려 한다. 당신의 일지와 그릴 수 있는 도구를 당신 가까이 두는 것이 당신에게 들어오는 것을 표현하고 담는 데 도움이 될 수 있을 것이다. 이것은 또한 당신의 들어주는 파트너와 작업할 수 있는 아주 좋은 기회이기도 하다. 우리는 공유된 마음챙김적 집중력이 통합 가능성을 기하급수적으로 올려 주고(Siegel, 2010b), 우리를 우리의 마음속 깊이로 더 들어갈 수 있도록 해 주는 안전감을 유지하는 데 도움을 준다(Pogers, 2007)는 사실을 잘 알고 있다. 여기에 더해 조율된 다른 사람의 존재는 조용하게 우리의 암묵적 기억의 흐름을 더 안정적인 패턴으로 재배선시켜 주고, 때로는 우리가 치유적인 공감으로 경험하는 무의식적 동조(synchronicity)로 변화시켜 준다(Marci, Ham, Moran, & Orr, 2007; Marci & Reiss, 2005; Schore, 출판 중). 만약 당신에게 밝혀진 것이 당신과 들어주는 파트너가 감당하기에 너무 강력한 것으로 드러난다면 나는 깊은 마음속의 감정적 생생함을 쉽게 작업할 수 있고, 신경가소성적 변화를 이끌어 내는 조율과 공감적으로 함께 존재해 주는 것의 중요성을 이해하고 있는 다른 치료자를 찾아보기를 권한다.

이 작업을 시작하면서 치유가 필요한 기억에 대해 즉각적으로 집중을 하기보다는—이것은 주로 좌측 양식 과정적인 접근에 의해 이루어지는 데 거의 효과가 없다—풍부한 가능성을 제공해 주는 우리의 깊은 마음에서부터 시작하려 한다. **이 작업의 기본 원칙은 이것이 서서히 혹은 빨리, 아주 작게 혹은 아주 크게 일어나건 간에 이것이 어떻게 일어나는가에 대해서는 항상 강요나 판단이 없이 이것이 가지고 있는 자연스러운 패턴에 따라 펼쳐질 수 있도록 허용하는 것이다.** 우리의 뇌는 통합을 향해 움직이도록 만들어져 있다. 따라서 뇌는 암묵적 기억의 흐름과 해리된 신경망에 대해 스스로 안전한 천국을 제공해 줄 것이며, 우리의 뇌에서 특정회로가 더 큰 체계의 흐름으로부터 분리되도록 만드는 제한을 없애 줄 것이다.

우리가 어디서 시작을 해야 할지 걱정할 필요가 없다. 왜냐하면 일상적인 사건들이 기억의 특정 측면이 표면에 가깝게 떠오르도록 해 주어서 흔히는 이것이 시작점이 될 수 있기 때문이다. 당신의 일지에 **어떤 사건에 대해 정도 이상의 본능적인 반응이 일어난 경우, 예를 들어 불안초조**

증이 증가하거나 아니면 갑작스럽게 감정이 모두 죽어 버리는 것과 같은 일련의 경험들에 대한 목록을 만들어 놓을 수 있다. 이 정도 규모의 변화는 흔히 그 순간에 일어나고 있는 일에 의해 촉발이 된 오래된 에너지와 정보의 흐름이 방출되는 것에 대해 당신이 반응하고 있다는 신호일 가능성이 있다. 방어적 관점에서 보면 어떤 경우에는 우리의 체계가 확대가 되나, 또 다른 경우에는 문을 닫아 버리게 된다. 만약 당신이 그때 드러난 상황과 신체적 느낌에 대해 써 본다면, 이것은 당신이 기억 작업에 집중하려 시작할 때 그때와 똑같은 신경 패턴을 활성화시킬 수 있도록 해주는 좋은 기회를 만들어 줄 것이다.

이상적이라면, 당신의 들어주는 파트너는 당신이 이런 과정을 탐색하기 시작할 때 당신 옆에 있어 줄 것이다. 그러면 그 파트너는 당신에 대한 자비에 찬 목격자가 되어서 당신을 지지해 줄 수 있을 것이다. 아마도 당신이 힘든 단계를 거칠 때 몇 마디의 조언을 해 줄 수도 있고, 많은 기억들이 나타날 때는 옆에 있다는 사실만으로도 안심을 줄 수 있다. 연습을 시작하기 전에 이들 단계를 몇 번에 걸쳐 잘 읽어 보는 것이 도움이 될 수 있을 것이다. 각 단계에 대해 자세하게 설명을 하고 난 뒤에 박스 안에 좀 더 간단하게 요약을 하였다.

1. 좀 더 진전된 연습을 준비하기 위해 잠깐 시간을 내어서 당신의 돌보는 관찰자적인 마음 상태로 들어가도록 하라. 이것은 당신의 내적 세계를 깨우려는 의도 및 당신의 마음이 무엇을 보여 주든 간에 그것을 친절하게 대하려는 의도를 만들어 줄 것이다.
2. 그러고 난 뒤에 하루나 이틀 정도 당신 자신을 경험에 대해 개방해 놓거나 아니면 당신의 일지에 있는 경험 중 하나를 선택해서 그에 집중을 하도록 하라. 그리고 당신의 마음에게 가장 도움을 필요로 하는 정리되지 않은 사건을 의식적으로 알아차리도록 요청을 하라.
3. 수용적인 집중 상태로 앉아 당신의 마음을 특정한 방향으로 움직이지 않게 하라. 이 부분이 특히 중요한데, 왜냐하면 우리는 좌측 양식이 알려고 하는 것에 의해 방향이 지워지지 않은 채 깊은 마음의 우측 양식 과정에게 이야기할 기회를 주려 하기 때문이다. 조금의 인내와 연습을 통해 당신은 대부분 시간에 알아차리게 될 것인데, 이것은 최근 기억이 장면이나 당신 마음의 단어, 감정의 고조 혹은 신체 감각의 파도로 나타날 것이고 당신 일지에서의 경험도 이런 방식으로 더 생생해질 것이다.
4. 기억이 일단 떠오르면, 당신이 할 수 있는 한 최선을 다해 이 기억과 연관된 신체적 감각에 당신의 마음을 집중하도록 하라. 신체에 집중하는 것은 우리를 주로 우측 양식 과정에 의해 이루어지고 있는 종적 통합(vertical integration)의 이 감각의 뿌리에 다가설 수 있도

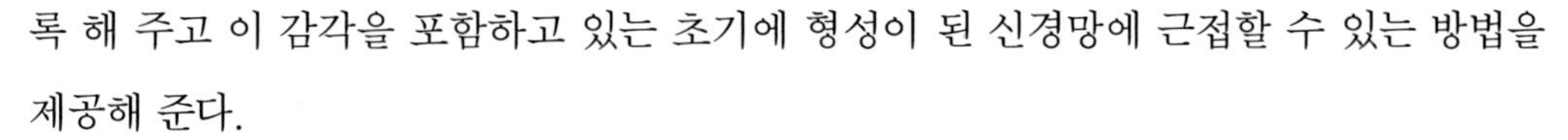

록 해 주고 이 감각을 포함하고 있는 초기에 형성이 된 신경망에 근접할 수 있는 방법을 제공해 준다.

5. 당신의 깊은 마음에게 당신의 몸이 이렇게 느꼈던 초기의 그 시간을 당신에게 보여 줄 것을 요청하도록 하라. 계속해서 당신의 몸에 집중을 유지하면서 당신이 할 수 있는 최선을 다해 수용적이고 개방적으로 앉아 있도록 하라. 이렇게 하는 것에 대해 저항을 느끼면 그것을 알아차리고 그것을 판단하지 않고 받아들이도록 하라. 우리가 고통스럽고 위협적인 경험들을 장기간 우리의 의식 바깥에 있도록 만들 필요가 있었을 경우에 이런 노출을 내적으로 우려하는 것은 충분히 이해할 만한 것이다. 이것을 신경생물학적인 용어로 이야기하자면 방어적인 해리의 신경망은 지속적으로 강화될 것이고 우리의 생존을 지키기 위해 이것이 종종 수십 년간 지속될 수도 있다. 이런 내적인 차단에 의해 제공이 되는 서비스에 대해 감사해야 할 충분한 이유가 있다. 그들은 우리의 깊은 마음에서 오는 파괴적인 기억에 의해 압도되는 것으로부터 우리를 보호해 줄 뿐만 아니라 새로운 경험이 우리의 상처받은 내적 세계에 추가적인 고통의 원인이 되지 않도록 방어막을 형성하기도 한다. 무엇보다도, 이들 방어기전을 마주하는 것이 과정에 따라서는 당신과 아주 멀리 떨어져 있을 수 있기 때문에, 그냥 '그들'에게 감사하면서 앉아 있는 것이 매우 도움이 될 수 있다. 시기가 되면 그들은 부드러움과 인내에 대해 반응을 해서 당신의 깊은 마음을 향해 자신들의 문을 열어 줄 것이다.

6. 자주 우리의 마음은 암묵적 기억 혹은 외현적 기억이나 아니면 느낀 경험(felt experience)을 포착한 상징적 이미지와 같은 다음 단계를 향해 더 안쪽으로 우리를 데려다준다. 암묵적 기억은 흔히 신체적 감각이나 감정이 증가되는 것으로 표현이 되고 가끔은 말이나 그림으로 표현되는 이야기는 전혀 없이 몸이 특정 방식으로 움직이기를 원하는 느낌이 동반되기도 한다. 우리의 초기 애착 경험은 이런 식으로 부호화되어 저장된다. 외현적 기억은 흔히는 먼 기억으로부터 온 장면으로 나타나지만 가끔은 마음속 대화로 나타나기도 한다. 외현적인 기억을 할 수 있는 우리의 능력은 2세 정도에 시작되지만 4세나 5세 전까지는 이 능력이 확실하게 자리 잡지는 않는다. 커다란 상자의 구석에 있는 작은 오동통한 벌레, 투명한 몸을 가진 아이, 하늘로 날아가는 고무풍선 등과 같은 상징적 이미지가 떠오를 때 이것은 흔히 반복된 느낀 경험을 마음이 요약한 것이다. 무엇이 떠오르건 간에 우리의 가장 중요한 과제는 친절한 호기심과 풍부한 돌봄의 마음을 가지고 이것을 받아들이는 것이다. 우리가 이렇게 할 수 있을 때, 우리는 돌보는 관찰자로 머무르면서, 우리 자

신의 변연계 세계(limbic world)를 담아 줄 수 있는 안전한 공간을 만들어 주는 것이다. 우리의 들어주는 파트너의 존재는 두 번째의 돌보는 관찰자가 되어 조절과 안전함의 신경회로를 강화시켜 주게 된다.

7. 대부분의 사람들은 기억이 떠오를 때 그들은 자신이 멀리서 장면을 관찰한다거나 혹은 감각을 경험하는 것처럼 느낀다. 이렇게 될 경우에 우리는 우리의 돌보는 관찰자를 그 안으로 들어가게 해서 그 기억 안의 에너지 및 정보와 생생하게 접촉하기를 권한다. 마치 당신이 당신 집에서 이 방 저 방을 걸어 다닐 수 있을 것처럼 당신은 당신의 마음 안에 있는 어떤 경험을 향해서든 움직일 수가 있다. 예를 들어, 나의 깊은 마음이 나를 침실에 홀로 있었던 어릴 때의 기억으로 데리고 간다면 나는 그 아이에게 다가가 눈을 들여다보고 내 손을 그녀의 어깨에 올려놓을 수 있다. 그러고 난 다음 나는 나의 돌보는 관찰자와 나의 변연계 아이(limbic child) 사이에 존재하는 경계를 잠시 내려놓게 해서 그 아이의 감정과 감각이 나에게 전달되도록 할 수 있다. 우리는 이것을 **동일시를 통한 공감**(empathy through identification)이라고 부르는데, 우리 마음의 일부분이 다른 부분을 느끼고 이해하는 것을 말하고, 이것은 우리의 중간 전전두엽 피질의 신경망이 추는 통합의 춤의 일부로 편도에게 조절과 위로의 섬유를 보내는 것이다. 우리는 또한 우리의 경험에 대한 어떤 상징적 표상도 이와 똑같은 돌봄과 주의집중을 통해 접근할 수 있다. 만약 우리가 기억을 우리 자신이 어렸을 때의 관점으로 볼 수 있거나 이들 감각과 느낌에 완전히 빠져든다면 당신의 돌보는 관찰자와 들어주는 파트너가 이들 경험을 그대로 잡고 있기를 격려하면서 그냥 거기에 머무르도록 하라.

8. 기억이 펼쳐지면 사건에 대한 알아차림을 통해서건 아니면 감각과 느낌의 양상을 통해서건 간에 우리의 과제는 그것을 추적하고, 추적하며 또 추적하는 것이다. 우리는 우리가 포용할 수 있는 범위 안에서 우리가 할 수 있는 한 많은 기억들이 우리의 의식 안으로 들어오는 것을 허용하기를 원한다. 이렇게 포용할 수 있는 범위라는 것은 우리의 돌보는 관찰자나 우리의 들어주는 파트너의 돌보는 관찰자가 변연계 경험(limbic experience)에 의해 압도당하지 않은 채로 그것과 연결되어 있을 수 있는 공간을 이야기한다. 당신이 만약 연결된 채로 머무르는 것이 당신의 능력을 벗어난다고 느낀다면, 눈을 뜨고, 숨을 깊게 들이쉬고, 당신의 발을 바닥에다 천천히 힘을 주어 누르고, 방안이나 당신의 들어주는 파트너에 주의를 기울이는 것이 에너지를 좀 더 현재 순간으로 전환하게 만들어서 당신이 각성되어 있는 것을 줄여 주는 데 도움을 줄 수 있을 것이다.

신경과학은 우리에게 우리가 암묵적, 외현적 기억을 만들고 원래의 기억에서의 어떤 것을 변용시키는(disconfirm) 경험을 제공하려 할 때, 우리는 기억된 경험을 포함하고 있는 신경망에서 에너지와 정보를 변화시키고 있다는 사실을 알려 주고 있다. 예를 들어, 만약 모욕감을 느꼈을 때를 감정적으로 생생하게 인식하도록 불러오려 한다면 이와 동시에 우리는 우리의 돌보는 관찰자나 들어주는 파트너로부터 인정받고, 받아들여졌고, 그리고 이해받았다는 느낌을 느껴야 하는데, 이렇게 되면 이런 새로운 경험이 오래된 기억을 변화시키기 시작하고 기억이 경험되는 방식에 지속적인 변화를 가져 올 수 있게 만든다. 새로운 생생한 경험이 더 정확하면 할수록 더 효과적으로 어린 시절 경험에 의해 형성이 된 원래의 암묵적 정신모델에 대해 감정적으로 생생한 변용을 제공해 준다(Ecker, 2008, 2010; Ecker & Hulley, 1996, 2000a, 2000b, 2008; Ecker & Toomey, 2008). 의식적인 마음은 일관성을 유지하려 하기 때문에 의식적으로 아는 두 가지 상반된 것이 하나로 조정될 수는 없다. 따라서 둘 중 하나는 없애려 한다. 때로는 한 번의 변용 경험만으로도 우리의 오래된 암묵적으로 알고 있는 것을 새로운 패턴으로 전환시키는 데 충분하다. 흔히는 이런 경험들이 시간이 지남에 따라 충분히 쌓이면 우리는 우리 자신을 일반적으로 인식하는 방식을 바꿀 수 있다. 이런 경우에는 우리는 우리 자신을 어떤 특정 기억에 의해서만이 아닌, 그냥 가치 있는 사람으로서 인식할 수 있게 되는 것이다.

9. 우리는 이들이 변화된 형태로 재저장이 되기 전에 이들이 강화되기 위해 수일 동안 이들 부드럽고, 수정된 신경망이 계속 열려 있고 또 이용 가능하다는 증거를 가지고 시작하려 한다(Ecker & Toomey, 2008; Suzuki et al., 2004). 기억 작업을 하고 나서 수일 동안 우리는 이렇게 안정되고 문제가 해결된 새로운 상태를 자주 방문해 줌으로써 이런 변화를 도와줄 수 있다. 두 가지 측면이 다 중요한데, 안정시켜 주는 존재(comforting presence)는 편도와 안와전두엽 피질 사이의 조절 회로를 만들어 주고, 문제 해결에 집중하는 것은 그 자체로 암묵적으로 아는 것에 대한 변화를 강화시켜 준다. 본능적인 경험을 의식으로 하루에 몇 번씩 불러내서 잠시 동안 그와 함께 그대로 앉아 있는 것은 이 새롭고, 더 통합된 상태의 마음의 신경 강도를 증가시켜 주는 데 큰 역할을 해 줄 것이다. 당신과 당신의 들어 주는 파트너가 일주일 내내 이 새로운 경험을 지속적으로 잡고 있으면 그것이 이 경험에게 대인관계적인 통합의 힘을 보태주게 될 것이다.

10. 기억이 자연스럽게 잘 마무리 짓게 될 때—가끔은 당신의 마음이 그 과정이 충분하게 진행되었다고 결정짓게 되면 그냥 거기에서 정지되는 경우도 있고, 어떤 경우는 기억이

결론까지 진행되는 경우도 있다—당신이 기억에서 마주한 부분을 의식적으로 현재로 가져 오는 것이 도움이 될 수 있다. 당신의 돌보는 관찰자는 이렇게 새로 생긴 부분이 현재 성인 자신과 함께 있다는 사실과 오래된 가족 집이나 아니면 그곳이 어디이든 기억이 자리 잡은 장소에 있는 것보다는 **여기 이** 장소에 있다는 사실을 알아차릴 수 있도록 격려함으로써 이 초대를 확장시킬 수 있다. 시기적절한 이런 이행이 중요한데, 왜냐하면 외현적 기억도 암묵적인 층을 가지고 있으며 이 암묵적 부분이 영원히 현재인 과거의 시간을 벗어나 존재할 수 있기 때문이다. 이제, 이것은 진짜 과거의 일부분이 되어서 앞으로 현재의 삶에 파괴적인 영향을 덜 미치게 될 것이다. 의식적으로 이 과정을 돕는 것은 일련의 시간적 통합을 심화시키고 촉진시켜 줄 수 있다.

11. 그림을 그리거나 일지를 적는 것은 기억의 통합을 향해 나아가는 데 강력한 도움을 줄 수 있다. 이미 당신은 이렇다는 것을 알고 있을 수 있다. 우세하지 않은 쪽의 손을 사용해서 그리는 것이 말로는 접근이 불가능한 우측 양식 과정을 표현할 수 있게 해 주며, 일지를 적는 것은 암묵적인 것이 외현적인 것으로 바뀌면서 발현된 것을 담을 수 있는 형태를 제공해 주거나 모양을 만들어 준다. 당신이 창의적인 그림과 이야기를 통해 실험하면서 당신은 이들 자원을 이용하는 데 있어 당신 자신만의 독특한 최선의 방법을 찾을 수 있을 것이다. 비록 우리의 삶이 너무 바빠서 우리로 하여금 이런 시간을 집중해서 해야 하는 노력을 어렵게 할 수 있겠지만 암묵적 기억을 더 조망하고 외현적으로 얻은 것을 공고화시키는 방법으로서 이런 방법들을 시도하는 것은 가치 있는 일이 될 수 있을 것이다.

12. 위의 작업은 힘들고 지루한 작업이다. 따라서 당신이 기억과 함께 참호 속에 빠져 있을 때는 충분히 쉬어 주는 것이 중요하다. 휴식은 또한 '불이행망(default network)'(Fox, 2008; Greicuis et al., 2008; Horovitz et al., 2008; Raichle, 2010)이라고 불리는 중간 전전두엽 피질 및 이와 연관된 회로를 통해 변화된 기억의 새로운 에너지와 정보를 위한 신경적인 조건을 증강시켜 주어 이들이 통합될 수 있도록 도와준다.

기억의 편린에 대해 집중적으로 내성을 하고 개방되어 있는 이 기간 동안에, 우리는 이런 과정이 뇌 안에서 잘 조직화되고 가치가 있는 경로로 변화될 때까지 이런 주기를 많이 반복해 작업을 해야 한다. 위에서 언급한 것처럼 기회를 포착할 수 있는 한 방법은 우리가 현재의 상황에 대해 무엇인가 도를 넘어서는 반응을 하고 있다는 것을 알아차리는 것으로, 아이의 장난감이 어지럽혀져 있어 화가 나는 것, 자신이 저지른 작은 잘못에 심한 죄책감이 느껴지는 것 및 공항에서 사랑하는 사람과 잠깐 동안 헤어져 있어야 할 때 우는 것 등이 그런 경우다. 이 범주의 또 다른 끝은 우리가 슬픔이나 분노를 느끼는 것이 적절하다는 것을 알고 있음에도 감정이 마치 죽은 것처럼 느껴지는 것이다. 우리의 돌보는 관찰자는 기억의 붕괴를 보여 주는 이런 표시들을 치유 작업의 기회로 잡아내는 기술을 얻게 될 것이다. 이런 과정에 대한 어느 정도의 경험을 가진 후에 당신은 당신 자신만의 리듬이나 패턴을 발견하게 될 것이며, 당신이 계속 진행을 해 나가는 데 간단한 개요 정도만 필요하게 될 것이다. 다음의 박스에는 각 단계에 대해 요약을 해 놓았는데 이런 경우에 이를 지침으로 이용할 수 있을 것이다.

통합적 기억을 위한 과정에 대해 검토하기

1. 당신의 돌보는 관찰자로 들어가 자리를 잡도록 하라.
2. 지난 수일 동안에 당신이 경험했던 문제가 되는 경험에 대해 그것이 무엇이든 당신의 마음을 열도록 하라.
3. 당신의 마음이 당신에게 최근 기억을 가져 오도록 부드러운 집중력과 호기심을 가지고 기다리도록 하라.
4. 그 기억이 떠오르면, 이와 연관된 신체적 감각에 집중을 하도록 하라.
5. 당신의 깊은 마음에게 당신의 몸이 이와 똑같은 감각을 느꼈던 이전 시간으로 당신을 데려다 달라고 부탁을 하라.
6. 당신의 우측 양식 과정이 당신에게 그것이 어떤 형태이든 간에 기억을 가져다줄 수 있게 친절한 주의력을 가지고 기다리도록 하라. 그리고 그 기억이 떠오르면, 당신의 돌보는 관찰자의 부드럽고 호기심에 찬 집중력을 다해 그것을 수용하도록 하라.
7. 만약 당신이 기억을 관찰하고 있다면, 그것을 향해 따뜻함과 존중하는 마음으로, 당신 자신을 그 느낌과 감각과 하나로 만들면서 서서히 접근하도록 하라. 만약 당신이 기억이 떠올랐을 때 그 안에 있다면, 그와 함께 머무르기를 계속하고 당신의 돌보는 관찰자가 그 경험을 잡을 수 있도록 그것을 초청하도록 하라.
8. 기억이 열리면 가능한 만큼 최대한 마음챙김적으로 추적하고, 추적하고 또 추적하도록 하라. 마음과 몸의 지각과 경험을 현재에 불러내어 그것이 기억 속에 암묵적으로 알고 있는 것을 변용시키도록 하라. [참고: 만약 기억이 당신을 압도하는 것처럼 느껴진다면 당신의 눈을 뜨

고, 호흡을 깊게 하고, 당신의 발을 바닥에 닿게 힘을 주어 누르고 현재의 방과 당신의 들어주는 파트너에게 집중하도록 하라.]

9. 자주 기억 작업의 시작으로 돌아가는 것을 주일 내내 반복해서 경험을 변용시키고 이와 함께 안정적이고 안전한 새로운 상태의 신경망을 강화시키도록 하라.
10. 기억이 자연적으로 끝이 나면 의식적으로 기억에서 당신이 만나고 있는 부분을 현재로 데려오도록 하라.
11. 당신이 하고 싶으면 암묵적인 것을 표현하기 위해 그림을 그리거나 암묵적인 것이 외현적인 것으로 전환이 되는 데 도움이 될 수 있게 일지를 적어 보도록 하라.
12. 휴식을 가져서 당신의 마음이 새로운 경험을 통합할 수 있도록 하라.

우리 모두는 일생에 걸쳐 이런 기억 통합 과정을 하게 될 것이다. 우리의 펼쳐지는 경험은 자연적으로는 그냥 머물러 있지 않는다. 어렵고 외상이 일어나는 시기에 안정과 이해가 항상 이용 가능한 것은 아니다. 그러나 우리는 항상 이들 붕괴된 경험을 담당하고 있는 신경 경로로 되돌아가서 이들을 우리의 통합적인 뇌에 의해 제공되는 자비 가득한 포용의 안으로 끌어들일 수가 있다. 이 영역에 대한 광범위한 작업이 우리 환자들이 자신들의 기억을 통합하도록 돕는 데 최선의 준비로 작용할 수 있다. 우리의 마음이 이런 과정을 위해 잘 조직화된 경로를 가지게 될 수 있을 때 우리는 환자들과 함께 그들의 내적 세계를 향해 자신감 있게 걸어 나갈 수 있게 될 것이다. 그러면 기억 통합 연습이 어려움 없이 자연스럽게 흘러가게 될 것이고 거기에 더해 증가된 일관성에 대해 우리의 개인적인 경험 및 기억의 조각들이 모여진 결과로 생겨난 안녕감은 우리의 환자들이 이 여행을 하고자 하는 의지도 지지해 줄 것이다. 다음 장에서 우리는 내적 세계를 서로 다르지만 상호 보완적인 관점(이것이 마음의 상태이다)에서 탐색하게 될 것이다. 종합하자면 이 두 범주에서의 우리의 알아차림과 개인적인 통합적 치유하기는 우리가 가는 모든 곳에서 정신건강과 친절한 관계를 만들어 내는 것에 우리가 전념하는 데 강력한 동지가 되어 줄 것이다.

공감적인 내적 세계 만들기

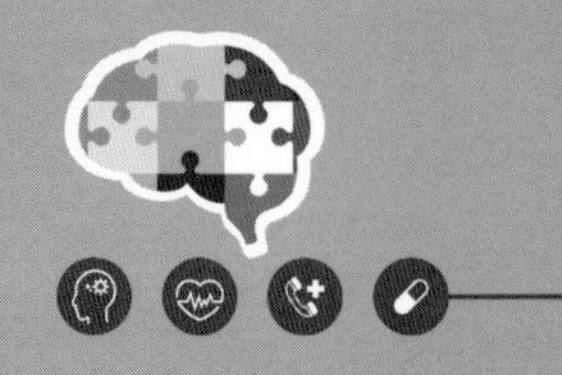

우리의 깊은 마음과 그것이 일상 경험에 미치는 영향은 마치 축척되어 가는 연재물과 같은 기억으로 보여지는데, 이는 시간의 렌즈를 통해 볼 수 있다. 그들이 좀 더 통합되면 될수록 이 기억들은 우리가 우리 삶의 역사를 되돌아볼 때 언제나 마치 시간 여행 마술 양탄자처럼 펼쳐지게 된다. 우리는 또한 우리의 지속적인 외적 관계 패턴으로 나타나게 되는 내재화된 관계의 공동체인 내적 세계를 만날 수 있다. 장난 끼 많은 아빠가 과거 시간의 기억 안에서 그의 웃는 딸과 내적으로 나란히 나타날 수 있고, 현재 어른으로서 그 딸은 즐거운 삶을 좋아할 수 있다. 외롭고 슬픔이 많은 엄마는 기억 안에서 그의 소리 없는 어린 아들을 베란다에서 흔들어 주고 있다. 그리고 어른으로서의 그녀의 아들은 현재 자신이 베풀어 주는 안정감을 거부하고 있는 우울한 여자에게 완전히 빠져 있다. 이와 같이 내재화된 쌍(pairs)은 우리들 각각의 안에서 살고 있는 다양한 상태의 마음을 위한 재료를 형성하게 된다. 우리는 내적 그리고 외적인 사건에 대해 단일한 자기로서 반응하기보다는 우리의 과거에 의해 형성된 모든 관계적인 자원이 동원된 공동체적 반응을 하게 된다.

내적 공동체라는 생각에 대한 우리의 반응을 느끼기 위해 잠깐 동안 시간을 갖도록 하자. 이 반응은 "그렇군요."로부터 "이상한데요." 혹은 "말도 안 돼."까지 다양할 수 있다. 당신의 돌보는 관찰자의 관점에서 이 생각에 대한 당신의 몸의 반응도 확인해 보도록 하라. 그리고 당신의 감정 및 신체적 상태에 대해 간단하게 서술하도록 하라. 이런 예비적인 연습의 단계 중 언제든지 당신의 들어주는 파트너와 함께하는 것이 도움이 될 수 있을 것이다.

우리가 이 탐색을 시작하면서 나는 내적 가족체계치료(internal family system therapy)를 발전시키는 데 있어 리처드 슈워츠(Richard Schwartz, 1997)의 훌륭한 작업에 대한 언급하고자 한다. 그의 작업과 우리의 약간 다른 방식의 접근은 경험적으로 거의 동시에 밝혀진 내적 세계의 다양성(multiplicity)과 유연성(malleability)에 같은 토대를 두고 있다. 이런 간단한 언급은 둘 사이에 공통성을 인정하는 것이기도 하지만 여기에서의 나의 작업이 그의 작업에서 파생된 것은 아니라는 사실을 보여 주는 것이다.

내적 공동체의 신경생물학적 근거

신경생물학적 연구들은 우리에게 우리는 아무리 늦어도 출생 시부터 다른 사람들의 **의도나 감정**을 받아들이기 시작한다는 것을 보여 주고 있다(Dobbs, 2006). 이들은 시각, 청각, 촉각, 미각 및 후각과 같은 **우리의 감각계**의 발화와 함께 코드화되어 저장되고 이와 함께 우리의 신체, 신경계, 변연계 영역 및 피질의 활성화를 포함하는 다른 사람에 대한 우리의 경험에 대한 **반응**도 코드화되어 저장된다. 함께 발화된 것은 함께 연결되고(Hebb, 1949) 그리고 이들은 함께 살아가기(Post et al., 1998) 때문에, 우리는 이들 신경망을 주관적으로 우리가 받아들이고 지각했던 원래의 상호작용에 스며들어 있는 에너지와 정보의 흐름으로 가득한 내재화된 관계적 쌍(혹은 만약 상호작용에 다른 사람이 아닌 더 많은 사람이 개입되어 있다면, 집단)으로 경험한다. 위의 문장은 중요한 문장인데 마음의 이런 상태는 ① 지속적으로 **쌍/집단**(pair/group)으로 상호작용하게 되고, ② 이들의 진행하는 상호작용은 첫 상호작용의 **관계적 질**(relational quality)에 의해 많은 영향을 받게 되며, ③ 우리가 코드화해서 저장되는 것은 이런 만남에 대한 우리의 **신경지**(neuroception)와 **지각**(perception)에 의해 영향을 받기 때문이다. 나는 **신경지**라는 단어를 스티브 포지스(Stephen Porges, 2007)로부터 빌려 왔으며, 우리가 의식적으로 과정을 알아차리기 전에 다른 사람들에 대해 반응하고 이를 내재화하기 시작하는 방식을 이야기할 때 사용하였다. 그러나 우리가 의식적으로 알아차릴 수 있게 되면 우리는 만남에 대한 **지각**이라는 용어를 사용하여 이야기할 수 있다. 이 둘은 모두 이전 경험으로부터 코드화되어 저장된 것들에 의해 영향받는다. 지난 두 장에서 우리가 논의했던 바와 같이 우리의 초기 관계는 암묵적 기억의 렌즈를 형성하여 우리가 다른 관계를 볼 때 이를 통해서 보게 만들어진 기대를 형성한다. 그래서 우리는 완전하게 깨끗한 새로운 만남은 가질 수 없게 되는 것이다.

아주 구체적인 예를 들어 보도록 하자. 매트(Matt)의 엄마는 매트가 새로운 사람을 두려워하고 안절부절못한다고 네 살이 되기 전에 치료에 데려왔었다. 그녀와 함께 가족사에 대해 이야기 나눈 후에 나는 매트의 내적 세계에 대한 그림을 만들기 시작하였다. 그의 아버지는 집안의 모든 사람들에게 자주 화를 내었고 이는 '두려운 아이-소리 지르고, 으르렁대는 아빠'의 내적 쌍을 만들었다. 아버지는 종종 아이가 화를 내거나 소리 지를 때만 반응해 주었고 다른 사람에게도 같은 방식으로 반응하였다. 매트는 거의 언제나 치솟는 분노의 물에 흠뻑 젖어 있는 상태였다. 이런 결과 그의 편도는 매우 과민해지게 되었고 이것은 누군가 조용하고 친숙한 사람이 있지 않는 한 그의 신경계는 다음에 올 맹공에 대해 경계하고 있어야 한다는 사실을 의미하는 것이었다. 이렇게 해서 그 순간에는 비록 이 문제를 완전히 없어지게 할 수는 없었더라도 해결될 수는 있었다. 그러나 여기에 더해 모든 사람들이 자신의 아버지를 두려워하기 때문에 매트는 도망갈 수도 안정감을 가질 수도 없었다. 따라서 이 내재화된 쌍을 지닌 신경망은 그의 발달하고 또 통합되어 가고 있는 뇌의 다른 부분들과는 해리가 된 채로 남아 있을 수밖에 없었다. 조율이 통합을 이루게 해 주고, 조율의 부재는 해리를 지속시킨다. 이들 암묵적 기억과 외현적 기억 모두의 결과로 새로운 사람을 만나게 되면 매트의 관계적 뇌는 다음번 붕괴에 대해 저항할 수 있도록 그를 준비시키기 위해 신경계에 에너지를 불어넣는다. 우리는 아마도 이들 에너지와 정보의 두 가지 흐름이 동시에 일어난다는 것을 느낄 수 있을 것이다. 암묵적 수준에서 이 어린아이는 항상 겁에 질리게 될 상황을 준비하였을 것이고, 따라서 마음 상태의 수준에서는 이 내재화된 아버지-아들 쌍이 아이의 발달하고 있는 뇌에 통합될 수 없었을 것이다. 이것은 내적 · 외적인 사건이 이들 신경망을 건드리게 되면 진짜로 놀랄 일이 일어나는가와는 상관없이 매트는 공포에 압도되는 느낌을 경험하게 된다는 것을 의미한다. 우리는 [그림 4-1]에 보여진 것처럼 매트 뇌의 이런 측면을 그림으로 그려 볼 수가 있을 것이다.

매트가 네 살이 되었을 때, 외할아버지가 이스라엘에서 처음으로 집에 방문하게 되었다. 우리의 부모를 위한 회기 중에 한 번은 그의 엄마는 나에게 그들이 처음 만났을 때의 이야기를 해 주었다. 매트는 외할아버지가 도착하기 전 며칠 동안 제대로 잠을 자지 못하였다. 그리고 공항에 가야 하는 시간이 되자 매트는 배가 아프기 시작하였고 토할 것 같은 느낌이 들었다. 그리고 외할아버지가 그들을 만나기 위해 보안 지역에서 나오자 그는 엄마 뒤로 숨었다. 외할아버지가 매트의 엄마를 껴안으면서 자신의 손을 내려서 바닥에 웅크리고 있는 손자에게 내밀었다. 외할아버지는 주저하지 않고 공항 한가운데에서 아이와 함께 바닥에 앉았고 그러고 나서 천천히 자신의 손자의 시야를 가리고 있는 두꺼운 공포의 막을 뚫을 수가 있었다.

이 방문은 수 주간 이루어진 긴 방문이었다. 매트와 외할아버지는 빠르게 친구가 되었고 놀이를 통해 언어의 장벽을 극복할 수 있었으며, '웃는 할아버지-즐거운 손주'의 내재화된 쌍을 만들어 내기 시작하였다. 그런데 하루는 무엇인가 할아버지를 화를 내게 만들어서 매트에게 화나는 표정을 짓게 되었다. 그런데 매트는 이렇게 상대방이 화내는 상황이 되었을 때 어떻게 해야 할지 몰랐다. 그래서 그의 외할아버지의 사랑스러운 얼굴에서의 화난 표정은 '분노에 찬 아버지-겁에 질린 아이' 쌍을 깨우게 만들었고, 이에 따라 익숙한 위험의 신호가 매트의 몸과 마음에 넘쳐흐르게 되었다. 그는 바닥에 몸을 던지고 얼굴을 감싸며 소리를 질렀다. 화난 얼굴이라는 것이 할아버지의 얼굴로 보여 주었던 작은 표현에 지나지 않는다는 현시점의 관점으로 보자면 이것은 엄청난 과잉 반응으로 여겨졌다. 매트는 자신 스스로 안정을 찾을 수 없을 것처럼 보여서 안정을 찾을 수 있도록 자신의 방에 가 있도록 하였다. 공포 속에 울다가(이제는 버림받은 슬픔까지 더해져서), 매트는 결국은 지쳐서 잠이 들게 되었고 놀란 아이가 안정감을 찾을 수 있는 기회를 놓쳐 버리게 되었다. 이 경우에 우리는 경계심의 암묵적인 가닥과 해리된 내적 쌍 모두가 네 살짜리의 소년에서조차도 앞으로 만들어질 새로운 관계에 이미 어떤 역할을 하고 있는지 볼 수 있다.

만약 매트가 이 내적 쌍을 구성하는 구성원 사이의 긴장을 해소하는 데 도움을 받지 못했다면, 매트는 성인이 되어 아마도 끊임없이 초초한 교감신경계를 극복해야만 하는 그리고 지각된 위협을 싸울 것인가(화난 아버지) 혹은 도망갈 것인가(겁에 질린 아이)의 두 가지 중 하나로만 반응하는 사람이 되어 있을 것이다. **현재의 경험이 이 둘을 지니고 있는 신경망을 활성화시키게 되**

면 그 쌍 중에 하나는 표면으로 떠오르게 된다. 예를 들어, 흔히 우리는 이 쌍 중에 더 약한 하나, 즉 우리의 내적 아이에 대해 더 많이 생각하게 된다. 그러나 실제로는 이렇게 해결되지 않은 채 살아온 사람의 내면에는 이 둘이 동등하게 활성화되어 있다.

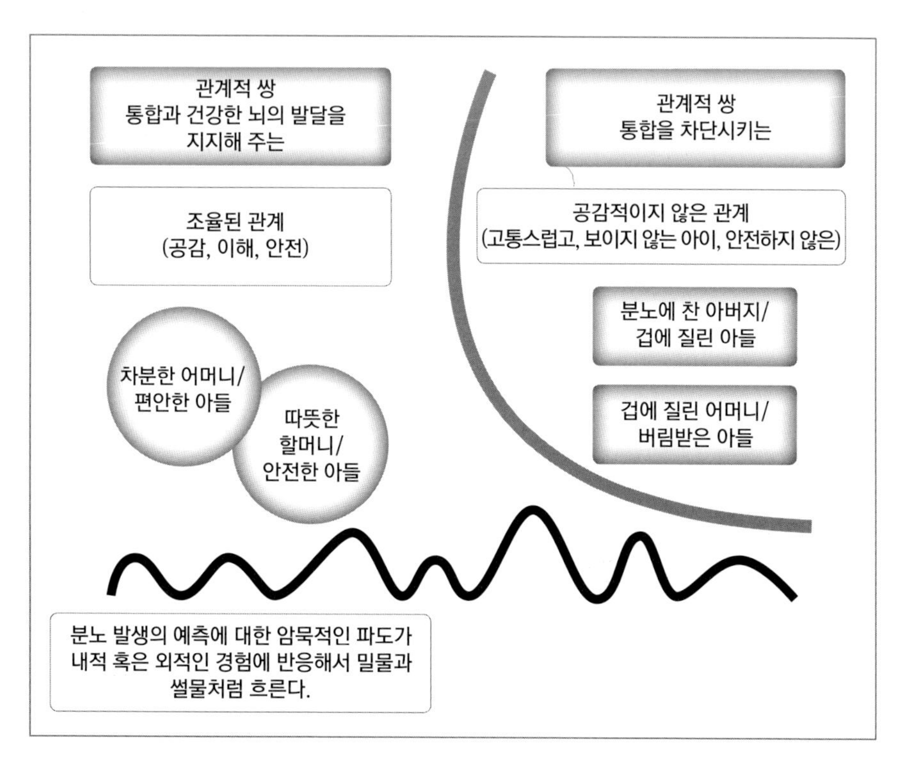

[그림 4-1] 통합을 지지하거나 혹은 차단하는 에너지와 정보의 두 가지 흐름

아버지에 대해 방어하기 위해 그것을 준비하기 위한 아이의 신경계의 암묵적인 지속적 활성화와 분리된 쌍은 통합을 하지 못하게 하는데, 그 이유는 이 특정한 경험에 관해 아이에게 안정감을 주고 이해를 제공해 줄 수 있는 공감적인 타인이 없기 때문이다.

당신의 내적 공동체 경험하기

당신의 쌍 중 하나를 내적으로 확인할 수 있는지 살펴보도록 하자. 우선 당신의 돌보는 관찰자가 되어서 당신의 몸과 마음에 당신이 오랫동안 유지했던 관계 중 가장 긍정적인 관계를 가졌던 사람을 불러오도록 하라. 이 관계에서 이루어졌던 한두 장면을 당신의 마음에 가져 오도록 하고 이와 동반된 신체적 감각, 감정 및 행동적 충동까지 가져 오도록 하라. 이 내적인 만남이 현재 이 순간의 당신의 경험을 어떻게 물들이게 하는지 알아차리도록 하라. 당신 자신과 다른 사람의 마음과 신체 상태에 대해 마음을 열어 놓은 채 이 내적인 쌍과의 당신의 만남에 대해 (설명하기보다는) 간단하게 서술해 보도록 하라. 다른 사람의 관점으로 보는 것은 그 사람의 내적 세계를 경험할 수 있도록 그 입구를 제공해 줄 수 있다.

당신의 마음이 이 사람과 연관된 기억의 바다를 항해하게 되면 당신은 이 관계 안에서 만들어진 하나 이상의 쌍을 찾아낼 수 있을 것이다. 예를 들어, 친구의 경우, 아마도 주된 경험은 많은 기억들이 공감적인 친구-공감적인 친구 쌍에 속하는 믿을 수 있는 선량함과 같은 것일 것이다. 그리고 다른 경우에 이것은 이차적일 수도 있지만, 당신이 경험한 기억의 작은 부분은 그 친구와 조율되지 않은 경험이 있을 수 있고, 이것은 무지한 친구-실망한 친구의 쌍을 만들어 냈을 수 있다. 호기심과 부드러움을 가지고 당신의 내적 쌍으로 다시 돌아가서 다른 측면이 당신 마음에 더 떠오르는지를 살펴보도록 하라. 그러고 난 다음 쌍으로서 두 사람의 본능적인 감각의 관점에서 이 경험에 대해 간단히 써 보도록 하라. 만약 우리가 이 마음의 상태에 조율하게 되면 우리는 쌍의 내적 세계에 대해 추측을 하게 되기보다는 참여를 할 수 있게 된다.

또다시 당신의 돌보는 관찰자로 들어가 당신의 속마음을 초대해서 당신의 관계적 삶 안에서 이 쌍의 두 사람 모두가 활성화되었던 시간을 가져 오도록 하라. 당신이 이 쌍의 한 사람에서 다른 사람으로 움직일 때 당신의 몸에서 일어나는 확실한 혹은 아주 미묘한 전환을 알아차릴 수 있게 될 것이다. 지각, 행동적 충동 및 감정에서의 변화를 알아차리도록 하라. 당신은 아마도 당신의 마음이 이들 경험을 좋은 것과 나쁜 것을 판단하고 싶어 한다는 사실을 알아차리게 될지도 모른다. 이 판단에 대해 친절함을 가지고 당신의 마음 안에 공간을 만들어 보라. 그리고 시간을 내어서 이 쌍에 대해 기억할 때 일어나는 것에 대해 써 보도록 하고 어떻게 각 사람이 자신의 존재에 대해 알리는지에 대해서도 써 보도록 하라. 여기에 빈칸이 부족하면, 당신의 일지에 이어서 쓸 수 있고, 이때가 당신의 들어주는 파트너가 적은 것과 당신의 것을 비교해 볼 수 있는 좋은 기회다.

우리의 내적 공동체의 구성원 분화시키기

우리가 이런 종류의 탐색을 수행할 때 우리는 **분화**(differentiation)라는 과정에 전념하고 있는 것으로, 우리의 관계적 경험의 커다란 흐름을 이루고 있는 각각의 내적 목소리에 대해 살펴보고 또 듣고 있는 것이다. 한 환자가 "누가 내 안에서 활성화되어 있는가를 살펴보기 전까지 내 마음은 마치 커다란 혼돈의 공처럼 느껴졌었고 정신이 하나도 없이 그냥 이리저리 뒹굴고 있었을 뿐이었어요."라고 이야기하였다. 그는 이렇게 에너지가 엉클어진 상태에서 혼돈을 벗어나 질서로 동조하는 과정을 시작할 수 있도록 집중할 수 있는 초점을 찾을 수 없었다. 그러나 우리가 마음의 상태에 대한 관점을 적용하자 그는 자신의 엄마에 대해 매달리는 본능적 경험과 그의 '아버지 존재의 부재'에 대한 본능적 경험을 구분하기 시작하였다. 이 경우 부재한 아버지가 역설적으로 존재를 가지게 되는 것으로 이 존재가 "뒤로 물러서! 숨어!"라고 그의 내적 귀에 끊임없이 속삭여서 그가 치료적 도움을 찾아올 때까지 세 번의 결혼이라는 비용을 치르게 하였던 것이다.

우리가 논의한 바와 같이 우리의 뇌는 특정한 법칙에 의해 작동되는 복합적인 자기 조직 시스템이다. 이 복합적인 시스템 안에서 이 과정에 부합되는 패턴은 **분화는 결합에 앞선다(differentiation precedes linkage)**이고, 이 두 과정은 함께 이루어져서 새롭고 더 통합적인 상태를 만들어 낸다(Siegel, 1999). 우리의 내적 쌍을 구분하는 과정에서 우리가 호기심에 차고 자비가 가득한 관찰자의 마음에 있을 수 있다면 우리는 훨씬 더 조절 가능한 상태로 상처를 가지고 있는 마음에 접근할 수 있다는 사실을 알 수 있게 될 것이다. 이런 조절의 증가는 쌍으로 하여금 분리되고/해리되어 있던 것들이 결합된 공동체의 일부가 될 수 있도록 허용하게 해 주고 이것은 결국 온전한 한 사람을 위해 관계적인 선함을 경험할 수 있는 기회 및 안녕감을 키워 준다. 이 쌍을 이루는 각각의 구성원과 작업함으로써 우리는 더 큰 분화를 이룰 수 있다. 그러고 난 다음 둘 사이의 긴장이 해소되면서 이 쌍은 진행 중인 뇌 과정의 흐름과 통합이 가능해진다. 처음에는 해결되지 않은 내적인 다른 사람이 마치 우리 마음 안에 침입한 외부인처럼 느껴질 수 있다. 그러나 실제로 이 사람은 우리가 자신이라고 느끼는 사람과 똑같은 신경의 바다에서 형성된 사람인 것이다. 우리가 내적으로 우리의 공동체 구성에 대해 알아차리는 시간을 가짐으로써 그들 모두는 우리의 통합적인 부분이 된다. 우리가 만약 치유의 과정에 있다면, 이것은 그들이 외부에 존재했던 원형이 더 이상 영향을 미치지 않는 온전한 하나를 향해 나아가기 시작했다는 것을 의미한다. 이것은 정말 희망적인 것이다.

내적 공동체 통합 연습하기

이 장의 나머지에서 우리는 이 통합의 통로를 좇아가 보려 한다. 처음은 분화의 과정에 있는 우리의 내적 공동체 구성원을 만나고 그러고 난 다음 그들이 공감적 통합을 촉진하는 방식으로 그들과 함께하려 한다. 비록 우리 내적 공동체의 각각은 독특하지만, 마음이 공감적인 상태로 통합하려는 경향과 불편한 고통을 수반하는 마음의 상태는 고립시키려는 경향을 가지고 있다는 것은 마음이 우리 대부분에게 적용할 수 있는 특정한 **다층적 구조**(layered structure)를 가지고 있음을 의미한다고 할 수 있다. [그림 4-2]는 이런 내적 세계를 시각화시키는 한 가지 방법을 제시해 주고 있다.

우리가 이 표를 이해하기 위해 시간을 보내면서 우리의 몸이 이 정보를 향해 움직이는지 아니면 멀어지려 하는지 친절함을 가지고 알아차리도록 하라. 경계심과 주저함으로부터 호기심과 개방성까지의 연속선상에 당신은 어디에 위치하고 있는가? 이런 식으로 보이고 이해되는 것에 대한 당신의 내적 세계의 반응에 대해 간단하게 써 보는 것이 도움이 될 것이다.

우리 안에서 그리고 우리 내담자와 함께 내적 공동체의 어떤 구성원은 나타나는 데 머뭇거릴 수도 있다. 종종 내적인 아이들은 모든 성인을 두려워하고, 학대적이었던 내재화된 부모들은 흔히 처음에는 저항적이다. 그러나 이런 저항은 내적인 타인이 우리 자신이라는 사실을 자각하게 되면 대개는 완화될 것이다. 앞에서 이야기하였듯이 외적인 부모가 전혀 변화하지 않을 때에도 내적인 해결에 대한 희망을 가져다줄 수 있기 때문에 이런 차이는 매우 중요하다.

외부 사람을 관리하기	우리가 세계와 공유하는 얼굴
의식	
의식에 의해 쉽게 이용 가능한	
관찰자(Watcher)	환경으로부터 가능한 많은 공감을 이끌어 내도록 고안되어 있는 마음 안의 존재; 돌보는 관찰자와 관계가 있을 가능성이 있다.
돌보는 부모(들)–양육받는 아이(들)	가장 양육적이고 의식에 가장 가깝게 유지되는 가족 경험의 부분 (그리고 감정적으로 의미를 지닌 다른 사람들에 대한)
속마음/덜 이용 가능한	
보호자(Protector)(들)	더 큰 상처로부터 아미 상처를 받은 아이를 보호하기 위해 현재의 고통을 방어하기 위해 발달된 부분 및 의식적인 마음이 내적 고통과 두려움에 의해 압도되는 것을 방어하기 위해 발달된 부분; 흔히 어떻게 부모나 다른 사람들이 방어하였는가에 의해 패턴이 달려 있다.
비공감적인 부모(들)–상처받은 아이(들)	불편한 고통 때문에 속마음에 묶여 있는 관계적인 부모-아이 쌍; 감정적으로 큰 영향을 준 다른 사람들도 포함된다.
의식에 대해 더 해리적이고/쉽게 이용 가능하지 않다.	
버리는 부모(들)–수치스럽고, 버림받은 아이(들)	더 깊은 곳에 갇힌 관계적 쌍으로 가장 심한 고통을 경험한다.
기초적인/핵심 기대	
고유의 희망 기본적인 가족의 믿음	모든 고통스러운 경험의 바탕에, 연결에 대한 우리의 고유한, 유전적으로 저장되어 있는 희망과 통합을 향한 내적인 움직임이 있고, 이와 함께 세계와 관계에 대한 핵심적인 가족의 믿음이 있다. 후자는 거의 암묵적 정신모델을 반영할 가능성이 높다.

[그림 4-2] 내적 공동체의 원형

모든 내적 공동체가 독특하지만, 우리의 뇌가 고통스럽거나 혹은 놀라운 경험과 대조적인 공감적 움직임을 처리하는 방식은 우리가 이와 같이 그릴 수 있는 다층적 구조를 만들어 내는 것이다. 각 층들의 내용은 우리 삶의 특정한 상황에 따라 만들어질 것이다.

내적 공동체의 층 확인하기

이제 우리는 이 일반적인 내적 층 구조를 개인적인 것으로 만드는 작업을 시작하려 한다. 당신의 돌보는 관찰로 들어가 [그림 4-3]의 도표를 이용해서 이 다양한 층에 위치하고 있는 우리 자신의 부분과 내재화된 사람들의 부분을 확인하는 작업을 시작할 것이다. 이것이 예비적인 추정이라는 것을 고려한다면, 이것의 목적은 통합 혹은 해리의 다양한 정도를 가진 우리 마음의 모든 상태를 정확하게 확인하는 것이기보다는 다층화 과정에 대해 느낌을 얻는 것에 더 목적이 있다. 이 과제에 호기심, 개방 그리고 수용을 가지고 접근하는 것이 당신을 내적으로 편안하게 만들어 줄 것이고, 그것은 마음의 상태로 하여금 자신들을 좀 더 쉽게 알리도록 만들어 줄 것이다. 우리가 우리의 좌측 양식 과정이라는 삽을 가지고 우리의 마음을 파내려 하기보다는 들으려는 자세를 가지고 이것에 접근하게 된다면 더 많은 것을 이용할 수 있게 될 것이다. 수용이 바로 핵심이다.

- **관리하는 자기**(managing self)는 일반적으로 우리의 익숙한 역할을 통해 보여지는 사회적 얼굴을 이야기한다. 어머니, 아버지, 치료자, 아동 옹호자, 예술가, 정원사와 같은 것이 그것이다. 친숙함은 자주 이런 역할을 통해 우리를 확인해 준다. 일주일 내내 가장 자주 세계와 상호작용하는 마음의 상태를 볼 수 있도록 당신의 마음을 열어 두도록 하라.
- **관찰하는 자기**(watching self)는 당신의 의식적인 삶과 내적 세계 사이의 문에 존재한다. 이 특정한 마음의 상태의 신경생물학은 현재로서는 아직 명확하지 않다. 많은 환자들이 그들의 뇌가 충분히 성숙하기 전에 그리고 돌보는 관찰자가 나타날 수 있도록 통합되기 전인 아주 어린 나이에 이 관찰하는 자기에 대한 기억을 가지고 있다. 그러나 우리가 우리 자신의 이 측면에 대해 경험할 때 이것은 친절하게 관찰하는 마음의 상태와 매우 유사하다는 것을 경험할 수 있다. 그러나 이 관찰하는 자기는 마음의 나머지 부분과 마찬가지로 비슷한 학습 및 발달 과정을 밟는 것으로 보인다. 일부 관찰자는 사건에 의해 부서지거나 압도당하고 난 다음 그것을 통해 강해지고 또 지지라는 관점을 얻는 것 같다. 사람들은 자신들의 관찰하는 자기를 모든 모래상자의 가장자리에 계속해서 앉아 있는 여우나, 부드러운 두 눈, 혹은 경각심 및 더 넓은 관점의 신체 감각 등으로 느낀다. 당신은 아마도 당신만의 독특함으로 느낄 것이다. 당신의 돌보는 관찰자로 들어가 당신의 속마음이 당신의 내적 세계의 이 부분에 관해 당신과 공유하기를 원하는 어떤 것이든 그것이 유용할 수 있도록 하라. 지금 아무것도 떠오르

지 않는다면, 우리가 내적 공동체 알아차림의 과정을 더 깊어지게 만들면 좀 더 명확해질 것이다.

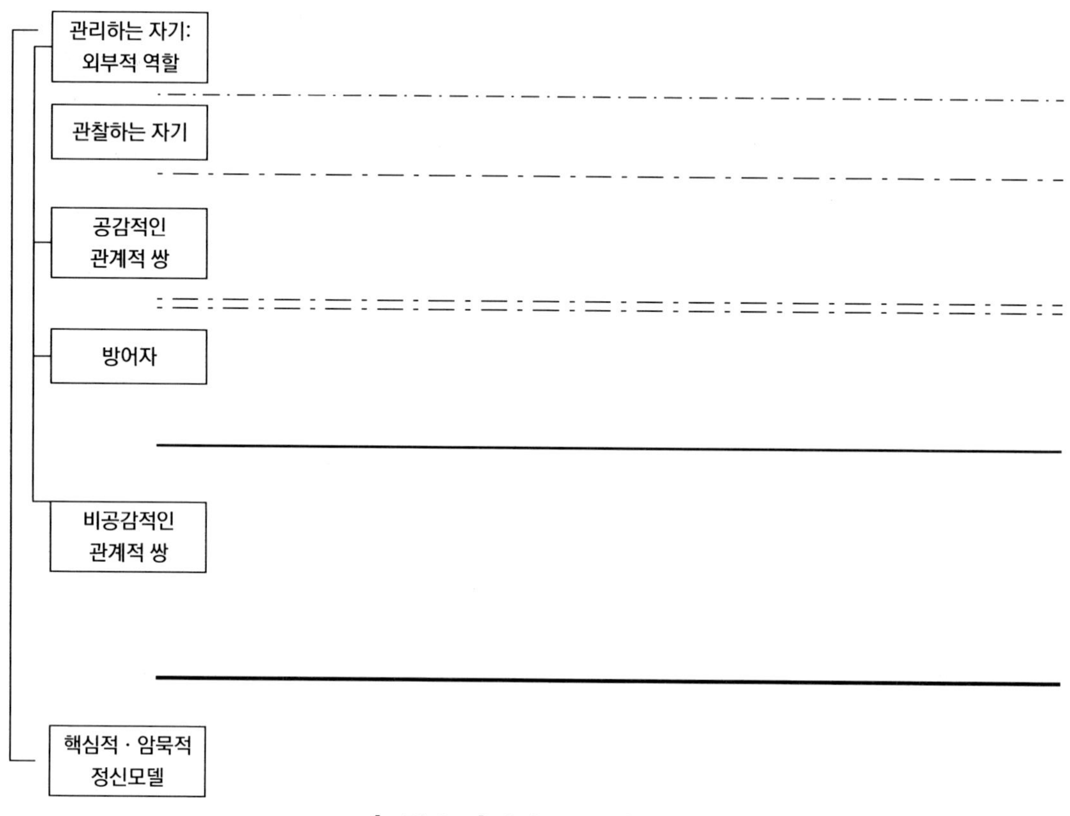

[그림 4-3] 내적 공동체 층위들

이 도표는 우리의 우측 양식이 내적 경험을 잡아낸 그림을 만들어 내게 도와줌으로써 우리에게 각 층에 위치하고 있는 것을 생각하게 만들어 그 장소를 알 수 있게 해 준다. 선이 끊긴 선에서 두꺼운 선 그리고 아주 단단한 선으로 변해 가는데 이것은 일반적으로 의식적인 알아차림에서 얼마나 분리되어 있는가를 보여 준다.

- **공감하는 관계적 쌍**(empathic relational pairs)은 흔히 의식적인 알아차림을 벗어나 그 아래에 머문다. 그러나 만약 우리가 과거의 의미가 있었던 순간에 대해 집중하면 쉽게 접근이 가능하다. 예를 들어, 나의 어린 시절을 그냥 생각하는 것만으로도 나는 본능적인 따뜻한 느낌, 인정되고 연결되어 있다는 느낌과 함께 나의 5학년 때 선생님의 존재를 경험할 수 있고 여학생으로서 나 자신을 경험할 수 있다. 이들 공감적인 쌍들은 나의 뇌의 흐름 속으로 통합되어 있고, 우리의 회복력을 지지해 주며, 이외에 다른 사람들과 연결되어 있다는 믿음, 자

신에 대한 확고한 느낌, 창조성 및 우리가 내재화한 다른 사람들에 의해 공유된 많은 특별하고 독특한 긍정적인 자질들을 지지해 준다. 우리 삶에 있어 대부분의 중요한 사람들은 우리에게 관계상의 여러 가지 향기와 맛을 제공해 준다. 그래서 이 층에는 누군가의 부분이 있고 또 다른 층에는 그 사람의 다른 부분이 있는 것이 일반적인 경우다. 나는 이 공감적 지역에서 아버지의 은발을 인식할 수 있고 동시에 내 몸은 그를 내가 아주 어렸을 때 아버지가 나를 재미있게 공중 위로 나를 던졌다가 받았다 한 것을 통해 느끼고 있다. 물론 아버지에 대한 많은 부분들은 치료를 통해 아버지에 대한 기억이 풀어지기 전까지는 해리된 채 깊숙이 존재하고 있었다. 당신의 속마음에서 어떤 정보가 오든 간에 당신 자신을 열어 놓도록 하라. 그리고 당신의 일지에 당신의 가능한 공감적 쌍에 대해 적어 보도록 하라.

- **방어자**(protector)는 지각된 위협의 존재하에서 교감신경계를 활성화시키는 원인이 될 수 있는 내적 혹은 외적인 사건이 있을 때 표면화될 수 있다. 그리고 우리는 통합적인 상태에서 벗어나 우리 앞으로 다가올 고통이나 공포에 우리 자신을 어떻게 방어할 것인가에 초점을 맞추려 한다. 우리의 방어 전략 기술, 혹은 주관적인 용어로 방어자가 사용하는 방법들은 유전적 소인, 기질 및 관계상에서의 학습 등에 기반을 두고 발전한 능력에 그 뿌리를 두고 있거나 우리가 내재화된 사람들이 사용하던 방어 방식에 근거를 두고 있다. 만약 학교가 안전한 장소였다면 우리는 감정의 맹공을 피하기 위해 좌측 양식 과정으로 뛰어들었을 것이다. 만약 우리가 분노에 찬 부모를 가지고 있었다면 위협이 우리 앞으로 다가올 때 우리는 이를 공격적으로 밀어내려 했었을 것이다. 만약 부모가 불편한 감정을 가라앉히기 위해 단 음식을 많이 먹었다면 우리는 강렬한 감정이 밀려올 때 자신도 모르게 배스킨라빈스 아이스크림 집에 끌리고 있음을 느낄 것이다. 이들 방어자들은 양방향적이고, 외적으로 기능하는 자기를 우리의 내적 세계의 고통으로 가득 차고 두려운 부분과 너무 파괴적인 접촉으로부터 보호한다는 점이 무척 흥미롭고, 이미 상처 난 내적인 공간을 건드릴 수 있는 외적인 경험에 대해서도 차단하는 벽을 세운다는 점도 흥미롭다. 우리가 관계적인 상황에서 많은 전략을 학습하지만 이것은 때때로 명백한 쌍이 없는 층이기도 하다. 다시 내적으로 마음을 자리하게 하고, 당신의 깊은 마음이 당신의 방어자에 대한 예비 점검을 할 수 있게 보여 주도록 하라. 그리고 일지에 이에 대해 간략히 적어 보도록 하라.
- 이제 우리는 **비공감적인 관계적 쌍**(unempathic relational pairs)이라 불리는 고통스러운 혹은 두려운 일에 의해 일어나 불편한 채로 지속되고 있는 마음의 상태에 대해 부드럽게 탐색을 시작하려 한다. 이 명명은 적절하게 붙인 것처럼 보이는데 왜냐하면 이들은 공감이 없는 상황

에서 일어나고 서로 간에 공감하지 않은 채 지속되고 있기 때문이다. 만약 우리가 이 층이 우리가 어렸을 때, 10대일 때 혹은 초기 성인기일 때 우리에게 어떻게 보였을까를 생각해 본다면 이것은 아마도 현재와는 매우 달랐을 수 있다. 시간이 지나면서 특정한 고통스러운 상태가 더 강화되거나, 아니면 만약 재수가 좋았다면 이후의 공감적 관계적 경험이 이들 마음 상태를 끝없는 감옥에서 풀어 나게 해 주어서 이들이 통합적인 뇌의 진행 중인 흐름에 결합할 수 있도록 해 주었을 수 있다. 우리는 특정 부모가 가지는 여러 측면을 발견할 수 있었는데, 이는 우리는 수치스러워하는 부모, 우리를 무시하는 부모 및 상대방이 되었던 아이, 10대 혹은 성인과 함께 어울리기 위해 고군분투하는 부모 등이 그것이다. 가족 외의 사람 중에서 우리에게 심각하게 상처를 주거나 두려운 영향을 준 사람 또한 우리가 생각을 하면 마음 안에 떠오를 수 있다. 나와 함께 치료 작업을 했던 한 운동선수는 그와 평생을 했던 수영 코치가 내적으로 가장 큰 존재일 뿐만 아니라 이 관계 안에서 만들어진 패턴이 그의 현재 삶을 지속적으로 파괴하고 있음을 알게 된 적이 있다. 이제 알아차리기 쉽게 된 쌍이나 집단을 확인해 보도록 하라. 그리고 이 쌍과 집단 안에 있는 각각의 사람들이 어떻게 자신들을 지속적으로 당신의 일상적인 삶 안에서 표현하고 있는지를 느껴 보도록 하라. 현재 느껴지는 사람에 대해 당신의 일지에 간단하게 적도록 하라.

- **핵심 암묵적 정신모델**(core implicit mental models)은 우리의 진행 중인 경험의 기본을 이루고 있다. 그러나 이들 모델에 앞서 우리는 근본적으로 낙관적이며 유전적으로 결정되어 있는 두 가지 종류의 힘을 발견하였는데 이는 **신경 통합을 향한 추진**(push toward neural integration)과 돌보는 사람들과의 **애착에 대한 갈망**(yearning for attachment)이 그것이다. 우리가 물리적인 제한만 없다면 이 두 가지 유전적으로 바탕을 둔 욕구가 희미해질 수는 있으나 결코 완전히 없어지지는 않는다. 그래서 이 희망에 찬 에너지와 정보와 함께 나란히 우리의 초기 관계 및 이후 관계의 변화에 의해 만들어진 삶이 앞으로 어떻게 펼쳐질 것인가에 대한 우리의 **핵심적인 암묵적 기대**(core implicit anticipations)는 우리에게 우리의 가치와 우리가 관계에서 무엇을 기대할 수 있는지, 세계라는 것이 얼마나 희망에 찬 것인지 아니면 얼마나 절망스러운 것인지 등에 대해 끊임없이 속삭여 준다. 공감적 만남을 통해 이루어진 이런 암묵적 지식은 우리의 성장을 지지해 줄 것이고 통합과 애착을 향한 필사적인 움직임에 우리를 참여할 수 있도록 만들어 줄 것이다. 그러나 비공감적 관계에 의해 만들어진 것들은 건강한 발달을 향한 우리의 이런 타고난 움직임에 지속적으로 반대되게 작용하게 될 것이다. 이들은 우리의 초기(그리고 종종 진행하고 있는)에 이루어진 고통스럽고 두려운 경험으로 가득 차 있고, 이것

들은 우리의 몸, 신경계 및 변연계 영역에 암묵적 기억으로 코드화되어 저장되어 있으며 흔히 우리의 삶에 대한 피질 수준에서의 믿음을 통해 표현됨으로써 알 수 있게 된다. 비록 이들 암묵적 경험은 관계에 의해 만들어지지만 자주 우리의 일상적인 삶을 주제로 한 강물을 통해 흐르는 에너지와 정보의 흐름으로 보여지기도 한다. 이들은 자신의 모습을 쌍을 통해 보일 수도 있으나 흔히 그렇게 하지 않는다. 또다시 수용적인 자세로 들어가 당신이 연결에 대한 당신의 희망의 강도에 대해, 그리고 이런 희망을 지지해 주는 암묵적 흐름 및 자신과 다른 사람에게 분리와 절망을 속삭이는 암묵적 정신모델의 구체적인 내용에 대해 무엇을 느끼는지 바라보도록 하라. 느낄 준비가 되면 이를 당신의 일지에 간단히 적도록 하라.

이 예비적 탐색이 끝났을 때 당신의 깊은 마음이 어떤 추가적인 입력을 당신의 알아차림 속으로 들어오도록 허용하면서 당신의 표를 잠시 보고 앉아 있도록 하라. 잠깐 당신이 어떻게 이 과정을 진행하고 있는가에 대해 당신이 내린 판단을 느껴 보도록 하고, 이들 판단이 당신의 몸과 느낌에 어떻게 영향을 주는지에 대해 아래 칸에 간단하게 적어 넣도록 하라. 그러고 난 다음 당신의 돌보는 관찰자의 친절함으로 잠깐 이 모든 과정을 끌어안도록 하라.

우리는 통합적인 과정을 시작하였다. 이를 통해 우리 마음이 이제 협동하기를 바라게 될 것이다. 이렇게 알아차림과 호기심이 강조된 상태에서, 생생한 꿈, 하루 내내 번뜩이는 알아차림, 직관적인 통찰, 신체 감각 혹은 감정 흐름의 증진 및 지각의 변환 등이 우리의 속마음이 통합을 이루는 신호가 될 수 있을 것이다. 이들이 떠오를 때 이 경험들을 말로 표현해 보는 것이 도움이 될 수 있을 것이다.

내적 공동체 그림 그리기

내적으로 존재하는 층들에 대해 느끼면서 우리는 우측 양식 과정을 통해 이 경험을 풍부하게 만들고 더 깊게 할 수 있는 기회를 가지려 한다. 우리의 관계적 삶은 원래 대부분이 우측 양식 과정에 의해 코드화되어 저장되고 내적 공동체에 대한 본능적인 지식은 처음에는 주로 우리 뇌의 말이 필요 없는 부분에 의해 만들어진다. 이것은 내적 공동체에 대한 우리의 느낀 인식(felt awareness)으로 더 깊이 이동할 수 있게 도와주는 지지적인 매개체(support medium)가 되어 준다. 당신은 60×90cm의 신문지 크기와 같은 큰 종이를 사용할 수 있는 방이 필요하다. 여러 색깔과 질감을 나타내 줄 수 있는 연필, 크레용 혹은 마커 중 어떤 것이든 선택하고 크레용을 선택한 경우 당신의 몸이 느끼게 해 줄 수 있는 향을 선택하라. 당신의 속마음이 이들 재료에 대해 가지는 호감에 대해 몇 분간 머무르도록 하는 것이 당신으로 하여금 듣는 마음의 상태에 들어가게 만들어 주는 데 도움을 줄 수 있을 것이다.

[그림 4-2]와 [그림 4-3]을 가까이에 두고 당신의 직관이 이끄는 대로 색깔, 질감, 이미지, 사진 혹은 무엇이든 이용하여서 당신만의 독특한 내적 공동체 그림을 그려 보도록 하라. 당신의 그림은 언어와 그림의 형태를 모두 가질 수도 있고, 색깔과 형태의 흐름을 만들어 내기 위해 자유롭게 우세하지 않은 쪽의 손을 사용할 수도 있다. 그리고 당신의 우세한 쪽의 손은 당신의 내적 지혜가 가르쳐 주는 대로 읽기 쉬운 단어를 쓰도록 하게 할 수 있다. 어떤 그림은 아주 단순할 수 있는 반면에 어떤 그림은 벽화처럼 커질 수도 있다. 만약 당신이 시각적인 실마리를 얻고 싶다면 이 장의 끝에 두 가지 예가 있다([그림 4-4]와 [그림 4-5]). 그들이 비록 흑백으로 보여지고 있지만 원래는 색깔이 있었고 따라서 전달하는 과정에서 그들이 지녔던 생생함이 일부 손실되었다. 당신의 내적 공동체의 그림은 이 둘과는 완전히 다르게 보일 수도 있을 것이다. 나는 동그라미, 풍경, 추상 및 여러 줄의 상자와 같은 것으로 이루어진 그림도 보았고 어떤 것은 거의 단어로 이루어졌으나 어떤 것은 말이 전혀 없는 그림도 있었다. 시작하는 데 가장 도움이 되는 것은 내적 층을 시각화해서 그 정보의 흐름을 그것이 어떤 형태이든 간에 선택한 대로 종이에 조직적으로 옮기도록 하는 것이다.

공감의 층에 있는 것과 고통과 두려움의 층에 있는 것은 자신들을 끝이 없는 깊이 속에 가두어 두고 있으며, 이들은 당신의 몸과 느낌에 매우 다른 본능적 영향을 주게 될 것이다. 따뜻함과 지지를 지닌 쌍은 당신의 삶에서 배경으로 작용하면서 선량함을 불어넣어 주고 흔히 통합과 편안함의 느낌을 남기겠지만 진행 중인 갈등과 불행을 지닌 쌍은 신경계 활성화, 신체적 느낌, 감정 고조, 행동적 충동 및 자기와 타인에 대한 지각 등에 있어 변화를 가져 오는 데 거리를 두게 되고 이들은 모두 비통합을 향하게 된다. 최선을 다해서 이들 모두를 당신의 수용적인 마음 안에 일어날 수 있게 허용하도록 하라. 아마도 1~2시간 정도, 처음으로 그림을 그리는 이 경험을 하기 전에 충분한 시간을 가지는 것이 도움이 될 수 있을 것이다.

시작하기 전에, 당신의 몸, 감정 그리고 지각이 미리 이 과제에 대해 어떻게 반응하는지에 대해 알아차리도록 하라. 당신의 예상하는 마음이 당신에게 무슨 일이 일어날 것이라 이야기하는가? 당신의 예상과 실제 경험을 비교해 볼 수 있게 이에 대해서 간단히 서술해 보도록 하라.

과제를 끝낸 후에 당신은 그것과 함께 얼마간의 시간을 보내도록 하라. 이런 내성 작업의 일환으로 공감적 쌍 중 하나를 선택하고 이들 쌍의 각 구성원에 손을 얹음으로써 당신은 이들 쌍의 영향에 대한 당신의 알아차림을 더 깊게 할 수 있게 될 것이다. 첫 번째 것으로부터 에너지와 정보의 흐름을 느낀 다음 나머지 것으로부터도 그것을 느끼도록 하라. 당신이 이 둘을 번갈아 가면서 느낄 때 당신의 몸, 느낌 및 지각에 어떤 차이가 있는지 알아차리도록 하고 이에 대해 여기에 서술하라.

이제 당신 본연의 마음 상태와 다른 사람으로부터 들어온 마음 상태에 대한 수용 사이를 왔다가 갔다 하면서 비공감적 쌍에 대해서도 같은 작업을 하도록 하라. 당신은 이들 각각이 당신의 일상 안에서 활성화될 때 당신의 마음이 자발적으로 당신에게 그 시간들을 보여 준다는 것을 알게 될 것이다. 잠깐 시간을 내어 이 경험에 대해서도 서술하도록 하라.

만약 당신이 원래의 마음에 포함되는 쌍을 가지고 있지 않다(예: 서로 관계를 맺고 있는 당신의 부모) 하더라도, 그들 각각의 에너지와 정보 사이를 왔다 갔다 하면서 그들에 대해서도 같은 연습을 하고, 그 경험에 대해 서술하도록 하라.

이제 당신의 그림을 하루나 이틀 따로 떼어 두도록 하라. 그리고 당신이 시간이 여유가 있을 때 그림을 다시 꺼내서 혹시 더하고 싶거나 변화시키고 싶은 것이 없는지를 살펴보아라. 이 과정 중 어느 때라도 당신의 들어주는 파트너를 개입시키거나 아니면 서로의 그림을 공유하는 시간을 가지면 이것이 확실히 당신의 알아차림을 더 깊게 해 주는 경험이 되어 줄 것이고 아니면 고립된 공동체 구성원들이 통합을 시작하는 플랫폼을 제공해 줄 수도 있을 것이다. 이러한 특별한 만남에서 장기간 피드백 없이 듣는 것은 당신들 각자가 그림이 표면에 가져 올 수 있는 내용에 깊이 빠져들 수 있도록 특히 도움이 될 수 있다.

내적 공동체의 각 구성원과 작업하기

이 과제는 우리를 **분화**(differentiation)라는 근본적인 경험을 하도록 이끌어서 때로는 우리의 인식 바깥에 존재하거나 어떤 경우에는 우리의 의식 안에 확실하게 존재하는 우리의 삶을 유도하는 각각의 에너지와 정보의 흐름을 듣고 또 경험하도록 해 준다. 이것은 이 과정의 다음 부분, 즉 발달하고 있는 뇌의 현재 진행 중인 흐름과 결합되어 있지 않은 내적 공동체의 각 구성원과 내적으로 작업하기 위한 기초 작업이 된다. 일반적으로 공감적인 쌍은 우리의 건강한 경험과 잘 짜여 있는 반면, 일부 방어자와 비공감적 쌍/집단 및 가족의 고통과 공포에 대한 핵심 암묵적 패러다임은 흔히 통합되지 않은 채 남아 있다. 우리 중 많은 사람들에게 우리의 내적 아이인 태생적인 마음 상태와 생생한 접촉을 할 수 있다는 것은 금방 이해될 수 있는 일이다. 여기에 더해 우리는 다른 사람의 숨은 의도를 내재화하고 거울 신경세포와 공명회로를 통해 감정의 층을 만들기 때문에, 태생적이지 않은 쌍에 의해 이루어진, 겉으로 명백하게 드러난 표현의 밑에 깔려 있는 의도나 감정에도 역시 접근할 수가 있다.

이 장에서 나중에 할 것이지만 이것에 대해 실험하는 것이 이것을 더 구체화시켜 줄 것이다. 그러나 그러기 전에 간단한 경험 하나만 공유하도록 하자. 내 환자가 자신의 돌보는 관찰자의 마음 상태에서 마음 안에 분노하고 있는 아버지를 보며 아버지에게 무엇이 아버지를 상처 주고 두렵게 하는지 물었다. 부드럽지만 계속해서 그녀는 아버지의 화난 눈 속을 바라보면서 묻기를 계속하였다. 그러자 그녀는 강렬한 공포가 사라지는 것을 보았고 동시에 아버지와 자신의 배가 아픈 느낌이 들었다. 이때 우리는 아버지의 이 마음 상태에 안전감(부당함을 거절하는 경험), 편안함 및 조절감을 부여할 수 있었고, 이 결과 이 내적인 아버지와 딸 사이에 적개심은 사라지고 연민이 생기게 되었다.

어떻게 이것이 가능할까? 우리는 다른 사람을 얼마나 많이 내재화하는지에 대해 이제 막 이해하기 시작하였다(Iacoboni & Badenoch, 2010; Mukamel, Ekstrom, Kaplan, Iacoboni, & Fried, 2010). 그러나 우리는 또한 감정의 더 깊은 층이 방어적인 분노 저 밑에 존재하고 있어 이것이 얼굴의 표정, 자세, 동작, 시선 및 음조에 자신의 표식을 남길 가능성과 우리의 침착하고 수용적인 마음에 의해 알 수 있는 단서에 흔적과 같은 자신의 표식을 남길 가능성을 생각해 볼 수 있다. 아니면 이것은 공명에 관한 초기 연구가 우리에게 확인시켜 준 것보다 더 많이 우리가 다른 사람의 내적 세계를 내재화한다는 사실을 보여 주는 것은 아닐까?

수십 년간의 경험에 의하면 나와 치료 작업했던 거의 모든 사람이 내재화된 타인에게 접근할 수 있었으며 경험의 이들 층을 통과해서 움직일 수 있었고 마음 아픈 생각, 말 및 행위를 불러일으키는 외적인 감정을 서서히 그리고 영구적으로 좀 더 부드러운 내적 경험으로 녹아 들어가게 만들 수 있었다. 쌍의 두 구성원 모두에서 고통과 공포를 해결함으로써 이 둘 사이에 존재했던 분열은 완화되었고, 각 개인의 고통 및 그들 사이의 관계상의 긴장도 해소되었다. 관계에 대해 우리가 가지고 있는 많은 메시지들이 이렇게 서로 잘 엮여 있는 마음 상태 사이의 상호작용 안에 코드화되어 저장되었다. 그들은 종종 우리의 가장 취약한 관계에 대해 놀라운 방식으로 자신들의 흔적을 남기고 시간을 초월한 암묵적 영역 안에 갇혀 있었다.

예를 함께 들어 보도록 하자. 세리제(Cerise)는 자신의 모든 가까운 관계에서 감정적 친밀함이 강해지면 결국은 도망치듯 끝을 내는 것을 이유로 방문하였다. 우리는 그녀가 엄마로 인해 압도되는 감정을 느꼈던 몇몇 어린 시절의 기억들을 통해 작업하였다. 그러나 이 작업은 그녀의 관계에 대한 걱정에 대해 커다란 변화를 가져 오지 못했다. 우리는 그녀의 변화하지 않은 두려움의 근원에 대해 접근할 수 있도록 안내받기 위해 그녀의 깊은 마음에게 물어보기 시작하였다. 그녀가 부모들이 서로 회피하면서 춤추는 모습을 상상하자 거의 즉시 그녀는 도망가고 싶은 행동적 충동을 느꼈다. 우리는 우리의 주의력을 이 두 내재화된 댄서들에게 맞추기 시작하였다. 우리가 그녀의 아동기 마음 상태와 한 대부분의 작업은 번갈아 가면서 양쪽 내적인 부모들에게 무엇이 그들을 상처 주고 두렵게 만드는지 물어본 것이었다. 다시 내적인 안내를 요청하자, 그녀는 우리가 제일 쉽게 시작할 수 있는 것이 아버지와 하는 것임을 느끼게 되었다. 아버지의 안에서 어떤 일이 일어나고 있는지 그녀가 물어보고 난 다음 수용적인 마음으로 기다리면서 세리제는 사랑하는 사람이 자신과 연결됨이 증가하기를 바랄 때 그녀가 느꼈던 것과 똑같은 도망가고 싶은 행동적 충동을 자신의 몸에서 느끼기 시작하였다. 이 움직임과 머무르며 우리가 그녀의 아버지와 함께 있을 것이라는 사실을 그녀의 아버지가 알도록 해 주면서 그녀는 그의 우울한 어머니와의 연결이 없어지게 되는 것에 대해 두려워하는 경험을 직관적으로 느끼기 시작하였고, 이것을 인지적인 방식이 아니라 본능적인 방식으로 경험하였다. 우리는 그의 아동기 내내 그에게 꼭 필요했으나 제공받지 못했던 핵심 요소인 이해, 안정감 및 지속적인 연결을 제공해 주었고 이렇게 함으로써 이 경험을 바꿀 수 있었다. 그녀의 몸에서 그녀는 그의 감정적 긴장감이 풀어지는 것을 느낄 수 있었고 이와 함께 이 가두어 둔 고통을 포함하고 있던 뇌의 회로가 우리가 제공하고 있는 새로운 관계적 경험을 향해 열리기 시작하였다.

그 뒤에 우리는 같은 작업을 그녀의 어머니에게 시도하였다. 그러나 세리제는 이러한 상처를 훨씬 더 복잡하고 다양하게 경험하여 어머니가 아버지로부터 경험한 것과 유사한 이완을 느끼기 시작하기 이전에 많은 내적인 경험을 필요로 하였다. 우리는 이것이 비록 긴 시간을 필요로 할지라도 이 내적 과정이 최선의 방법을 통해 열릴 것을 믿을 수 있었다. 어떤 경우에는 특정한 내적 상태를 잡고 있는 복잡하게 얽혀 있는 암묵적 기억이 우리가 이들 층을 따라 나가면 그대로 반복적으로 보여지게 되는 경우가 있다. 안전감과 돌봄하에서 고통스러운 경험에 대해 요람을 제공해 줄 따뜻하고 친절한 끌어안기가 나타날 수 있고 그러면 설사 서서히 진행될 수는 있어도 치유 자체는 가능한 빠르게 일어나게 될 것이다.

우리가 세리제의 어머니와 작업하면서 우리는 그녀의 내적 아버지가 우리와 자신의 부인 사이에서 일어나는 과정에 대해 지켜보고 있다는 사실을 알게 되었다. 뒤로 피해 버리는 대신에 그는 자신의 부인의 행동 밑에 어떤 상처가 놓여 있는가에 대해 이해하기 위해 호기심을 가지고 마음을 열어 놓고 있는 것처럼 보였다. 그녀의 어머니가 평화를 얻게 되자마자 그녀의 어머니와 어버지는 내적으로 더 연결된 관계를 형성할 수 있게 되었다. 그들의 암묵적인 회피의 춤은 이제 끝나게 되었다.

만약 우리가 이 과정을 신경생물학적인 용어의 관점에서 생각해 본다면, 우리는 그녀의 발달하는 뇌에 아버지와 어머니의 관계 양상에 대한 역동이 비언어적으로 깊이 저장되어 세리제의 거울 신경세포와 공명회로는 그녀의 아버지와 어머니가 추는 춤을 코드화해서 그들의 딸 안, 즉 자신 안에 저장한 것이라 이야기할 수 있다. 이런 학습을 흡수한 아이의 경험을 포함하는 신경망과 함께 얽히면서 우리는 그녀의 부모에 대한 표상이 자신들의 경고와 회피의 메시지를 끊임없이 속삭이고 있음을 발견할 수 있었다. 안전함과 조율이 없이 이런 신경망은 누군가가 가까운 연결을 위해 세리제에게 다가서면 그녀 안에서 그녀의 발달 중인 뇌의 진행성 흐름과 해리된 채 활성화될 가능성이 높은 상태로 남아 있게 되었던 것이다.

세리제가 자신의 내적 부모들을 수용하게 되면서 그녀는 신경 통합을 촉진시킬 수 있는 안전한 공간을 만들어 내게 되었다. 그런 마음의 상태에서 그녀의 중간 전전두엽 영역은 이 이전에 고립되었던 회로에 개입하고 이들과 조율하기 위해 열리게 되었다(그래서 통합이 이루어지게). 우리는 안전감, 지속적인 존재 및 안정감과 같이 그녀의 부모들이 필요로 했던 경험을 가져 오는 마음의 상태에 대해 의식적으로 접근했기 때문에 그들이 지니고 있는 암묵적 양상을 변화시키는 데 필요한 변용적인 경험을 이용할 수 있었다. 주관적으로 그녀의 부모가 가진 공포와 고통은 위로되고 조절되었다. 이들 회로는 이제 더 이상 단독으로 활성화되지 않는다. 대신에 돌봄에 의해 연결되어 그녀 뇌의 통합적인 영역에 의해 이해될 수 있게 되었다. 이런 일련의 해결 경험이 끝난 후에, 원래의 회피에 대해 등가의 감정을 포함하고 있는 다른 기억 안에서 세리제의 부모와의 만남은 이제 그들에게 훨씬 부드러워지고 서로 간에 더 이용이 가능하다는 것을 보여 주었다. 이것은 마치 부모님의 고통과 두려움을 그들과 함께 작업하면서 동시에 시스템 전반에 걸쳐 비슷한 고통도 가라앉히는 것처럼 보였다. 그녀의 내적 부모의 회피가 해결되면서 이것은 세리제의 외적인 삶에 변화를 가져 오는 데 핵심적인 역할을 하게 되었던 것이다. 두 내적 부모가 서로 공감과 연결감을 가질 수 있게 되자 그녀의 친밀함에 대한 두려움은 먼 기억이 되어 버렸고, 이제 그녀는 잠깐 회피하고 싶은 행동상의 충동을 느낄 뿐 그것을 지속할 필요가 없어졌다.

이들 경험들이 시각화, 심상 만들기 혹은 인지적 가설작업을 통해서 이루어진 것이 아니라는 것을 아는 것이 매우 중요하다. 그 대신 우리는 우리의 삶의 초기에 저장된 경험들에 대해 신경학적으로 추적하기 위해 신체에 집중하였다. 우리는 오래된 상처가 무덤에 묻혀 있는 것과 같이 보이는 변연계의 깊은 내실로 들어가는 것을 시도하였다. 해리의 정도와 이 기억이 말 그대로 암묵적인 끝없는 시간 속에 얼어붙어 있다는 사실을 감안할 때, 이는 전혀 극적인 표현이 아니다. 우리는 우리의 내적 공동체를 만드는 데 우리의 거울 신경세포와 공명회로를 사용하고 이와 함께 우리의 감각 및 신경계를 사용하기 때문에 우리는 우리 사이에서 살아 있는 존재로서 이런 마음의 상태를 주관적으로 경험한다. 그들은 희망과 절망을 속삭이고 우리에게 우리가 다른 사람들과 얼마나 가까워야 하는지 아니면 얼마나 거리를 두어야 하는지 그리고 우리가 얼마나 가치가 있는지 아니면 가치가 없는지를 이야기해 준다. 우리는 유전과 기질 그리고 또 비유전적인 경험에 의해 많은 영향을 받기 때문에 우리의 내적인 존재가 항상 다음에 무엇이 일어날지를 결정하지는 않는다. 그러나 그들이 관계상의 고통의 중요한 해리된 주머니를 가지고 있다면 그들의 영향은 아주 강력해져서 종종 우리가 가장 취약한 순간에 그들이 나타나게 된다.

사실, 우리는 이런 마음 상태들 그 자체다. 우리가 누군가를 내재화하면 그녀 혹은 그는 더 이상 실제 외부인이 아닌 우리의 신경 자산(our neural real estate)의 일부가 된다. 그러나 우리의 돌보는 관찰 부분이(혹은 다른 조율된 사람의 뇌) 우측 양식을 만들어 내게 되면 우리는 이들 에너지와 정보의 흐름을 분화시킬 수 있게 되어 이들은 우리의 발달하고 통합하는 뇌의 더 큰 흐름의 일부분이 되는 것이다. 인내와 온화함은 내적인 세대(inner generation)를 통해 우리의 길을 되돌아가게 해 주는 열쇠다. 우리의 마음 상태는 단지 자신의 감옥에서 구해지기를 바랄 뿐만 아니라 자신의 경험들이 충분히 모아져서 자신들을 통합시켜 줄 수 있다고 알려지기 전에, 자신들을 반복적으로 들어주고, 느껴 주고 그리고 봐 주는 것을 필요로 한다.

우리의 내적 공동체와 작업하는 것은 일생을 통한 과업이라는 것을 인식하면서 연습을 시작하도록 하자. 이런 깊은 수준에서 작업하게 되면 일련의 강력한 신체적 감각과 감정을 마주할 수 있다. 항상 그렇듯이 당신의 들어주는 파트너와 이 과정을 함께하는 것은 두 사람의 공감 영역을 넓혀 주고 내성의 창을 확장시켜 줄 수 있다.

당신은 우리가 기억 해결을 위해 했던 것을 현재 당신을 화나게 하는 경험으로 시작하거나 혹은 단순히 내적으로 누가 도움이 필요한가를 물어보는 것으로 시작할 수 있다.

- 그곳에서부터, 당신은 당신이 수용적인 상태로 앉아 있으면서 일어나는 신체 감각과 행동적 충동에 대해 부드러움을 가지고 마주하는, 이제는 친숙해진 과정에 집중할 수 있다.
- 이 경험하기가 안정이 되면, 당신은 당신의 속마음에게 당신의 몸이 이전에 이렇게 느꼈던 때로 당신을 데려가 달라고 부탁을 하라.
- 기억이 마음 안으로 떠오르면, 이 경험을 가지고 있는 쌍(혹은 집단)을 느끼도록 하라. 이것은 당신의 원래 부분과 외부에서 온 상태로 이루어져 있을 수도 있고 아니면 둘 이상의 외부 사람들로 이루어졌을 수 있다.
- 당신은 즉시 어떤 사람이 현재 관계를 위해 가장 이용 가능한 사람인지에 대한 우측 양식적인 감각을 가질 수 있을 것이다. 만약 그렇지 못하면 내적으로 묻는 것이 항상 느낀 답(felt answer)을 얻을 수 있도록 도와줄 것이다.
- 당신이 도와주려고 하는 사람에게 접근하면서 당신의 내적 경계를 충분히 낮추어라. 그래야 당신은 다른 사람의 경험에 대해 본능적인 감각을 가질 수 있게 된다. 우리가 기억 작업에서 느꼈던 것처럼, 동일시를 통해 이루어지는 이런 종류의 공감은 풍부한 조율을 제공해 주어 당신의 돌보는 관찰자를 직접 이전에 고립되었던 부분의 경험과 연결시킬 수 있게 해 준다. 이것은 뇌의 진행 중인 흐름과 통합을 준비하기 위해 변연계와 중간 전전두엽 영역 사

이에 신경 연결이 만들어지게 하는 행동인 것이다.

- 무엇이 나타나든 수용적으로 들어주는 것과 이전 경험을 지워 주는 경험을 제공해 주는 것이 서서히 해결을 유도하게 해 줄 것이다. 이렇게 되면 많은 사람들이 온몸을 통해 긴장감이 해소되는 것을 느끼고 안정되는 것을 느낀다. 이것은 한 번만 내적으로 일어날 수도 있고 아니면 많은 횟수에 걸쳐 일어날 수도 있다.
- 이런 마음의 상태가 안정된다고 느껴지면 당신은 이번에는 쌍의 다른 구성원으로 주의를 돌려 동일시, 수용적인 듣기 및 잘 만들어진 이전 경험을 지워 주는 경험을 통해 같은 종류의 공감을 제공하도록 하라.
- 이런 변화된 마음 상태가 뿌리를 내리면 이들을 다음 주까지 지속적으로 잡아 두도록 하라. 그렇게 함으로써 아직 약한 새로운 신경망이 강해지도록 도와줄 수 있을 것이다.

기억 작업에서와 마찬가지로, 내적 쌍은 종종 암묵적 기억에서만 나타날 수 있는데 아마도 엄마-아이 쌍이 그럴 가능성이 높다. 우리는 때로 지속적으로 다른 것으로부터 한 가지 에너지와 정보의 흐름을 뚜렷하게 구분시킬 수 있지만 다른 경우에는 우리는 첫 번째 것이 그다음의 것에 의해 완벽하게 바뀌는 경우도 있다. 이런 경우에는 두려움에 찬 아이의 신체 감각과 감정을 느끼다가 불안정한 엄마의 본능적 경험으로 완전히 바뀌는 경우를 예로 들 수 있다. 만약 우리 각각이 우리 마음이 신경 통합이 지속적으로 이루어지기 위해 치유가 필요한 다음 쌍으로 우리를 데려다줄 것이라고 믿을 수 있다면 우리는 우리의 직관이 알려 주는 변용의 친절함을 느끼면서 이들 모두에 대해 수용적인 태도를 가지고 앉아 있을 수 있다.

당신은 이 작업을 지속하면서 많은 독특한 경험을 하게 될 것이다. 그리고 여기서 어떤 말로도 이 경험이 가지고 있는 독특한 놀라움을 표현할 수는 없을 것이다. 이 과정을 처음으로 한 번 끝을 낸 다음, 당신의 들어주는 파트너와 함께 당신 모두가 이것을 어떻게 경험하였는지에 대해 이야기해 보도록 하라. 이것이 완전하게 독특한 경험이었는가? 이 과정에서 당신에게 가장 의미가 있는 것은 무엇이었는가? 무엇이 가장 어려운 것이었는가? 다른 사람과 이 과정을 했었다면 어땠을 것 같은가? 그리고 이 첫 경험에 대해 간략하게 서술하도록 하라. 그러면 당신이 이 과정을 몇 번 더 해 보고 난 뒤에 이를 다시 읽어 볼 수 있을 것이다.

많은 사람에게 이런 종류의 작업은 불가능하다고 생각했었던 결합을 가져다준다. 나의 젊은 환자 중 한 명의 아버지는 아들이 아버지의 정신병 때문에 붕괴되었던 것에 대해 그의 아들에게 아무 말도 하지 못한 채 죽었다. 이것이 이 젊은 환자에게 분노와 증오의 자국을 남겼고 누구든 가까워지려 하면 두려움을 느끼게 만들었다. 우리는 이 환자 아버지의 양극성 광란에 대한 혼돈, 수치심 및 두려움을 지닌 내적 쌍과 함께 수개월 동안 작업을 하였다. 작업의 끝에, 내적 아버지와 내적 아들은 각자가 무엇을 감수해야 했는지에 대한 이해와 그리고 질병에 의해 숨겨진 그 안에 있는 서로 간에 느꼈던 사랑에 대한 확신에 대한 이해로 가득 차서 평화를 찾을 수 있었다. 우리는 단지 그의 아동 부분과 작업하였고, 지속적인 두려움의 근원인 붕괴된 아버지는 안에 그대로 남아 있었다. 아마도 더 중요했던 것은 양육을 제공해 줄 수 있는 내적인 아버지를 결코 가지지 못함으로써 이 젊은 환자가 견디어야만 했던 상실이었던 것 같다. 이런 식의 살아 있는 연결은 예측할 수 없는 치유 방식을 통해 삶의 질에 변화를 가져 올 수 있다.

당신이 이 과정을 몇 번 반복함으로써 당신만의 방식을 만들면서 당신의 작업 속도에 대한 당신 마음의 반응을 인식하도록 하라. 종종 혼란의 구렁텅이를 변화시키기 위한 끌어안음의 깊이와 길이가 피곤하게 만들거나 낙담을 하게 만들 수도 있다. 시간을 잠깐 내서 당신이 당신의 몸, 감정 및 생각에서 경험하고 있는 조급함, 낙담 혹은 절망감을 부드럽게 마주해 보라. 이들을 당신의 들어주는 파트너와 나누는 것이 부담을 줄여 주고 새로운 희망을 불어넣어 줄 것이다. 당신의 내적 공동체에 대한 당신이 진행하는 과정의 질에 관련해 당신의 마음과 몸에 나타나는 것은 무엇이든 간에 여기에 적어 보도록 하라.

당신의 일지에 무엇인가를 적어 놓는 것도 도움이 된다는 것을 알게 될 것이고, 우리가 내부의 사람들과 연결되거나 조율되었을 때 일어나는 통합의 변화를 느끼기 위해 내적 공동체의 그림을 다시 보는 것도 도움이 된다는 사실을 알게 될 것이다.

우리에게 상처를 준 사람과 상처가 가득한 우리 자신 모두를 포함하는 자기-발견의 이 과정은 그들은 모두 선천적으로 악한 것이 아니라 상처받은 사람들이라는 이유 때문에 그런 상처를 준 원인이 되었다는 확실함에 그 기초를 두고 있다. 신경생물학적 연구들이 이런 생각을 뒷받침해 주고 있는데, 일부 유전적 요인과 관계에서의 학습 모두가 조절장애를 가진 사람들이 가지는 어려움의 핵심에 존재하며, 이 조절장애가 이들로 하여금 작은 정도부터 심각한 정도까지의 해를 끼치게 만든다는 것을 보여 주고 있다.

사람들이 해를 끼치는 행동을 할 때조차도 자신이 할 수 있는 최선을 다한다는 생각은 종종 우리가 우리에게 손상을 가한 사람에 대해 자비를 가지게 된다면 그들에 대해 다시 취약해질 것이라는 식의 이전에 학습한 방식과 두려움으로 우리를 강하게 밀어붙이게 만든다. 제6장에서 우리는 자비로 가득한 용서의 예술에 대해 제대로 살펴보려 한다. 이제 잠깐 시간을 내어 우리가 모든 것에 우리의 최선을 다한다는 생각에 대한 당신 몸의 반응에 대해 친절함을 가지고 알아차리도록 하라. 그리고 이에 대해 간단히 적어 보도록 하라. 당신은 이 주제에 대해 서로 다른 관점을 가지고 있는 내적 공동체의 다양한 구성원을 발견할 수 있을 것이다. 이 또한 적어 보도록 하라.

우리가 할 수 있는 한 최선을 다하고 있다는 사실을 알아차리기 힘든 이유 중 하나는 우리에게 다음 질문이 남아 있기 때문이다. 우리는 자신을 용서할 수 있고 우리의 해로운 행동의 암묵적 뿌리를 치유하려는 의지를 아직도 찾고 있는가? 때로 죄책감의 압박이 없어져 버리면 우리는 긴장을 풀고 이 일을 외면해 버릴 수 있다. 우리 자신을 우리의 내적 세계에 주의를 온전하게 기울이게 만들기 위해 균형과 통합을 찾는 것은 많은 헌신을 필요로 하거나, 내적 공동체의 더 깊은 층들을 치유하기 위한 작업이나 우리 안에 갇혀 있는 고통과 두려움으로 가득 찬 규칙에 의해 살 수 있다는 사실에 대한 지속적인 알아차림을 필요로 한다. 우리는 제3의 선택이 있다고 믿지 않는다. 그러나 우리가 그런 헌신적인 의도를 발견할 수 있을 때 이렇게 우리의 내적 공동체에 접근하는 작업의 결과는 충심으로 확대된 자비와 안녕감이 동반된 신경 통합인 것이다.

앞의 3개의 장에서 우리는 의식적 알아차림보다 낮은 수준에서 자신의 영향을 미치는 우측 양식 과정의 의식적인 전뇌(whole brain)적 알아차림을 얻는 것에 주로 초점을 맞추었다. 치료자로서 우리는 일정 수준의 암묵적 활성화에 지속적으로 노출되어 있다. 왜냐하면 관계적 경험은 뿌리를 우측 양식에 두고 있기 때문이다. 이런 깊은 곳으로부터의 우리가 만들어 내는 치유는 그것이 무엇이든 우리 자신뿐만 아니라 우리 환자들 그리고 우리와 상호작용하는 모든 사람들에게 이득을 가져다줄 것이다. 우리는 해리된 신경망 영역에 특별히 주의를 기울여 왔는데, 이것은 기억이나 마음의 상태의 형태로 나타나고 우리가 항상 헤엄을 치고 있는 암묵적 바다에 영원히 현재인 과거로 나타나기도 한다. 우리가 내적 세계에서 이전에는 고립되었던 이들 부분을 더 통합을 이루게 하면 할수록, 그리고 암묵적 바다를 긍정의 방향으로 향하게 만들수록, 건강한 애착, 안녕감 및 자비가 가득한 포용은 더 확장될 것이다. 이와 함께 우리가 우리 자신에게 이야기해 주는 삶의 이야기가 더 일관성을 띠고, 살아 있으며 그리고 의미가 있는 방향을 향해 발전해 나가기 시작한다는 것을 알게 될 것이다. 다음 장에서 우리는 이야기(narrative)의 특징을 알아볼 것이고 그리고 이를 써 보는 연습을 하게 될 것이다.

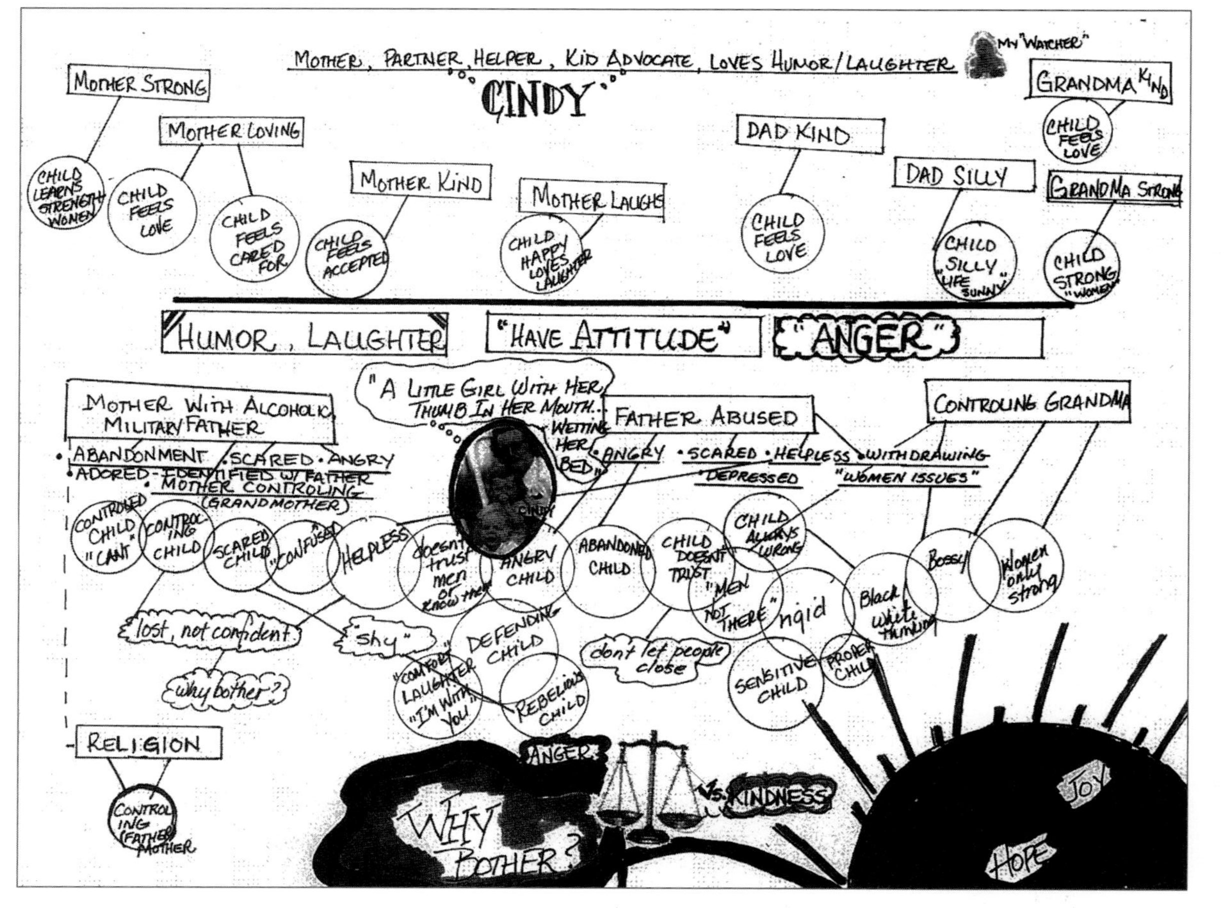

[그림 4-4] 신디의 내적 공동체

이 내적 공동체 그림은 원래 색채로 이루어졌다. 비공감적인 아래 영역은 주색이 빨강이었고, 주로 분노하고 학대한 아버지 구역의 한가운데에 있었다. 우측과 좌측의 영역은 “왜 하필이면?” 구역으로 파랑으로 칠해져 있다. 이 색깔은 각 사람들을 위한 공감적 영역까지 확장되어 있다. 우측 하단에는 큰 노란 태양이 있는데 이것은 모든 그림에게 희망의 빛을 내리쬐고 있는 것처럼 보인다.

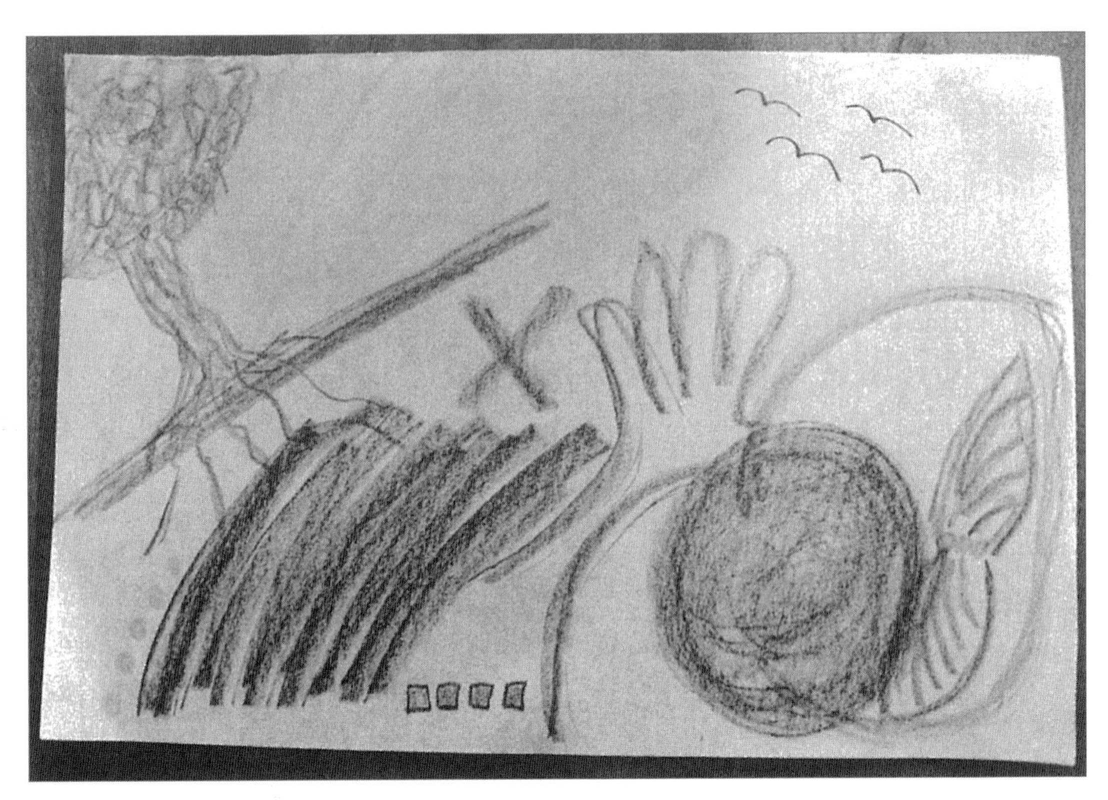

[그림 4-5] 벤의 내적 공동체

이 공동체도 원래는 색채로 그려졌다. 벤은 자신의 우세하지 않은 쪽의 손을 사용해서 자신의 층을 추상적으로 그리고, 말을 사용하지 않고 이미지로 변화시켰다. 그의 눈이 내적 공동체의 구성원 사이에 있는 경계를 누구도 확실히 구분하지 못했음에도 불구하고 그는 쉽게 자신의 손을 쌍 위에 위치하게 하는 연습을 할 수 있었다.

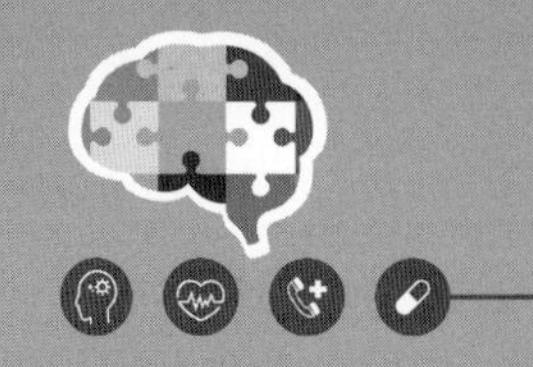

제5장 이야기 줄거리에 함께하기

마커스(Marcus)와 나는 그의 예측할 수 없고, 조각난 아동기의 우측 양식 밀림으로 안전하게 들어갈 수 있는 튼튼한 신경 기반을 만들어 내기 위해 둘 사이를 연결하는 데 수개월 동안 노력했다. 그는 이 과정을 하면서 조바심을 느꼈는데 왜냐하면 항상 친밀한 관계를 가지기를 간절히 바랐던 그의 삶은 우리가 함께 작업했음에도 불구하고 그런 방향으로 움직이지 않았기 때문이다. 그렇지만 계속해서 그의 내적 세계를 방문해서 쉽게 연결이 되는 데 방해가 되는 그의 문제에 우리가 함께함으로써, 그의 기억과 마음의 상태는 받아들여지고, 따뜻하고 안전한 경험을 하게 되었다. 어느 순간 우리는 그의 내재화된 아버지와 상호작용할 수 있게 되었다. 내재화된 아버지의 분노는 마커스의 관계 경험을 계속해서 불안정하게 만들었는데, 어떤 경우에는 그를 작은 자극에도 쉽게 화를 내게 만들었고 또 다른 경우에는 어떤 종류의 문제에 직면하든 두려움에 가득 차서 도망가게 만들었으며 이런 반응 모두는 그의 의식적 조절을 넘어서는 것이었다. 우리가 이 특정한 작업을 하면서, 마커스는 "이것은 생소한 감각이에요. 그렇지만 나는 말 그대로 나의 발밑에 있는 땅이 단단해지는 것처럼 느껴져요."라고 이야기하였다. 그는 그의 '내적인 아버지–두려운 아이' 쌍이 활성화되었을 때 그의 신체에서 그것을 어떻게 인식할 수 있게 되었는지 설명할 수 있게 되었고, 이제는 "확신을 가지고 내적으로 도달할 수 있어서 나는 이제 그런 감정에 반응하지 않을 수" 있게 되었다고 이야기하였다. 이와 함께 우리는 이것이 그의 내적 이야기가 변화하고 있다는 명백한 신호임을 인식하였고, 자신의 존재와 세상에서 자신의 위치를 느끼고 있다는 그의 느낀 감각(felt sense)은 잠정적이고 방어적인 것에서 확고하고 또 내적으로 인식할 수 있는 것으로 전환되었다. 또한 우리는 우리의 알아차림 안에 이들 새로운 기초를 포함시켜서 완전 해결을 목표로 이 쌍에 대한 작업을 계속하였다. 마커스는 매주 안정감이 증가한다고 보고하였고 이 단계에서 치료 작업이 순조롭게 진행되고 있었다. 그는 '자기 자신의 삶'을 가지고 있는 것처럼 느낀다고 이야기하였고 신경 통합이 가속적으로 이루지는 것에 대한 주관적인 경험을 보고하였다. 견고함에 대한 그의 새로운 알아차림이 나타나면서 그의 외적인 관계적 삶 역시 더 풍부해지기 시작하였다.

이야기의 신경생물학

우리는 이야기를 하는 존재다. 즉, 우리의 의미를 부여하는 경향성은 유전자에 새겨져 있다. 우리의 뇌는 우리로 하여금 경험에 의미를 부여하고, 갈등을 해결하고 미래를 준비하도록 만든다. 이런 활동이 우리가 의식적으로 경험을 언어화시킬 때 시작되는 것이 아니라는 것도 명백해지고 있다. 우리의 역사와 연관된 신경망과 그것이 앞으로 우리가 할 것에 대해 미치는 영향을 함께 짜는 내적인 과정은 의식적인 알아차림 수준 아래에서 항상 지속되고 있다. 이 노력을 전담하는 회로들이 뇌에서 사용하는 모든 에너지의 약 60~80%를 사용한다(Raichle, 2010). 우리 마음이 외부 세계의 과제에 사로잡혔을 때 이들 회로들은 약간 흐려지지만 외부 과제에 필요한 에너지의 양은 오직 5% 정도밖에 차이를 보이지 않는다. 따라서 우리가 의식적으로 바쁠 때조차도 내적으로 신경망을 짜는 과정은 지속되고 있는 것이다(Raichle, 2010).

이 통합적 과정에 관여하는 회로들은 내측 두정엽 피질(우리의 개인적인 삶에 연관된 사건들을 기억하는 데 관여하는 영역), 안쪽 전전두엽 피질(자기-내성과 자서전적 기억에 관여하는 영역) 및 뒤쪽 대상 피질(뇌의 뒤쪽 가까이에 존재하는 고위 통합적 영역) 등을 포함한다(Bukner et al., 2008; Raichle, 2010). 이 회로들을 함께 생각해 보면, 이들은 우리 삶의 느낀 이야기(felt story)에 경험의 가닥을 함께 짜서 넣는 일을 하고 있는 것이다(Mason et al., 2007). 이 함께 짜는 일은 우리가 자는 동안에도 일어나는데, 아마도 꿈을 꾸는 동안에 일어난다고 여겨지고 마취 시에도 일어난다(Greicius et al., 2008; Raichle, 2010). 사실상 오래된 것과 새로운 것을 함께 짜려는 노력은 인간의 지속적인 성향으로 연구자들은 이들 회로를 "불이행망(default network)" 혹은 "불이행양식망(default mode network)"이라고 명명하였다(Gusnard & Raichle, 2001; Raichle, 2010).

흥미롭게도 뇌의 이 영역들은 우리가 과거나 혹은 미래에 대해 생각할 때도 활성화되며 다른 사람의 내적 세계에 초점을 맞출 때도 활성화된다(Buckner er al., 2009). 후자의 경우 활동이 우리 마음에서 다른 사람들의 이야기를 만들어 낼 때 정점에 이르게 된다(Siegel, 2007). 이런 활동 패턴은 우리의 뇌가 우리 자신 안에서 또한 우리 세상 안의 다른 사람들과 함께 통합과 일관성을 향해 지속적으로 나가고 있다는 것을 보여 주는 것일 가능성이 높다.

이 신경망이 가능한 모든 것을 통합하는 데 있어 집요한 만큼이나 **뇌의 전체적인 흐름에서 해리된 채 남아 있는 회로들은 불이행망의 고리에서 말 그대로 벗어나 있을** 가능성이 높다. 이것은 우리의 이해를 돕는 데 매우 중요한 것인데 왜냐하면 이것이 치료적 작업의 핵심에 도달하는 길을 가르쳐 주고 있기 때문이다. 지난 3장에서 우리는 우리의 뇌가 암묵적 신경 회로를 시간적 고립 혹은 해리에서 벗어날 수 있게 만들 수 있는 기회를 만들었고, 우리의 뇌가 새로운 정보를 만나고 통합하는 뇌의 흐름으로 들어갈 수 있는 기회를 만들었다. 이런 과정은 우리의 살아 있는(lived) 이야기와 말로 표현된(spoken) 이야기 모두에게 변화의 길을 열어 준다. 이 통합 과정에 대한 우리의 이해를 깊게 만들기 위해 우리는 초기 및 그 이후 진행 중인 관계 경험에 의해 이야기가 어떻게 형성이 되었는지 그 방식들에 대해 살펴보는 것으로 시작할 수 있다.

관계적 경험이 어떻게 이야기를 형성하는가

일반적으로 우리가 사는 경험들, 즉 이야기의 원 자료가 **조각나 있으면**(fragmented) 우리의 내적인 이야기도 이와 유사하게 고르지 않게 될 것이다. 만약 원 자료가 **함께 잘 짜여 있고**(well knit together) 감정적으로 해결되어 있다면 우리의 이야기는 유연하고 쉬운 느낌을 전달해 줄 것이다. 좀 더 자세히 이야기하자면,

- 만약 우리의 초기 관계적 경험에 **감정적인 생생함을 만드는 중요한 접착제가 없었다면**, 우리의 이야기는 마분지 조각 같은 것들과 거의가 의미가 없는 실제 사건들로만 가득 차게 될 것이다.
- 만약 우리의 초기 관계적 경험이 **주로 혼돈스러웠다면**, 우리의 이야기는 종종 뒤죽박죽될 것이고 우리는 현재로부터 과거를 정리하는 데 어려움을 겪게 될 것이다.
- 만약 우리의 내적 세계가 **암묵적 고통과 공포의 바다로 넘쳐흐른다면**, 우리 이야기 바탕을 이루는 주제는 이 그림물감에 의해 색깔이 입혀지게 될 것이고 우리는 종종 이를 의식적으로 알아차리기가 어렵게 될 것이다.
- 만약 우리의 긍정적인 관계적 경험이 아주 고통스럽고, 불편한 시기와 섞여 있게 된다면 이

로 인해 만들어진 **해리된 기억과 마음 상태의 주머니**는 우리 이야기 흐름에 문제를 가져 오게 될 것이다.

- 무슨 이유이든 간에 만약 우리가 현재 주관적으로 실제 이야기를 공들여 만드는 데 필요한 에너지와 정보를 제공해 주는 **우리의 우측 양식 과정으로부터 제대로 된 정보의 흐름을 받지 못하고 있다면**, 좌측 양식은 그냥 삶의 의미를 부여하고 이해할 수 있게 만들기 위해 아무 상관이 없는 경험의 조각들을 무작위로 골라 무엇인가를 만들려 할 것이다.
- 만약 우리가 조율을 할 수 있는 능력을 부여해 줄 수 있는 정신건강을 가진 부모를 가지고 있다면, 그들은 우리를 두렵게 하거나 상처 주었던 경험을 통해 그들은 어떠했었는지를 함께 이야기해 주면서 **우리가 어렸을 때의 우리 이야기를 이야기할 수 있도록 도와줄** 가능성이 높고, 이것은 우리의 뇌를 온전하고 의미 있는 내적 이야기를 지속적으로 형성할 수 있도록 지지해 주는 신경망과 함께 짜 넣는 과정인 것이다.

이들은 우리가 치료 작업에서 볼 수 있는 주요 패턴의 일부이기도 하다. 그러나 우리 각각의 이야기는 독특하고, 우리 중 많은 사람들은 주제의 양상에 따라 이들 패턴 사이를 왔다 갔다 할 것이다.

잠시 확인을 해 보도록 하자. 당신의 돌보는 관찰자로 들어가 위에 열거된 각 문장들을 느긋하게 그리고 수용적인 마음으로 다시 읽어 보도록 하라. 각 패턴에 대한 당신 몸의 반응을 알아차리도록 하라. 당신의 속마음이 다른 것보다 어떤 특정 패턴에 더 공명하는가? 당신의 마음이 어떤 특정 패턴을 밀어내려 하는가? 그리고 이와 함께 긍정적이든 부정적이든 간에 어떤 판단이라도 이에 대해 주의를 기울이도록 하라. 당신은 아마도 당신이 어떻게 주의를 기울여야 하는지 아니면 이런 종류의 알아차림을 어떻게 해야 하는지에 대해 알고 있을 것이다. 당신의 몸과 감정 반응에 대해 간단하게 서술하도록 하라. 이와 함께 이 반응들이 당신 자신, 당신의 관계 및 크게는 당신의 세계에 대한 당신의 지각에 어떻게 영향을 주는지에 대해서도 알아차려 보도록 하라.

우리는 종종 우리의 이야기를 우리 삶의 이야기가 말로 표현된 것이라 생각한다. 사실, 이것은 이야기의 최종(그리고 끊임없이 발현되는) 단계다. 그러나 마커스의 이야기에서 보았듯이 그 단계에 이르기 전에 우리는 우리의 경험이라는 기본적인 재료를 가지고 살아 있는 이야기를 만들어 낸다. 이 이야기의 궤적은 우리가 어떻게 다른 사람들과 관계를 맺었는지, 혼자 있는 마음의 상태에서는 자신에게 어떻게 이야기하는지, 살기 위해 어떤 것을 선택하는지, 스트레스에는 어떻게 반응하는지 및 삶을 희망적인 것으로 보는지 아니면 엄숙한 것으로 보는지 여부 등을 보여 준다. 우리의 이야기는 그 자체를 우리의 몸, 신경계 및 뇌에 가장 많이 뿌리내리고 있는 감정의 흐름을 통해서 우리에게 이야기해 주고, 의식적인 요구에 의한 것이 아닌 근육에서 일어난 행동적 충동을 통해 이야기해 준다. 여기서 잠깐 시간을 내어 이(this) 순간에 당신의 몸의 이야기에 대해 귀를 기울여 보도록 하자. 어떤 감각과 움직이고 싶은 충동이 일어나고 있는가? 당신의 근육에서 긴장이 느껴지는 곳과 이완이 느껴지는 곳은 어디인가? 당신의 몸의 이야기에 동반되어 어떤 감정의 흐름이 이루어지고 있는가? 결과적으로 당신은 당신 자신에 대해 무슨 이야기를 해 주고 있는가? 친절하게 집중해서 귀 기울여 보도록 하라. 그리고 당신의 경험에 대해 당신이 할 수 있는 한 자세히 이야기로 만들어 보도록 하라.

여러 면에서 우리의 순간순간 이야기에 느껴지는 부분과 생생한 부분은 우측 양식 과정의 복합적인 활동에 그 뿌리를 두고 있다.

- 편도가 시상으로부터 입력 정보를 받아 들어오는 경험의 의미를 평가하는 대부분의 말 없이 이루어지는 수신 영역 안에서 암묵적 기억의 층이 만들어지는데 이 과정은 우리 뇌의 의미를 부여하고, 안전을 평가하는 이 영역에 이미 입력되었던 것들에 의해 의미 있는 영향을 받아 이루어진다.
- 상황이 충분히 안정적일 때 이 에너지와 정보의 흐름은 시작과 중간 및 끝이 존재하는 이야기인, 외현적인 기억을 만들어 내는 해마로부터 오는 정보와 통합을 이룬다.
- 장애물이 없을 때 이 이야기는 중간 전전두엽 영역의 통합 회로를 통과하면서 궁극적으로는 "나는 지금 이 경험을 하고 있어 그리고 이것은 나의 삶에…… 의미를 가지고 있어."와 같은 말이 될 수 있는 느낌인 자서전적 인식과 의미의 차원이 추가된다.
- 동시에 우리의 근육과 관절, 배, 심장 및 신경계에서 오는 신경의 흐름도 이 순간의 이야기를 만들어 내는 정보의 흐름에 이바지한다.
- 이전 경험에서 오는 감각적 입력과 표상들도 또한 피질적인 목소리를 더해 준다.
- 시간이 지나면서 이 경험은 불이행양식 신경망의 활동을 통해 우리의 진행되는 이야기 속으로 추가된다.
- 거울 신경세포와 공명회로는 역시 경험을 통해 이야기에 다른 사람들을 함입시키기 위해 "손을 뻗는다."

• 그러나 우리가 우리 자신에게 이야기하는 이야기의 뿌리에는 내적이거나 혹은 외적인 만남에 대해 우리 변연 회로의 첫 반응에 의해 만들어진 색깔은 그대로 남아 있다.

시간을 잠깐 내어서 우리의 돌보는 관찰자로 들어가 이야기의 즐겁고 의미에 찬 순간으로 들어감으로써 이 다양한 에너지의 정보의 흐름을 우리가 구분할 수 있는지 살펴보도록 하자. 눈, 얼굴, 몸 전체, 에너지, 감정의 고조 등과 같은 경험에 대한 첫 반응에 대한 알아차림을 다시 불러오도록 해 보자. 그리고 이들 요소들이 어떻게 외현적인 이야기로 모여지는지를 느껴보도록 하자. 그리고 '나'를 중심에 놓고 이야기로 들어 가보도록 하자. 당신의 근육, 관절, 배, 심장, 호흡 및 활동 수준으로부터 오는 메시지를 알아차리도록 하라. 축적되어 가는 이야기의 각 요소에 등장하는 하나 혹은 더 이상의 다른 사람들의 존재에 대해 알아차리도록 하라. 그리고 마치 기타 코드를 완벽하게 쳐서 모든 화음을 즐길 때처럼 완벽한 경험으로 들어가도록 하라. 당신이 할 수 있는 최선을 다해 당신 자신에 대해 부드러움을 가지고 각 개별 층을 언어로 표현하도록 하라. 그리고 이 경험이 당신에게 지니는 의미에 대해 써 보도록 하라.

이야기 유형에 대해 들어 보기

마지막 세 장에서의 발견들을 우리의 말로 표현된 이야기에 의식적으로 그리고 언어적으로 함께 엮을 준비를 하면서 우리는 이들 마지막 세 가지 연습을 통해 우리의 살아 있는 이야기가 우리 안에서 구성되는 독특한 방식을 알아 가고 있다. 느낀/살아 있는(felt/lived) 이야기부터 말로 표현된(spoken) 이야기로의 이 이동은 종종 자발적으로 일어나는데, 우리가 이미 이야기한 대로 우리의 뇌는 경험에 의해 개인적인 의미의 이야기를 만들어 내도록 연결되어 있다. 그러나 우측 양식에서 오는 원재료들 사이의 관계에 따라, 그리고 좌측 양식의 표현에 따라 우리는 일관성 있는(coherent), 응집적인(cohesive) 및 허구적/방어적(fictional/defensive)인 세 가지 유형의 이야기를 알 수가 있다. 이들 각각은 객관적이고 또 주관적인 확실한 표지를 가지고 있다. 우리가 앞으로 더 진행하면서 우리의 돌보는 관찰자로 되는 것이 뇌의 의미산출목록(meaning-making repertoire)의 일부일 수 있는 이들 각각 세 가지 유형의 이야기 방식에 대해 우리의 깊은 마음이 이야기해 주는 것을 들을 수 있게 해 주는 데 도움을 줄 수 있을 것이다.

안전한 애착의 일관성 있는 이야기

일관성 있는 이야기(coherent narratives)의 경험으로 시작해 보자. 우리가 자신의 마음속에서 그런 이야기를 받거나 아니면 다른 사람들이 그들의 삶에 대해 이야기하는 것을 들으면서, 우리는 이들 펼쳐지는 그림들이 감정적으로 살아 있고, 상당히 평정을 유지하고 있으며, 긍정적인 면과 고통스러운 면 모두 포함할 수 있는 풍요로움으로 가득 차 있으며, 전체감(sense of wholeness)을 지니고 있다는 것을 느낄 수 있다. 이 전체감은 전체적인 이야기라는 관점 및 누락되거나 숨겨진 것이 거의 없이 그 이야기 안에서 살고 있는 인간이라는 관점 모두를 의미한다. 주관적으로 우리는 우리가 이 에너지와 정보의 흐름을 받아들일 때 동시적으로 편안함과 에너지가 충전됨을 느낄 수 있고 이것은 신경적인 통합과 대인관계적인 통합 모두를 촉진한다.

이런 이야기를 만들어 낼 수 있는 능력은 우리의 뇌가(어떤 경우는 조율된 다른 사람의 뇌와 함께) 경험을 선택해서 경험의 부분을 분리시키는 제한에 의해 영향받거나 외현적인 기억을 코드화해서 저장시키는 데 필요한 의식적 알아차림이 차단됨 없이 이 경험들을 우측 양식(신체, 편도, 해마, 중간 전전두엽 영역과 이들과 연관된 많은 다른 회로들)의 다양한 통합 단계를 통과시킬 때 나타난다. 일단 중간 전전두엽 영역에서 이 에너지와 정보의 흐름을 받아들이고 나면 이 흐름은 좌측/언어적 양식으로 연결되고 그러면 자연적으로 통합 과정이 시작된다. 그러면 이야기는 전뇌적 사건(a whole-brain event)인 의식적 알아차림과 말 안에서 모양을 갖추게 된다. 우리는 말이 경험의 풍부함을 절대로 온전하게 다 잡아낼 수 없다고 말할 수 있다. 그러나 말이 느낀 경험(felt experience)의 존재를 보강해 줄 때 이야기 전체가 다른 사람에게 전달될 수 있고, 이들은 거울 신경세포와 공명회로와 같은 고밀도의 대인관계적 매개물을 통해 말이라는 틀을 가진 이야기와 그 경험의 본능적인 감각 모두를 전달받는다(Iacoboni, 2007; Siegel, 2007, 2010b). 말 자체만으로는 진짜 생명이 있는 것은 아니다. 그러나 말에 느낀 현실(felt reality)이 불어넣어지면 의미를 가지고 생생해지고 이것은 몸과 대인관계 세계를 통해 퍼져 나가게 된다.

안전하게 애착이 형성되어 있는 부모는 일관성 있는 이야기가 자연스럽게 나타날 수 있는 신경 회로를 만들어 낸다. 이런 부모는 자신의 아이들을 정확하게 볼 수 있게 자기 자신의 이야기 안에서 충분히 해결되어 있다. 이들은 모두를 위해 조율과 조절의 싱크로나이즈 댄스를 출 수 있는 능력을 갖추고 있다. 그들의 자신의 아이들이 두 살이 되었을 때, 함께 이야기하는 습관을 만들어서, 삶에 어려운 일이 생겼을 때 부모와 아이는 어린아이가 충분히 해결될 때까지 이야기를 반복해서 공유하게 된다. 이런 관계적인 연결은 일관성 있는 이야기를 지지해 주는 통합적인 뇌 구조를 만들어 준다.

우리 모두는 아마도 우리의 이야기 중 일부분은 조율이 충분해서 이것이 경험이 통합될 수 있도록 지지를 해 주었던 시기에 만들어진 일관성 있는 이야기를 가지고 있을 것이다. 즐겁거나 의미 있는 기억을 마음으로 불러내는 어린 시절의 습관이 모여서 기억을 말로 표현하게 만들고 이것이 우리의 일관성 있는 이야기의 한 부분이 될 가능성이 높다. 잠깐 동안 시간을 내어 이 지지적인 기억이 가진 본능적 느낌에 대해 다시 생각해 보자. 당신은 기억 전체와 기억의 특정 윤곽 모두를 느끼고 있는가? 당신은 이것이 삶의 가능성에 대한 전체적인 지각과 다른 기억들을 연결시키는 것을 느끼고 있는가? 아니면 이 경험이 당신의 핵심 지각이 문제를 일으키는 기억들에 의해 더 확실하게 만들어지는 다른 많은 고통스러운 기억들과 대조가 되는가? 이에 대해 간단하게 서술하라.

____

____

____

____

____

____

후자의 경우일지라도, 만약 우리가 내적 세계에 대해 지속적으로 주의를 기울이고 불편한 고통과 공포 때문에 해리된 상태에 사로잡혀 있었던 우리 자신을 끈질기게 구조한다면 우리의 자기 이야기(self-told story)는 지속적으로 새롭게 이해되고 받아들여진 조각들을 통합하는 전체로 끌어들일 것이다. 기억의 조각들이나 우리 자신의 부분들이 **해리**가 되는 것은 그렇게 많이 일어나는 일은 아니다. 그러나 일단 일어나면 그것들은 애초에 **통합을 이루지 못하게 되고** 그러면 우리는 영원히 현재인 암묵적 과거라는 시간을 초월한 지하에 갇혀 있게 되는 것이다.

회피적 애착의 삶이 없는 이야기

다음 몇몇 단락에서 우리는 우리의 신경계, 신체, 느낌 및 지각에 머무르고 있는 불안정한 애착의 이야기에 대해 탐색하려고 한다. 각 이야기는 일관성이 없으며 각각이 특정한 특징을 지니고 있고 이런 특징은 아주 어린 시절의 관계 안에서 엮어진 회로들이 이들 이야기를 만들어 낸 방식에 그 근거를 두고 있다. 이 과정에 당신의 들어주는 파트너와 함께하는 것이 특별히 더 도움이 될 것이다. 만약 당신이 공감적이고 조율되어 있는 동반자와 함께한다면 당신은 훨씬 더 자유롭게 당신의 경험 속으로 깊게 들어갈 수 있을 것이다.

자신들의 좌측 뇌에 의해 더 많이 갇혀 있는, 즉 관계보다는 과제의 세계 안에 있는 부모는 그들의 아이들에게 **회피적 애착**(avoidant attachment)만을 제공할 수 있다. 이 결과 나타난 감정의 죽음은 두 양식 과정 사이의 통합의 결핍으로 나타나게 될 것이고, 따라서 좌측 양식은 우측 양식에서 오는 훨씬 더 생동적이고 의미를 부여하는 입력들을 받아들이지 못하게 될 것이다. 이 결과로 일어난 우리의 감정 상태와 연관된 신체의 풍부한 입력으로 부터의 단절과 우리를 다른 사람들의 조율을 향해 움직일 수 있게 해 주는 우측 양식 회로로부터의 단절은 우리가 감정적인 사막에 갇혀 있다는 것을 의미한다. 관계는 중요하지 않다는 암묵적 메시지는 신경계의 활성화를 보여 주는 심장 박동 수 측정에 의해 보여질 수 있는데, 애착이 제공될 때는 심장 박동 수가 올라가다가 의식적인 알아차림하에서는 심장 박동 수가 떨어진다(Siegel, 1999).

우리는 엄마가 자기 아이의 숙제를 끝내게 도와주기 위해 헌신하는 모습을 그려 볼 수 있다. 그러나 이 엄마는 아이의 제일 친한 친구가 이사를 가게 되었을 때 그를 편안하게 해 줄 수 있는 것이 무엇인지에 대해서는 알 수가 없다. 이런 유형의 반응은 사람과의 연결 안에 머물러 있는 것을 무엇인가를 잘해야 하는 것과 동등하게 보는 애착 이야기를 만들어 낸다. 한 환자에게 담담한 목소리로 나에게 "저는 세 번 결혼을 했습니다. 나는 남편들이 원하는 모든 것을 했어요. 그렇지만 그들은 떠났어요."라고 이야기하였다. 그녀에게는 말이 안 되는 일이었다. 우리가 그녀의 초기 삶에 대해 이야기하였을 때, 그녀는 마치 죽은 생선을 카운터 위에 던지듯 내려놓는 것 같은 느낌을 주는 일련의 사건들을 풀어놓았다. 그리고 이것은 나의 마음에 들어온 실제 이미지이기도 하였다. 그녀의 이야기에는 살아 있는 사람이 없었다. 나는 공허함과 지루함을 느꼈다(조율반응). 그리고 생동감이 없고 관계적 에너지가 없음을 슬퍼하였다(돌보는 관찰자의 반응).

시간을 잠깐 내어 당신의 이야기가 이와 같은 질의 관계를 가지고 있는 것처럼 느껴 보라. 수용적인 자세로 앉아 당신의 내적 세계에 당신을 그와 같은 시간으로 데려다줄 수 있는지를 물어보는 것이 어쩌면 문을 열게 할 수도 있다. 그리고 난 다음 결과로 당신의 몸, 감정 및 지각에 당신이 발견한 것을 당신의 들어주는 파트너와 공유하고 이에 대해 쓰도록 하라. 당신이 파트너의 이야기를 들을 때 자신의 신체와 감정 반응을 알아차리도록 하라. 그리고 당신의 관점을 확장시켜 이들 모두를 자비로 가득한 포용 안으로 모으도록 하라.

양가적 애착의 불안한 이야기

때로 부모가 자신들의 암묵적 동요에 의해 부분적으로 압도되는 경우에 변연계의 활성화가 그들을 과거에 의해 지배되는 세계로 휩쓸어 들어가게 하는 시기와 조율되는 시기가 섞여서 제공받게 된다. 이런 불연속성과 불예측성은 **양가적 애착**(ambivalent attachment)의 특징이다. 자신의 세 살짜리 어린 딸이 뒷마당에서 벌레에 대해 진지하게 조사하는 것을 기뻐하는 아빠가 있다. 그들의 상호적인 호기심은 그들을 달팽이에 대해 즐겁게 이야기 나눌 수 있도록 해주었고 조율이 꽃을 피웠다. 그러고 난 뒤 그 아이는 얼굴에 진흙을 칠하는 것을 억누를 수 없고 아주 즐거운 것이라 생각해서 이것을 하려고 마음먹었다. 그 아이의 아빠는 특정 종류의 행동이 양육에 가장 가치 있는 것이라는 생각 때문에 장난스러운 자신과의 접촉을 중단하고 그 아이가 더러워지는 것에 대해 날카롭게 야단을 쳤다. 연결과 거절 사이에 이런 식으로 변화를 가져 오는 것은 아이에게 불안을 야기하고 이 결과 아이는 다음에 갑자기 파열로 전환될 것을 기다리게 되고, 혼란에 빠진 우측 양식의 당혹감을 만들어 낸다. 그들 모두에게 조절의 우측 양식 회로는 조각나 버려 믿을 수 없게 되고 따라서 감정적 균형, 상황의 변화에 따른 유연한 반응 및 조율과 공감이 어떤 경우에는 존재하지 않게 되어 버리는 것이다.

이런 상황에서 만들어진 이야기는 종종 현재와 과거를 섞어 놓은 것처럼 사건들이 뒤죽박죽된 것 같이 들린다. 붕괴된 암묵적 기억들의 영원히 현재인 과거는 주기적으로 과거-현재-미래를 연결하는 통합적인 감각을 침범하기 때문에, 이야기는 조절되지 않는 우측 양식이 급상승이 반영된 질적으로 불안한 양상을 포함하게 된다. 눈을 앞뒤로 굴리고 숨을 거칠게 몰아쉬면서 나의 젊은 환자는 그녀의 어머니의 죽음에 대해 긴장해서 이야기하였다. "그녀는 고통스럽게 **죽었어요**. 너무 두려웠어요. 그녀는 항상 그렇게 겁에 질려 **있어요**. 그녀는 항상 조마조마 **했었어요**. 무언가가 그녀를 두렵게 **만들면** 그녀는 바다 말미잘이 찔렸을 때처럼 바로 **닫혀요**." 라고 이야기하였다. 그녀의 교감신경계 각성이 나의 신경계를 건드려서 나의 심장 박동 수를 올려 주었다. 이것을 알아차리게 되면서 나는 조절에 관해 이전 경험을 지워 줄 수 있는 경험을 우선은 나에게, 그리고 그다음에는 그녀를 위해 제공해 줄 수 있었다. 아동기 때 그녀 어머니의 감정적인 고조는 환자 자신의 어린 교감신경계 회로가 항상 작동되고 있는 상태로 만들어 놓았고 따라서 침착한 태도는 이제 이에 대한 해독제의 일부분이 될 수 있었던 것이다.

당신 자신의 이야기로 돌아가서, 당신은 이렇게 예측할 수 없고, 불안을 야기했었던 중요한 관계에 대해 느껴 볼 수 있는가? 이와 함께 당신은 당신의 몸, 감정 및 지각에 대한 이의 효과에 대해서도 느껴 볼 수 있는가? 그러고 난 다음 당신이 발견한 것에 대해 써 보고 이를 당신의 들어주는 파트너와 공유하도록 하라. 그러고 난 다음 파트너가 당신에게 이 훈련에 있어 자신의 경험에 대해 이야기하는 동안에 그것이 당신의 몸, 감정 및 지각에 주는 효과를 알아차리도록 하라. 그리고 이 모든 것을 당신의 돌보는 관찰자로 모을 수 있는지 알아보도록 하라.

붕괴된 애착의 조각난 이야기

회피적 애착과 양가적 애착 유형 모두는 우리로 하여금 대응 전략을 만들어 내게 해 준다. 회피적 애착의 경우에는 관계의 대가로 좌측 양식이 강력하게 발달시키고 양가적 애착의 경우에는 불안을 가라앉히기 위한 일시적인 조절감을 얻기 위해 다양한 전술을 발전시킨다. 그러나 최악의 경우, 우리가 계속적으로 두려움에 떨게 되거나 완전히 거절당하게 되면 모든 대응 능력이 실패하게 된다. 우리의 마음을 온전하게 지켜 주는 데 필요한 사람이 바로 우리의 **붕괴**(disorganization)의 근원이 되어 우리는 고립을 통해 혹은 연결하려는 시도를 통해 이 붕괴에 대해 아무런 선택을 하지 못한 채 남아 있게 되는 것이다. 이것을 애착 연구자인 마리 메인(Mary Main, 2000)은 "해결점이 보이지 않는 공포(fear without resolution)"라고 불렀다. 이 초기의 그리고 지속적인 영향은 아주 많은 암묵적 이야기를 남기는데 우리가 사랑받을 만하지 못하고 어머니를 파멸시키려는 이유를 설명할 때 흔히 사용하는 지각된 특징을 풍부하게 지니고 있는 단어인 쓰레기, 괴물 및 악마 등과 같이 우리 자신을 보게 된다. 우리 몸의 수준에서 우리는 공포로 인해 반사적으로 심한 교감신경계 조절 이상에서부터 무력감으로 조각난 완전한 붕괴에 이르기까지 반응하거나 아니면 이들 2개의 반응이 모두가 우리의 몸에서 맹위를 떨치게 될 수 있다. 이 완전한 붕괴의 신경계 이야기는 종종 언어를 완전하게 압도해서 우리를 육체적 존재를 넘어서 펼쳐지는 이야기는 없는 채로 남겨지게 만든다.

이 신경계 이야기는 오로지 더 나빠질 뿐이고, 우리는 존재하지 말아야 하고, 우리가 시도하는 모든 것은 실패할 것이라는 완벽한 믿음을 코드화해서 저장하고 있는 최초의 암묵적 정신모델과 함께 이루어진다. 이 모든 것은 우리 어머니로부터 조율된, 그리고 긍정적인 반응 끌어내지 못하는 우리의 존재적인 무능력에 뿌리를 두고 있는 것이다. 이들 모델은 아주 강력해서 이들은 삶의 모든 활동에 관여하고 출구가 없어 보이는 반복의 굴레를 만들어 낸다. 우리는 완전하게 암묵적 지하에 잡혀 있어 현재 우리 자신과 세계 안에서 우리 자신의 위치 및 관계 양상에 대한 우리의 믿음에 다른 빛을 비추어 줄 수 있는 일말의 대체적 경험의 끈을 발견할 수 없게 만든다.

우리는 앞으로 2부에서 대인관계 신경생물학이 이런 예들에서조차 회복에 대한 희망의 그림을 더하게 한다는 사실을 부가해서 이 특별히 비극적인 상황들에 대해 더 이야기할 것이다. 이런 부정적으로 내재된 이야기의 존재하에서는 우리의 거울 신경세포와 공명회로가 극심한 혼란으로 진동하게 될 것이다. 우리의 생각은 조각이 나거나 쉽게 접근할 수 없게 될 것이다. 우리는 무력감, 무망한 절망감 및 불안 등의 감정에 의해 압도될 수도 있을 것이다. 신체적으로 조각이 나는 이미지나 팔다리가 절단이 되는 이미지 등이 우리 마음 안에 형성될 수도 있다. 우리 환자의 뇌와 마음을 그려 보는 것이 우리에게 환자들이나 우리 자신이 경험하고 있는 신체, 감정 및 지각적 홍수를 안정적으로 담을 수 있는 그릇을 제공해 주도록 도와줄 수 있다.

이제 당신이 살아오면서 이런 종류의 공포나 혹은 심한 거절을 경험한 적이 있는지에 대해, 이 결과 만들어진 당신 안에 무언가 붕괴된 주머니가 있는지를 느끼면서 잠깐 생각을 해 보도록 하라. 이들은 신경계, 몸 및 마음에서 나타날 수 있는데, 가쁜 호흡이나 숨이 멈춰지는 것, 애착을 제공해 주는 사람들로부터 멀어지고 싶은 행동적 충동, 무력감에 무너져 버릴 것 같은 느낌, 일관적인 문장을 만들 수 없는 것, 심한 혼동, 자기 비난 및 이외에 많은 다른 심한 붕괴 경험 등으로 나타난다. 만약 혼란의 조짐이 당신이 이러한 내적인 문제를 열 때 나타난다면, 당신과 당신의 들어 주는 파트너가 이들을 자비와 친절함으로 잡아 줄 수 있도록 하라. 그래서 당신이 붕괴된 상태에서 벗어나게 되면 이들 장소나 위치에 대한 당신의 느낌 및 지각을 쓰거나 공유해 보도록 하고 당신 파트너에게도 같은 것을 할 수 있는 기회를 제공하도록 하라.

모든 사람의 애착이 단일한 색을 가진 가족에서 자라나지 않는 한 우리는 이들 모든 유형의 일부분이나 조각을 가지고 있을 가능성이 높고 아마도 이 중 한 가지 패턴이 우리가 가장 자주 표현하는 패턴이 될 것이다. 우리의 다양한 관계적 반응에 민감하게 되는 것을 아는 것이, 특히 어떤 상황에서 어떤 반응이 나타나는지를 아는 것이 앞으로 우리로 하여금 더 안전한 패턴으로 신경망을 통합할 수 있게 도와줄 알아차림과 처리 과정의 층을 더 보태 줄 수 있게 해 줄 것이다. 우리는 언제 해리된 주머니, 알아차림의 행위, 변용 경험 및 편안함 이 자물쇠를 풀어 이 신경망들을 시간의 흐름 속으로 그리고 이미 자유로운 부분들과 함께하도록 초청할지를 알 수 있다. 우리의 이야기가 각각의 새로운 에너지와 정보의 꾸러미가 보태져서 더 채워질수록 그리고 이야기가 더 일관적이 될수록 우리는 알아차림의 깊이가 기하급수적으로 늘어나는 것을 발견할 수 있을 것이고 이것은 자동적인 반응에서 유연함과 자유로움이 증가되는 느낌과 동반되어 나타난다. 실제로 의식에 도달하는 것과 비교할 때 얼마나 많은 신경 발화가 의식적 알아차림의 바깥에서 일어나고 있는가를 알게 되면 우리의 안녕감과 관계적 능력은 우리의 뇌가 얼마나 통합적으로 존재하는가에 달려 있다는 것이 더 명백해진다. 그리고 이것은 우리 인간이 누리는 즐거운 경험의 한 부분이 될 수 있는 평생을 통한 과제이기도 하다.

불안정한 애착의 응집적 이야기

각각의 불안정한 애착 유형은 각각 특정한 종류의 **응집적 이야기**(cohesive narrative)를 만들어 낸다(Siegel, 2007). 이것은 이들 각각이 우리의 뇌에서 무엇이 함께 엮어졌는지 혹은 그렇지 않았는지에 따라 만들어진 우리 역사의 각 부분이 가진 양상에 기초하고 있기 때문에 이렇게 나타난다는 것을 의미한다. 우리가 알고 있듯이, 크게 보면 우리의 언어적 좌측 양식 과정은 에너지와 정보의 자서전적 흐름에 그 근거를 두고 있는 반면에, 우측 양식 과정은 발현되는 이야기의 있는 그대로의 생생한 자료를 그대로 보여 주고 있다. 이 흐름이 제한되고 치유되지 않은 에너지와 정보의 조각들을 담고 있을 때 우리는 우리 자신에게 단지 이 조각에 의미를 부여하는 이야기만을 할 수 있을 뿐이다. 사실상, 우리는 종종 한 가지 이상의 이야기를 가지게 될 것인데 이들 이야기는 다양한 마음 상태에 의해 만들어진 서로 다른 그리고 아직 통합되지 않은 경험에 그 근거를 두고 있다.

증례를 한번 보자. 나의 환자는 아버지가 한국전쟁의 외상을 가지고 집에 돌아온 때인 두 살 이후부터 매일 소리를 지르고 난리가 나는 현장의 목격자였다. 그녀가 나를 만난 것은 그녀가 30대가 되고 나서였는데 그때까지 그녀는 그 당시와 그녀의 삶 전반에 대해 세 가지 이야기를 가지고 있었다. 하나는 자기 아버지의 외상과 그 결과 보여지는 분노에 대한 그녀의 이해를 반영하는 자비에 찬 어른 이야기였다. 두 번째 이야기는 그녀의 위축되고, 초초한 몸에 의해 펼쳐지는 이야기로 이것은 그녀가 강력한 에너지를 느낄 때마나 일어나고, 그녀의 신경계는 분노와 즐거움 때문에 오는 강력함을 구분하지 못해서 두 경우 전부 반응을 한다. 세 번째는 비록 그녀가 의식적으로 이것의 근원을 알아차리고 있지 못했더라도, 해리된 신경망과 그녀의 아버지와의 이런 경험들이 가지는 암묵적 흐름으로 인해 남아 있는 효과에 기인한 목소리였다. "선천적으로, 저는 제가 이 위험한 세상으로부터 보호받을 필요가 있는 약하고 섬세한 꽃과 같다고 생각해요. 비록 때때로 외롭다는 느낌이 들지만 저는 집에서 혼자도 잘해요." 나는 그녀가 치료를 찾아와서 자신의 외로움을 편하게 해 줄 수 있는 안전한 동료를 가질 수 있게 되었다고 믿었다. 세 번째 이야기는 두 번째와 아버지의 비극적인 상황에 대해 성장되고 일관적인 이해 및 해리된 나머지 부분에 대한 설명을 제공해 주는 목소리였다. 그녀의 삶에 있어서, 아주 편협하고 자기 보호적인 이야기가 그녀의 삶을 지배해 왔다.

우리는 "그녀의 이야기 중 어떤 것이 진실인가?"라고 물을 수 있다. 답은 우리가 누구의 입장에 서 있는가에 달려 있다. 현실적으로 우리가 가지고 있는 모든 것은 주관적으로 진실이거나 진실들인데, 우리는 이것을 오래된 경험에 의해 속박되는 쪽으로 가게 할 것인가 아니면 넓은 관점의 시야를 가지고 볼 수 있게 자유를 향해 가게 할 것인가를 결정할 수가 있다. 그녀의 아이 자기(child self)의 관점에서 그녀의 취약성과 세계의 위험 모두는 주관적으로 진실이며, 그녀의 성인 자기(adult self)의 관점에서는 세대를 관통하는 비극이 주관적 진실이 된다. 다른 점은 그녀의 첫 이야기는 광범위한 정보를 받아들일 수가 있어서 이것이 그녀의 경험뿐만 아니라 그녀 아버지의 경험에 대해서도 자비적인 이해를 할 수 있도록 해 주었지만 두 번째와 세 번째는 그녀 아버지와의 그녀의 경험의 암묵적 흐름에 뿌리를 둔 좁은 범위의 에너지와 정보와 이 흐름의 결과 만들어진 정신모델에 전적으로 그 근거를 두고 있다. 이들은 우리가 이들의 해방을 위해 작업을 시작하기 전까지는 더 큰 이야기에서 분리된 채 말 그대로 전쟁의 포로처럼 잡혀 있을 수 있다.

이것이 응집적 이야기의 특징으로 이들은 **신경적으로 고립되고 해결되지 않은 경험에 종속되어 있다.** 우측 양식 과정의 신경구조의 작은 조각들이 의미를 부여하는 좌측 양식과 양측으로(양측 반구를 건너서) 통합되어 매우 제한된 정보에 근거한 이야기를 만들어 낸다. 여기에 더해 이 이야기의 뿌리는 우리 이야기의 일관적이 부분을 이루는 더 큰 흐름으로부터 해리되어 있기 때문에 우리는 이야기를 바꿀 수 있는 새로운 정보를 받아들일 수가 없다. 이 기억들은 영원한 상자 안에 아주 효율적으로 갇혀 있는 것이다. 지난 세 장에서 우리는 우리의 이야기를 좀 더 충분하게 안녕감과 조율된 관계를 지지할 수 있는 일관적인 이야기로 확대될 수 있도록 준비하기 위해 이들 해리된 주머니를 열고 시간에 갇혀 있는 암묵적 흐름을 다루는 작업을 하였다.

허구적/방어적 이야기

마지막 유형의 이야기를 탐색하면 우리는 때로 우리의 마음이 일관적인 혹은 응집적인 이야기 모두를 만들어 내는 데 어려움을 가지게 되는데, 이 경우에는 우리로 하여금 우리의 세계가 나타나기 위해 필요한 방식을 **허구적으로 말로 설명하게** 만든다. 만약 우리가 **우측으로부터 오는 에너지와 정보의 흐름을 의식적으로 직면할 준비가 되어 있지 않거나, 혹은 그 흐름이 너무 약화되어 우리의 좌측 양식 과정이 거의 입력을 하지 않게 되거나** 아니면 **그냥 우리가 내적으로 주의집중을 하지 못하게 된다면** 우리의 마음은 단순히 이야기를 만들어 내려는 우리의 욕구를 충족시키기 위해 무엇인가를 만들어 내게 될 것이다. 이렇게 만들어진 이야기는 방어의 형태를 띠게 될 수 있는데 예를 들어, “나는 내 학급에서 제일 뛰어난 학생이지만 시험은 잘 보지 못해.”와 같은 경우에 이것을 좀 더 포괄적인 관점에서 바라보면, 자신의 부모에게 받아들여지지 않은 중간 정도의 지적 능력을 가진 어린 여자아이를 만나 볼 수 있을 것이다. 정보가 전혀 없었다는 것을 알지 못하게 완벽하게 허구적인 이야기로 나타날 수도 있는데, 예를 들어 “우리는 지난 주말 내

내 샌프란시스코에 있었어."와 같은 이야기가 자신이 어디에 있었는지를 기억하지 못하는 사람에게서 나타날 수 있는데 이것은 그의 내적 세계의 다중성으로 인해 각 부분들이 서로 간에 알아차리지를 못한다는 것을 의미한다. 환자들은 이 이야기를 아주 확실하게 믿게 되는데, 사람들이 강하게 분리되어 있는 내적 세계를 가지고 있고 이들 내적 세계들은 다른 세계들을 지각할 수가 없기 때문에 이 이야기들은 그 틈새를 메우기 위해 고안된 이야기이기 때문에 더욱 그렇다. 이런 것이 반복되면서 허위적인 이야기를 마치 실제인 양 듣는 신경망이 더 강하게 발달하게 되는 것이다.

비록 이것이 극단적인 예이기는 하지만, 우리 대부분은 우리의 내적 흐름으로부터 충분한 정보를 가지고 있지 못하거나 혹은 우리가 일관적인 뇌 전체로부터 오는 이야기에 충분히 집중하지 못하기 때문에 흔히는 의식적인 결정 없이 이런 전략을 사용하는 것이 우리 삶에서 연속감을 만들어 낸 경우를 생각해 낼 수 있을 것이다. 내 이웃이 "안녕하세요?"라고 물으면 나는 "네, 좋아요."라고 내 실제 상태가 어떤지를 점검하지 않고 답한다. 이것은 내가 가벼운 형태의 앞에서 말한 이런 활동에 참여하고 있는 것을 보여 주는 것이다. 우리 뇌의 구조와 우리의 언어적 의미를 만들려는 요구 때문에 하루에도 수없이 우리는 느낀 상태(felt state)의 원인이 되는 암묵적인 내적 근원과의 연결이 없이 이에 대한 설명을 만들어 내고 있다. 아주 많은 양의 정보의 흐름을 우리의 감각과 뇌 안에서 처리하기 위해 많은 기억 체계가 서로 간에 직접적인 연결 없이, 특히 의식적 알아차림과 언어에 관여하는 뇌 회로와는 거의 연결이 없이 병렬적으로 작동된다(Milner et al., 1998; Rumelhart & McClelland, 1986). 주의 집중을 통해 우리의 암묵적 패턴이 더 많이 외현적인 알아차림 안으로 들어올 수 있는데, 이것은 변연계 회로가 신 피질에 연결되는 것이고 그럼으로써 우리는 이들 기억과 표현 체계를 모두 포함하는 일관적이고 해결된 이야기를 만들어 낼 수 있게 되는 것이다.

시간을 잠깐 내어서 당신의 이야기를 하는 마음이 이야기를 만들어 내고 싶은 요구를 채우기 위해 작은 이야기이든 큰 이야기이든 이야기를 만들어 내었던 순간들을 생각해 보는 것이 도움이 될 것이다. 우리는 이것을 성격적인 결함으로 보지 않고 불완전한 통합의 증상으로 이해할 수 있으며 이를 친절함으로 껴안아 줄 수 있다. 이런 이야기들이 마음에 떠오르면 여기에 상황과 이 경험의 의미에 대해 간단히 적도록 하라.

우리의 변하는 이야기 탐색하기

이전 장들에서 내적 탐색을 시도하면서 우리는 우리의 이야기가 좀 더 포괄적이 될 수 있는 기회들을 만들어 내었다. 이전에는 응집적이었던 이야기가 우리가 새로운 정보를 충분히 추가하면 용해되어서 그 경험은 좀 더 일관적인 양상의 의미를 가질 수 있게 되었다. 이것은 결과적으로 우리로 하여금 우리 자신과 우리가 이 세상에서 무엇을 희망할 수 있는가에 대해 좀 더 넓고 포괄적인 그리고 자비에 찬 이해를 가질 수 있게 해 주었다. 내가 대인관계 신경생물학을 한창 내실화하고 있을 때(좌측 양식에서 배운 것과 반대인), 즉 이 책의 보여 주는 많은 연습의 효시가 된 연습들을 진행하고 있는 과정에 있을 때, 나는 모든 종류의 일상 상황에서 아무 생각 없이 행동하고 있는 모르는 사람들에 대해 내적으로 부드러워지고 있음을 알아차릴 수 있었다. 긴장과 참을 수 없음 대신에 나의 호기심이 작동하기 시작하였고 심지어는 친절함이 저절로 생겨나기도 했다. 잠깐의 성찰을 통해, 나는 나의 내적 이야기가 배려와 이기심에 대한 엄격하고 판단적인 목소리(나 자신을 포함한 모든 사람들에게 적용이 되는)가 좀 더 확실하고, 근본적인 수준에서 우리에게 주어진 뇌, 마음 그리고 관계 안에서 우리 모두는 우리가 할 수 최선을 하고 있는 것으로 바뀌고 있음을 깨달을 수 있었다. 시간이 지나가면서 그 부드러움은 나 자신에게까지도 확장되었다. 나 자신에 대한 것은 확실하게 더 단단한 껍데기를 가지고 있었는데 이는 걸음마기 때부터 고등학교에 이르기까지 나의 부모님이 행했던 비판으로 만들어진 현재진행형의 내 암묵적 바다에 근거를 두고 있기 때문이었다. 이런 자기 판단에 깊이 뿌리를 내리고 있는 기억들과 마음의 상태에 대한 지속적인 내적 작업이 서서히 이전에 내 자신에게 해 왔던 이야기를 변화시켜 주었다. 매우 흥미롭게도 비판단적인 새로운 이야기는 지속적으로 확장해서 치료자로서 나의 모든 작업의 중심이 되었고, 이제는 대인관계 신경생물학을 적극적으로 지지하게 만들었다.

우리가 통합적 경로를 따라 움직이게 되면 우리는 우리가 어떻게 살아왔는지 그리고 말로 표현된 이야기가 우리가 한 작업의 결과로 어떻게 바뀌게 되는지를 물어볼 수 있게 된다. 우선, 우리는 지난 몇 페이지에서 집중적으로 활성화 되었을 좌측 양식적 학습에서부터 내적인 경청을 위해 좀 더 우측 양식의 알아차림으로 전환을 시작할 수 있게 되었다. 이제 우리가 2장, 3장 그리고 4장에서 했던 작업으로 돌아가서 지금까지 우리가 의식적인 삶을 함께한 사람들을 대상으로 암묵적 흐름, 기억들 및 내적 공동체 쌍을 하나로 모으도록 하자. 일부는 이 책의 노트에서 나타날 수 있을 것이고, 또 다른 사람들이 나타나기 위해서는 더 확장된 생각이나 반영을 필요로 할 수 있기 때문에 더 많은 글이나 그림을 그리기 위해 당신의 일지와 같은 더 큰 공간이 필요할 수 있다. 당신이 각각의 경험에서 발견한 것에 대해 쓰기 위한 준비로 한두 시간 따로 시간을 내어서 이 변형된 에너지와 정보의 흐름을 한 곳에 모으는 것이 필요할 수 있다. 당신은 다음과 같이 환자의 일지에서 각색이 된 글을 읽음으로써 시작에 도움을 받을 수도 있다.

> 나의 몸에서 느껴지는 공포의 느낌을 따라가면 나는 약 6세경의 아이로서의 나를 볼 수 있었고 또 자신을 느낄 수 있었다. 형과 아빠는 서로를 향해 소리를 지르고 있었고 결국은 아빠가 형을 심하게 때려서 형을 쓰러뜨려 버렸다. 나는 내 자신의 어린 부분과 함께 내 두려움을 가라앉히고 조절하는 것을 도와주고 있었다. 내가 어린 내 자신에게 더 가까워질수록 내가 그들을 멈출 수 있는 힘을 가져야 한다고 얼마나 굳게 믿고 있는지를 느낄 수 있었고, 나의 신경계가 얼마나 빨리 뛰고 있는지를 느낄 수 있었다. 그래서 나는 그냥 마음을 닫고 도망가 버렸다. 어린 내가 조용해지고 그 어린 나와 지금의 내가 정말로 함께 있다는 것을 느낄 수 있게 되었을 때, 우리는 형과 아빠 모두에게 다가가서 그들에게 무엇이 그들을 내적으로 그렇게 싸울 수밖에 없도록 그렇게 많이 상처를 주고 있는지 혹은 두렵게 만들고 있는지를 물었다. 내안의 아빠는 우리에게 대답하기를 거부하였으나 나는 아빠 안에서 분노와 공포 모두를 느낄 수 있었다. 내안의 형은 아빠에게 대한 큰 두

> 려움과 나를 보호할 필요가 있다는 자신의 감정에 대해 우리가 자신을 도울 수 있도록 허용할 수 있었다. 우리의 작업의 끝날 무렵에 내 몸은 많이 안정이 되었고, 나는 내 안의 아빠를 돕기 위해 내 안에 있는 이 세 명으로 다시 돌아갈 필요가 있다는 것을 인식하고 있었다.

이런 종류의 치유 이야기의 예를 보면 우리가 암묵적 에너지의 흐름, 특정 기억 혹은 내재화된 관계적 쌍에 대해 우리가 치유 작업을 행하기 전과 후에 우리의 암묵적 이야기와 외현적인 이야기를 탐색하는 것이 가능함을 보여 준다. 이 예에서 이 사람은 그의 인생을 통해 자신의 바로 앞에서 일어난 갈등을 해결할 수 없을 때마다 그렇게 대응하는 것에 대해 자신에게 합리적인 것인지 아닌지와는 상관없이 얼마나 쉽게 자신이 잘못했다고 느꼈는지를 감지할 수 있었다는 것을 보여 주고 있다. 그의 느낀 이야기(felt narrative)에는 긴장된 몸이 포함되고, 뒤이어 가슴이 가라앉는 것 그리고 수치심이란 감정을 회피하기 위해 도망가고 싶은 욕구가 뒤따르는 것도 포함된다. 곰곰이 생각해 보면 그는 자신이 얼마나 많이 "미안합니다."라고 이야기했는지 깨달을 수 있었고 다른 사람들이 원치도 않는 사과를 할 때마다 다른 사람들이 얼마나 당황했는지 깨달을 수 있었다. 그는 이런 경험들에 대해 곰곰이 생각을 하면서 자신이 사과하는 방식에 대해 비난하고 싶은 충동을 느꼈다. 그러나 그는 이 경험을 친절함과 자신의 자동적인 자기 비난의 근원에 대해 새롭게 만들어진 지혜를 가지고 감싸 안을 수 있게 되었다. 그가 자신의 돌보는 관찰자를 이용하는 것이 늘어나면서 생겨난 이런 전환은 그의 이야기에 중대한 변화가 있음을 보여 주는 것이다.

우리는 다음 몇 회기 동안 그의 분노 뒤에 숨어 있는 의도와 감정 쪽으로 우리가 더 다가설 수 있을 때까지 그의 내적 아버지에 대해 더 작업하였다. 이것이 더 깊은 안정감을 가져다주었고 나의 내담자는 세대를 통해 되짚어 보아 자신의 가족 안에서 한 남자로부터 다음 세대의 남자로 연결이 되는 공포와 분노의 유산을 볼 수 있게 되었다. 그는 "아버지가 화가 난 것은 분명해요. 그는 자신이 누구에게도 중요한 사람이라 생각하지 않았어요. 그것이 바로 지금 우리 형이 느끼는 바로 그것이에요. 그리고 저도 저에게 중요한 사람에게조차도 제 자신이 중요한 사람인지 아니면 어떻게 해야 할지 그것이 매우 두려웠었어요. 이제 두려움이 많이 사라지고 저도 예전에는 그랬다는 것을 볼 수 있게 되었고, 이제는 우리 모두에 대해 슬픔을 느껴요." 그 직후에 그의 의식적인 알아차림 안으로 새로운 느낀 이야기가 나타났다. 그의 사무실 밖에서 직원 2명이 격하게 논쟁을 시작했다. 그는 자신의 몸이 긴장하기 시작하고 자신의 머리가 자동적으로 이것을 외면하는 것을 느꼈다. 그러나 이제 그는 호기심과 친절함으로 무슨 일이 일어나고 있는가를 보려는 **새로운 행동적 충동**을 좇아갈 수 있었다. 이들을 관리하는 것이 그의 일이었기 때문에 그들이 화해할 수 있게 자신이 도울 수 있는지 아닌지 생각하면서 자신이 이들을 중재하기 위해 개입해야겠다는 의식적인 결정을 내렸다. 그가 나에게 방문하였을 때 그는 결과가 중요하지 않다고 이야기하였고 그래서 그 일의 결과가 어땠는지는 공유하지 않았다. 대신에 그는 자신의 몸, 감정, 행동 및 언어의 새로운 이야기를 가지고 조용히 앉아 있을 수 있게 되었다고 이야기하였다. 우리는 갈등의 의미에 대한 그의 암묵적인 원형이 어떻게 변화했는지에 대해 이야기하였고 이 변화는 새로운 행동이 자연스럽게 나타날 수 있도록 해 주었다.

우리는 일단 변화의 과정이 시작이 되면, 느낀/살아 있는 이야기(felt/lived narrative)와 말로 표현된 이야기(spoken narrative)에서의 전환이 때로는 놀라운 방식으로 서로서로를 자발적으로 지지하고 또 서로를 발판으로 삼는 것을 볼 수 있다. 이것이 우리의 뇌가 일단 방해되는 요인들이 제거된 후에 더 큰 일관성을 찾으려 할 때 보여 주는 신경가소성이 가진 특징이기도 하다. 이제 당신의 돌보는 관찰자를 불러 우측 양식 과정으로부터 안내를 받아 자신의 일지에 2장, 3장 및 4장에서 했던 당신의 경험들 각각에 대해 즐겁게 쓸 수 있는 시간을 갖도록 하라. 이것은 우리의 마음이 작업이 느리게 진행되어 조급함을 느끼게 되는 그런 시간 중 하나다. 만약 당신이 글쓰기와 뒤돌아보는 작업을 하지 않고 앞으로 나아가려는 익숙한 충동을 느낀다면, 바로 이 행동적 충동을 가지고 가만히 앉아서 이전 경험에서 이것의 뿌리를 추적할 수 있는지 살펴보도록 하라. 이런 뿌리는 많은 경우 개인적이거나 아니면 문화적인 데 기인할 수 있다. 판단하지 않고 이렇게 하는 것이 매우 어려울 수 있다. 그러나 이렇게 하려는 노력이 당신과 당신 환자의 내적 세계의 특정 측면에 안전한 공간을 제공해 줄 수 있는 바로 그 회로를 만들어 줄 것이다. 종종 우리 자신의 과정을 참지 못해서 오는 의도하지 않는 결과가 우리 환자가 특정한 속도로 움직여야 한다는 암묵적이거나 혹은 외현적인 기대 중 하나로 나타날 수 있는데, 이는 뇌의 자연스러운 통합적 흐름에 대한 우리의 신뢰의 결과 주어지는 조율, 수용 및 견고한 기초 및 치유 환경을 우리로부터 빼앗아갈 것이다.

당신이 이 좀 더 확장된 글쓰기 작업을 끝낼 때, 판단하지 말고 최선을 다해서 어떤 경험이 가장 삶에 영향을 미치고, 어떤 것이 가장 의미 있었는지를 알아차리도록 하라. 그리고 지금 특별히 주의를 끄는 것을 하나 고르도록 하라. 그리고 이 사건을 이 경험이 완전히 알려지고, 받아들여지고, 통합되기 전의 경험 **그 자체**(within)의 관점에서 바라보기 시작하라. 그러면 어떤 느낌/살아 있는 이야기가 만들어지는가? 당신은 이 질문에 대한 답을 신체 감각, 행동적 충동, 감정의 고조 혹은 당신 자신이나 다른 사람들에 대한 지각을 통해 알아차릴 수 있을 것이다. 여기에 더해 관계의 세계에 대한 핵심적인 가정이 당신의 알아차림 안으로 들어올 것이다. 이에 대해 지금 쓰도록 하라.

____

____

____

____

____

____

____

____

____

____

말로 표현된 이야기가 이 내적 이야기로부터 만들어졌는가? 때로 이런 유형의 이야기는 우측 양식 과정에서 온 부분적인 에너지와 정보로 인해 응집적인 형태를 가지고 있고, 어떤 경우에는 그 당시 너무 고통스럽거나 놀랍게 했던 그 무엇과의 접촉으로부터 당신을 막아 주기 위해 방어적이거나 허구적인 양상을 띠기도 한다. 후자의 예를 들어보는 것이 도움이 될 것 같다. 나는 10대 후반에 삶의 의미에 대해 더 깊게 생각하고 싶은, 나이에 적절한 욕구를 느꼈을 때 나의 마음은 나에게 그렇게 하는 것은 어리석은 짓이라고 경멸적으로 이야기하였다. 지금 나는 이런 내적 반응이 우리 가족의 외상적인 상황이 우리 가족 각각 구성원에게 미치는 영향에 대해 너무 깊게 생각하는 것으로부터 나를 방어하려는 시도로 이루어졌다는 것을 깨닫고 있다. 그 결과 내 마음은 이런 파괴적인 영향과 접촉할 수 있도록 안전함을 제공해 주었던 공고한 치료적 관계를 만들기 전까지 조사할 수 있는 길을 그냥 막아 버렸다. 응집적인 이야기의 경우, 우리의 마음은 우리를 전뇌 과정을 통해 조정될 수 없었던 감정적으로 생생한, 경험의 부서진 조각들에게 의미를 부여하는 데 도움을 준다. 방어적인 이야기의 경우에는 복잡한 이유로 인해 우리가 아직 신경생물학적으로 충분히 설명할 수는 없지만, 우리의 마음은 경험의 어떤 부분이 통합되기에 아직 때가 되지 않았다고 결정해서 아마도 충분한 지원이 유용해지기 전까지는 우리의 인식을 이들 신경망에서 멀어지게 만드는 것이 아닐까 하는 생각을 한다. 미리 알 수는 없고 나중에 돌아봐야 알겠지만 종종 우리가 이 조각을 우리의 일관성 있는 이야기에 통합시켜서 더 넓은 관점에서 이 경험을 보게 될 때 우리는 이 두 종류의 이야기 사이에 차이점을 이야기할 수 있게 된다. 당신의 치유되지 않은 이야기로부터 나타난 응집적이거나 혹은 방어적인 이야기인 말로 표현된 이야기에 대해 여기에 써 보도록 하라.

이제, 당신이 시행한 치유 작업이 이 특별한 이야기에 어떻게 영향을 주는지에 대해 살펴보도록 하라. 당신은 당신의 느낀/살아 있는 이야기나 혹은 말로 표현된 이야기 각각이, 혹은 모두가 이 암묵적 흐름, 특정 기억 혹은 내적 쌍에 대해 특정한 통합적 작업을 한 이후에 변화했음을 느낄 수 있는가? 친절함을 가지고 당신의 관점이 확장되는지 인식해 보라. 당신의 이야기가 상황의 다른 측면들까지 포함하는가? 당신은 이 사건에 대해 생각할 때나 경험에 포함된 내적 사람에 대해 생각할 때 당신의 신경계가 무엇인가 진정되는 느낌이 드는가? 행동적 충동에는 변화가 없는가? 당신이 마음의 내적 관찰자 상태에서 내적으로 들을 때 다른 변화들이 나타나지는 않는가? 만약 많은 변화를 아직 느끼지 못한다면 우리는 일련의 제약이 아직도 당신의 암묵적인 정보에 기반한 응집적인 이야기를 붙잡고 있다고 가정할 수 있다. 내적으로 진정시키고 이들 내적인 장애물에 대해 비판단적인 알아차림을 허용해서 이들이 앞으로 나오도록 하라. 우리 경험은 항상 신경학적으로 이치에 맞도록 이루어지기 때문에 우리의 이야기가 더 큰 일관성을 가지기 위해 앞으로 나갈 수가 없다면 이것은 그냥 우리의 마음이 우리에게 해결해야 할 무엇인가가 더 있음을 이야기해 주는 것이다. 기꺼운 마음으로 생각한 뒤에 이 과정에서 당신이 발견한 것이 무엇이든 간에 그것에 대해 쓰는 시간을 가지도록 하라.

이전 장들에서 가졌던 각각의 경험에 대해 이런 식의 시간을 가져 보는 것이 가장 도움이 될 수 있을 것이다. 의식적인 알아차림을 통해 이런 내적인 전환을 가져 오는 것은 우리가 우리의 주의력을 변화를 향해 방향 짓게 함으로써 새로운 신경망을 강화시킬 수 있음을 의미하고 이것은 바로 우리 이야기의 통합을 촉진시키는 과정인 것이다. **주의력이 가는 곳에, 신경 발화가 따라 간다**—더 큰 일관성을 위해 신경가소성을 극대화한다는 것을 기억하라. 이것이 가장 중요한 원칙이다. 이 시점에 당신의 들어주는 파트너를 포함시켜서 대인관계적인 차원으로 들어가는 것이 이들 새로운 망을 강화시켜 줄 것이고, 당신 안에서 새로운 가능성을 열어 줄 수 있는 제2의 시각을 가질 수 있는 공간을 만들어 줄 수도 있을 것이다. 그리고 이것은 신경망에서부터 관계까지, 어떻게 뇌를 형성하는지를 보여 주는 통합의 다양한 수준의 또 다른 예가 될 수 있을 것이다.

이 장을 마치면서 우리는 잠시 멈춰서 신체(근육 및 과정, 장관, 심장 및 신경계를 포함하는), 마음(생각, 믿음 및 느낌) 및 관계(우리의 부분들 사이의 내적인 관계와 외적인 관계) 사이의 의사소통이 원활하게 이루어지게 만들기 위해 펼쳐지는 과정이 어떻게 나타나는지 그 개요를 느껴 볼 수 있을 것이다. 이런 관점에서 우리는 신체, 기억 및 마음 상태이든 상관없이 이들의 흐름을 통해 들어간 내적 흐름이 어떻게 다른 에너지와 정보의 흐름을 모아서 이들을 우리 삶의 좀 더 포괄적이고 의미 있는 감각으로 변환을 시키는 신경가소성적인 기회를 만들어 내는지를 느낄 수 있을 것이다. 제1부의 마지막 장은 이런 방향으로의 움직임을 촉진해 줄 것이다.

제 6 장 자비로 가득한 용서의 예술 연습하기

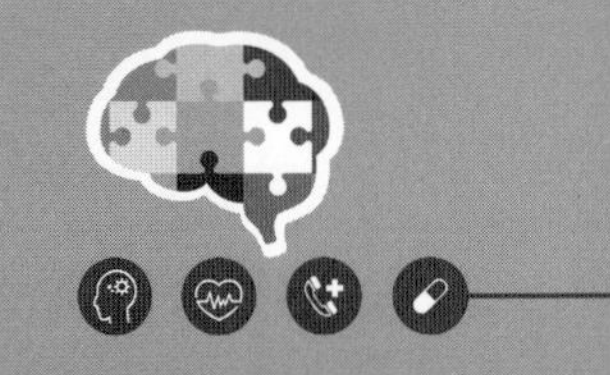

우리가 함께 치료 작업에 들어간 지 4년 정도 되었을 때 잭(Jack)은 사색적인 기분에 빠져 치료에 왔는데 이는 그에게는 드문 일이었다. 그는 도착하자마자 천천히 그리고 조용하게 "저는 지난밤에 현관 베란다에 앉아 있었습니다. 저는 보았는데, 말 그대로 보았는데, 제 가족의 남자들이 어린 시절에 모두 같은 식의 적대적이고 박해적인 대접을 받아 고통스러워하는 것을 보았습니다. 그리고 이것은 그다음 세대의 어린 남자아이에게 전달이 되었지요. 이들은 커서 무력감에 빠졌습니다. 그들은 선택할 수 없었습니다. 도움을 받을 수도 없었습니다. 이해받을 수도 없었습니다. 이것은 마치 정신없을 때 심어져 계속 싹을 피우는 나쁜 뿌리와 같았습니다. 저는 거기에 앉아 있으면서 시간의 흐름을 잃어버렸고 저는 저와 형제들을 포함해서 모든 이전 남자아이들이 느꼈을 무게를 느끼면서 숨 쉬기 힘들 정도로 가슴이 무거워지는 것을 느끼고 있음을 알 수 있었습니다. 당신과 저는 이에 대해 이야기한 바가 있지요. 그리고 저는 오랫동안 이에 대해 머리로는 알고 있었습니다. 그러나 그때 저는 그것을 이전과는 다르게 알게 되었고 그것은 저를 슬프고도 동시에 평화롭게 만들었어요. 그것은 이해되지만 동시에 비극적인 거지요."라고 이야기하였다. 우리는 그의 슬픔이 우리의 인정과 존재에 의해 완화되고 저절로 풀릴 때까지 그의 슬픔과 함께 조용히 앉아 있었다. 그러고 나서 잭은 "더 이상 어느 누구도, 저 자신까지도 미워하지 않을 수 있다는 것이 얼마나 다행스러운 일인지 몰라요!"라고 이야기하였다. 그는 껄껄 웃고, 미소 짓고 난 다음 그는 그 자신에게 새로운 아름답게 조절된 고요함으로 들어가 안정된 모습으로 있었다.

다음 주에 이전에 보였던 그의 불안초조증이 다시 나타났다. 그래서 우리는 혼돈 안에서 그것이 잡힐 때까지 내적으로 기억들과 내적 쌍을 찾아 추적하였다. 우리가 이제는 익숙해진 이 작업을 매주 지속적으로 하면서 잭은 넓고 깊은 이해를 더 자주 그리고 자발적으로 경험하기 시작하였고 이는 자비의 괄목할 만한 증가와 동반되었다. 우리는 치료에 새로운 리듬을 가지게 되었고 이는 우리가 앞으로 1년은 더 추구해야 할 그런 것이었다. 그의 가족 안에서 잭은 '멍청하고 철이 없는' 사람으로 알려져 왔는데, 자신이 할 수 있을 때는 위험을 무릅쓰고 스케이트보드를 타고, 이렇게 하지 못하는 남은 시간에 나타나는 혼돈에서 자신을 보호하기 위해 빈정거리는 유머를 끝없이 뱉어 댔다. 물론 심하게 파괴적인 가족 환경이 잭이 의식적으로 그것을 알아차리건 아니건 간에 상관없이 잭의 암묵적 기억 안에 심어져 있었다. 이 결과 그의 성인으로서 관계는 엉망진창이었고 이런 실패 끝에 결국에는 치료라는 도움을 찾게 되었다. 나와 함께 자기 방어라는 그의 패턴을 변화시키기 위한 상당히 용기 있는 작업이 이루어지고 난 지금은 신경망과 해리되었던 많은 부분이 알아차림 안으로 들어오게 되었고, 자기 방어는 그의 암묵적인 관계적 기대를 변화시킬 수 있기에 충분할 정도로 약해져서 이제 그는 문제가 많은 그의 형제들에게 안정된 피난처가 되고 있었다.

용서의 본능적 경험

잠깐 시간을 내서 우리에게 상처 준 사람들을 자비로 가득한 용서를 하는 잭이 걸었던 길과 용서를 따라 가 보자는 제안에 대해 우리의 내적인 반응을 느껴 보도록 하자. 우리의 도덕적인 원칙은 우리가 용서했다고 말하더라도 우리의 몸과 감정은 다른 반응을 보일 수 있다. 친절함을 가지고 당신 몸의 감각, 행동적 충동 및 감정의 고조 등을 이런 생각의 존재하에서 살펴보도록 하고 이것을 쓰도록 하라. 만약 당신 자신이나 다른 사람들에 대해 자비 감정을 느끼는데 본능적인 저항이 느껴진다면 당신의 깊은 마음에게 만약 당신이 이렇게 용서한다면 무슨 일이 일어날까 봐 두려워하는지를 물어보도록 하라. 그리고 이에 대해 적도록 하라.

용서의 본능적 경험에 대해 익숙해지면 우리는 책의 이야기가 희망에 찬 이야기라는 사실과 우리 자신의 과정에 대해 유용한 조언을 해 줄 수 있는 사람을 만나 볼 수 있을 것이다. 비난, 증오, 수치심, 분노, 질투, 핑계 대기, 희생시키기 및 관계적으로 마음이 불행한 다른 상태들로부터 우리 자신과 다른 사람들에게 대한 자비로 가득한 용서로 변화하는 과정은 한꺼번에 이루어지거나 혹은 모두에게 가능한 그런 원활한 과정은 아니다. 대신에 이 자비로 가득한 용서의 상태는 서서히 커지는 파도처럼 나타나는데, 이는 잘 분화된 일관적인 이야기의 많은 조각들이 비판단적 수용과 자비의 증가를 자연스러운 결과로 가져 오는 본능적인 이해가 매우 풍부한 이야기를 형성할 수 있도록 연결되면서 나타난다. 내 견해로 치유 과정은 우리의 내적 세계가 이런 넓은 수용의 마음 상태로 지속적으로 움직일 때야 끝날 수 있는 것이다. 우리가 우리에게 해를 준 사람들이 우리 안에 자리 잡고 살고 있다는 것을 알고 있고, 이와 함께 우리의 마음은 강력한 내재화 과정을 가지고 있기 때문에 우리가 이런 내적인 관계상 갈등을 해결하지 못한다면 여러 제한들이 우리의 통합적 노력의 발목을 잡을 것이다. 우리의 주관적 안녕에 있어 만약 우리가 이런 종류의 내적인 평화를 얻지 못한다면 우리만의 힘으로 진실로 안정된 느낌을 갖는다는 것은 불가능할 것으로 보인다.

우리가 이런 방향으로 진전하면 우리는 세대를 통과하는 파노라마가 자연스럽게 우리의 알아차림 안으로 들어오게 되는 더 많은 순간을 경험하게 될 가능성이 많다. 이것은 이미 우리가 아는 바와 같이 신경 통합이 분화 후에 따라오는 결합의 과정에 의해 일어난다는 것을 감안한다면 이해되는 현상이다(Siegel, 1999). 우리가 우리 자신을 특정 기억의 모든 측면에 대해 유용하게 사용할 수 있도록 만든다면, 예를 들어 분화된 경험의 조각들(신체, 감정, 이미지, 내재화된 타인)이 결합해서 전체적인 경험으로 통합되게 만든다면, 이 분화된 조각이 뇌의 진행하는 흐름과 통합될 수 있도록 충분히 성숙이 된다. 시간이 흐르면서 우리가 그들을 끌어안아 우리 안에 살 수 있도록 해 주면 흘러가는 물 안에 있던 이 섬들은 우리의 역사의 흐름을 따뜻하고 친절하게 바라볼 수 있는 견고한 땅으로 합쳐지기 시작한다. 이것은 우리가 아무런 모양을 느낄 수 없는 퍼즐 맞추기 조각 상자에서 시작해 서서히 전체적으로 의미 있는 패턴이 나타날 때 느끼는 것과 비슷하다.

다시 시간을 잠깐 내어 우리의 마음이 우리를 이런 종류의 경험으로 데려다줄 수 있는지 살펴보도록 하자. 당신의 돌보는 관찰자의 관점에서 당신의 원가족을 당신의 마음에 불러 오도록 하라. 자비는 잭이 알아차렸던 것처럼 두 가지 뚜렷한 특징을 보여 줄 수 있는데 하나는 이해의 특징(파노라마식 특징)이고, 다른 하나는 공감적 동일시의 특징이다. 첫 번째 것은 약간의 방어적인 특징을 가지고 있는데, 왜냐하면 우리가 이 이야기의 영향을 몸이 느껴서 알고 있는 것과 완전하게 연결되어 있지 못하기 때문이다. 이와 달리 두 번째 것은 우리를 가족의 흐름과 하나 됨을 느끼게 만들어 준다. 이에 대한 연구는 이들 각 경험과 상호 관계가 있는 서로 다른 회로를 보여 주었다(Singer, 2006). 만약 당신이 전반적으로 안정적인 아동기를 지냈다면, 이 두 종류의 자비와 연결되는 것이 어렵지 않을 것이다. 그러나 만약 당신의 아동기가 상당한 정도의 고통과 두려움으로 물들어 있다면 파노라마식 관점이나 공감에 뿌리를 둔 자비 모두가 펼쳐지려면 당신의 초기 경험들이 충분히 위로받고 당신의 뇌가 이런 다음 단계로 들어갈 수 있을 만큼 충분히 통합되어 있어야만 할 것이다. 우리 마음이 우리에게 완전한 경험을 제공해 줄 준비가 되어 있지 않다면 이렇게 도움이 안 되는 판단들이 일어날 수 있는 곳 중 하나가 바로 이곳이다. 당신이 할 수 있다면 친절함을 가지고 어떤 판단이든 이 판단과 마주하면서 당신의 내적 가족들의 존재 안에서 계속해 앉아 있어 보도록 하라. 그리고 이에 대해 쓰도록 하라.

자비를 키워 주는 연습

우리가 우리의 치유 과정에 집중하면 이런 종류의 통합은 자기 자신에 의해 앞으로 나아가지만, 특정한 추가 연습들이 자비에 대한 우리의 능력을 확장하도록 키워 줄 수가 있다. 특히 효과가 증명된 것은 자애 명상(lovingkindness meditation)과 자비 명상(compassion meditation)(Salzberg & Kabat-Zinn, 2008; Germer & Salzberg, 2009)이다. 자애 명상에서 우리는 우리 자신과 남들에게 선함을 바라고, 자비 명상에서 우리는 우리의 괴로움이 끝나기를 기원한다. 이 둘 모두는 우리 자신이나 남들의 내적 상태에 대한 우리의 알아차림에 대해 이타적인 반응을 보이는 것이다. 명상에 대한 문헌들은 **바라다**(wish)라는 단어를 사용하지만 실제로 이들 명상 연습은 에너지와 정보의 흐름을 활성화시켜 주는데 이것은 **바란다**는 단어에 포함되어 있는 것보다 훨씬 실질적인 것이다.

이 명상들이 2,500년 동안 불교의 전통하에서 이루어져 왔지만, 최근 연구는 친절함의 에너지에 집중하는 것이 어떻게 자비의 신경 회로 활동을 증가시키는지 보여 주고 있다. 자비의 신경 회로에는 우리 자신과 다른 사람의 상태에 대한 감정적 의미를 제공해 주는 장소로, 신체로부터 오는 정보를 전달해 주는 경로인 전부 섬엽(anterior insula)과 생각과 감정을 함께 함께 엮어내고 편도와 강력하게 연결이 되어 있는 대상 회 피질이 포함된다(Singer, 2006; Lutz, Brefczynsji-Lewis, Johnstone, & Davidson, 2008). 의미심장하게도, 이 활성화는 우리의 대인관계를 담당하는 뇌인 우측 양식 과정의 회로 안에서 우선적으로 일어난다. 여기에 더해 활성화는 공명회로의 일부분으로 알려져 있는 뇌 부위들에서도 증가된다.

이런 연구결과들은 우리로 하여금 자비라는 것이 연습을 통해 개발될 수 있는지 아닌지에 대한 의문을 가져다준다. 러츠와 동료들(Lutz & Colleagues, 2008)은 자비가 연습을 통해 개발될 수 있는지 그 가능성에 대해 경험이 있는 명상가와 초보 명상가를 이용해서 연구하였다. 연구결과는 공감회로의 활성화가 경험이 있는 명상가에서 더 높았다는 것을 보여 주었다. 여기에 더해 명상을 하지 않는 휴식 상태에서도 경험이 있는 명상가의 공명회로는 다른 사람들에 대한 더 높은 민감도를 보여 주는 지표인 모든 목소리에 대해 반응이 증가되어 있음을 보여 주었다. 이것은 자비와 자비에 대한 능력이 연습에 의해 발달될 수 있음을 보여 주는 것으로, 이런 마음 상태를 향한 흐름이 우리 자신을 보호하기 위해 우리가 유전적으로 가진 충동보다도 더 강할 수 있는 가능성을 보여 주는 것이라 할 수 있다. 우리가 유전적으로 가지고 있는 이런 충동은 우리의 부분들을 내적으로 분리시키고 외적으로는 자비적인 연결을 차단시킨다. 우리가 지속적으로 교육을 받는다면, 좋을 때는 자애의 상태가 되고 좋지 않을 때는 자비의 상태가 되는 것이 우리 개인의 안녕과 지구라는 행성의 건강을 위해 중요한 결과를 만들어 내는 특성이 될 수 있을 것이다.

연습을 하도록 하자. 조용한 장소를 찾아 의자에서 바닥에 발바닥을 대고 앉거나 혹은 책상다리로 편안한 자세로 앉거나 아니면 바닥에 책상다리로 앉아서 당신 마음의 돌보는 관찰자를 불러내어 아무런 판단 없이 현재 당신의 몸과 감정에 집중하도록 하라. 내적으로 정착될 때까지 이 상태에 머무르도록 하라. 그리고 자비를 확장시킬 준비가 되면 심장에 둥지 튼 신경세포를 통해서 우리를 우리의 내적 세계와 연결해 주는 행동인 한 손이나 아니면 두 손 모두를 당신의 가슴에 올려놓을 수 있다. 다시 친절함을 가지고 당신의 손(들)을 그곳에 올려놓는 것에 대한 당신의 내적 반응을 알아차리도록 하라. 이 연결의 몸동작이 이 연습의 나머지 부분을 시작하기도 전에 많은 서로 다른 특징을 지닌 강력한 반응을 가져 오게 만들 수 있다. 이렇게 하는 것이 당신의 몸과 느낌에 어떤 영향을 주는지 알아차리도록 하라. 그리고 이에 대해 간략하게 쓰도록 하라.

당신이 시작해야겠다고 느끼면 당신의 내적 세계를 통해 선함에 대한 바람을 발산시키도록 하라. 그리고 이 순간에 당신의 상태에 가장 어울린다고 느껴지는 안심의 단어를 그것이 무엇이건 이야기해 주도록 하라. "당신이 안전하기를 바라.", "당신이 좋아지기를 바라.", "당신이 즐겁기를 바라.", "당신이 편안해지기를 바라." 등이 그것이다. 당신이 이 연습을 지속하게 되면 당신이 하고 있는 것에 대한 판단을 포함해 다른 생각들이 침입하듯 파고들 것이다. 최선을 다해 당신의 내적 세계에 대해 자비를 발산하면서 **관찰하고, 관찰하고 또 관찰하라**. 고통의 느낌이 나타나면 당신은 이 고통을 자비와 함께 만날 수 있다. "당신이 편안해지기를 바라. 당신 고통에서 벗어나기를 바라."라고 말할 수 있고 아니면 당신이 원하는 다른 말을 해 줄 수 있다. 시작할 때 당신은 이 연습을 10분 정도 할 수 있지만 이런 마음의 상태를 키울 수 있도록 적어도 하루에 20분 정도 할 수 있게 점차 늘려 나갈 수 있다.

이런 첫 연습 후에 당신의 몸, 감정 및 지각에 주의를 기울이도록 하라. 그리고 당신의 처음 상태와 현재 사이에 어떤 변화가 있다면 이에 대해 기술하도록 하라. 만약 당신이 하고 있는 연습에 대해 판단을 하고 있다면 이들이 당신의 몸과 마음에 미치는 영향에 대해 느끼도록 하고, 이들 판단을 놓아 버리면 어떤 전환이 오는지에 대해 알아차리도록 하라. 명상 경험과 이들 판단 모두에 대해 간단하게 적도록 하라.

연습을 시작할 때에는 우리 자신에게만 집중하는 것이 이기적이라는 느낌이 자꾸 올라올 수 있는데 종종 이것이 장기에서도 느껴져서 심장에 손을 올려놓고 있기 어려운 경우도 있다. 만약 이런 현상이 나타나면 우리 안에 어딘가에 우리를 동등하게 대우하는 것은 잘못된 것임을 우리에게 이야기해 주고 있는 뿌리 깊은 경험이 있다는 사실을 의미한다. 저항이 가져 온 우리 몸에서 느껴지는 감정에 집중하거나 우리의 깊은 마음에게 이 암묵적인 기억을 붙잡고 있는 내적인 쌍을 우리에게 데려다줄 것을 요청하는 것과 같이 우리가 제4장에서 했던 것들을 이 제한에 대해 접근하는 데 적용하는 것은 매우 도움이 될 수 있다.

또한 우리는 이미 우리 자신이 좋았으면 하는 바람에 대한 저항을 극복할 수 있게 도와줄 수 있는 또 다른 동맹군을 만들어 왔다. 우리의 돌보는 관찰자가 되는 연습을 통해 우리가 경험한 분화는 우리에게 동시에 두 입장에 설 수 있는 능력을 가질 수 있게 해 주었고, 이는 우리의 내적 세계의 모든 구성원에서 좋았으면 하는 바람을 내적으로 보내는 것을 보다 쉽게 만들어 주었다. 흔히 이 연습은 우리의 내적 공동체의 모르는 구성원들에게도 충분히 안전함을 제공해 줄 수 있어 이들이 숨어 있거나/해리되어 있는 상태에서 이 풍요로운 치유의 환경으로 나올 수 있게 해 준다.

통합의 단계 경험하기

제1장에서 처음 명상 연습을 시작한 이후 우리는 능동적으로 이 모험에 참가해 왔다. 우리는 대니얼 시겔(2007, 2010b)이 이야기했던 통합의 차원을 가로지르는 경로를 지나왔음을 알고 있다. 우리는 우리의 마음이 우리의 내적 세계에 집중하게 준비해 왔고(의식의 통합) 들어주는 파트너와 함께하여 우리의 경험을 조절하도록 돕고 암묵적 기억의 형태를 만드는 것을 도와주도록 하였다(대인관계적 통합). 우리의 암묵적 세계의 속삭임에 집중한 후에(종적 통합의 시작), 우리는 해리된 기억과 내적 공동체의 구성원들을 알아차림 안으로 초청해서 그들로 하여금 뇌의 통합적인 흐름 안으로 들어올 수 있게 만들기 위해 돌봄과 이해를 받을 수 있게 하였다(횡적, 기억 및 상태의 통합). 그리고 우리는 우리의 생생한 그리고 말로 표현된 이야기가 이들 내적 변화에 반응해서 전환을 시작하는 것을 관찰하였고(양측 및 이야기적 통합), 우리 몸 안에서 이것에 집중하고 이를 말로 표현하게 함으로써 이 과정을 지지하였다. 마지막으로 우리는 우리의 마음이 좀 더 넓고, 더 자비적인 관점을 향해 움직이고 있는 것을 관찰할 수 있었다[아마도 이것은 시간의 가장 앞선 가장자리를 의미하는 용어로, 불완전함을 받아들이고 생생한 현실로서 대인관계적인 하나 됨을 경험하는 것을 의미하는 용어로 대니얼 시겔(2007)이 발산적 통합(transpirational integration)이라고 명명한 것].

우리는 두 가지 단계의 시간적 통합을 경험할 수 있었는데, 첫 번째는 암묵적인 부분과 암묵의 주머니가 외현적이 되는 것이었다. 우리가 우리의 몸과 마음에서 발견했듯이, 상처로 가득 차고 두려운 암묵적 기억은 그들이 의식화되기 전까지 그리고 그들을 정말로 과거를 경험하게 될 수 있도록 통합적인 시간표가 주어지기 전까지는 우리를 영원히 현재인 과거에 갇히게 만든다. 이렇게 우리 자신의 여러 측면이 현재 시간들과 더 통합을 이루게 된다. 나중에 이런 과정에서 우리의 성숙한 마음은 죽음에 대한 근본적인 존재론적 현실 및 모든 것이 불완전하다는 빈번한 경험과 같은, 시간의 다른 측면들과 마주하게 된다. 우리 각각은 이것을 직접적으로 마주하는 것을 선택할 수도 또 선택 안 할 수도 있다. 내가 점차 나이가 들어가면서(그리고 아마도 더 통합적으로 되어 가면서), 나는 종종 내가 단지 한 몸에만 살고 있지 않다는 것을 본능적으로 느끼게 되었다. 대신에 나와 강한 에너지를 공유한 사람들이 나의 측면을 가지고 가고 있고 나는 그들의 측면을 가지고 가고 있는 것이다. 나는 내 자신의 몸 안에 단단하게 갇혀 살고 있지만 시간과 공간적으로 펴져 있다. 이 경험을 말로 표현하기는 힘들지만 이것이 유용할 때 이것은 서로 연결되어 있고 영적으로 공유되어 있다는 강력한 느낌을 가져다주고 어떻게 보면 죽음을 최후의 진실로 치부하는 것을 일축해 버리는 힘을 가져다준다.

이 대인관계적으로 하나가 된다는 느낌은 또한 우리를 이중성(duality)에 고정시키는 단어들이 더 이상 우리에게 적용될 수 없는 통합의 상태인 발산적 통합의 시작이기도 하다(Siegel, 2007). 아마도 우리가 이중성의 인식을 강요하는 '의식의 광학적 망상(optical delusion of consciousness)' (Einstein, 1950)에서 벗어나게 되었을 때 그것을 알게 될 것이고, 그러면 우리의 영원한 상호 연결성에 대한 느낌에 대한 확신에 도달하게 될 수 있을 것이라고 말할 수 있을 것이다.

우리가 우리 뇌에 내재되어 있는 더 큰 일관성을 향한 본능적인 흐름과 더 협력을 하게 될 때 우리 각각은 이들 많은 통합적 과정이 자연스럽게 펼쳐지는 것을 우리 자신만의 독특한 방식으로 경험하게 된다. 이것은 대단한 성취이자 또 일생을 지속하는 통합 교향곡의 제1악장인 것이다. 만약 우리가 자비를 우리의 일상적인 삶의 일부분으로 연습을 하게 되면 우리는 지속적으로 신경 통합을 증진시킬 수 있는 기회를 가지게 되는 것이고, 우리가 원한다면 하나 됨에 대한 깨달음을 확대시킬 수 있는 기회를 가지게 되는 것이다. 달라이 라마(Dalai Lama, 2008)는 우리가 정신건강 건강의 범위 안에서 더한 발전을 이룰 수 있다면, 우리는 자연적으로 범우주적인 자비와 연관되어 있는 사람으로서 모든 이들에 대한 공감이 비약적으로 발전하게 될 수 있음을 이야기한 바 있다. 그는 이런 확장이 자동적으로 신경 통합을 증가시킴으로써 도달하게 되는 것이 아니라 의식적인 선택과 연습의 결과로 올 수 있다고 믿고 있다. 몇 가지 유형의 명상이 이런 비약을 위한 도약판을 제공해 줄 수 있는 경험의 문을 열어 주고 있다. 뉴버그와 그 동료들(Newberg, d'Aquili & Rause, 2001)은 깊은 명상 동안에 두정엽이 더 비활성화된다는 것을 보여 주었는데, 이것은 자신과 다른 사람 사이의 구분을 감소시켜 주어서 명상가가 하나 됨을 경험할 수 있게 해 준다(Shapiro, Walsh, & Britton, 2003). 우리가 이런 경험의 근원이나 의미에 대해 무엇을 믿건 간에, 이 경험들은 우리의 관점을 생각하기보다 느끼는 방식으로 바꾼다는 가시적인 이익을 가져다주는데, 이는 아마도 우리의 행성을 아주 먼 거리에서 보고 지구를 하나의 전체로 느꼈던 많은 우주비행사들이 경험한 변화와 유사할 것이다. 만약 이런 초월적인 경험이 신경 통합의 굳건한 바탕에 근거하고 있다면, 이런 사실은 친절한 행동을 만들어 내는 현재 진행 중인 자비의 내적 상태를 만드는 데 단단한 기반이 되어 줄 수 있을 것이다.

이제 우리의 도전은 우리 자신, 우리 가족, 우리 환자들 그리고 더 넓게는 우리 사회에 매일 전념하는 것의 한 부분으로서 통합이 지속적으로 이루어지도록 지지하는 것이다. 다행히도 이것은 가슴을 따뜻하게 해 주고 머리를 맑게 해 주는 작업이다. 이제 우리가 제2부로 넘어가면서 우리는 앞으로 정신건강을 높여 주는 데 있어 뇌, 마음 그리고 관계 간의 춤이 어떻게 이루어지는지에 대해 우리 환자와 우리 자신들과 함께 이야기할 때 이 새롭게 밝혀진 체화된 지혜를 적용할 것이다.

뇌의 기초 지식에 대해 간단하게 돌아보기

이 부분은 우리 뇌의 구조와 연결성에 대한 기본적인 정보를 제공해 주기 위해 마련되었다. 이 정보의 일부는 『뇌처럼 현명한 치료자 되기: 대인관계 신경생물학에 대한 실제적인 지침서(Being a Brain-Wise Therapist: A Practical Guide to Interpersonal Neurobiology)』(Badenoch, 2008)에서 인용되었으며, **체화**(embodied)된 뇌와 **관계적**(relational)인 뇌에 대한 새로운 발견들 및 이의 중요성에 대한 강조 등의 내용을 보강하였다. 우리는 신경세포로 구성된 개별 집단으로서 그리고 상호 연결성 안에서의 뇌의 복합적인 과정의 한 부분으로서 그리고 이 둘 모두로서, 기본적인 신경 과정 및 다양한 뇌 구조의 기능에 대해 이제 막 이해의 첫걸음을 딛기 시작하였다. 여기서 우리는 이 워크북이 출간이 될 쯤에는 훨씬 더 많은 사실들이 알려질 것이라는 겸손한 생각을 가지고 치료적 노력을 기울이려 할 때 가장 중요한 영역들에 대해 알아볼 것이다.

미세 수준을 잠깐 살펴보는 것으로부터 시작하도록 하자. 성인의 뇌는 약 100억 개의 **신경세포**(neurons)를 가지고 있고, 다른 신경세포들과 평균 7,000에서 10,000개 사이의 연접 부(synaptic) 연결을 가지고 있어 우리 뇌 안에서 2백만 마일의 신경 고속도로를 만들어 낸다(Siegel, 1999). 이들 신경세포들은 **연접 부**를 통해 연결이 되는데 연접 부란 **연접 간격**(synaptic cleft)이라고 불리는 송신 신경세포와 수신 신경세포 사이의 실제로 아주 작은 공간을 이야기한다. 신경세포들 사이의 소통은 아주 많은 수의 신경전달물질에 의해 이루어지는데, 이 신경전달물질은 수용체전 신경세포에서 만들어져서 후수용체 신경세포의 전기적 활동을 증가시키거나(흥분) 아니면 감소시키는(억제) 정보를 운반한다. 이들 신경전달물질의 증가 혹은 감소가 생각, 기분, 행동 및 관계의 양상에 극적인 영향을 줄 수 있다. 신경 교 세포(glia; 그리스어로 풀이란 뜻)는 적어도 신경세포의 10배가 넘은 수의 작은 세포들로 신경세포 간 연결의 안정성과 속도를 제공하기 위해 수초(myelin)를 형성해서 축삭을 싸고 있다고 오래전부터 알려져 왔고, 이들은 신경 잔해를 정리하고 보수하며 영양을 제공해 주는 역할을 한다.

신경 소통 망에 대한 익숙한 그림(이제는 이것이 훨씬 단순화된 것이라는 것을 깨닫고 있지만)에서 신경세포는 세포체로 구성되었는데 이 세포체의 한 끝은 통통하고 숲 모양의 **수상돌기**(dendrites)와 또 다른 쪽은 길고 버드나무처럼 생긴 **축삭돌기**(axon, 흔히 가지를 가진다)로 이루어져 있다. 오래된 이야기는 전기 자극이 축삭을 따라 이동해서 연접 간격에 신경전달물질을 분비시키면 이 신경전달물질은 다른 신경세포의 수용적인 수상돌기를 향해 짧은 이동을 한다는 것이다. 이제 우리는 전기가 때때로 반대 방향으로 흐른다는 것을 알고 있고 오히려 수상돌기가 가끔은 보내기도 하고 축삭돌기가 받기도 한다는 것을 알고 있다. 그리고 모든 종류의 신경세포가 신경전달물질 없이 매우 빠르게 소통하고, 도처에 존재하는 신경교세포가 유지 역할에만 국한되어 있지 않고 이 세포 또한 신경세포의 발화에 영향을 미침으로써 소통 망 안에 포함되어 있다는 사실도 알고 있다(Fields, 2006). 현재는 아마도 신경세포가 치지 역할을 하고 있고 신경교세포가 칼슘 파(calcium wave)를 통해서 신경교세포 간 그리고 신경세포와 소통하고 이것이 우리의 창조성의 근원이 된다는 의견도 있다(Koob, 2009). 이 둘은 우리가 무엇을 **모르고** 있는지에 대한 강한 증거이고, 지금 이 순간 펼쳐지는 흥미진진한 이야기를 따르라는 초대장이기도 한 것이다.

외부 정보원과 내적인 사건들에 의해 우리에게 제공되는 헤아릴 수 없는 많은 양의 정보를 처리하기 위해 뇌는 병렬 분산 처리 과정을 이용해서 작동하는데 이는 다수의 작동이 동시에 이루어져서 처리 과정의 후반 단계에서는 이들이 더 큰 망으로 함께 모인다는 것을 의미한다. 경험에 의해 만들어진 제한 요소들과 엄청난 정보의 양이라는 두 가지 사실은 우리의 모든 신경망이 전부 결합되지는 않는다는 것을 보여 준다. 그러나 치료 과정에서 우리 기능에 좋지 않은 영향을 주도록 뇌의 다른 부분과 갈등을 일으키는 우리 뇌의 일부분을 제한시키는 제한 요소를 완화시켜 줌으로써 우리는 우리 뇌가 선천적으로 가지고 있는 복잡성으로 향하는 경향성과 협력할 수가 있다.

에너지와 정보의 흐름은 뇌를 가로지르고, 신체 전체로 퍼져 나가며, 의식의 알아차림 안으로 들어왔다 나갔다 하면서 전적으로 우리 삶의 주관적인 질에 관여한다. 우리 뇌가 우리의 신체 전체로 퍼지고, 우리가 알고 있는 피부라는 제약을 넘어선다는 경험에 우리가 더 많이 익숙해질수록 우리의 시각은 전환되고 더 넓어져서 아마도 우리에게 인간이라는 것이 무엇을 의미하는가에 대해 다른 관점을 제공해 줄 수 있을 것이다. 우리의 뇌가 신체 실질(body proper)을 통해 어떻게 분포하고 있는가에 대해 아는 것으로부터 시작을 해 보자([그림 A1]을 보라).

체성 신경계

체성 신경계(somatic nervous system)에는 우리의 골격근, 피부 및 감각 기관이 포함된다.

- 피부와 감각기관은 정보를 외부 세계로부터 우리의 신체 안에 존재하는 뇌로 전달한다.

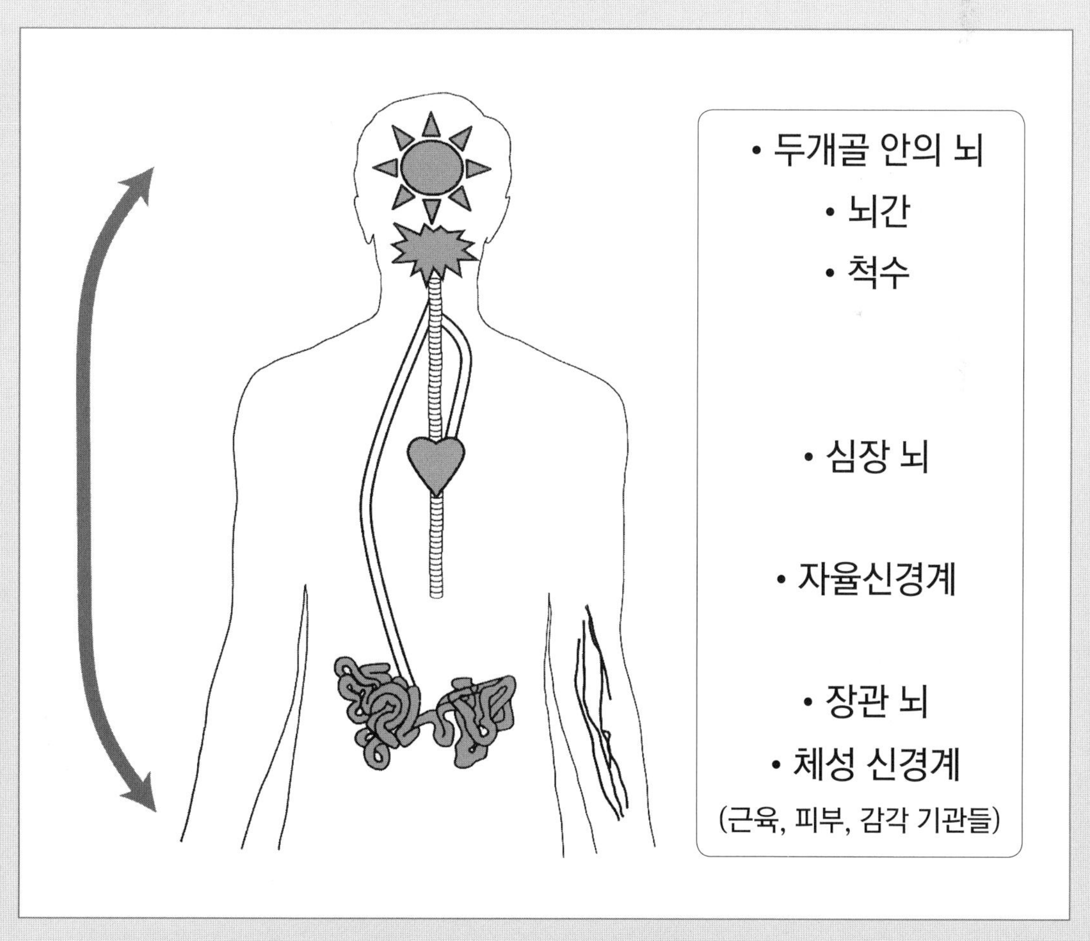

[그림 A1] 신체 안에 존재하는 뇌로 에너지와 정보의 흐름이 흘러 들어가는 것에 대한 그림

각 흐름은 양방향적이고, 두개골 내 뇌는 신체에 정보를 주고 신체는 두개골 내 뇌의 흐름을 만들어 낸다.

- 우리의 두개골 안에 존재하는 뇌는 우리 근육을 이완시키고 수축시키는 메시지를 보내는데, 종종 무의식적인 신경 사건에 의해서도 우리 몸을 준비하게 만든다.
- 의식적인 인식하에서 일어났든 아니면 의식적인 인식이 없이 일어났든 간에 맞았던 기억이 활성화된다면 우리의 근육은 그 기억과 연관된 패턴에 따라 움직임으로써 반응하게 될 것이다.
- 반대로, 우리의 근육이 현재 사건에 반응해서 수축하거나 이완할 때, 수치심의 기억이나 과거 경험과 연관이 있었던 유사한 긴장이나 자세가 재각성될 수 있다. 그러면 그 오래된 기억의 다른 측면들도 활성화될 가능성이 있다.

장관 신경계

신체 중심으로 더 들어가서 '장관 뇌(gut brain)'라고 불리는 **장관 신경계**(enteric nervous system)에 대해 생각해 보도록 하자.

- 이것은 식도, 위, 소장 및 대장의 벽을 이루고 있는 조직의 덮개에 위치하고 있는 약 100만 개의 신경세포와 관여 세포들로 이루어져 있다(Gershon, 1998).
- 위(뇌)의 같은 단백질과 신경전달물질이 아래(장관)를 움직이게 한다.
- 아마도 이것은 장관 뇌와 중추신경계가 같은 배 조직(embryonic tissue)에서 분화되고 난 다음에 자신들의 핵심 기능이 독립적으로 형성되었기 때문이라고 생각된다.
- 신체 수준에서 이 신경 공동체는 소화의 모든 측면을 담당하고 있고 학습하고, 기억하면 새로운 신경세포를 생성해 낼 수도 있다(Liu, Kuan, Wang, Hen, & Gershon, 2009).
- 이것은 또한 두개골 내의 뇌로부터 정보를 받는데, 특히 스트레스와 연관된 정보를 받는다(정보 흐름의 10%). 그리고 정보를 내보내는데, 특히 우리가 얼마나 안전한가에 대한 우리의 내적 감각에 대한 정보를 내보낸다(정보 흐름의 90%)(Brwon, 2005).
- 이 뇌로부터 오는 감각 흐름에 주의를 집중하는 것은 우리의 의식적인 마음이 방어적인 상태로 있는지 아니면 이완된 상태로 있는지에 대한 본능적인 감각을 가지게 한다.

자율신경계

머리에 있는 뇌와 장관에 있는 뇌는 수천 개의 신경다발이나 혹은 이렇게 해서 만들어진 미주신경을 구성하는 신경 섬유를 통해 연결되어 있는데, 이 미주신경은 장관 뇌를 우리의 **자율신경계**(autonomic nervous system: ANS)의 한 분지에 연결을 시켜 준다.

- 이들 말초신경계(중추신경계 바깥이라는 의미로)의 세 가지 분지는 심장, 위, 콩팥 등과 같은 소위 말하는 중공 내장(hollow organ)의 활동을 조절한다.
- 이들은 또한 스티븐 포지스(Stephen Porges, 2007)가 우리의 안전, 위험 및 생존 위협에 대한 신경지(neuroception)라고 명명한 것에 반응을 한다. 우리가 앞으로 보겠지만, 우리의 가능한 행동의 범위는 우리의 ANS의 상태에 의해 영향을 받을 수 있고 아마도 결정되어 있을 수도 있다.
- 우리가 우리 자신이 안전한지에 대해 '신경지(neuroceive)'를 할 때, 부교감신경의 수초화된 빠른 분지인 배 쪽 미주신경(ventral vagal)이 활성화되고 그러면 우리는 사회적 연결을 할 수 있게 된다.
- 우리가 내외적인 변화에 대한 반응으로 위협을 신경지하기 시작한다면 우리의 신경계는 생존에 이득이 될 수 있게 교감신경 분지를 활성화시켜서 반응을 한다.
- 우리가 생존에 대한 위협을 신경지하게 되면, 부교감신경의 수초화되지 않은 등 쪽 미주신경 분지(dorsal vagal branch)는 마치 주머니쥐가 죽음을 피하기 위해 죽은 척하는 것처럼 우리를 돕는다. 우리는 ANS에 대해 좀 더 자세히 알아보기 위해 제7장에서 다시 이에 대해 다룰 것인데 이때 우리는 치료의 시작 단계에 대한 우리 관점에 이것이 어떻게 영향을 미치는지를 생각해 볼 것이다.

ANS는 또한 **심장 뇌**(brain in the heart)와도 연결되어 있는데 사회적으로 관련되어 있는 배 쪽 미주신경이 거기에 강하게 연결되어 있다.

- 심장은 약 40,000개의 신경세포와 이에 수반된 신경전달물질, 단백질 및 지지 세포들을 포함하고 있고 이들은 학습, 기억, 감정 및 감각에 관여하고 있다(Armour & Ardell, 2004).
- 심장 뇌는 ANS로부터 정보를 받는 것과 똑같이 심장 뇌의 활성화는 두개골 내의 뇌로부터

의 정보입력도 포함한다. 그리고 또한 심장 뇌는 연속적인 정보의 흐름을 뇌간으로 보내고, ANS의 조절에 참여하며, 지각에 영향을 주고 다른 모든 정신적인 삶과 감정적인 삶에 영향을 주는 방식으로 변연계 및 피질 부위와 소통한다. 이런 사실은 이 신경 회로로부터 오는 메시지에 주의를 기울임으로써 우리는 그 순간에 연결되어 있음을 지각하는 것을 학습할 수 있다는 것을 의미하는 것으로 보인다(Armour & Ardell, 2004).

- 흥미롭게도, 심장 뇌와 장관 뇌는 동시에 서로 다른 메시지를 담은 정보의 흐름을 보낼 수가 있는데 이것은 우리 신체 안에 있는 뇌가 병렬적인 프로세서를 가진 관계적 뇌라는 것을 입증해 주는 것으로, 우리 뇌는 다양한 모듈이 서로 독립적으로 작동하기도 하고 전체로서 소통하기도 한다(Armour & Ardell, 2004). 이런 사실을 이해할 수 있는 것의 예로, 우리는 학대적인 관계에서 동일한 사람에게 종종 본능적인 두려움(gut fear)과 가슴으로 느끼는 끌림(heart attraction)을 모두 느낀다는 것을 생각해 볼 수 있다.

척수

이제 **척수**(spinal cord)에 도달했다. 척수는 신체 뇌와 두개골 안의 뇌 사이에 오고 가는 메시지의 주 통로다.

- 판 1이라고 불리는 척추의 층이 장관 및 심장 뇌, 근육 긴장, 얼굴 표정 및 통증 신호 등으로부터 오는 에너지와 정보의 흐름을 모은다(Siegel, 2010b).
- 이것은 또한 우리의 신체 안에 있는 뇌들로 감각 메시지를 전달해 줌으로써 외부 세계와의 가교 역할을 하고 있다.
- 이 신경 조직 다발과 지지 세포는 약 43~45cm 정도의 길이를 가지고 있는데, 이는 척추의 전체 길이만큼 다 뻗어 있는 것은 아니다.

뇌간

이렇게 모인 정보는 **뇌간**(brain stem)으로 전달된다.

- 이 두개골 안의 뇌로 들어가는 관문은 생존에 매우 중요한데 이것은 심박동수 및 호흡, 혈관 수축, 체온조절, 통증에 대한 민감도 및 경각심과 의식의 주기적 변동의 조절에 관여한다.
- 성숙아에서 우리 뇌의 이 부분은 출생 시 완전히 네트워크가 형성되어 있는데 왜냐하면 이의 많은 기능이 기본적인 생존과 연관되어 있기 때문이다.
- 뇌간은 에너지의 빠른 이동과 밀접하게 연관되어 있기 때문에 이것이 우리가 새로운 정보에 대해 반응할 것인가 혹은 수용할 것인가 여부를 다루는데, 여기에는 우리가 싸울지, 도망갈지, 얼어붙는 반응을 할지가 포함되고 이것은 특히 변연계 영역과의 협력에 의해 이루어진다.
- 뇌간은 또한 신체와 두개골 안의 뇌 사이에 주요 중계국인데, 이것은 신체에게 조절 정보를 보내고 더 상위 영역으로부터 정보를 받는 양방향적인 시스템이다.
- 동기 체계(motivational system)의 일부로서 우리의 생존에 기본이 되는 음식, 거주지, 안전 및 생식에 대한 우리의 욕구 역시 뇌간의 활동에 의해 지지된다.

소뇌

한때 우리는 **소뇌**(cerebellum)를 우리의 시간과 공간적인 운동 협조에 주로 관여한다고 생각했었다.

- 그러나 연구들에 의하면 현재는 피질로부터 이 영역으로 들어온 세련되지 않은 에너지와 정보의 흐름이 처리된 다음에 다시 뇌의 많은 부위로 재방출된다고 알려져 있다.
- 이렇게 뇌의 많은 다른 부위로의 재방출은 소뇌를 운동 과정뿐만 아니라 주의력 및 문제 해결 기능을 포함하는 복합적인 정신 과정을 조정하는 데도 중심적인 역할을 하도록 만든다 (Allen, Buxton, Wong, & Courchesne, 1997).
- 뇌간과 달리, 소뇌는 출생 시에는 주로 발달되어 있지 않다가 아동기와 청소년기에 걸쳐 정보를 축적해서 내외적인 상황의 변화에 반응하여 지속적으로 예측하거나 준비하는 능력을 만들어 나간다(Courchesne & Allen, 1997).

시상

우리는 뇌간 위 바로 그리고 뇌의 중앙부 가까이에서 **시상**(thalamus)을 발견할 수 있다.

- 이 영역은 신 피질에 감각 정보를 중계하고 피질 영역 사이에 소통을 촉진한다.
- 어떤 정보를 중계할 것인가를 결정하는 것은 현재의 주의력이 요구하는 것이 무엇인가에 의해 결정되는 것으로 보인다(Guillery & Sherman, 2002).
- 의식적 알아차림의 근원에 대한 이론 중 하나가 의식이 뒤로부터 앞으로 오는 초당 40사이클을 가진 시상-피질 흐름(the 40-cycles-per-second thalamic-cortical sweep)에 의해 중재된다는 것으로, 이 흐름이 여러 신경망 집단을 전체로 연결시켜 주고 이들 신경망 집단으로부터 마음의 칠판이며 뇌 안에서 펼쳐지는 서로 다른 과정으로부터 지속적인 경험감을 만들어 내는 등 바깥쪽 전전두엽 피질로 정보를 전달을 한다는 것이다(Crick, 1994). 이 '흐름(sweep)'은 뇌의 양측 반구에서 일어나는데 이는 아마도 정보가 우측과 좌측 모두의 등 바깥쪽 전전두엽 피질로 전달되어 여기에서 각 뇌 반구에서 처리된 특징적인 종류의 정보에 대한 알아차림을 중재할 가능성이 있다는 것을 보여 주는 것이라 할 수 있다(Siegel, 1999).
- 시상과 편도를 연결하는 일부 경로는 입력되는 정보에 대한 빠른 평가와 반응을 담당하고, 시상, 전부 대상 회 및 해마 간의 복합적인 연결은 감정적으로 연관 있는 새로운 정보에 대해 주의집중하는 것을 돕는다.
- 종합하면, 시상은 전달 기능 이상의 것을 제공하는데 새로운 정보를 처리하고 기존에 뇌 안을 이미 흐르고 있는 정보를 통합하는 것을 돕는 것으로 여겨진다.

변연 영역

뇌간과 뇌의 다른 부분 간의 밀접한 상호작용에 의해 **변연 영역**(limbic region)은 우리 뇌의 사회-감정-동기 연합 영역으로 작용한다. 여기에 위치한 신경세포들은 뇌의 모든 영역으로 방사된다. 자궁 안에서 변연 영역이 코드화되어 저장될 가능성이 있지만 출생 시에도 관계적인 경험과 연된 정보들을 코드화해서 저장하기 위해 기다리는 아주 많은 신경세포들이 존재한다([그림 A2]를 보라).

치료자로서 우리에게 가장 관심을 끄는 변연 구조는 **편도**, **해마** 그리고 **시상하부**이다.

- 편도는 우리가 부정적이라고 간주해서 이를 장기 암묵적 기억으로 저장하는 일련의 감정을 코드화해서 저장하는데, 특히 두려움, 분노 및 슬픔(Adolphs & Tranel, 2004; LeDoux, 2002; Phelps & LeDoux, 2005)이 그것이다. 우리가 긍정적이라고 간주하는 감정들은 이와는 다르게, 뇌 전반을 통해 통합되어 저장되는 경향이 있는 것으로 보인다(Adolphs & Tranel, 2004).
- 이들 장기적인 암묵적 기억들은 신체 감각, 행동적 충동, 감정 고조, 지각 및 때로는 파편화된 이미지 등으로 코드화되어 저장된다. 이들이 재각성이 되었을 때 우리는 이들을 기억하고 있다는 감각이 없이 마치 현재 시간에 이들이 일어난 것처럼 느끼게 된다.
- 경험의 의미에 대한 우리의 첫 번째 평가 또한 편도에서 이루어진다. 여기에서 이 사람이나 상황이 안전한지 여부에 대한 판단이 이루어진다(Adolphs, Tranel, & Damasio, 1999). 새로운 입력 정보는 이미 저장된 정보와 비교되고 만약 이것이 일치되면 이전의 지각이 활성화되고 이 지각과 연관된 방어적인 행동이 일어나게 된다. 이것은 의식적인 알아차림 수준보다 낮은 수준에서 일어나는데 이것이 일단 일어나게 되면 암묵적 세계가 외현적으로 알게 된 것으로 바뀌게 된다.

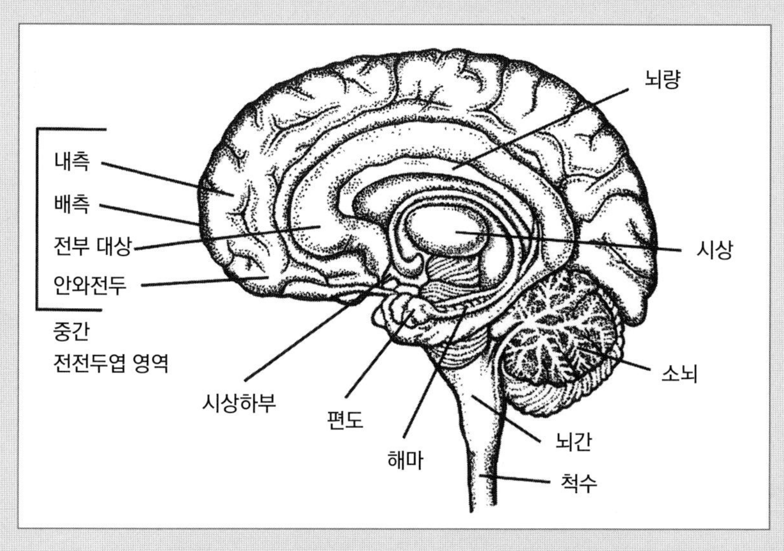

[그림 A2] 우측 반구 변연 영역 및 전전두엽 영역

이 두 영역의 신경적 통합을 증진시키는 것이 효과적인 정신치료를 위한 초석이 된다. 뇌의 두 반구 사이에 정보를 전달하는 신경섬유군인 뇌량과 입력되는 감각 정보를 중개하는 중추 중개소인 시상이 보여지고 있다. 척수, 뇌간 및 소뇌도 보인다. 론 에스트린(Ron Estrine)이 그린 그림이다.

- 해마는 생후 약 10개월에 유전적으로 편도와 함께 통합을 이루어지게 될 때 서서히 작동을 시작한다. 이것의 통합 능력은 4~5세에 이르러 좀 더 신뢰할 만한 능력을 성취할 때까지 시간을 두고 발달한다. 이 나이는 정신적으로 건강한 성인만큼 자신의 외현적인 기억들에 대해 지속감을 얻을 수 있는 나이다.
- 해마는 인지적 지도 작성자(the cognitive mapper)라고 불리어 왔는데 왜냐하면 이것이 파편화된 암묵적 기억을 외현적인 기억 전체로 통합시키고 경험에 대해 시간을 지정해 주기 때문이다. 그렇게 되면 우리가 외현적인 기억을 불러내었을 때 우리는 사건이 과거에 일어났었다는 본능적 감각을 느끼게 된다.
- 해마는 뇌하수체와 함께 작동하여 신경내분비계를 조절하는데, 뇌간(신체적 입력 정보가 모이는 곳)과 변연계에서 들어오는 입력 정보를 통해 변화하는 그 순간의 안전을 평가하고 이에 반응하여 신체 전반과 뇌에서 신경전달물질과 호르몬을 분비한다.
- 우리가 신경지(의식적이지 않게 알아차리는 것)를 하거나 스트레스 상황을 지각(의식적으로 알아차리게 되는 것)하게 될 때, HPA 축(시상하부-뇌하수체-부신피질 축)은 신체를 생존을 확보하기 위해 다음 단계로 움직이기 위해 준비시킨다.

이들을 함께 고려한다면, 이들 세 측면의 변연 영역은 우리가 애착을 형성하고, 자신을 보호하고, 갑작스러운 스트레스 상황을 의식적인 알아차림 없이 성공적으로 다루는 우리 능력에 핵심이 되는데, 이들은 암묵적 기억과 외현적인 기억을 만들거나 재생시키고 우리 경험의 한가운데에서 살아 있음을 느끼게 만들어 준다.

중간 전전두엽 피질

변연 영역과 **중간 전전두엽 피질** 사이의 밀접한 접촉 때문에 우리는 이들을 이번에 생각해 보려고 한다(이들이 어디에 위치하는가에 대해 알려면 [그림 A2]를 다시 보라).

- 전통적으로 **전부 대상 회**(anterior cingulate)는 변연계 실질(limbic proper)의 일부로 간주되어 왔는데 그 이유는 이것이 있는 위치보다는 이것이 이들 회로들과 연결되어 있는 연결성 때문이었다. 모든 대상 회 피질은, 다양한 방식을 통해 통합적인 특징을 가지는데, 피질과 뇌

량 사이에 위치하고 있다. 전부 대상 회 피질은 중간 전전두엽과 다른 영역과 가깝게 위치하고 있다.

- 이것은 많은 기능을 가지고 있지만, 우리가 실행하기 위해서는 특히 두 가지 중요한 기능이 있는데, 하나는 주의력을 집중하는 능력으로 이는 우리의 마음이 뇌를 조절하는 쪽으로 만들어 나갈 수 있도록 사용하도록 해 준다. 그리고 또 다른 하나는 생각과 감정을 함께 엮어 주는 능력으로 이는 특정한 상황하에서 최선의 결정을 할 수 있도록 해 준다.
- **안쪽 전전두엽 피질**(medial prefrontal cortex)은 우리의 자기감(sense of self)이 모이는 곳으로 여겨진다. 다양한 입력 정보가 통합이 되면, 우리의 느낀(felt) 자서전적 이야기가 여기에서 나타나게 된다(Gusnard, Akbudak, Shulman, & Raichle, 2001).
- 이 영역은 우리의 뇌를 통해 지속적으로 정보의 흐름을 통합해 나가는 불이행양식망의 일부분이다. 이것은 또한 우리가 우리의 마음 안에 다른 사람들의 이미지를 형성할 때 활성화된다(Raichle, 2010).
- **배 안쪽 전전두엽 피질**(ventromedial prefrontal cortex)은 우리의 의미 있는 이야기에 비추어 다양한 선택을 저울질하는 것으로 보인다. 이것은 우리의 끊임없이 진화하는 역사에 근거를 둔 결정을 이끌어 낸다(Fellow & Farah, 2007).
- **안와전두엽 피질**(orbitofrontal cortex)은 변연계 영역과 가장 밀접하게 연결되어 있는 영역으로 일부 연구자들은 일부는 변연계, 일부는 피질이라고 생각할 정도로 밀접하다. 이 피질은 풍부한 애착을 형성하는 우리의 능력과 강하게 상관이 있다(Schore, 2009a).
- 여기서 편도로 감마-아미노부틸 산(GABA)을 가진 연접 부를 보내는데 중간 전전두엽 영역의 이 부분은 자기조절과 유연한 반응에 매우 중요하다(Siegel, 2006).
- 엄마 역할을 하는 사람이 자신의 아이들에게 조율하게 되면, 이 영역은 변연 영역과 함께 통합되기 전에 수개월 동안 발화와 배선이 이루어지게 된다(약 24개월).

이들은 함께 작동하여, 우측 양식 과정의 정보를 통합하고, 우리의 느낀 이야기의 자료에 대해 가교를 제공하여 좌측 양식 과정으로 움직일 수 있게 해 주어 우리의 말로 표현된 이야기로 변하게 만들어 준다. 변연 영역과 중간 전전두엽 피질 간의 연결이 강할 때 대니얼 시겔(Daniel Siegel, 2006, 2007, 2010a, 2010b)이 이야기한 9가지 능력이 발현이 되는데 신체적 조절, 조율된 의사소통, 감정적 균형, 유연한 반응, 공포의 경감, 공감, 과거/현재/미래를 의미 있는 전체로 연결하는 자각하는 알아차림, 직관 및 도덕적 발달이 그것이다. 줄여서 이야기한다면 이들 연결은 개인적인 안녕과 관계적인 선(goodness)에 바탕이 되는 것이다.

섬 피질

변연 영역과 중간 전전두엽 피질 모두에 근접해 위치하고 있는 또 다른 구조물은 우리의 치료적 과정에 특히 중요한 구조물로 바로 **섬 피질**(insular cortex, 혹은 섬)이다.

- 이 영역의 다양한 부분에서 이루어지는 양방향적인 흐름은 우리로 하여금 의식적으로 혹은 의식적인 알아차림 밖에서 우리 자신과 타인의 내적 상태에 대해 지도를 그릴 수 있게 해 준다.
- 이것은 신체, 뇌간, 변연 및 피질 간의 주경로로 우리로 하여금 다른 사람과 공명할 수 있도록 해 주고 신체 상태의 감정적 의미를 알아차릴 수 있게 해 준다.
- 우리의 공명회로의 핵심 부분인 섬은 우리가 다른 사람의 의도나 감정을 의식할 수 있게 될 때까지 우리 내적 세계의 통로를 통해서 우리의 거울 신경세포에 의해 외부 세계로부터 받아들인 정보를 날라준다(이들 회로에 대한 전체적인 검토를 보려면 Siegel, 2010b를 보라).

신 피질

이제 **신 피질**(neocortex)에 대해 살펴보도록 하자. 이것의 전체적인 구조에서부터 시작하도록 하자([그림 A3]을 보라).

- 신 피질은 6개의 수평 층으로 이루어져 있는데 각각은 신용카드 두께 정도다. 위에서 두 층은 경험에 의해 만들어진 변치 않는 표상을 운반해서 우리로 하여금 다음에 무엇이 올 수 있는지를 예상할 수 있게 해 준다. 밑에 두층은 새로운 정보를 받아들여 우리에게 새로운 것에 참여할 수 있는 기회를 제공해 준다(Hawkins & Blakeslee, 2004). 예상이 되는 것과 새로운 것이 만나는 중간의 두 층에서 창조적인 신경적 사건이 펼쳐질 수 있다.
- 이 신경세포 판은 또한 종적 기둥으로도 조직화되어 있다. 이 기둥들은 왼쪽으로는 서로 간

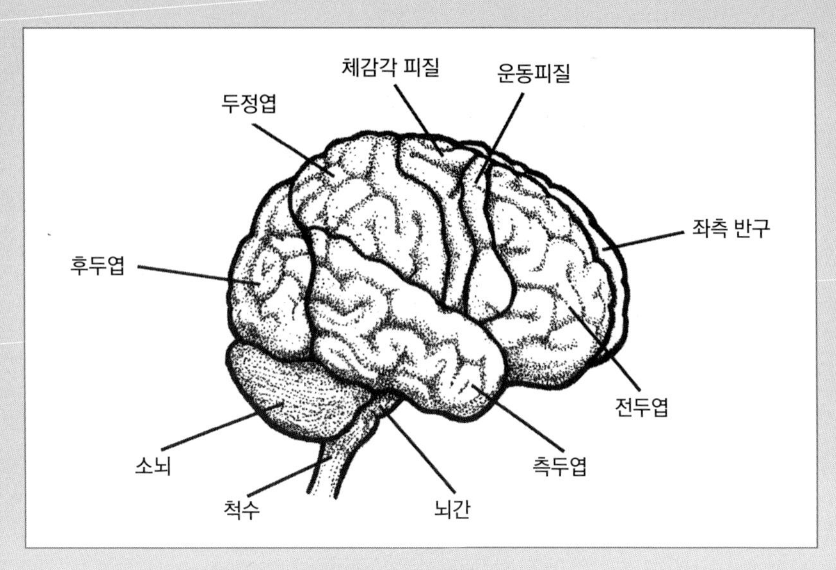

[그림 A3] 대뇌피질

우리는 우측 반구 쪽에서 바라보고 있고 왼쪽이 뇌의 뒤쪽이다. 이 피질은 특히 전두엽은 인간에서 가장 광범위하게 발달되어 있다. 론 에스트린이 그린 그림이다.

에 상호 연결이 별로 없는 반면에 우측으로는 교차 연결이 매우 풍부하다. 이런 양상은 규칙적인 좌측 양식 과정 및 좀 더 전체적인 포용성을 가지는 우측 양식과 깊은 상관을 보여 준다.

개별적인 엽을 설명할 때, 우리는 뒤에서 시작해서 우리가 직전에 논의한 중간 전전두엽까지 앞으로 움직이려 한다. 우리 뇌가 에너지와 정보의 개별적인 조각을 받아들여 이들을 결합시킬 때 통합적 흐름이 발현한다.

- 뇌의 뒷부분에 광범위하게 뻗쳐 있는 큰 피질 구조가 **후두엽**(occipital lobe)으로 부분적인 시각 정보를 눈앞에 보이는 사람의 전체적인 이미지로 통합하는 작업을 한다. 눈이 먼 사람에게 이 부위는 촉각과 소리 및 다른 가능한 과제를 위해 새롭게 사용될 수 있다(Amedi, Merabet, Bermpohl, & Pascual-Leone, 2005).
- **두정엽**(parietal lobe)은 촉각, 압력, 온도, 통증, 우리가 어떤 공간에 있는지, 감각적 이해, 언어의 이해, 읽기와 보기 기능 등에 대한 정보를 처리한다. 이들 엽의 가장 앞에 있는 **체감각** 띠는 촉각, 신체의 위치 및 다른 종류의 정보에 대해 척구로부터 정보를 받아들인다. 이들 엽은 두 가지 기능 영역을 가지고 있는데, 하나는 감각과 지각에 관여하고, 다른 하나는 감

각 입력 정보를 통합하는 데 관여를 한다. 이들은 일차적으로 시각 시스템과 함께 통합을 한다. 이런 방식으로 감각 정보는 하나의 지각으로 모이고, 공간적 협조 시스템이 우리를 둘러싸고 있는 세계에 대한 지도를 만들어 낸다.

- 머리의 양 측에 위치하는 **측두엽**(temporal lobe)은 냄새와 소리에 대한 복합적인 정보를 처리하고 기억과 관련된 많은 통합적 기능을 가지고 있다. 일차 청각 피질이 여기에 위치하고 있고, 이들 엽은 감각 정보를 받아들여 정보의 다른 흐름과 이것을 결합시킨다. 측두엽 바로 안의 안쪽 측두엽 피질에서 우리는 해마를 관찰할 수 있는데 이것은 외현적 기억을 만들어 내고 재생시키는 데 주로 관여하는 변연계 구조다. 좌측 측두엽 손상은 언어 지각을 포함해서 언어 및 시각적 내용을 재생해서 기억하는 기능의 저하를 가져 올 수 있고 우측 측두엽의 손상은 얼굴과 같은 시각적 내용 및 언어 톤의 순서에 대한 인식의 손상을 가져 올 수 있다.
- 뒤로부터 앞으로 오다 보면 마지막에 있는 것이 **전두엽**(frontal lobe)으로 이것은 자발적 근육 운동조절과 운동 계획(운동 및 전 운동 띠 영역)과 함께 (몇 가지만 말하자면) 주의집중, 조직화, 추론, 판단, 결정하기, 창조성, 추상적 사고, 감정 및 관계 능력 등을 위한 영역을 포함하고 있다. 만약 우리가 전두엽의 가장 큰 부위인 아래로부터 움직인다면 우리는 우리의 관계적인 삶 안에서 건강한 기능하기 위해 핵심적인 부위인 고도로 통합적인 전전두엽 영역으로 다시 돌아가게 된다.
- 전전두엽 영역의 다른 부위 중 치료적인 목적을 위해 중심이 되는 부위가 있는데 이는 **등 바깥쪽 전전두엽 피질**(dorsolateral prefrontal cortices)이다. 전전두엽의 외측에 위치하고 이 부위는 작업기억(working memory)의 집으로 간주되고 있어 '마음의 칠판(chalkboard of mind)'이라고 불리고 있다. 어떤 것이 의식적인 알아차림 안으로 들어올 때, 이들 피질이 개입을 한다. 신경과학자들은 좌측에서는 단어로 된 외현적인 정보가 의식적 알아차림 안으로 들어오는 반면, 우측에서는 신체나 공간적 알아차림에서 느낀 경험의 의식적 알아차림이 발현될 가능성이 높고 이것이 때로는 시적, 은유적 혹은 생생한(fresh) 언어와 동반될 수 있다고 믿고 있다.

반구 분할(hemispheric divisions)

두개골 내 뇌를 뇌간, 변연계 및 피질 영역으로 나누는 것에 더해 뇌는 2개의 반구로 나누어지는데 이들은 기능과 구조의 관점 모두에서 자율적이고 따라서 어떤 사람들은 이들이 두 가지 뇌를 구성하고 있다고 생각하는 사람들도 있다. 두 반구 사이의 주요 소통 경로인 **뇌량**(corpus callosum)([그림 A2]에서 보여 주었듯이 대상 회 바로 밑에 있는 조직의 띠)이 없는 곳에는 여러 개의 작은 섬유들의 띠가 존재하는데[이를 **교련**(commissure)이라고 부른다] 해부학적으로나 기능적인 관점에서 본다며 이들 명칭은 적절한 것으로 보인다. 예를 들어, 전 교련은 좌우측 측두엽과 편도를 서로 연결해 준다. 비록 양측 반구에 비슷한 구조들이 존재하지만(2개의 편도, 2개의 해마, 2개의 측두엽 등) 그들이 경험을 지각하는 방식과 그들의 처리하는 정보 및 그 정보를 처리하는 방식이 매우 다르다(Schore, 2007; Siegel, 1999). 동시에 이 두 반구 사이의 복합적인 상호 연결 때문에 많은 과정들이 이 반구를 포함하고 있다는 것도 사실이다(Siegel, 2010b)([그림 A4]를 보라).

좌측 양식 과정	우측 양식 과정
• 논리적	• 전체적, 공간적, 비선형적
• 선형적	• 운율, 응시, 촉각, 제스처
• 문자적	• 애착 회로
• 실용적 언어	• 조절
• 의미부여	• 신체에 대한 통합적 지도
• 실제 기억	• 정서적 경험
• 사회적 자기	• 자기의 경험
• 말로 표현된 이야기	• 암묵적 기억
• 분석적 문제 해결	• 자서전적 기억
• 친근한 것 다루기	• 직관
• 중등도 수준의 스트레스	• 생생한, 은유적 언어
• 더 세분화된 신 피질 기둥	• 새로움의 빠른 처리
• 예/아니요	• 심한 수준의 스트레스
	• 좀 더 통합된 신 피질 기둥
	• 양쪽/그리고

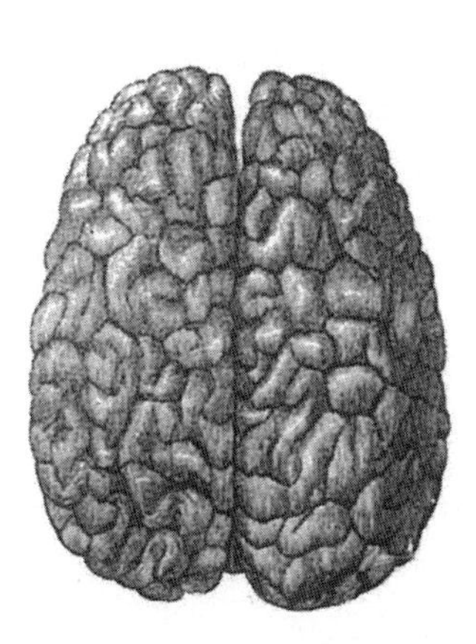

[그림 A4] 두 뇌 반구의 기능들

비록 많은 우리 뇌의 처리 과정에 양측 뇌의 활성화가 개입하지만 좌측 양식 혹은 우측 양식은 특정 종류의 경험에 대해 중요한 입력 정보를 제공해 준다. 이 워크북 전체를 통해, 우리는 반구라는 용어 대신에 양식이라는 용어를 사용하려 하는데 그 이유는 일부의 사람들에서는 이 반구가 역전되어 있기 때문이다. 대니얼 시겔(2010b)에 의하면 이런 명명은 또한 많은 처리 과정이 반구에 특정되어 있는 것이 아니기 때문에 현실적으로 더 적절하다고 할 수 있다. 뇌 반구 이미지는 iSyockphoto.com의 허가를 받았다.

우리 자신들을 점검해 보면, 우리는 어렵지 않게 이 두 가지 양식이 독립적으로 작동되는 것을 확인할 수 있다. 우리는 우리가 왜 무엇인가를 하는지 혹은 우리의 행동을 바보 같거나 의미가 없다고 판단하는지를 좌측 양식을 통해 설명할 수 있지만 동시에 이 행동을 필요로 하는 우측 양식의 암묵적 이유가 우리 안에 존재한다(Toomey & Ecker, 2007). 다른 또 다른 경우에는 우리의 논리적인 마음의 가치는 우측 양식 갈망이 만들어 낸 보이지도 의도하지도 않은 요구와 갈등을 벌이기도 한다. 이런 명백한 차이는 항상 존재한다. 그러나 그중에 우리의 기능에 해를 주는 것들이 치료적 관계 안에서 펼쳐지는 해결 활동의 초점이 되는 것이다.

우리는 우리의 걸음을 감각을 통해 뇌로 정보가 들어오는 신경 경로를 따라 시작해 신체 안에 존재하는 뇌를 따라 느긋하게 걸어서 이제 외부 세계 안에 있는 다른 사람들이 우리의 신경 발화에 어떻게 영향을 주는지로 돌아왔다. 제8장에서 우리는 거울 신경세포와 공명회로에 대해 자세히 논의할 것이기 때문에 여기에서 반복하지 않으려 한다. 아주 간단하게 정리하자면, 거울 신경세포에서 시작해서 중간 전전두엽 피질에서 끝이 나는 복합적인 피드백 고리를 통해 우리는 우리를 둘러싸고 있는 사람들과 때로는 의식적으로 그러나 대부분의 경우는 무의식적으로 내적인 춤과 외적인 춤을 주고 있는 것이다. 이런 관점에서 보면 우리에게 사생활은 없다. 우리의 마음은 모두에게 열려 있고 우리 모두는 서로 서로의 일부분인 것이다.

그러나 달리 보면 우리는 마음의 프라이버시(privacy)만을 가지고 있는 것이다. 우리의 신경 처리 과정이 정교할수록 우리는 실제로 감각을 통해 우리에게 보여지는 것의 아주 작은 퍼센트만 자신만의 독특한 방식으로 코드화해서 저장한다. 이 중 의식화되는 부분은 우리 각각에게 독특한 또 다른 아주 작은 부분이다. 프라이버시는 점점 강화되게 되는데, 왜냐하면 첫 번째로 코드화되어 저장된 것은 지금 이 순간 우리가 무엇을 코드화해서 저장하고 있는가에 영향을 주고, 가장 극적으로는 그 경험이 무엇을 의미하는가에 관해 영향을 주는 우리의 지각을 변화시키기 때문이다. 당신과 나는 각각 독특한 간상체와 원추세포에 바탕을 둔 서로 다른 다양한 지각하에 우리 앞에 펼쳐지는 특정 나무의 초록 잎의 정확한 색조에 대해 흥미롭게 논의할 수 있을 것이다. 그러나 그 나무의 의미에 관해서라면 우리는 각각이 나무와 가졌던 많은 경험에 근거해서 아주 다른 반응을 보이게 될 것이다. 여러 타인 사이에 한 인간이 존재한다는 사실이 무엇을 의미하는가 하는 것은 대인관계적인 하나 됨과 절대적인 독특함 사이의 이런 균형 어딘가에 놓여 있을 것이다.

뇌를 치료의 흐름에 짜 넣기:

첫 번째 만남에서 이행하기까지

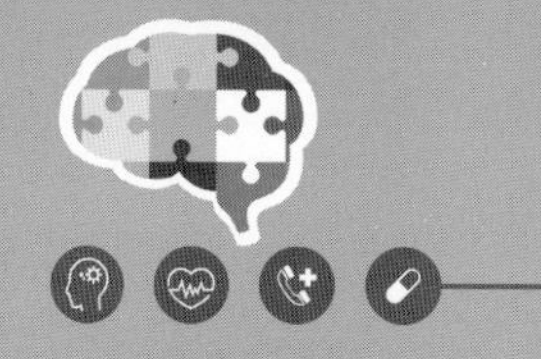

서론

우리는 이제 우리의 신체, 마음 및 들어주는 파트너 관계 안에서 만들었던 모든 것을 우리 환자에게 이득이 될 수 있도록 뇌의 지혜를 **함께 있어 주기**(presence), **말**(words) 및 **행동**(actions)으로 번역하는 과정으로 가져가려 한다. 비록 우리에게 적절한 공감적 순간에 명확하게 뇌에 대해 이야기해 주는 것이 중요하지만 이런 것에 앞서 다른 종류의 대화를 하는 것 또한 이에 못지않게 중요하다. 우리는 마음 안에서 뇌를 통한 치유 과정에 대해 **우리 자신들**과는 어떻게 이야기하게 될까? 치료자로서 우리는 항상 치유 과정에 대해 내적인 대화를 하고 있다. 핵심을 이야기하자면, 우리는 사람들이 어떻게 상처받고 어떻게 치유되는가에 대해 우리가 암묵적으로, 또 외현적으로 믿고 있는 것에 따라 우리 환자를 위한 자리와 음식을 준비한다. 만약 치료적 관계에 충분한 공명이 생긴다면 우리 환자들은 우리가 차린 식탁에 함께할 것이지만, 반대로 만약 우리가 암묵적으로 얽히게 되면, 우리는 우리 자신이 환자들 가족의 식탁에 앉아 있는 것을 발견하게 될 것이다. 거울 신경세포와 공명회로가 실재하기 때문에 우리는 서로의 세계에 들어가지 않을 수가 없다.

한 치료자가 만난 지 수개월 후가 돼서야 학대의 과거사에 대해 알게 되었던 여자 환자에 대한 이야기를 나에게 하였다. 자신의 외상에 대한 과거사를 기꺼이 이야기하겠다는 결정 뒤에 따라온 홍수처럼 터진 조절감에 대한 상실은 치료자를 당황하게 만들었으나 그녀의 고통에 대한 그의 자비는 그로 하여금 이 한바탕 싸움에서 그녀를 저버리는 것이 얼마나 그녀에게 해가 될 것인가를 볼 수 있게 해 주었다. 그녀가 치료자의 두려움이 증가하는 것을 느끼게 되면서—그녀의 어머니가 아버지 때문에 겁에 질려 있었던 것을 공명하였기 때문에 이 마음에 대해 그녀가 공명을 하게 되었고—그녀는 치료자를 위로해 줄 방법을 찾기 시작하였다. 그녀는 조용한 목소리로 이야기를 하였고, 자신 안에서 점차 커지는 공포를 밀어내었으며, 치료자에게 가끔 라테(latte)를 사가지고 왔고 그러면서 치료자가 점차 더 안정되는 것을 보았다. 자주 차 한 잔으로 자신의 어머니를 편안하게 해 주었던 장면이 그녀의 마음 안으로 밀려들어 왔으나 그녀는 치료자가 "더 이상 라테를 가져 오지 마세요."라고 이야기하는 것과 다시 치료자가 두려운 상태로 돌아가게 될 것이 두렵다는 이야기를 그에게 하지 않았다.

치료자는 그녀의 명백히 달라진 조용함을 그들이 충분히 치료 작업을 해서 그녀가 좀 더 쉽게 조절하기 시작했다는 신호로 해석했다. 얼마 지나지 않아 일련의 외부적 사건들이 그녀의 거짓 조절의 능력을 넘어서게 되면서 그녀의 혼란스러운 신경계가 터져 다시 표면으로 드러났을 때가 되어서야 치료자는 그들의 관계에 어떤 일이 일어났었는지에 대해, 즉 그녀가 보여 준 겸손과 자신 성실의 절묘한 시도에 대해, 의문을 가지기 시작하였다. 치료자가 그녀의 과거사를 심사숙고해서 보게 되면서 치료자는 그녀를 자신의 통합된 마음의 안전한 바탕으로 끌어들이기보다는 자신이 그녀의 암묵적 관계의 세계로 빠져 버렸다는 것을 깨닫게 되었다. 이 이야기는 좋게 끝을 맺게 되는데 왜냐하면 그들은 무슨 일이 일어났는지에 대해 이야기를 할 수 있었고 그래서 암묵적 상호 관계를 외현적인 것으로 만들 수 있었기 때문이었다. 그리고 치료자는 자기 자신을 위한 치료를 받았고, 이를 통해 그녀가 조절되지 못할 것에 대한 자신의 두려움의 뿌리에 대해 밝히고 치유를 하였다. 이 과정은 치료자의 내부에 그런 문제가 그녀에게 나타났을 때 그녀를 품는 데 필요한 단단한 공간을 확립하게 해 주었다.

우리의 뇌처럼 현명한(brain-wise) 관점이 깊어질수록 우리에게 두 가지 중요한 선물을 가져다준다. 첫 번째는 우리가 사람들이 왜 그렇게 생각하고, 느끼고 행동하는 이유를 본능적으로 이해함에 따라 비판단과 자비의 그릇이 크게 증가한다는 것이다. 이 열려 있고 공감적인 공간은 우리의 거울 신경세포와 공명회로로 하여금 다른 사람의 고통에 대해 온몸으로 경험하게끔 진동하게 만들어 준다. 이런 마음의 상태에 의해 만들어진 수용에 대한 민감성은 우리가 우리 과거에 좋은 치료자가 어땠는지를 경험했던 것과 똑같이 우리로 하여금 환자들의 관계 패턴 안으로 들어갈 수 있도록 이끌어 줄 수 있다. 이와 달리 두 번째 선물인 명료하게 이해할 수 있는 능력은 우리와 우리 환자의 뇌와 마음에서 무슨 일이 일어났는지에 대해 실제적으로 그림을 그리는 것으로, 우리로 하여금 우리의 자비가 증가해도 우리의 관점을 유지하거나 아니면 빨리 우리의 관점을 되찾을 수 있도록 해 준다. 사실상 이 두 가지 능력이 서로 협력하여 증가할 때 우리는 우리 환자에게 양육 및 기반이 든든한 지혜가 풍부한 공간과 식사를 제공해 주게 된다. 이런 식의 발달이 이루어질 수 있도록 육성하는 것이 이 책의 두 번째와 세 번째 부분의 목적이다. 우리는 대인관계 신경생물학이 넓은 관점에서 뇌, 마음 그리고 관계의 특성에 대해 우리의 치료적 기반이 무엇이건 간에 우리에게 무엇을 이야기해 주는지를 탐색하는 것으로 시작하려 한다. 우리가 2부를 진행하면서 과학으로부터 나타난 이 핵심 원칙들은 우리 자신과의 우리의 대화를 이끌어 줄 수 있을 것이다. 그것들은 과학으로부터 우리가 이끌어 낼 수 있는 원칙일 뿐만 아니라 우리의 목적을 위해 유용하게 이용할 수 있는 일련의 치료 원칙 모둠을 만들어 준다. 여기에서 우리가 이제 까지 우리의 몸과 관계의 뇌에 대해 쌓아 온 알아차림을 공식화하고 있는 것이다. 통합의 자연스러운 패턴으로서 우리는 우리 자신의 내부에서 경험한 것을 우리의 말로 표현된 치유 과정의 이야기를 향해 흘러 들어가게 만들기 위해 초청하고 있는 것이다.

다음은 우리가 이 서론에서 앞으로 논의하게 될 중요한 점들을 정리한 목록으로 이것은 2부를 통해 우리가 우리 환자의 내적 세계를 개념화하는 연습을 할 때 우리가 돌아갈 수 있는 기준점으로 작용해 줄 수 있을 것이다.

1. 우리의 초기 애착 역사와 연관된 문제들.
2. 우리의 신체는 모든 기억의 일부분이다.
3. 우리의 뇌는 항상 변할 수 있고 변한다—신경가소성은 실제다.
4. 신경 통합은 우리의 증가하는 안녕을 위한 기초이고 대인관계 안에서 증진될 수 있다.
5. 우리의 뇌는 항상 더 큰 복합성과 일관성을 향해 가고 있으며 이들 자연적인 과정은 제약 요소에 의해서만 방해를 받게 되는데, 제약 요소들은 변화될 수 있고 특히 공감적인 관계 안에서 변화될 수 있다.
6. 치유와 건강한 삶 모두는 우측 양식과 좌측 양식 과정 모두를 필요로 한다.
7. 마음챙김적 주의집중은 변화의 핵심 요인 중 하나다.
8. 대인관계적인 하나 됨은 실제이고, 치료자의 정신건강은 특히 중요하다.

우리의 생각이 어떻게 우리가 암묵적으로 알고 있는 것과 공명을 하고 우리의 내적 공동체와 접촉하는지를 인식하는 통합적인 연습을 지속하는 데 있어 이 여덟 가지 원칙들 각각과 함께 앉아서 우리의 몸, 신경계, 느낌 및 지각에 어떤 일이 일어나는지에 대해 부드럽게 주의를 집중하자. 이 과정에 우리의 우측 과정 양식을 초청해서 이 대화 안에 이들이 있을 수 있도록 하자. 특정 원칙들이 다른 원칙들에 비해 더 편안한가? 만약 불편하다면 우리는 "이 생각 때문에 속상한 사람이 누구인가?"라고 물어볼 수 있다. 만약 특별히 강하게 긍정적인 공명이 일어난다면 우리는 같은 질문을 할 수 있다. "이 생각 때문에 기분이 좋아지거나 에너지를 받는 사람은 누구인가?" 재미있게 이 탐색을 하고 난 뒤에 특히 당신을 건드린 원칙들에 대해 당신이 경험과 이들의 의미에 대한 당신의 생각에 대해 써 보도록 하라. 만약 여기에 다 쓸 수 없으면 당신의 일지에 이들에 대해 계속해서 쓰도록 하라.

이제 이 원칙들에 대해 좀 더 깊게 살펴보도록 하자.

첫째, 우리의 초기 애착 역사와 연관된 문제들. 우리가 제1부에서 알아낸 것처럼 내적인 암묵의 바다는 우리의 초기 관계 안에서 확립되고 난 뒤 이후의 경험에 의해 강화되거나 변동될 수 있는, 항상 존재하는 에너지와 정보의 흐름을 포함하고 있다. 이렇게 얻어진 핵심적인 지식은 영원히 현재인 과거로 우리의 관계 패턴 안에서 우리가 볼 수 있게 나타나고, 우리가 누구인지에 대한 믿음을 굳게 가지게 해 주고, 종종 앞으로 미래에 대한 기대에도 영향을 준다. 그러나 흔히 아주 먼 과거에 심어진 뿌리는 보이지 않는다. 우리가 우리 자신 안에 있는 이들의 흐름과 친밀하게 익숙해지면, 즉 암묵적인 것이 외현적인 것이 되면 우리는 환자들의 내적인 그림의 깊이를 볼 수 있거나 그 안으로 들어가는 길을 느낄 수 있는 능력을 발전시키게 된다. 우리의 이런 기술이 만들어지게 되면 우리는 이들 암묵적 흐름이 우리의 마음과 몸에서 숨겨지지 않은 채 어떻게 에너지 패턴과 양상을 만들어 내는지에 대해 알아차리기 시작할 수 있고, 우리로 하여금 그런 흐름을 감싸 안아 그들이 조절과 통합의 방향으로 나갈 수 있도록 해 주는 신호들을 알아차리기 시작할 수 있는데, 대니얼 시겔(2010a, 2010b)은 이 과정을 **마음통찰**(mindsight)이라고 불렀고, 앨런 쇼어(Allen Shore, 2003b, 2009a)는 환자와 치료자 사이에서 지속적으로 마이크로 초 단위로 일어나는 우측 양식과 우측 양식의 교환이라고 이에 대해 이야기한 바 있다. 이들 초기 애착 패턴이 안전함을 증가시키도록 그 경로에 재배열이 이루어지면 외적인 삶도 이와 유사한 모양을 지니기 시작할 것이다. **암묵적인 기반은 생각, 감정 및 행동이 만들어지는 집을 지을 수 있는 기초를 확립시켜 준다.** 우리가 환자들의 삶을 이해하기 위해서는 현재 상황의 밑에 존재하는 깊은 뿌리를 명확하게 볼 수 있게 되는 것, 즉 암묵적 패턴과 현재 상황 사이에 일관성을 발견하는 것이다(Badenoch, 2008; Ecker & Hulley, 1996, 2000a, 2000b, 2008). 이런 지침이 없으면 우리는 종종 예를 들어 명백히 지적이고 자신감이 넘치는 여성이 자신을 왜 바보 같고 가치 없다고 느끼는지, 그리고 그녀의 이런 잘못된 믿음을 바꾸는 데 도움을 주기 위해 사용하는 인지적 방법을 통한 우리의 모든 노력이 왜 진전이 없는지에 대해 혼돈에 빠질 수 있다.

둘째, 우리의 신체는 모든 기억의 일부분이다. 우리는 많은 시간을 우리 신경계의 강도가 세졌다 약해졌다 하는 것, 근육과 기관이 긴장했다 이완했다 하는 방식, 저 깊이에서 솟구쳐 오르는 행동적 충동, 숨쉬기의 리듬에 있어 변화 등과 같은 우리의 신체 언어와 익숙해지는 데 투자한다. 이들 솟아오르는 메시지들은 우리를 우리의 내적 세계로 인도하고 신체적 경험의 가닥들을 끌어내어 특정한 신경망의 나머지 부분들을 활성화시켜 주며 기억의 조각들이 함께 결합이 되는 데 첫 번째 단계를 제공해 준다. 어떤 치료적 기술이든 간에 그것이 발달하게 되면 우리 자신의 신체에 대해 더 민감해지게 되고 그러면 이것은 우리가 치료 과정 안에 이런 측면을 포함시키게 될 수 있는 확률을 더 크게 만들어 준다. 조율의 핵심은 환자들의 통합적인 뇌가 그들을 어디로 데리고 가던 환자가 가는 곳으로 우리가 따라가는 것이기 때문에, 그들의 신체 메시지에 대해 우리의 알아차림이 더 커지는 것이 우리가 따라갈 수 있는 범위를 더 크게 만들어 준다. 그들의 자신을 알고 또 이해받았다는 느낀 감각(felt sense)은 이것이 비록 말로 주고받은 것이 아니더라도 치유의 가능성을 증가시켜 준다.

셋째, 우리의 뇌는 항상 변할 수 있고 변한다—신경가소성은 실제다. 이 변화에 대한 희망이 들어간 메시지는 자신의 내적의 세계가 자신들로 하여금 미래에 같은 불행이 일어날 것이라 예측하도록 만드는 아이들에게는 견딜 수 있는 강력한 힘이 될 수 있다. 아이들이 믿고 있는 이런 비관은 우리 뇌가 작동을 한 결과다. 뇌의 중심적인 기능 중 하나가 바로 다음에 무슨 일이 일어나는가를 예측(생존을 위해 중요한 기능)하는 것이기 때문에, 이 기능이 우리로 하여금 이전에 무엇을 경험했는지에 바탕을 두고 미래에 대한 암묵적인 그림을 계속 그리게 만든다. 우리 환자들이 의식적으로 자신들의 속마음의 알 수 없는 믿음과는 다른 긍정적인 이미지를 의식적으로 잡는다고 해도, 암묵적인 끌림은 그들이 다음에 무엇을 할지에 대해 오히려 더 많은 것을 이야기해 줄 것이다. 치료를 통해 우리가 환자들과 작업을 하게 되면 환자들의 암묵적 바탕 자체가 변화하게 될 것이다. 그러나 이런 변화들이 확고하게 자리 잡기 전까지는 우리의 지적 수준에서의 확신 및 신경가소성에 대한 개인적인 경험이, 우리가 이것을 내적으로 붙잡고 있고 또 환자들과 이에 대해 함께 이야기하게 된다면, 환자들로 하여금 자신들의 좌측 양식 과정에서는 희망의 나무를 키우게 할 것이고 우측 양식에서는 본능적 경험을 조용히 감싸 안아 주는 희망적이고 긍정적인 분위기를 만들어 낼 수 있게 도움을 줄 수 있다.

넷째, 신경 통합은 우리의 증가하는 안녕을 위한 기초이고 대인관계 안에서 증진될 수 있다. 뇌 과학이 우리에게 무엇인가를 분명하게 해 주는 것이 있다면, 그것은 우리 삶의 질이 우리의 몸, 변연 영역 및 중간 전전두엽 회로 사이의 통합 정도에 의해 강하게 영향을 받는다는 것이다. 이들 세 부분 사이에 지속적인 연결이 없다면, 특히 우측 양식 과정을 지지해 주는 뇌 반구 안에서는, 우리는 자주 우리가 결정을 내릴 수 있는 기회를 가지기도 전에 빠른 반응성에 의해 좌우되고 말 것이다(Damasio, 2000). 실제로 이들 회로의 해리 상태는 선택의 기회를 빼앗아가 버린다. 이렇게 되면 우리는 공감, 조율된 의사소통, 직관 및 도덕적 행동 등에 대한 능력이 떨어지게 된다(Siegel, 2007). 이들 우측 양식 회로들이 더 결합될 때, 예를 들어 기억 통합, 상태 통합 및 이야기 통합과 같은 여러 다른 유형의 통합들이 뇌가 선천적으로 타고난 자기조직적인 방식의 일부로서 자연스럽게 발현하게 된다(Siegel, 2006, 2007, 2010b). 가장 좋은 소식은 조율된 관계가 이들 회로들을 함께 결합하게 만들 수 있다는 것이다(Schore, 2003a, 2003b, 2009a). 치료실 안에서, 생의 초기에 부모와 아이 사이의 춤에서 일어났던 것과 마찬가지로 환자들의 전두엽 회로가 우리의 통합 리듬을 끌어안을 수 있는 것이다. 만약 우리가 이들 회로들이 함께 서로 잘 짜 맞추어지는 그림을 만들어 낼 수 있다면 우리는 대인관계 환경을 더 풍부하게 만들 수 있을 것이다.

다섯째, 우리의 뇌는 항상 더 큰 복합성과 일관성을 향해 가고 있으며 이들 자연적인 과정은 제약 요소에 의해서만 방해를 받게 되는데, 제약 요소들은 변화될 수 있고 특히 공감적인 관계 안에서 변화될 수 있다. 우리의 뇌는 변화될 수 있는 것만이 아니라, 그들은 조건만 맞는다면 특정한 방향으로 변화한다. 우리는 **제약**(constraints)이라는 단어를 이미 확립된 신경 경로 및 다른 많은 생물학적 영향들이 어떻게 뇌의 흐름을 바꾸게 하는가에 대해 이야기할 때 사용한다. 이들 뿌리 깊게 내린 에너지와 정보의 흐름은 우리를 따뜻한 애착과 회복력을 향하게 만들거나, 아니면 고통스러운 애착과 절망의 다양한 그늘로 향하게 하도록 만들 수 있다. 유전과 기질 또한 시스템에 대해 제약으로 작용할 수 있다. 좋은 소식은 관계적으로 만들어진 제약은 관계 안에서 변경될 수 있다는 것이다. 그래서 우리는 자연스러운 통합 과정이 자신의 흐름을 되찾을 수 있게 만드는 마술이 일어날 수 있는 매개체(medium)로서 치료적 관계를 이야기할 수 있는 것이다. 이 균형적인 시각은 치료자와 환자 누구도 결과에 대해 완전한 책임을 지도록 강요하지 않고 오히려 치료라는 것은 **치료자의 일관된 마음이 환자의 통합을 추구하는 뇌와 만나는** 대인관계 매트릭스 안에서의 작업을 하는 것이라고 이야기를 한다. 많은 치료자는 자신이 환자의 뇌의 자연스러운 발달 과정과 함께한다는 생각이 자신들을 더 편하게 만들어 주고 그래서 더 일관적일 수 있게 해 준다고 이야기한다. 이렇게 되면, 신경생물학적인 알아차림이 치료자와 환자 모두를 위해 통합의 사랑스러운 자기강화적인 주기를 시작할 수 있도록 해 준다.

여섯째, 치유와 건강한 삶 모두는 우측 양식과 좌측 양식 과정 모두를 필요로 한다. 서구사회의 문화적 제약 중 하나가 인지와 이성을 너무 강조하는 것으로, 종종 이것은 감정의 희생을 필요로 하는데 이런 관점에서는 마치 이들은 나눌 수가 있는 것이며 이성이 감정을 조절할 수 있다고 여긴다. 두 양식이 서로 싸움을 하게 하거나 혹은 상대적인 가치를 평가하기보다는 우리는 이 둘이 치유 과정의 많은 부분에서 어떻게 함께 작동하는지를 이해하기 시작할 필요가 있다. 우리가 경험을 쌓아가면서 신체, 신경계, 변연 영역 및 피질 등에 위치해 있는 분화된 신경 가닥들과 연결되어 있는 신경망을 하나로 모으는 것은 신경적으로 뿌리를 내린 경험들이 통합된 전체가 되어서 복합성을 향해 점차 증가해 가는 뇌의 움직임과 결합을 추구할 수 있도록 해 주는 것을 포함한다. 현재 연구들은 암묵적 패턴이 변화하기 위해서는 우리가 저장된 기억들을 꺼내어서 이들을 감정적으로 생생한 접촉 안으로 들어오게 만들고 동시에 이 에너지와 정보가 뇌의 더 큰 흐름 안으로 통합될 수 있게 준비해 주는 생생한 변용적 경험을 제공해 주어야 한다는 것을 보여 주고 있다(Pedreira, Perez-Cuest, & Maldonado, 2004; Rossato, Bevilaqua, Medina, Izquierdo, & Cammarota, 2006; Winters, Tucci, & DaCosta-Furtado, 2009). 이런 암묵에서 외현으로 이동이 일어나려면 우측 양식 과정에서 시작하는 과정이 필요하고 궁극적으로는 양측 반구 모두에 의해 중재가 되어야 한다. 우리의 뇌가 더 통합되면 이 두 양식 과정의 자원은 높은 질의 관계, 균형 잡힌 결정 및 자비에 찬 삶에 필요한 모든 것을 위해 더 쉽게 동원이 가능해진다.

일곱째, 마음챙김적 주의집중은 변화의 핵심 요인 중 하나다. 우리가 처음에 우리 환자들의 목소리를 듣는 순간부터 우리 마음은 이해를 향해 손을 뻗기 시작하고 공유되고 있는 많은 층의 그림을 만들어 가기 시작한다. 이런 식의 깊은 청취(deep listening)는 대인관계 영역에 대한 마음챙김적 알아차림의 시작으로 다른 사람의 신체, 신경계 및 내적 세계에 대한 부드럽고 호기심에 찬 개방을 의미한다. 이런 마음의 돌보는 관찰자 상태하에서, 우리의 더 통합된 활성화가 눈에 보이지는 않지만 환자의 뇌를 우리와 유사한 패턴이 되도록 조금씩 엮어서 만들기 시작할 수 있는 것이다. 이런 식으로 우리의 계속되는 주의집중이 환자의 마음에게 마음챙김적 알아차림의 경로를 가르쳐 주게 되고 그러면 우리는 더 크게 마음보기(mindsight)를 할 수 있는 그들의 능력이 서서히 발현되는 것을 볼 수 있게 될 것이다(Siegel, 2010a, 2010b). 시간이 지남에 따라, 우리는 우리의 전념하고 있는 두 마음(마음챙김적 마음과 돌보는 관찰자적 마음)이 오래된 상처를 안고 있는 신경망이 주어진 안전함과 편안함에 개방될 수 있게 해 주는 환경을 만들고 있다는 것을 감지할 수가 있게 된다. 이런 식으로 우리는 치료에서 일어나야 할 필요가 있는 것이 무엇이든 간에 그것을 지지할 수 있는 기반을 발전시킬 수 있게 되는 것이다. 우리가 앞으로 보게 되겠지만 전통적인 마음챙김 연습을 추가하는 것 또한 때때로 우리의 통합적 과정을 깊게 해 주고 속도를 낼 수 있도록 해 줄 수 있다. 우리가 마음챙김을 포함시키는 문제를 이야기하고 있지만, 그동안 축적된 연구결과들은 우리에게 지속적인 연습이 신경 연결에 있어 순간적인 기능적 변화뿐만 아니라 지속적인 구조적 변화 또한 가져 온다는 것을 보여 주고 있다. 이것은 변화를 위해 원래는 노력을 필요로 하는 마음의 상태가 연습에 의해 노력이 필요 없는 하나의 특성이 될 수 있음을 보여 주는 결과다.

여덟째, 대인관계적인 하나 됨은 실제이고, 치료자의 정신건강은 특히 중요하다. 많은 앞의 원칙들은 이 둘 모두가 사실이라는 것을 보여 주고 있고, 우리가 신경세포와 공명회로에 대해 배운 것들이 바로 이들을 더 확인시켜 준다(Iacoboni, 2007, 2009; Siegel, 2007, 2010b). 이런 점들은 반복적으로 강조되는데 왜냐하면 이 문제는 우리에게 치료자로서만이 아니라, 우리를 둘러싸고 있는 모든 이들에게 영향을 주는 인간으로서 우리의 뇌와 마음의 상태에 대한 근본적인 책임을 묻기 때문이다. 따라서 우리가 완전하게 치유될 필요는 없겠지만 우리는 가능한 한 우리의 취약한 점을 비롯해 내적 세계의 모두에 대해 알고 있을 필요는 있는 것이다.

이들 핵심 원칙들이 목록화되고 번호가 붙여졌는데, 이는 이 각 짧은 문장에 대한 우리의 반응을 마음챙김적으로 느끼기 위해 잠시 쉴 때를 제외하고 우리로 하여금 주로 질서정연한 좌측 양식 과정에 머무르게 할 것이다. 잠깐 동안 시간을 가지고 다음과 같이 질문함으로써 우측 양식이 우리와 함께 하고 있음을 확인해 보도록 하자. 이들 원칙을 읽으면서 우리는 어떤 신체 감각을 느꼈는가? 어떤 감정이 고조를 보였는가? 어떤 행동적 충동이 느껴졌는가? 우리 자신에 대한 지각이나 치료적인 시도에 대한 지각에는 변화가 있는가? 우리가 하고 있는 것에 대한 판단은? 설명하려는 말 대신에 서술적인 말을 이용해서 당신이 이들 질문 각각에 대해 당신이 알아차린 것에 대해 간단히 써 보도록 하라.

이 원칙 목록이 왜 중요한가? 내 생각에 우리가 이런 일련의 원칙에 근거를 둘 때, 우리는 우리의 내담자에게 우리의 마음과 가슴을 좀 더 완벽하게 열 수가 있다고 생각한다. 특히, 우리가 때때로 치료관계 안으로 퍼져 들어올 수 있는 침체나 혼란 속에 갇혀 있을 때, 치료적인 노력이 전혀 작동하지 않는다는 의문이 들면 다음에 무엇을 해야 할지 결정하는 데 있어서 우리의 자원의 수는 더 적어지거나, 심지어는 더 산만해지기까지 한다. 이들 원칙은 우리가 과정의 어디에 있는지를 알고 그것을 환자와 의사소통할 수 있는 것은 이들 어려운 문제를 지나 원래 우리의 길로 가는 데 기반이 되어 준다. 다른 중요한 점은 우리의 뇌와 마음의 좌측 양식적인 지식은 내적 과정에 대해 충분한 자신감을 느끼게 만들고 뇌의 지혜를 바깥으로 표현하는데 자신감을 충분히 느낄 수 있도록 잘 다듬어 주는 데 필요하다는 것이다. 이런 생각들을 치료에서 우리가 함께 있어 주는 보이지 않는 과정 및 치료적 대화 안으로 잘 짜 넣는 우리의 능력은 이런 기반에 그 근거를 두고 있다.

합쳐서 생각해 보면, 이 원칙들은 우리가 치료를 마음챙김적 알아차림의 배경하에 애착관계가 펼쳐질 수 있게 접근할 때 신경가소성이 가장 많은 변화를 가져 오게 할 수 있다는 것을 보여 주고 있고 이런 사실은 뇌와 마음의 과정에 대한 많은 지식들에 의해 지지되고 있다. 이제 연습, 연습, 그리고 또 연습의 다음 단계로 넘어가도록 하자. 제1부에서 당신의 들어주는 파트너는 당신에게 수용과 양육을 제공해 주어 당신의 암묵적 패턴이 안전 쪽으로 전환하도록 도와주었을 것이다. 여기서 당신의 들어주는 파트너는 당신이 배우고 있는 것에 대해 말로 표현할 수 있게 해 주는 당신에게 꼭 필요한 사운드보드(sound board)가 되어 줄 것이다.

나는 포틀랜드(Portland) 시립 대학에서 일련의 대인관계 신경생물학 인증 프로그램 강의를 가르치고 있다. 이 시리즈 중 두 번째 과정의 이름이 '뇌의 이야기를 연습의 흐름에 짜 넣기'로서 이 책의 제2부와 유사한 이름을 가지고 있다. 학생들은 하나 같이 큰 소리로 이야기하는 것이 그들의 뇌에게 무엇이 흐릿하고, 무엇이 잘 정리된 것인지를 즉각적으로 밝혀 준다고 하였다. 이것은 또한 그들로 하여금 다른 사람들과 이것을 공유하는 데 있어 두려움을 직면할 수 있도록 해 준다.

"내가 충분히 똑똑한가?"

"내가 충분히 알고 있는가?"

"나는 그들이 이해할 수 있게 이것을 말로 표현할 수 있을까?"

"그들이 관심을 가질까?"

"중지하고 싶을 때 나는 그렇다고 이야기할 수 있을까?"

이 중 마지막 질문은 일부 사람들이 주제에 대한 자신들의 열정이 너무 넘쳐서 청중들이 참을 수 있는 수준을 넘어서게 되는 경우를 발견했기 때문에 하게 되었다. 이 과정을 유머와 선함을 가지고 접근하는 것은 이들 학생들이 난관을 뚫고 서로서로를 양육할 수 있도록 해 줄 것이다. 흥미로운 점은 연습이 너무 매력적이어서 학생들이 학습이 끝나고 난 뒤에도 지속적으로 연습하기 위한 집단을 만들기 위해 노력하고 있었다는 점이다.

다음의 장들에서 우리는 치료에 대한 처음 만남을 시작으로 하고 무엇이 대인관계 신경생물학이 치료를 떠나 이행하기(transitioning)에 대해 보여 주는 것인가에 대한 생각을 끝으로 하는 치료적 과정을 걸쳐 전진할 것이다. 각 부분에서 우리는 우리 환자들과 치료적 과정에서 이 주제가 의미하는 것이 무엇인가 하는 관점에서 각 주제의 신경생물학에 대해 탐색할 것이다. 우리는 내적 대화와 외적 대화 모두를 지지하고자 하기 때문에 위의 원칙들이 치료 과정에 대한 우리의 내적 대화를 어떻게 만들었는가에 대해 적어 넣는 경험적 연습이 포함될 것이다. 그러고 난 다음 환자와 뇌와 마음을 공유하는 두 번째 대화를 준비하기 위해 우리는 과학을 신경생물학적인 관점에 맞게, 그리고 이 주제가 낯설게 느껴질 수 있는 우리의 환자를 위해 그들이 이해할 수 있을 수준에 맞추어서 해석한 글을 쓰려고 한다. 글쓰기는 말하기를 위한 훌륭한 징검다리인데 왜냐하면 이것은 무엇이 초점을 약간 벗어나 있는지 그리고 무엇이 우리의 전체 뇌에서 확고한 자리를 잡고 있는지 명확하게 해 주기 때문이다.

마지막이자 피할 수 없는 단계는 우리의 들어주는 파트너와 함께 현재 발전시키고 있는 것을 공유하는 것이다. 이 대화는 마치 당신의 파트너가 내담자인 것처럼, 안전하고 지적인 거리를 두고 한 주제에 **대해** 이야기를 하기보다는 실제로 치료에서 사용하는 단어를 사용해서 이야기할 때 가장 유용해 보인다. 들어주는 파트너에게 대답하기를 부탁하지 않더라도 그 사람이 주의 깊은 자세로 그 자리에 있어 주는 것만으로도 큰 도움이 될 수 있다. 마지막에 만약 말하는 사람이 원한다면, 들어주는 사람은 친절하고, 비판단적이며 진정한 마음을 가지고 자신의 경험을 말하는 사람과 공유할 수 있다. 항상 마지막 단계는 말하는 사람과 들어주는 사람 모두가 과정에 대해 곰곰이 생각해 보는 것으로 그들의 신체, 신경계, 느낌 및 행동적 충동에 대해 귀 기울이고 이들 영역에 대해 쓰고 서술적으로 이야기하는 것이다.

각 장은 또한 이들 원칙을 환자에게 적용한 특별한 예를 포함하고 있다. 이 예들은 나의 마음이 나로 하여금 정보를 제공하는 데 있어 어떻게 안내하게 만들었는지를 보여 준다. 이 과정의 가장 중요한 부분은 당신이 내적으로나 외적으로 당신의 목소리를 발견하는 것이다. 그래서 나는 비록 예들이 도움이 될 수 있는 설명이 될 수는 있겠지만 이들이 당신 자신의 성격과 그동안 축적된 경험에서 만들어진 것을 대신할 수는 없으리라 생각한다. 이 책이 가진 목적은 특별한 치료 지침을 제공한다는 의미에서 '어떻게 하는가'에 대한 것을 제공하는 것이 목적이 아니다. 각각의 치료적 관계는 자신만의 춤과 시간, 버릇 및 패턴을 만들어 내고 뇌처럼 현명한 치료라는 예술은 **공감적 환경에 반응해서 과학적 흐름을 흐르게 하는** 것이다. 내 생각으로 모든 다른 원칙에 대해 우선하는 원칙은 **우리가 하는 모든 일은 조율에서 그 흐름이 시작되어 우리의 연결을 깊게 해 주는 것을 지지해 준다**는 것이다.

다른 사람들을 위한 자비의 바탕이 되어 주는 우리 자신에 대한 친절함이라는 또 다른 핵심 원칙은 우리의 변함없는 안내자 겸 동반자로 남아 있다. 다시 말하지만 이것은 체화된 패러다임 전환의 형태로 축적될, 확고하게 뇌 신경망 전체를 발전시키는 것이 목적인 즐거운 과정인 것이다. 이런 새로운 관점에서, 공감과 뇌의 지혜는 치료적 노력을 뒷받침해 주기 위해 서로가 서로를 강화시켜 줄 것이다.

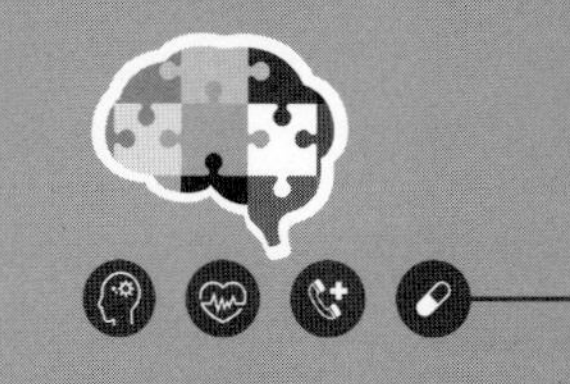

제 7 장 시작-마음 안의 뇌와 함께

새로운 환자와의 첫 접촉에서 우리 관심의 중심에 뇌를 두는 것은 어떠한가? 아직 치료관계가 공고해지지 않은 취약한 단계에서 우리는 어떤 뇌 체계를 특히 고려해야 하고, 이런 생각은 우리의 내적 공간을 어떻게 형성하고 어떻게 우리의 외적 행동을 이끌 것인가? 내 마음에 가장 먼저 떠오르는 뇌 체계는 자율신경계(autonomic nervous system: ANS)인데 그 이유는 이것이 우리로 하여금 우리 환자들을 위해 어떻게 안전함을 만들어 줄 것인가를 생각할 수 있게 돕기 때문이다. 환자들이 우리의 도움을 원할 때 우리가 그들의 입장이 되어 보면 우리는 그들이 아마도 불안하거나, 우울하거나, 위기에 노출되어 있거나, 두려워하거나, 도움을 필요로 하고 있다는 것을 떠올려 볼 수 있을 것이고 이 모든 마음의 상태는 우리의 교감신경계(sympathetic nervous system: SNS)를 활성화시킨다. 스티븐 포지스(Stephen Porges)의 다미주 이론(2003, 2004, 2007, 2009a, 2009b)은 폴 맥린(Paul MacLean)의 업적 위에서 이루어진 것으로 ANS 활성화와 치료적 동맹을 구축할 수 있는 우리의 능력 사이가 어떻게 연결이 되는가를 설명해 주고 있다.

ANS의 세 분지는 어떻게 작동하는가

첫째, 우리는 ANS의 작동에 대해 전체적인 그림을 그려 보려 한다. 전통적으로 ANS는 두 가지 분지로 구성되어 있다고 여겨져 왔다. 가속페달로서 교감신경 분지와 브레이크로서 부교감신경(parasympathetic nervous system: PNS) 분지가 그것이다. 이런 관점에서는 목표는 이 둘 사이에 균형을 유지하는 것이다. 그러나 ANS는 위험에 대해 점차 증가하는 신경지가 서열적으로 배치되어 있는 **세** 가지 분지로 이루어져 있다는 것이 밝혀졌는데, 우리의 생존이 보장받기 위해 한 가지는 다음 가지에 대해 오프라인 상태가 된다. **신경지**라는 용어는 스티븐 포지스(2003)에 의해 사용되었으며 이는 이미 이야기한 대로 우리의 신경계가 서로 다른 몇 개의 회로를 통해 어떻게 의식적인 알아차림 없이 위험을 감지하는가에 대해 이야기할 때 사용하는 용어다. 우리가 위험을 지각하기 전에 무의식적인 상태에서 우리는 위험을 '신경지'할 수 있고 그 신경지에 따라 행동할 수 있다. ANS는 홀로 작동하지 않고 얼굴을 인식하고, 의도를 평가하며, 위협에 대해 빨리 평가하고 이와 연관된 감정적으로 적절한 정보를 신체로부터 변연 영역으로 전달하는 여러 회로들과 함께 움직인다. 줄여서 이야기하자면 이들 회로들은 우리에게 우리와 함께 있는 다른 사람이나 우리가 처한 환경이 얼마나 안전한가를 이야기해 주는 회로들인 것이다(Adolphs, 2002; Critchley, 2005; Morris, Ohman, & Dolan, 1999; Winston, Stange, O'Doherty, & Dolan, 2002).

우리 인간들에게 우리의 신경계가 안전함을 발견하고 이를 유지하는 데 선호하는 방식은 다른 사람과의 연결을 통해서 이루어지는 방식이다. 이 결과 서열상 첫 번째 체계는 배 쪽 미주 부교감신경으로(ventral vagus parasympathetic), 스티븐 포지스가 "두려움 없는 사랑(love without fear)"(Porges, 1998, p. 849)이라고 부른 것이다. 이것은 우리로 하여금 고요하게 있을 수 있게 해 주면서 동시에 함께하는 것을 유지할 수 있게 해 주고 이것은 안전한 애착을 위한 핵심 요구 사항이다. 이 회로는 심박동수를 줄여 주며(미주 브레이크; vagal brake), 우리의 싸움-도망 반응을 줄여 주고 스트레스 호르몬인 코르티솔을 낮추어 준다(Porges, 2009b). 정리하자면, 이것은 교감신경분지가 자리를 빼앗는 것을 막아 준다. 흥미롭게도 이 회로는 염증도 줄여 주고 우리에게 성장과 충전의 상태로 들어갈 수 있게 제공해 준다.

이런 상태에 있는 두 사람은 스트레스 상황하에서조차도 서로 간에 상호 조절이 가능한데 많은 부분 포유류의 진화 과정에서 배 쪽 미주는 얼굴과 머리의 근육을 조절하는 회로와 통합이 이루어졌다. 이들 신경 경로는 한마디로 이야기하면 우리가 서로 연결을 의사소통하는데 비언어적인 방법인 시선, 운율, 들을 수 있는 능력 및 얼굴 표정 등을 조정한다(Porges, 2009a). 차분하게 뛰는 심장과 이완되어 있지만 생기 있는 얼굴은 우리가 함께할 준비가 되어 있다는 신호다. 이런 차분함, 안전한 상태는 치료적 동맹의 기초에 의해 만들어진다.

잠깐 시간을 내어서 당신의 배 쪽 미주 신경계가 작동을 할 때마다 당신이 생생한 경험을 불러 올 수 있는 것을 바라봄으로써 좌측 양식 중심적 정보를 당신의 신체 쪽으로 움직여 보도록 하라. 그 기억이 활성화되면 당신은 어떤 신체 감각, 감정 고조 및 행동적 충동을 경험하게 되는가? 당신의 감정 안에서 그리고 당신 자신과 관계에 대한 지각에서 어떤 일이 일어나는가? 이들 상태를 인식하고 기억해 내는 것은 우리가 환자들을 만나려 준비하는 데 도움이 된다. 이런 생리적, 감정적 그리고 지각적 표식들에 대해 간단히 쓰는 것이 우리의 알아차림을 더 확실하게 하게 해 줄 것이다.

우리 환자의 인생 경험 중 많은 것이 이 평온한 상태에 규칙적으로 접근하지 못한 채 남겨졌을지도 모른다. 대신에, 그들은 우리가 중립적으로 받아들일 수 있는 경험에 대해 위험이나 죽음의 위협에 대한 신경지로서 규칙적으로 반응하여, ANS의 다른 두 분지 중 하나로 옮겨 가버리는 신경 시스템으로 인해 부담스러워질 수 있다. 안전함에 대한 신경지를 유지할 만큼 우리와 다른 사람들의 연결이 충분하지 않을 때 SNS가 대신 작동하게 된다. 안전한 상태에서 우리는 애착, 호기심, 놀이, 성성(sexuality) 및 다른 에너지가 부과된 탐구행동을 능동적으로 추구해 나가는 것을 지지하기 위해 교감신경계의 활성 수준이 올라갔다 내려가기를 반복하는 것을 경험할 수 있다. 그러나 우리의 신경지가 안전하다는 평가에서 위험으로 전환하게 되면 심장에 브레이크를 걸던 배 쪽 미주는 제거되어 버리고 SNS가 이제 제한 없이 우리 자신을 방어할 수 있게 준비시키려 자신을 더 완전하게 활성화시키게 된다(Porges, 2007). 이런 SNS의 동원은 심박동수의 증가, 우리가 행동을 위해 필요한 화학물질의 분비, 우리로 하여금 싸우거나 도망갈 준비를 하게 만드는 다른 대사 상태의 전환과 같은 형태를 취하게 된다. 생존의 관점에서 우리와 다른 사람을 연결하는 회로는 꺼져서 우리가 위협에만 집중할 수 있도록 하는 것이 도움이 되나 이 결과 새로운 정보를 취득할 수 있는 우리의 능력은 극적으로 감소하게 된다. 이것은 우리의 안전함에 대한 신경지가 회복되기 전까지는 다른 사람들이 우리에게 영향을 미칠 수 없을 것이라는 것을 의미한다.

우리 환자들의 관점에서 본다면, 조율된 존재를 제공해 줄 수 있는 우리의 능력이 그들 안에서 안전함의 신경지를 자극해 줄 수 있는 안전함이 충분한 환경을 만들어 내게 할 수 있을 것이다. 결과적으로 우리는 우리가 이런 상태에 있지 **않을** 때 이를 알아차리는 것이 중요하다. 잠깐 동안 당신이 두려움에 찬 교감신경 활성화로 전환되는 경험을 할 때의 마음과 신체의 순간을 기억해 보도록 하라. 이 상황을 기억해서 친절함을 가지고 당신의 몸과 감정에서의 반응 및 지각에서의 어떤 전환이던 이 전환에 대해 알아차리도록 하라. 당신이 차분하고 수용적인 상태로 되돌아갔을 때를 기억해 보도록 하라.

이제 ANS의 세 번째 분지에 대해 생각해 보도록 하자. 좀 더 긴급한 상황에서는 우리의 신경인지는 안전함이나 위험에서 전면적인 생명에 대한 위협과 무력함으로 전환해 버리게 된다. 교감신경 회로는 등 쪽 미주(dorsal vagus)인 부교감신경의 다른 분지를 위해 꺼져 버리게 되어, 극적으로 심박동수가 떨어지고, 소화도 중단이 되며 다른 대사계도 차단되어서 의사행동(death-feigning behavior)을 보이게 된다. 의사 상태란 얼어붙은 상태로 해리 혹은 꼼작하지 않고 쓰러져 있는 것을 특징으로 보여 준다(Porges, 2007). 우리의 몸은 엔도르핀을 분비해서 덜 고통스러운 출구를 보장할 수 있게 해 주고, 우리의 전 기관들은 죽을 준비를 하는 것이다. 극심한 외상 상황하에서는 등 쪽 미주가 켜진 상태에서 SNS는 완전하게 꺼지지는 않는 상태를 보이는데 이는 마치 연료를 분사하는 동시에 브레이크를 밟아야 되는 상황에 높인 차에 부과되는 압력과 유사한 심한 생리적 스트레스 상황을 만들어 내게 된다, 이들 두 가지의 서로 상쇄하는 과정은 말로 표현하기 힘든 몸과 마음의 상태를 만들어 내게 되는데 부분적으로는 꼼짝달싹 못하는 상태나 말문이 막히는 공포 등으로 표현될 수 있다.

나는 외상으로부터 생존한 사람들과 작업을 하면서 그들의 신경계가 종종 이런 상태가 되어져 깊이 변연계로부터 온 극심한 무력감의 기억 상태로 빠져 버리는 것을 보아 왔다. 심한 스트레스가 주어지는데 도망갈 길이 없게 되면 우리는 문자 그대로 죽음을 맛보게 된다. 잠깐 시간을 내어 등 쪽 미주가 활성화되어 얼어붙는 방어를 사용하게 되었던 경험이 있었다면 그때 당신의 몸과 감정에 대해 느껴 보도록 하라. 그리고 이 경험과 이 경험으로부터 당신이 차분하고 연결된 상태로 돌아가게 되었던 경험 모두에 대해 간략하게 써 보도록 하라.

우리가 이들 서로 다른 활성 상태에 대해 친절함을 가지고 관찰하고 있다면, 이것이 바로 우리가 우리 환자들이 우리에게 가져 오는 그들의 강한 내적 세계에 대해서도 조절할 수 있는 방법을 발견할 수 있도록 우리 자신을 도와주는 바로 그 신경 경로를 만들어 내고 있는 것이다. 만약 우리가 사람들과 조율하고 있다면, 우리의 거울세포와 공명회로는 우리의 체화된 뇌를 깨워서 우리 자신을 먼저 조절할 수 있는 신경 컨테이너를 제공해 줄 수 있게 그들의 경험과 유사한 ANS 경험을 우리의 중간 전전두엽 회로에 보내준다. 이것이 이번에는 반대로 우리 환자들에게 그들의 전전두엽-변연계 통합을 시작하게 해 주는 활성화와 안심의 파도를 보내준다. 우리의 마음이 그들의 마음을 잡아 주고, 만들어 줄 수 있는 것이다.

이제 좌측 양식 정보를 흡수하기 위한 시간을 가져 보려 한다. 듣기에서 쓰기로 바뀌는 것이 바로 들어오는 정보(학습)로부터 나가는 정보(공유)로 정보가 움직이는 첫 번째 단계다. 당신의 일지를 모아 놓은 다음 당신의 마음과 몸을 이 ANS의 세 분지에 대해 그들이 무엇을 기억하는지 당신에게 이야기해 줄 수 있도록 초청하도록 하라. 이에 관여하는 모든 회로의 제대로 된 이름을 꼭 알 필요는 없지만 이들 세 하위 체계 사이의 관계, 각 ANS 상태의 특징 및 사람들이 하나에서 다른 것으로 왜 그리고 어떻게 움직이는지에 대해서는 명확하게 아는 것이 도움이 될 것이다. 만약 이들 중 어떤 것이라도 불투명하게 느껴진다면 편안한 마음으로 앞의 문단을 다시 살펴보도록 하라.

당신의 마음 안에 꽤 확실한 그림이 그려졌다면 이 정보가 당신의 외현적인 기억에 더 통합될 수 있도록 당신의 일지에 적도록 하라. 이때 얼마나 고상하게 글을 쓰는가는 중요하지 않다. 그러나 주제에 대한 확실하게 명쾌한 느낌은 문제가 된다. 우리 모두가 신경생물학의 전문가가 될 필요는 없겠지만 핵심 원칙에 대해 우리가 쉽게 대략적인 개요를 그릴 수 있다면 이는 우리가 우측 양식이 공감적이라고 느끼는 순간에 거기에 필요한 정보를 제공해 줄 수 있게 될 가능성이 높아지게 만들어 줄 수 있다. 왜냐하면 우리는 좌측 양식 과정하에서 더 자세한 것을 찾아내려 노력할 필요가 없어지기 때문이다. 이런 명쾌함은 또한 우리로 하여금 노력하지 않고도 이렇게 체화된 개념들을 우리의 사고방식을 유도하는 데 사용할 수 있게, 그리고 우리가 우리 환자와 함께 머무를 수 있도록 해 주는 데 쉽게 사용할 수 있게 만들어 준다. 당신의 마음과 몸에 익숙해질 수 있게 해 주는 문장을 쓰는 데 필요한 충분한 시간을 갖도록 하라.

당신이 쓰기를 끝냈을 때 친절함을 가지고 당신이 이 연습을 어떻게 하였는지 그리고 한 사람으로서 당신에 대해 그것이 지니는 의미는 무엇인지에 대해 떠오르는 어떤 판단이라도 그 판단에 대해 알아차리도록 하라. 우리 중 많은 사람들은 무엇인가 배우기 시작했을 때 혹은 우리가 배우기 쉽지 않은 어떤 것에 대해 더 익숙해지려 다시 노력을 하게 될 때 비판으로 빠져들기가 쉽다. 우리가 우리 자신을 판단하는 것에 대해 그리고 우리 자신에 대해 내주는 것에 대해 더 쉽게 친절해질 때, 우리는 우리의 돌보는 관찰자 안에 뿌리내리기 위해 상당한 진전을 이루고 있다는 것을 알게 될 것이다. 잠깐 시간을 내서 판단의 경험과 이 판단을 그대로 놔두기 위해 지속적으로 노력하고 있는 경험에 대해 써 보도록 하라.

당신의 들어주는 파트너에게 ANS에 대해 큰 소리로 이야기하기 시작하는 것도 도움이 될 수 있는데 이는 개념을 구어로 쉽게 바뀔 수 있게 도와준다. 일주일 동안 매일 몇 분씩 큰 소리로 이에 대해 이야기하는 것이 한번 긴 시간 동안 연습하는 것보다 좋은 결과를 가져 올 가능성이 높을 것이다. 당신은 당신의 친구나 가족과 일상적인 대화에 이 주제를 가져 갈 수도 있다. 어떤 장소라도 상관이 없다.

환자를 위해 안전함 만들기

이들 세 종류의 ANS 회로에 대한 알아차림이 사람들과의 우리의 첫 상호작용을 유도해 준다는 것을 어떻게 우리가 알아차리게 수 있게 해 줄 수 있을까? 우리는 이 과정을 작은 단계로 나누어 진행할 것이다. 그러나 우리가 만약 우리의 몸과 느낌을 따라간다면 우리는 이런 작은 결정이 환자의 커다란 경험에 어떻게 영향을 미치는가를 느낄 수 있게 될 것이다.

음성메일

당신은 당신 환자를 위해 안전함을 만드는 것의 시작을 그들이 당신에게 전화했을 때 당신의 음성메일 메시지를 듣게 하는 것에서부터 시작할 수 있다. 만약 이것이 가능하다면 따뜻함과 안전함을 전해 줄 수 있는데, 단어뿐만 아니라 운율과 속도 등으로 의사소통할 수 있기 때문에 환자들로 하여금 다른 사람이 아닌 당신의 목소리를 듣게 하는 것이 좋다. 우리는 치료를 시작하는 시점에 환자들이 새롭게 만나게 될 사람과의 만남에 대해 긴장해서 그들의 신경계가 흔히 배 쪽 미주와 교감신경 활성화 사이를 헤매고 있을 것이라는 사실을 쉽게 추측할 수 있다. 만약 그들이 안전함을 '듣고' 연결을 향해 움직일 수 있다면 그들의 시스템은 애착 경험을 중재하고 안녕감을 만들어 내는 호르몬이자 신경전달물질인 옥시토신을 분비하게 될 것이고(Carter, Harris, & Porges, 2009), 이는 환자로 하여금 당신과 안정적인 시작을 시작할 수 있도록 도와줄 것이다. 당신 자신의 과거를 돌아보아 당신이 경험했던 치료적 상황의 첫 만남에서 당신에게 이런 연결된 마음을 만드는 데 도움이 되었던 경험이 있지는 않았는지를 생각해 보라. 그리고 이런 경험의 핵심 요인에 대해 여기에 서술해 보도록 하라.

대기실

이제 당신의 새 환자가 대기실에 와 있다. 어떤 경험이 이들에게 안전함의 신경지를 만들어 줄 수 있을까? 수년 전 우리의 캘리포니아 치료소에서, 우리 젊은 인턴 중 한 명이 너무 생각에 잠겨서 누가 거기에 있는지를 보지 못한 채 대기실을 지나쳐 버린 일이 있었다. 몇 주 만에 우리 모두는 우리 환자 몇 명에게서 이 새로운 인턴이 "천박하다", "냉담하다", "불안하다", "무례하다", 그리고 "어리석다"는 이야기를 들었는데, 이 모두가 그 인턴의 비언어적인 메시지에 대한 우리 환자들이 가진 지각을 반영해 주는 것이었다. 실제적으로 그녀는 매우 사려 깊은 사람이었고 바로 전에 그녀의 다른 환자에게서 일어난 일 때문에 생각에 잠겨 있어서 그렇게 지나쳐 버린 것이었다. 그러나 비언어적인 메시지는 우리의 관계적 우측 양식 회로에 너무 강력한 영향을 가지고 있어서 그들은 그것이 의미하는 것에 대해 자신들의 암묵적인 색채를 씌우고 그러면 즉각적으로 경각심을 가지게 되는 것이다.

이 경험은 우리에게 많은 가르침을 주어서 우리는 대기실을 들어갈 때 정신을 똑바로 차리고 그 안에 있는 모든 것에 대해 따뜻하게 연결되어 있는 상태에서 걸어 들어가게 되었고, 이것은 안전함의 신경지를 유지하는 데 도움을 주었다. 우리는 편안하고 격식이 없는 의자를 제공하였고, 부드러운 음악과 예술, 시 그리고 과학책들 사이사이에 타임지, 피플지 및 캘빈과 취미생활(많은 사람들이 좋아하는)과 같은 잡지책을 배치하였다. 이렇게 하니 대기하는 사람 중 일부는 조금 일찍 와서 자리를 잡기 시작하였고, 또 적은 사람이기는 하지만 조는 사람들도 생기기 시작하였다. 수수께끼 같은 일이지만, 우리가 비치하지 않아도 새로운 책들이 책장에 추가되어서 우리 책 목록을 늘려 주었다. 아마도 그들이 안전함을 지키기 위해 자신들의 일부를 우리와 함께 남겨 놓고 가는 것 같았고, 아마도 그들은 이 책을 더 읽기 위해 다시 와야 한다는 것을 확실하게 함으로써 자신들을 치료에 닻을 내리게 하고 있는 것일지도 모른다.

우리는 또한 환자들이 우리들끼리의 상호작용을 유심히 살피고 있다는 것도 알게 되었다. 우리 치료소는 초기부터 우리에게 안전한 환경이 필요하다는 것을 알고 있어 모든 사람들이 치료 감독을 받도록 하였고 이럼으로써 우리는 지속적으로 존중, 돌봄, 개방 및 즐거움에 찬 건강한 유머를 발전시켜 나갈 수 있었다. 시간이 지나면서 우리는 이런 지지적인 관계에 대한 느낀 감각(felt sense)이 환자들을 위해 따뜻하고 안정된 가족이 해 주듯이 안아 주는 환경(holding environment)을 만들어 준다는 것을 이해할 수 있었다. 우리는 "나는 이전에는 전혀 가진 적이 없는 집에 온 것 같은 느낌이 들어요."라는 말을 많이 들었다. 이 모든 것이 감미로운 감정을 느끼게 만들지만 이것은 또한 확인 가능한 신경학적인 요소를 가지고 있다. 우리는 파괴되어 있는 신경망이 안전감이 증가되는 패턴으로 짜여지기 시작하도록 의도적으로 환경을 이용하고 있는 것이다.

우리가 접수원을 고용할 수 있을 정도가 된 이후에도 우리는 접수원을 고용하지 않기로 결정하였는데 왜냐하면 환자들이 사무적인 사람을 만나기보다는 그들 자신의 치료자들로부터 매번 첫 인사를 받게 되기를 원했기 때문이었다. 이것이 모든 상황에서 적절하지 않을 수는 있겠지만 말하고자 하는 점은 접수부터 원칙이 있어야 한다는 것이고, 안전함의 신경지와 안정적인 애착을 증진시키는 데 목표를 두고 직원들을 교육해야 한다는 것이다. 환자는 나에게 다른 치료에서의 경험을 이야기하곤 했는데 전통적인 병원과 유사한 소독 냄새 풍기는 환경은 그들을 마치 "그냥 똑같이 찍어 만든", "비인간적인" 혹은 "숫자나 파일처럼" 느끼게 만든다고 이야기하였다. 현실에서 우리가 할 수 있는 최선은 현재 상황에서 제공할 수 있는 것이 무엇이든 그것이 무엇을 의미하는지를 알고 어떤 뜻을 가지고 만들어야 한다는 것이다. 당연히 따뜻함과 안전함을 확장하기를 원하고 있다는 것을 우리가 알아차리는 것 그 자체가 환자들의 환경에 대한 경험에 영향을 줄 것이다.

첫 치료시간

이제 우리는 환자와 함께 첫 번째 치료시간을 시작하게 될 것인데, 이때에도 치료자와 환자 모두의 안에서 이루어진 연결의 회로가 서로 만나게 되는 이 첫 순간을 지지할 수 있도록 우리의 초점을 지속적으로 안전함과 관계에 맞춘다. 최선을 다해서 우리는 이 사람이 누구인지에 대한 호기심과 이 사람이 기꺼이 도움을 찾으러 온 것에 대해 존중심을 가지면서 차분하고, 따뜻하며, 돌보는 존재를 제공해 준다. 꽤 오랜 시간의 치료적 연륜 덕분에 나는 환자들에게 건강한 배려를 할 수 있게 되었는데, 이는 나로 하여금 낯선 사람과도 나의 가장 부드러운 측면을 함께 공유할 수 있도록 해 주었다. 그리고 이것이 가능한 것은 안녕에 대한 나의 관심을 담고 있는 기억이 함께하기 때문이었고, 이것이 이런 따뜻함과 지속적인 연결을 만들어 주었다. 이런 기억이 감정적인 의미를 지니게 되고 이렇게 감정적으로 강해진 상태 동안에 형성된 신경망은 추가적으로 강함을 더해 주었으며, 첫 만남은 거의 항상 이런 식의 새로운 연결을 만들어 주기 위한 풍부한 기회를 제공해 주었다. 따라서 우리가 지속적으로 이런 종류의 함께 있음을 제공해 줄 수 있다면 건강한 관계의 경험이 체화된 새로운 신경망은 이런 반복 경험을 통해 더 강해질 것이다.

우리의 거울 신경세포와 공명회로를 통해서 우리(치료자와 환자)는 즉각적으로 서로 간의 신경 발화와 자율신경계 활성도에 영향을 주게 된다. 만약 나의 체화된 뇌가 통합적인 상태라면(중간 전전두엽 회로가 제대로 작동하고 배 쪽 미주 체계가 개입되어 있는 상태) 나는 새로운 환자가 가져 온 조절부전 문제가 무엇이든 간에 이에 대해 좀 더 공명하고 조절할 수 있을 것이다. 첫 번째 만남에서 나의 시스템은 경각심의 정도가 올라가지만 문제될 수준까지는 올라가지 않고 이것은 나의 편도에게 무엇인가 새로운 일이 일어나려 하고 있다는 것을 알아차릴 수 있게 알려 줄 정도까지만 올라간다. 이것이 호기심과 함께 짝을 짓게 될 때 나의 교감신경계의 활성화는 연결을 위해 사용될 수 있다.

전통적인 지혜는 라포(rapport)가 첫 번째 치료시간의 가장 중요한 결과라고 말해 주고 있고 이제 우리는 이 생각을 지지해 주는 신경생물학적인 소견들을 알고 있다. 이 연결을 더 깊게 만들기 위해 우리는 우리의 내담자들로 하여금 그들의 주된 걱정이 **마음챙김적 경청**(mindful attentiveness)을 통해 비판단적으로 받아들여지고 있다고 느낄 수 있도록 도움을 줌으로써 말이 필요 없는(wordless) 안전함에 대한 경험을 만들기를 원한다. 이것은 종종 마음챙김이 치료적 상황으로 들어가는 첫 번째 방식으로, 이것은 정규적인 치료 과정으로서만 이루어지는 것은 아니며 환자들에게 마음챙김적 알아차림을 격려하지 않아도 환자들이 우리의 돌보아 주는 관찰자에 의해 자신들이 받아들여졌다는 환자들 자신의 경험을 통해서 이루어진다. **쌍을 이루는 사람 중 한 사람이 마음챙김적으로 있는 한 그 상태에 대한 조절 능력이 이 대인관계 시스템을 위해 존재한다.** 첫 번째 치료시간에 아주 높은 수준의 조절이 이루어질 수도 있고 아닐 수도 있지만 우리는 우리와 환자 사이에 더 큰 동조가 일어나는 시기를 알아차릴 수는 있을 것이다(Marci et al., 2007). 그런 순간에 우리는 마음의 바퀴 중심에 우리 둘을 그려서(Badenoch, 2008; Siegel,

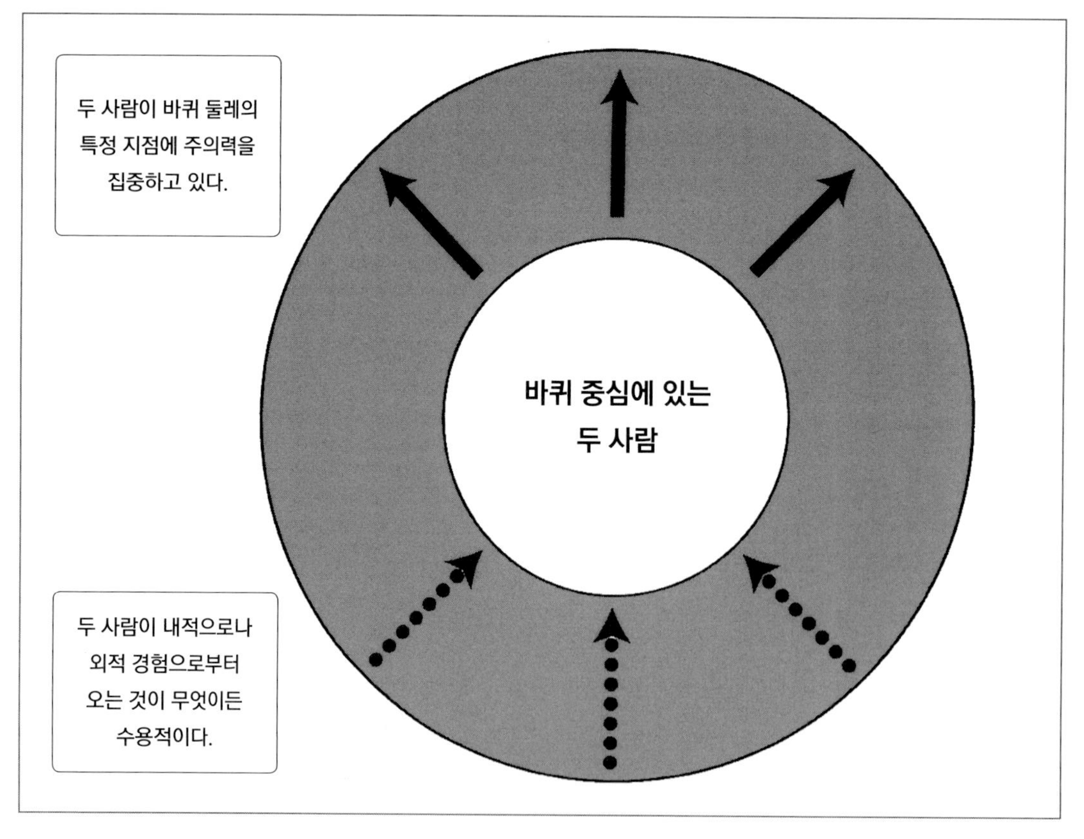

[그림 7-1] 바퀴 중심의 두 사람

치료자와 환자가 서로 공명하고 있어 바퀴 둘레의 어떤 지점이든 그 점에 주의력을 집중할 수 있거나 내적 그리고 외적 경험에 대해 수용적인 자세로 앉아 있다.

2006, 2007, 2010a, 2010b) 바퀴 둘레의 특정 지점에 주의력을 집중할 수 있을 것이다([그림 7-1]을 보라).

첫 치료시간부터 우리의 마음에 이 이미지를 간직하는 것이 마음챙김적 공간을 만들게 해 주어서 환자에게까지 무언의 초대를 확장시켜 줄 수 있다. 이는 공명을 통해 우리를 결합시켜서 돌보아 주는 자기 관찰 능력을 많이 증진시켜 준다. 동조가 일어나는 이런 순간에 이 동조는 종종 많은 사람이 '신성한'이라고 표현하는 무엇인가를 가져 오는데, 이는 고양된 인식과 선함의 바다에서 두 사람을 포옹하는 조용함으로, 아마도 신경 통합을 강력하게 증진시키는 주관적인 경험이라 할 수 있을 것이다. 이런 순간에는 바퀴 둘레는 비록 바퀴 둘레이지만 바퀴 중심에 의해 둘러싸여 있고 자비로 끌어 안겨 있는 것이다([그림 7-2]를 보라).

바퀴 중심으로부터 바퀴 둘레를 관찰하는 것과 바퀴 중심이 바퀴 둘레의 경험과 자비로 연결되어 있는 것 사이에는 미묘하지만 중요한 차이가 있다. 앞의 경우에는 바퀴 중심과 둘레가 분리된 채로 남아 있어 우리는 우리가 종종 바퀴 둘레에서 일어나고 있는 것 이상의 존재라는 느낌을 가진다. 사람들은 뇌의 한 부분이 뇌의 다른 부분에 대해 차분하게 관찰한 소견을 보고한다. 바퀴 둘레의 경험에 자비가 보태어져서 이들 관찰하는 마음이 끌어안게 되면 이는 우리의 애착 회로를 활성화시켜서 안와전두엽 피질과 변연계 회로를 더 밀접하게 연결시킨다. 이것은 우리의 돌보는 관찰자와 관찰된 마음 상태 사이에 더 큰 통합을 끌어낼 수 있게 만들고, 사람들을(그리고 아마도 우리 마음의 부분들을) 함께 조합하게 만들어 주는 호르몬과 신경전달물질이 더 자유롭게 흐를 수 있도록 해 준다. 이런 상태들이 항상 이런 순서대로 일어나는 것은 아니지만 흔히는 관찰이 자연스럽게 자비로 연결된다. 말할 것도 없이 우리 자신과 환자 안에서 한 경로에서 다른 경로로 이동 시에 일어나는 전환을 감지할 수 있는 것이 우리에게 도움을 줄 수 있을 것이다. 잠깐 시간을 내어 이들 두 상태의 차이에 대해 경험해 보도록 하라. 바퀴 중심에 앉아 바퀴 둘레로 이동을 한 다음에 수용과 자비를 가지고 모든 경험을 받아들이고 끌어안을 수 있도록 전환해 보라. 그리고 그 둘에 대해 간단히 서술하도록 하라.

____

____

____

____

____

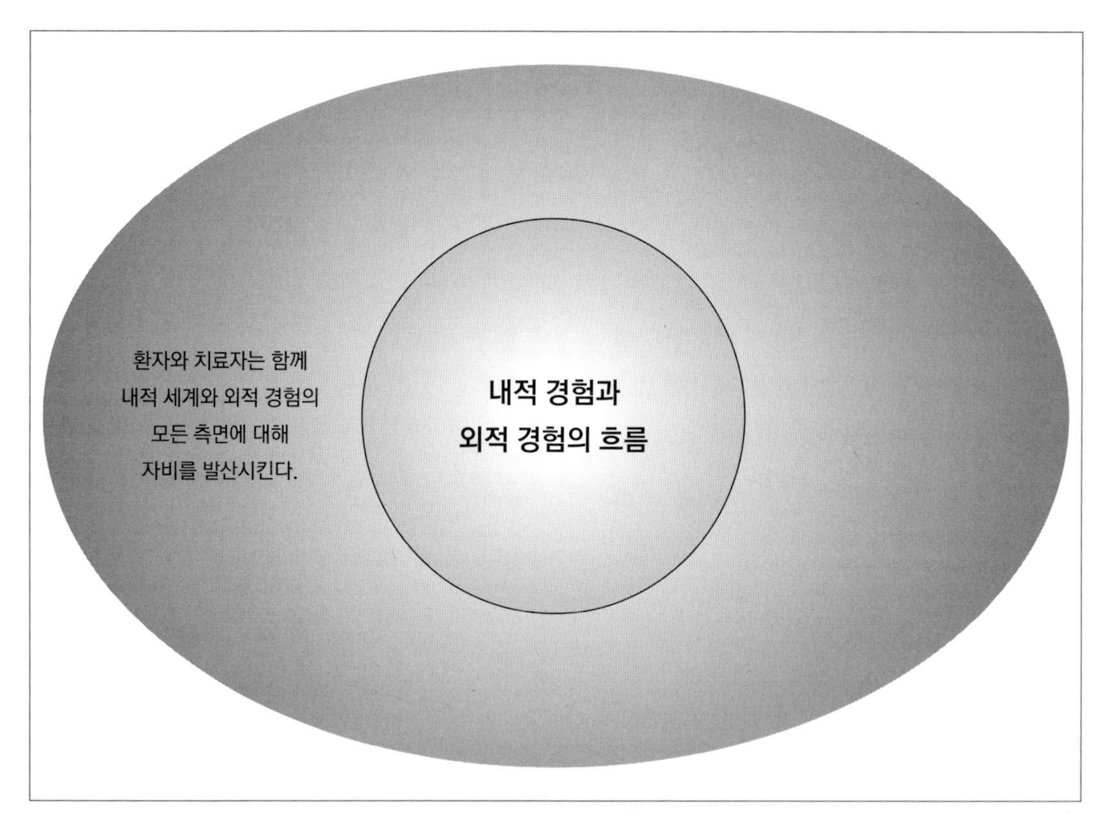

[그림 7-2] 자비로 찬 바퀴 중심에 있는 두 사람

환자와 치료자는 적극적으로 모든 내적 경험—생각, 느낌, 믿음, 감각—과 감각을 통해 들어오는 모든 외적 경험에 대해 자비를 발산시킨다.

또한 첫 번째 치료시간 동안에 우리가 이야기한 것이 진행 중인 치료 작업에 대한 톤(tone)을 설정할 수 있게 해 준다. 환자를 온전하게 수용하는 것에 우선권을 두는 것이 때로는 첫 번째 치료시간이나 두 번째 치료시간에 뇌와 마음에 대한 주제를 소개하기 위한 문을 열어 주기도 한다. 나는 종종 대니얼 시겔의 뇌의 손 모델(이에 대해서는 Siegel & Hartzell, 2003에 처음 기술되었다)로 시작을 하는데 왜냐하면 이는 실재를 보여 줄 수 있고, 휴대 가능하며, 앞으로 관계를 통해 우리와 함께할 대화의 실마리를 만들기 시작할 수 있게 해 주기 때문이다([그림 7-3]을 보라).

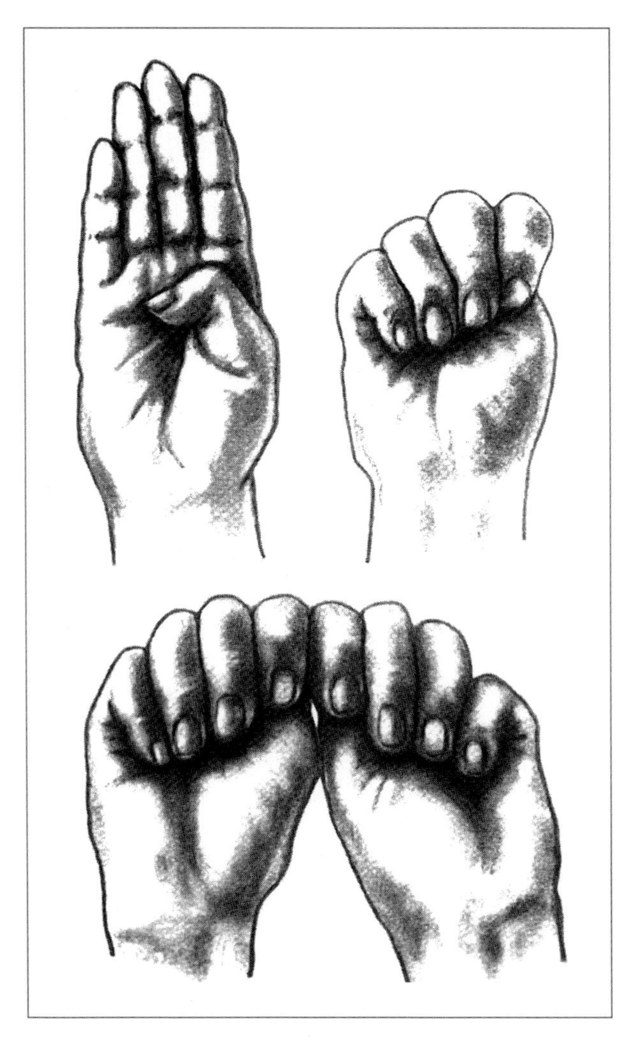

[그림 7-3] 우리 손바닥 안의 뇌

이 휴대 가능한 뇌는 우리 자신과 환자들에게 뇌를 볼 수 있고 실재하는 것으로 만드는 데 유용하게 사용될 수 있다. 대략적으로 손목과 팔은 척수이고, 손바닥 아래 부위는 뇌간이며, 엄지손가락은 변연 영역이고 손목에서 손끝까지의 손등 부위는 피질이다. 두 손은 2개의 반구이다. 우리가 각 손의 가운데 두 손톱 부위에 눈을 상상으로 그리게 되면 우리는 뇌가 우리를 쳐다보고 있는 것을 경험할 수 있게 된다.

젊은 커플이 자신의 어린아이를 어떻게 키우는가를 두고 심한 의견 차이 때문에 방문하게 되었다. 그들의 SNS 상태에서의 열띤 논란 속에 그들은 내가 어떤 육아 방식이 맞는지를 이야기해 주어야 이 분쟁을 끝낼 수 있다고 주장하였다. 남자에게는 아이의 표현의 자유가 모든 것이었고, 여자는 착한 행동이 그들이 부모로서 잘하고 있는 것을 의미한다고 생각하였다. 투표하는 대신에 나는 손 모델을 보여 주면서 그들에게 자신들의 어린 시절 이야기에 대해 물어보았다. 그리고 그들에게 이런 패턴들이 그들의 뇌에 어떻게 들어와 자리 잡게 되었는지 보여 주었다. 그들은 나를 따라 손을 쥐었으며, 그들의 눈과 자세는 정신을 집중하는 모습을 보여 주었고 그런 후 그들은 쉽게 교감신경계 흥분에서 벗어나 나와의 연결로 움직였다. 그래서 나는 그들이 자신들의 좌측과 우측 양식 모두로 듣고 있다는 것을 알 수 있었다. 우리가 암묵적 기억의 힘에 대해 이야기하면서, 그들은 이 문제가 왜 그들에게 죽기-살기의 문제가 되었는지를 볼 수 있게 되었다. 첫 번째 치료시간에서 우리는 이외에도 애착의 과정, 신경가소성(이 단어를 사용하지는 않았지만) 및 인간이 어떻게 지속적으로 서로의 신경 회로에 영향을 주는가를 이야기하였다. 이 모든 교환은 자연스럽게 그들의 특정 과거 사건과 염려의 주위를 따라 흐름을 이어 갔다. 그들이 떠날 무렵에는, 그들은 자신들의 손바닥 안 뇌를 재미있는 인형 목소리로 서로서로 이야기하는 데 사용하고 있었다.

그들이 두 번째 치료시간에 왔을 때, 그들은 자신들의 뇌에 대한 관심이 넘쳐서 많은 질문을 하였고, 자신들이 싸움을 훨씬 덜하게 되었는데 왜냐하면 이럴 때 서로의 뇌에서 무슨 일이 일어나고 있는지가 바로 궁금해져서 그랬다고 보고하였다. 그다음 몇 시간 동안에 우리는 그들이 왜 서로 그렇게 자기만의 한 양육 방식에만 집중했었는지에 대한 암묵적인 이유에 대해 감정적으로 생생하게 만날 수 있었다. 그들의 변연계 내 긴장이 해소되면서 중간 전전두엽과 변연계 영역 사이에 새로운 연결이 생기기 시작하였고(이 과정은 우리가 손바닥 뇌를 가지고 시연해 볼 수 있었다), 마음속에 그들의 작은 딸의 발달 요구에 따라 양육의 문이 활짝 열리게 되었다. 이 과정은 빠르게, 우아하게 그리고 훌륭한 결과를 가져 왔고 우리의 밝고 조절적인 뇌 이야기를 둘러싸고 펼쳐졌다.

뇌를 초기에 거론하는 것은 제대로 된 공감적 순간에 적절한 정보가 제공되고 그 사람의 현재 관심과 연결되는 방식으로 이루어진다면 진단과 문제가 무엇이든 간에 상관없이 대화에 강력한 실마리를 제공해 준다. 그러고 나면 뇌 이야기는 우리의 치유 이야기의 일부분이 된다. 여기에 또 다른 예가 있는데, 지난주에 의붓자식에 대한 적개심에 허탈감을 느낀 40대 남자가 처음으로 들어왔다. 그는 "저는 나쁜 성격을 가지고 있어요. 도대체 어떤 남자가 여덟 살짜리 아이들에게 예의 있게 대하지 못할까요? 너무 수치스럽습니다."라고 이야기하였다. 나는 "저는 당신이 이에 대해 얼마나 슬프게 느끼는지를 알겠습니다. 그러나 저는 당신이 이것이 성격의 문제가 아니며 신경생물학의 문제라는 것을 알게 되기를 바랍니다. 새로운 뇌 과학은 우리에게 우리가 원치 않는 행동을 반복하게 될 때 이것은 우리의 뇌에 이런 패턴이 짜여서 들어와 있기 때문이라는 것을 보여 주고 있습니다. 그리고 연구들은 우리에게 주의집중, 노력 및 다른 삶과의 군건한 연결에 의해 이런 패턴이 변할 수 있고, 또 변한다는 것을 보여 주고 있습니다. 당신을 만나게 되어 반갑습니다."라고 이야기해 주었다. 그의 자세와 시선의 변화에서 나는 그가 나의 이야기를 의미 있게 들었고 그의 수치심을 어느 정도 놓아 줄 수 있게 되었음을 알 수 있었다.

내가 심하게 학대받은 사람들과 작업할 때 한 가지 지속적인 관심은 조절인데 왜냐하면 그들의 신경계는 종종 극도로 긴장되어 있고 과도하게 활성화되어 있기 때문이다. 우리가 외상 동안에 뇌에서 어떤 일이 일어나는지를 살펴볼 때, 손바닥 뇌를 사용해서 이야기하면 환자들은 자기 자신의 정신 과정에 대해 돌보는 관찰자 회로를 발전시키기 시작하게 된다. 그러면 기억이 터져 나올 때, 적어도 그들 마음의 일부는 그 홍수에서 벗어나 어떤 일이 일어나고 있는지를 이해할 수 있게 된다. 조절이 증가되는 현상은 매우 뚜렷해서 환자들이 경험의 정도에 대해 어느 정도 조절할 수 있다는 느낌의 증가로 보여진다.

첫 번째 치료시간이나 두 번째 치료시간 동안에 뇌에 대해 거론하는 방식에 대해 심사숙고할 수 있는 시간을 가져 보도록 하자. 최근 환자와의 첫 번째 만남을 생각해 보거나 이런 대화를 어떻게 시작할지에 대해 상상해 보도록 하자. 만약 당신이 이제 뇌 개념을 규칙적으로 소개하고 있다면 어떤 이야기가 추가될 수 있는지 생각해 볼 수 있겠는가? 당신의 경험에 대해 여기에 써 보도록 하라.

지금이 들어주는 파트너가 특히 더 도움이 되는 그런 시간 중 하나다. 최근의 첫 번째 치료시간에 대해 브레인스토밍(brainstorming)하는 시간을 가져 보라. 뇌 과정과 이것의 대인관계 과정이 언제 그리고 어떻게 생겨났을까? 한 손(단순함을 위해) 혹은 두 손(양측 반구에 대해 이야기할 때)을 이용해서 놀이처럼 시도해 보라. 첫 번째 치료시간에 당신이 공유할 수 있을 것 같은 가능한 종류의 정보를 가지고 시험을 해 보도록 하라. 당신이 연습을 하면서, 좌측 양식 과정만을 사용해서 정보를 전달할 때와 체화된 뇌 전체를 사용해서 정보를 전달할 때의 차이에 대해 알아차려 보도록 하라. 후자의 공유를 가능하게 해 주는 데 가장 핵심적인 요소는 무엇인가? 당신 둘 모두가 당신의 환자들이 뇌와 마음에 대해 자연스럽게 대화를 시작하려고 표현하고 싶어 하는 것을 잘 찾아가는 경험이 잘 확립될 때까지 서로서로 큰 소리를 내어 이를 연습하도록 하라. 이런 직관적인 능력을 키우는 데는 많은 양의 지속적인 연습이 필요하다. 다양한 상황에 대해 적절한 뇌의 기능에는 서로 다른 측면을 필요로 하지만, 치료를 진행하는데 뇌에 대한 정보를 포함시키는 것이 가지는 특징은 우리를 좌측 양식만으로의 영역으로 돌아가게 만드는 것이 아니라 뇌의 정보를 포함시키는 것이 공감과 연결에 의해 증강된다는 점이다. 이것은 당신의 안전한 지식의 기반을 더해 주기 때문에 이 페이지는 미래의 탐사를 위해 좋은 페이지가 되어 줄 것이다. 당신과 당신의 들어주는 파트너가 함께 작업을 하면서 이런 능력을 증진시키기 위한 이 과정에 대해 당신 자신들에 대해 친절할 수 있는지에 대해 알아차려 보도록 하라. 그리고 여기에 친절한 자기 수용에 대한 당신의 연습이 어떻게 함께 이루어지는지에 대해 써 보도록 하라.

환자들이 가져 오는 것

우리는 환자들이 이 과정에 무엇을 가져 오는지에 대해 어떻게 생각하고 있을까? 신경생물학은 우리에게 인간이라는 존재는 두 가지 주요한 생물학적 필요조건으로 애착과 신경통합을 위해 준비되어 있다는 것을 보여 준다. 이들은 우리가 치료를 시작할 때 기댈 수 있는 기반이다. 우리는 환자들이 이들 내적인 쌍둥이 같은 두 가지 경향성 덕분에 치유의 경로를 향해 이미 준비되어 있고 또 치유에 이바지할 수 있다고 볼 수 있다. 잠깐 동안 당신의 환자를 **치유에 열중하고 있는 체화된 존재**(embodied beings bent on healing)로서 그려 보라. 그리고 난 다음 그들을 **부서진 마음을 가진 사람**(people with broken minds)으로 시각화해 보도록 하라. 우리의 지각에 있어 이 전환은 우리 안에서—그리고 그래서 관계 안에서—아주 극적인 방식으로 에너지와 정보의 흐름을 변화시킬 수 있다. 당신이 이들 각각으로 당신의 마음 안에 끌어안고 있을 때 당신의 몸, 느낌 및 지각에서의 차이를 느껴 보도록 하라. 그리고 이 둘 모두에 대해 서술하도록 하라.

자, 한 걸음 더 나아가서 당신의 환자들이 당신이 그들을 당신의 마음 안에 잡고 있는 방식에 대해 공명할 때 이들 두 마음의 상태가 그들에게 미칠 영향을 감지해 보도록 하자.

그들의 기본적인 인간적 성향에 더해 환자들은 그들이 살아온 이야기—그들의 현재 문제와 역사—를 가져 온다. 그리고 이 이야기에는 그들이 자신의 몸, 호흡 패턴, 그들의 활성화 수준, 눈맞춤을 얼마나 쉽게 할 수 있는지의 정도, 목소리의 톤과 리듬 및 그들이 쓴 단어 등이 함께 들어가 공유된다. 우리가 이런 다양하고 많은 에너지와 정보의 흐름에 공명할 수 있을 때, 조율의 정도는 확장이 된다. 때로는 말로 표현된 이야기로 특정하는 것이 오히려 가장 정보가 적을 수 있는 반면에 **이야기 안에 들어 있는 관계 패턴이 이 패턴의 단서에 대한 신체의 교향곡과 함께 결합될 때**(relational patterns within story, coupled with the body's symphony of clues) 더 많은 정보를 우리에게 제공해 줄 수 있다. 어떤 사람이 치료를 찾아오게 할 만한 정도의 파괴적인 삶의 문제는 흔히 발달 초기의 상처를 보여 주는 주는 요소를 포함하고 있다. 만약 우리가 우리의 신체에 집중하게 되면, 우리는 아직 이 사람에 대한 실제 역사를 알지 못해도 이 사람이 파괴되고 조절부전이 된 시점에 대해 느낀 가설(felt hypothesis)을 만들어 내기 시작할 수 있을 것이다. 우리가 몸뿐만 아니라 마음으로도 들어주기를 원하는 환자들의 메시지에 정확하게 공명을 하면 이는 환자들로 하여금 치유의 길로 지속해서 갈 수 있도록 격려하는 안전함, 수용 및 담아 주기의 기반을 더 확장시키고 있는 것이다. 그러면 우리가 치료시간이 끝날 무렵에 "오늘은 어땠어요?"—혹은 이와 유사한 질문—라고 묻게 될 때, 우리는 그들이 우리와 공유한 경험을 어떤 말로 표현하든 간에 그 밑에 놓여 있는 안전한 연결의 흐름을 느낄 수 있을 것이다. 나의 경험에 의하면 이것이 그들이 한 이야기보다 다음 치료시간에 다시 오는 것에 대한 훨씬 더 강력한 예측인자이다.

환자와 ANS에 대해 이야기하기

우리는 첫 치료시간을 넘어 ANS에 대해 생각함으로써 이 장을 마무리하려 한다. 잠깐 시간을 내어서 지금 현재 당신의 환자에 대해 생각할 시간을 가져 보도록 하라. 과연 누가 이 세 분지의 상호작용에 대한 이야기를 들음으로써 가장 이익을 얻을지를 그려 보도록 하라. 만약 누군가에 의해 언제 일어날 것이라는 그림이 확실하게 그려졌다면 당신의 일지에 이에 대해 상상으로 이에 대해 이야기하는 대본을 써 보도록 하라. 그런 뒤에 이를 가지고 당신의 들어주는 파트너와 함께 역할놀이를 시도해 보도록 하라. 여기서 당신은 당신이 무엇을 이야기할 것인가에 **대해서**가 아니라, 이 특정 환자와 나눌 수 있는 실제 단어를 사용해서 이야기하도록 하라. 당신이 이 과정을 진행하게 되면 다른 환자와 시나리오가 더 쉽게 마음속에 떠오르게 된다는 것을 발견하게 될 것이다. 이것은 이 특정 정보에 대해 당신의 몸과 마음 전체를 통해 아주 쉽게 느껴질 때까지 이 과정을 반복하라는 당신의 통합 중인 뇌가 당신에게 보내는 명백한 요청인 것이다. 잠깐 동안 당신의 내적 과정의 이 부분에 대해 친절하게 수용하는 마음을 확장시키면서 당신이 이 역할놀이를 하고 있는 것에 대해 떠오를 수 있는 판단에 대해 그것이 무엇이든 알아차려 보도록 하라. 그리고 이에 대해 간단히 서술하도록 하라.

갈등이 있는 커플과 ANS에 대해 이야기하는 것이 어떻게 싸움이 서로의 내적 세계에 대한 호기심으로 집중을 전환시킬 수 있는지에 대한 예를 함께 보도록 하자. 앤드루(Andrew)와 매기(Maggie)는 처음 만났을 때 가득했던 즐거움과 농담이 하나도 없어져 버릴 정도로 자주 다투게 되어서 치료를 받으러 왔다. 하지만 그들은 지금도 서로 사랑하고 있다고 확신하고 있었고 자신들의 두 아이에게 좋은 부모라고 생각하고 있었다. 그 둘은 모두 슬픔을 표현하고 있었고 이 악화일로의 패턴을 막을 수 있는 변화를 만드는 데 강한 무력함을 느끼고 있었다. 우리는 이런 서로 적대적인 것의 뿌리에 대해 알아보기 위해 가족력을 통한 작업을 하였다. 둘 모두는 친밀해지는 것을 피하고 싸움에는 취약한 가정에서 키워졌고 그래서 이런 패턴은 두 사람 모두에게 암묵적(가장 중요함) 수준 및 외현적인 수준 모두에서 그 뿌리를 내리고 있었다. 나는 과거사를 통해 이 깊고 위험한 탐색을 하면서, 이들이 서로의 혼돈스러운 과거를 경험하는 데 있어 얼마나 서로 많은 공감을 느꼈는지에 대해 감동과 용기를 얻었다. 이 둘 모두는 집에서 이 이야기를 했을 때는 상황을 더 악화되게 만드는 가장 불쾌한 논쟁으로 연결되는 반면에, 이렇게 공감을 느낄 때에는 내면의 압박이나 싸움이 거의 느껴지지 않는다는 사실에 놀라움을 표시했다. 이에 대한 그들의 호기심이 ANS 작업에 대한 탐색의 문을 우리에게 열어 주었다.

앤드루: (우리가 그들의 가족사에 대해 살펴보는 작업을 끝낸 후에) 저는 놀랐어요. 이제 저는 아주 다르게 느끼고 있어요. 저의 어떤 부분도 당신과 다투고 싶어 하지 않는 것 같아요. 당신은 어때요?

매 기: 저도 이상해요. 그렇지만 저도 더 이상 싸우고 싶어 하지 않는 것 같아요. (잠시 쉰 후에) 제가 저 자신을 보기보다는 당신을 더 보고 있는 것 같아요. (나를 쳐다보면서) 이런 것이 설명이 가능한가요? [호기심이 그들 모두에게 작동되었다—우측 양식과 좌측 양식 학습의 문이 열린 것이다.]

보 니: 물론 가능하지요. 한 가지만 물어볼게요. 지금 당신 둘 사이에 공간이 얼마나 안전하다고 느껴지나요? 당신들이 안전하게 느끼는지 아니면 위협적으로 느끼는지를 당신들의 몸을 통해 점검해 보세요. [앤드루가 자신의 아버지와 관계에서 무엇을 경험했는지를 식별하기 곤란해할 때, 우리는 과거사 청취 과정 동안에 우리의 몸이 우리의 감정에 대해 어떻게 우리에게 가르쳐 주는지에 대해 이야기한 바 있다.]

매 기: 제 몸은 아주 차분해요 그리고 제 어깨가 특히 긴장이 풀려 있어요. 제 생각에 저는 매우 안전하게 느끼는 것 같아요. [그녀는 그녀의 목, 어깨 및 위쪽 등의 긴장에서 오는 두통을 치료하기 위해 일주일에 한 번씩 마사지를 받는다고 이전에 이

야기했었다.]

앤드루: 저도 긴장이 풀려 있어요. 그리로 이전에는 이렇게 느껴 본 적이 없는 것 같아요. 저는 주먹을 꽉 쥐고 이를 악물고 걸어 다니곤 했어요. 저는 우리가 신체에 대해 이야기한 이후에 이런 것들을 관찰하고 있었어요. 일을 할 때에도, 그리고 때로는 아이들과 놀고 있을 때도 그렇게 하고 있었지요. 그런데 저는 아이들과 아주 재미있게 놀고 있는데도 긴장이 풀려 있어서 아주 이상했어요. 지금이 최근 수개월 사이에 느껴 본 중에서 가장 긴장이 풀려 있습니다.

보 니: (미소를 지으면서, 그들의 마음챙김적인 발견을 즐거워하며) 당신 둘 모두는 당신들의 몸이 당신들의 내적 상태를 어떻게 반영해 주는지에 대해 아주 많은 것을 배우고 있습니다. 저의 몸도 역시 긴장이 풀리고 개방되어 있습니다. 흥미로운 것은 우리가 이런 상태에 있을 때 우리는 서로에 주의를 집중할 수 있고 우리는 서로를 수용할 수 있는 공간을 가질 수 있으며 당신 둘 다 기분이 좋아 보인다는 것이지요. (둘 다 고개를 끄덕이고, 서로 쳐다보면서 또 나를 쳐다보고 미소를 짓는다.)

앤드루: 저는 저희 둘이 처음에 서로 만났을 때 이런 기분을 느꼈던 것이 기억납니다. 그때는 우리가 매우 즐거웠지요.

매 기: (앤드루 쪽으로 살짝 기대면서) 저도 그래요. (그가 손을 뻗어 그녀의 손을 꼭 잡는다—이것은 우리가 시작한 이후에 감정의 첫 번째 신체적 신호였다.)

보 니: 저는 당신들이 첫 번째 함께했을 때를 생각해 봅니다. 당신들은 서로 분명히 매우 안전하다고 느꼈을 것입니다. 왜냐하면 당신들은 서로의 존재 안에서 행복을 느낄 수 있는 모든 길을 발견하려고 하고 있었을 것이니까요. 우리가 안전감을 느낄 때, 우리의 신경계는 서로의 연결을 지지해 주지요. 그래서 우리에게 다른 사람에게 진짜로 집중할 수 있는 공간을 제공해 주고 함께 있다는 느낌을 즐길 수 있도록 해 주지요.—지금 바로 우리 셋에서처럼 말입니다. 심지어 우리는 이런 상태에서 활성화되고 이런 상태가 지속될 수 있도록 지지해 주는 호르몬과 신경전달물질을 가지고 있답니다.

앤드루: 그렇다면 왜 지금만이지요? 집에서는 왜 이렇게 할 수 없지요?

매 기: 치료 후에 집에 갔을 때를 생각해 보면, 당신의 몸과 느낌은 당신에게 무엇을 이야기해 주나요?

앤드루: (잠깐 동안 깊게 생각한 후에 자신의 몸을 맞추어 보고) 제 얼굴은 금방 긴장되고

제 몸은 말 그대로 싸움 양식으로 들어가게 되지요. 저는 제 자신을 방어해야 한다고 느끼고, 저는 제 사무실 문밖조차도 나갈 수가 없어요. 제 몸이 뜨거워지기 시작하는 것이 느껴지기까지 해요. 저는 매기가 집안으로 들어서자마자 저를 화나게 만들 것이라고 생각하고 있어요.

보 니: 매기, 당신은 앤드루가 집에 곧 도착할 것이라는 생각을 하면 어떻게 느껴지나요?

매 기: 저도 같아요. 저도 그가 직장에서 일어난 일 때문에 화를 내거나 아니면 저와 싸우게 될 것이라는 것을 알아요. 저는 그 에너지를 싫어해요. 그래서 그것을 저에게서 멀리하려고 긴장을 높이지요. 저는 그가 미소를 짓고 집에 들어왔으면 하고 거기에 더해 그가 집에 있는 것이 기쁘게 느꼈으면 해요. (앤드루는 방어하기를 시작한다. 그러나 곧 그녀가 비난을 당하는 것보다 슬퍼하는 것을 보았을 때 부드러워진다.)

보 니: [앤드루가 방어적인 모습에서 쉽게 전환이 되는 것이 그들이 계속해서 안전하다고 느끼는 좋은 증거이고, 따라서 그들이 배 쪽 미주 활성화 상태/대인관계적으로 연결된 상태로 계속 있을 수 있다고 판단을 해서 나는 계속한다.] 그래서 당신들은 서로 보기도 전에 이미 안전하지 않다고 느끼고 있군요. (우리 셋 모두가 그런 상황에 대해 슬픔을 느끼기 위해 잠깐 쉰 다음) 우리가 안전하지 못하다고 느끼자마자 우리의 신경계가 작동하는 방식은, 우리가 비록 의식적으로 이것을 깨닫고 있지 못하고 실제적인 위험이 있지 않아도, 교감신경계를 우리를 방어하기 위해 활성화시키는 방식으로 움직입니다. 우리가 진짜로 위협적인 상황에 있을 때 이것은 매우 유용합니다. 그러나 우리가 항상 안전하지 않다는 느낌의 순환으로 들어가게 되면, 정말 비극적인 것은 그 순간에 무엇이 실제로 일어났는가와 상관없이 이것이 우리를 서로 연결되지 않게 단절시켜 버린다는 것입니다. (이 정보를 소화할 수 있도록 잠깐 쉬고 나는 둘이 우리가 이야기하고 있는 것의 의미를 알아차리기 위해 정신을 차리고, 의지를 보여 준다는 것을 알 수 있다.)

앤드루: (더 이해하고 싶어 질문을 가진 자신의 내적인 과학자가 되어서) 저에게 그것이 어떻게 작동하는지에 대해 좀 더 이야기를 해 주십시오.

보 니: [나는 앤드루가 자신의 우측 양식 관계적 진전을 지지해 주기 위해 필요한 좀 더 자세한 근거를 알고 싶어 하는 그의 좌측 양식의 요구를 알아차리면서, 매기가 때때로 앤드루의 느린 속도를 못 참아 하는 자신의 좀 더 직관적이고 빠르게 작

동하는 우측 양식 과정을 작동하고 있다는 것을 알아차리고 있다.] 제가 짧게 설명을 드릴 테니 그 뒤에 당신들이 무엇을 더 알고 싶은지를 제게 질문해 주세요. 우리의 신경계는 세 부분을 이루어져 있습니다. 두 종류의 부교감신경계와 한 종류의 교감신경계가 그것이지요(나의 손을 이용해서 세 줄을 보여 준다.). 일반적으로 부교감신경은 차의 브레이크처럼 작동하고 교감신경은 엑셀처럼 작동하지요. 우리가 작동되기를 바라는 것은 배 쪽 부교감신경계로 이것은 서로 간에 연결된 채로 머물러 있게 지지해 줍니다. (매기의 기민한 눈빛이 거기에 빠져 있다는 것을 보여 주는 매기의 상태에 동조를 유지하면서) 이것은 우리에게 가만히 있으면서도 동시에 심장 리듬을 조용하게 유지하면서 활동할 수 있게 해 줍니다. 이것은 또한 우리가 감정적인 연결을 공유하고 유지하는 데 말보다 더 중요한 우리의 표정을 나타낼 수 있고 목소리의 톤을 들을 수 있도록 해 주는 뇌 회로에 부착되어 있습니다. (매기가 그녀의 신체 언어를 통해서 불안 초조해하는 신호를 보여 주기 시작했다는 것을 인식한다.) 매기, 당신은 가만히 있으면서도 동시에 안전하다고 느낄 수 있는 느낌을 아시겠습니까?

매 기: 제가 아이들과 책을 읽을 때는 그런 느낌을 진짜로 느낍니다.

보 니: 당신은 그들과 따뜻함을 느끼고 연결되어 있다고 느끼나요?

매 기: 그럼요!

보 니: 그것이 바로 배 쪽 미주신경입니다. 그것은 당신이 안전하지 않다고 느끼기 전까지는 활성화되어 있을 것입니다. 때때로 우리의 뇌는 항상 그들이 위험하다고 믿는 것에 대해 지켜보고 있기 때문에 우리가 의식적으로 알아차리지 않을 때라도 그런 전환이 일어날 수 있습니다. 당신 둘이 많이 싸우고 있는 것과 같은 이전 경험들이 우리를 특정 종류의 신호에 대해 내무 민감하게 만들 수 있습니다. 따라서 때로는 아주 작은 사건에도 우리는 빨리 그리고 강력하게 반응을 하게 되지요.

매 기: 마치 앤드루가 얼굴에 잔뜩 구름이 끼어서 집에 올 때처럼 말이군요. 제가 그것에 대해 생각할 때 저는 제 몸이 긴장되고 제 심장이 즉시 빠르게 뛰는 것을 느낄 수 있습니다(손을 자신의 심장 위에 얹는다.).

보 니: 그것이 바로 당신의 연결 능력을 닫아 버리는 교감신경계 활성화입니다.

매 기: 이제 이해가 되는군요.

앤드루: 저는 당신이 나와 함께 있을 때 안전하지 않다고 느끼는 것을 바라지 않아요(그

녀를 부드러운 눈길로 바로 바라보면서).

매 기: (눈물을 보이며) 고마워요. 우리 모두를 안전하게 만들 수 있는 방법을 생각할 수 있게 된 것 같아요. 우리가 이렇게 연결되어 있을 때가 훨씬 좋아요.

보 니: (나는 아무 말도 하지 않는다. 배 쪽 미주 연결이 이루어지고 있는 그들의 시간을 즐기면서 그들이 자신들이 원하고 있는 것을 본능적으로 그리고 인지적으로 흡수하고 있는 것을 강하게 느끼고, 더 이상 ANS에 대해 자세히 이야기할 필요가 없다는 것을 느낀다.)

이 치료시간을 계기로, 매기와 앤드루는 그들이 교감신경계 활성화로 빠지게 되었을 때 자신의 몸에서 그것을 느낄 수 있기 시작하였고 그들로 하여금 친절하게 관찰하고 그래서 자신의 신경계를 조절할 수 있는 마음챙김 연습을 시작할 수 있게 되었다. 가장 좋았던 것은 그 당시에 그들이 무엇이 그들을 화나게 했든 간에 그것에 대한 이야기를 중단하고 자신들을 안전하지 않다고 느끼게 만든 사람이 누구이든 그 사람을 돕는 데 초점을 맞추어 그들이 처음 만났을 때 보여 주었던 감정적인 팀워크에 대해 기억할 수 있도록 해 주는 협력적인 조절 패턴을 만드는 데 합의했다는 것이었다. 그들이 서로에 대해 더 안전감을 느끼게 될수록 그들의 현재화와 아동기의 경험 사이의 연결이 표면으로 드러나기 시작했다. 그들은 나에게 때때로 마음 속에 존재하는 화난 아이와 함께 앉아 표면에 드러난 오래전의 이야기를 함께 들어주는 두 명의 좋은 부모가 된 것처럼 느껴진다고 이야기하였다. 우리가 함께 하는 시간이 종료가 되어 가면서 나는 그들에게 무엇이 전환점이 되었다고 믿느냐고 물어보았는데 그들은 모두 자신들이 서로에게 안전하지 않은 환경을 만들어 낸다는 것을 깨달았던 날이었다고 대답하였다. 앤드루는 "우리가 그것에 대해 이야기했을 때, 저는 제가 일 때문에 열 받아서 화를 내면 매기가 놀란 어린 소녀가 되는 모습을 상상했어요. 그것이 제가 집으로 가져 오는 마지막 것이 되기를 바랐어요. 무엇인가 제 안에서 큰 전환이 일어났지요."라고 말했다.

뇌에 대한 정보를 공유하는 것이 이런 식의 통합적 과정을 가져 올 수 있어 우리 환자들이 자신의 변연계와 중간 전전두엽 회로 사이에 더 강하고 더 지속적인 연결을 반영해 주는 돌보는 관찰자의 끌어안는 태도를 확장할 수 있도록 도와준다. 이런 돌보는 관찰자적 태도는 뇌기능을 순간적으로만 변화시키는 것이 아니라 공감, 조절 및 반응 유연성을 지지해 주는 새로운 뇌 구조를 지속적으로 만들어 줄 수 있다. 앤드루와 매기는 서로 간에 어떻게 연결이 될 수 있을 가에 대한 **선택**이 매 순간 증가하는 것을 경험하게 되었고, 이런 선택은 단순히 그들의 싸움을 줄이는 것을 넘어서 확장되었다. 대니얼 시겔(2007, 2010a, 2010b)의 안녕의 삼각형에 근거하면 우리는 뇌, 마음 및 관계가 지속적으로 서로를 변형시키는 양방향적인 영향의 경로를 그려 볼 수 있다([그림 7-4]). 앤드루와 매기가 싸울 때 이 삼각형은 조절부전으로 고정되었으나 우리가 함께 치료 과정을 통해 움직였을 때 이 삼각형은 이들의 커플로서 안녕을 지지해 줄 수 있는 진짜 하나가 되었다.

우리의 작업에서 매기, 앤드루 그리고 나는 우리가 만들어 낸 뇌 통합적 공감 및 연결의 역동적인 관계를 경험하였고, 이것이 매기와 앤드루의 내적 세계에 대해 마음챙김적으로 더 집중할 수 있도록 지지해 주었다. 이렇게 마음챙김적인 주의집중을 적용하게 되면서 이것은 그들의 뿌리 깊은 신경 경로에 변화를 가져다주어 그들의 뇌에 지속적인 변화를 만들어 내었고, 이런 변화는 서로 간에 더 큰 공감을 가지고 관계를 맺는 것을 **선택할** 수 있는 능력을 이끌어 내게 되었다. 우리는 이 삼각형의 어디에서든지 시작할 수 있는데, 그곳에서 변화가 일어나면 그것이 어떻게 시스템을 통해 통합의 순환을 시작하게 해 주는가를 경험할 수가 있다. 이것은 치료적 시도를 그림으로 그려 볼 수 있는 유용한 방법이기도 하다.

지금 우리는 치료 시에 처음 접촉에서부터 시작해서 치유 과정을 통해 가는 우리만의 길을 만들고 있는데, 이에 더해 우리는 관계의 모든 단계에서 이 정보를 사용하기 쉽도록 만들고 있다. 이 연습 중 일부는 수 주, 수개월 혹은 수년에 걸쳐 이루어질 것인데, 이렇게 되면 우리는 이 정보를 우리만의 방식 안으로 흡수시킬 수 있게 될 것이고, 이것이 진짜 체화된 패러다임의 변화인 것이다. 새로운 가닥을 가진 태피스트리(tapestry)의 이미지는 이런 아이디어와 경험이 우리의 다른 관점과 잘 짜여지는 방법을 잘 포착해서 보여 주는 것처럼 보인다. 이제 우리는 관계가 시작되는 시점에 환자들이 우리에게 가져 온 생생한 그리고 말로 표현된 이야기를 듣는 작업으로 옮겨 가게 되는데, 필요하다면 다시 보기 위해 이 페이지에 표식을 해 두는 것이 도움이 될 수 있을 것이다.

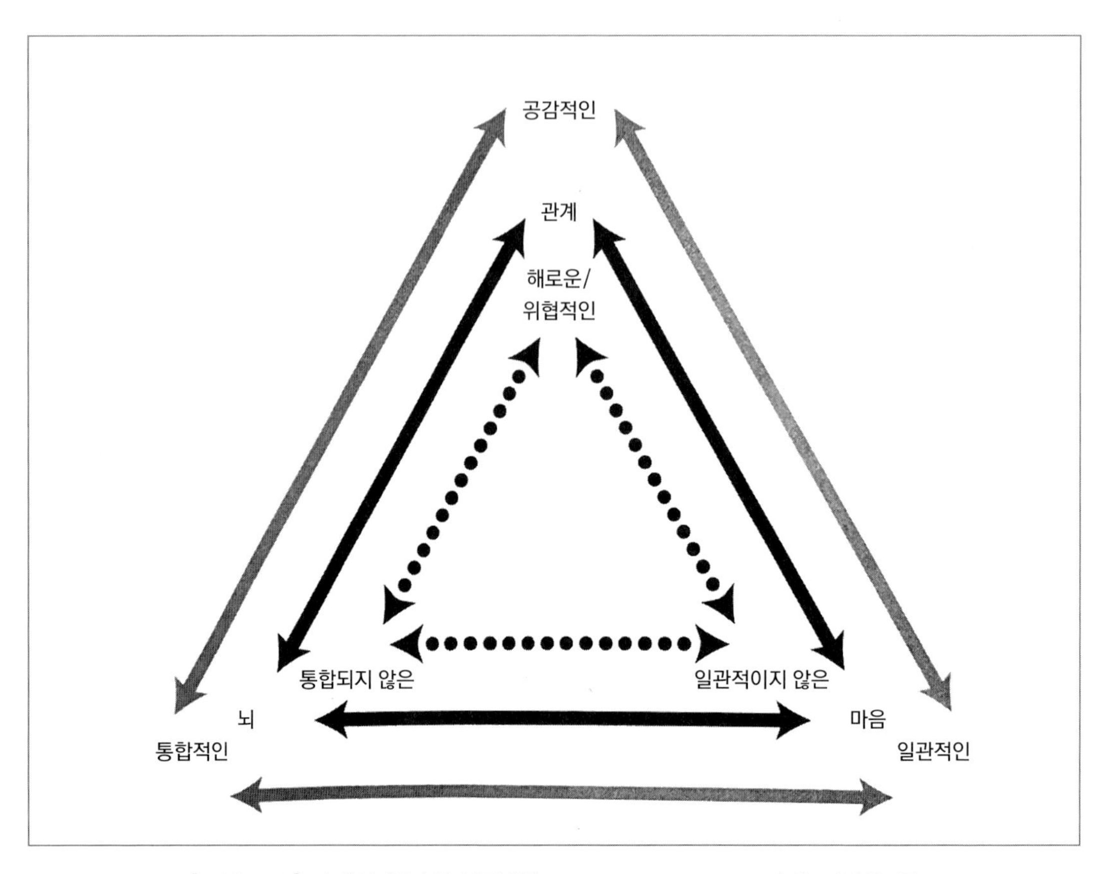

[그림 7-4] 시겔의 안녕의 삼각형(2007, 2010a, 2010b)에 기반을 둠

뇌, 마음 및 관계 간의 상호적인 영향을 조절의 방향과 조절부전의 방향 모두에서 보여 주고 있다.

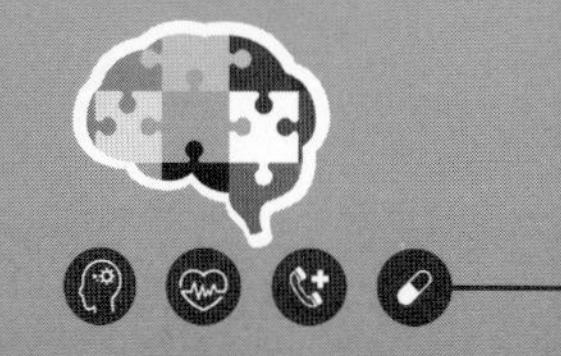

깊은 과거사에 기대기

우리는 종종 과거사 조사를 새로운 환자의 삶에 대해 일련의 질문을 하는 것—외현적인 알아차림을 증가시키는 연습—으로 생각한다. 그러나 우리가 이에 더해 과거사 조사를 암묵적인 과거사의 패턴을 듣고 이를 활성화시키는 것이라 생각한다면 우리는 환자의 내적인 세계를 이루고 있는 부분에 좀 더 접근할 수 있을 것이다. 후자의 이야기가 그들의 몸에 생기를 불어넣어 주고 신경계를 움직이게 해 줄 것이며, 관계에서 선택을 유도해 주고, 가치를 이야기해 주며, 회복 탄력성 정도에 영향을 줄 것이고, 자신들의 삶에서 발견하는 의미를 만들도록 해 주며, 그 외에 더 많은 것을 해 주게 할 것이다. 우리가 듣는다는 것을 이 층까지 포함시킬 수 있게 확대할 수 있을 때 우리는 환자들이 자신이 온전하게 받아들여졌다고 느낄 수 있을 정도의 넓은 공간을 제공해 줄 수 있다. 나는 내가 그들의 무언의 이야기와 말로 표현한 이야기 모두 안에 자리를 제대로 잡기 전까지는 내 환자들에게 아주 큰 영향력을 가진 그들의 내적 삶에 대해서 눈이 먼 채로 날아가고 있는 것과 같이 느낀다. 그래서 이 탐색은 단순히 사실을 발견하는 임무가 아닌 **그들의 생생한 경험의 신경 경로와 주관적인 현실 속으로 완전하게 들어가는 것**(a full-bodied entrance into the neural pathways and subjective reality of their lived experience)을 의미한다. 이것은 첫 번째 치료시간에 시작되는데, 초기의 과거사를 말로 표현하기 전부터 시작된다.

암묵적 과거사에 대해 듣기

첫 번째 만남에서 알렉스(Alex)는 처음 치료시간의 반을 앉았다 일어서서 걷다가를 반복한 후에야 좀 더 차분해졌고, 눈맞춤을 지속할 수 있게 되었으며 우리의 대화에 대해 흥미를 표현할 수 있도록 연결을 유지하는 데 최소한 필요한 정도의 안전감을 느낄 수 있게 되었다. 이런 전환을 통해 나는 **내가 그의 마음에 처음으로 함께하고 있다**는 것을 느꼈다. 그런 다음에 그는 좀 더 말을 일관적으로 할 수 있게 되어서 왜 자신이 여기에 오게 되었는지 나에게 말할 수 있게 되었다. 그는 "제가 왜 모든 여자친구들을 속이고 바람피우는지 이유를 알고 싶어서"라고 말하였다. 그는 자신이 그러려고 하는 것은 아닌데 그런 일이 그냥 일어나며, 흔히는 약 9개월 정도에 일어나는데, 누군가를 새롭게 만나서 생기는 처음의 불안이 지나나고 좋은 패턴이 자리잡게 되면 이런 일이 일어나게 된다고 설명하였다. 그는 꼭 자신의 바람피우기가 '발각이 나서' 자신이 '버려진' 후에야 이 사건이 가져 올 문제의 가능성에 대해 많은 생각을 하게 되는 것이 '이상하게' 여겨진다고 이야기하였다. "저는 마치 이것이 이전에는 전혀 일어나지 않았던 것처럼 놀라지요. 제가 도대체 어떻게 된 거지요. 미쳤나요?"

이렇게 이야기하면서 그는 의자의 끝에 걸쳐 앉아 있었고 눈을 크게 뜨고 내 쪽을 향해 몸을 기울였다. 자기 자신을 위해 도움을 찾는 것이 그의 신경계를 더 차분하게 만들어서 우리는 연결될 수 있었고, 나는 좀 더 깊게 숨을 내쉬고 난 뒤 비록 그에게 아직 모르는 것이 많지만 왜 이 모든 행동을 이해할 수 있는지에 대해 설명해 주었고, 이 문제를 함께 알아낼 수 있다고 이야기해 줌으로써 그의 차분함을 더 커지게 만들고 있는 나 자신을 발견할 수 있었다. 그가 더 차분해지자 나는 "우리가 의식적으로 선택하는 것과 다르게 어떤 일을 하고 있는 경우에는 그 뿌리는 흔히 우리의 저 깊은 마음, 즉 삶의 초기에 배운 패턴 안에 있는 경우가 많습니다."라고 이야기를 하였다. 그의 눈은 정상 크기로 돌아왔고, 깊게 숨을 쉬면서 처음으로 의자에 완전히 자리 잡고 앉았다.

이런 교환은 그가 자신의 **느낀/살아 있는/체화된 이야기**(felt/lived/embodied narrative)를 나와 공유하기 시작한 것으로 나는 이를 통해 듣고/보고/지각한 것이다. 즉, 그는 안착이 어려워 불안해지기 쉬운 몸과 충동성 및 부정행위가 나타날 정도로 영원한 현재 과거의 깊은 우물로부터 솟아나는 여자친구와의 관계상의 행동들이 나타났을 때, 그 순간에 너무 사로잡혀 이러한 파괴적인 행동이 다시 일어나고 있다는 사실에 대하여 명백하게 인식조차 못했다. 애착 시스템은 연결을 간절히 바라는데, 이것은 누군가 차분하고 따뜻한 사람에 의해 조절되는 건강한 능력 및 그의 깊은 세계에 대한 이해와 결합되어 나타날 수 있을 것이다. 그의 이런 행동과 자각이 없다는 사실이 미친 것은 확실히 아니라고 안심시켜 주는 말이 그의 신경계를 확실하게 조용히 만들어 주었다. 또한 그의 관계-파괴적인 방식의 밑에 있는 내적인 공동체 패턴을 알아보고 경험하기 위해 그의 기억 저장소에 부드럽게 다가서기를 원하고 있는 나의 마음도 느낄 수 있었다. 그가 나의 호기심을 느낄 수 있게 되면서 그는 "제가 세 살 때에 어떤 일이 일어났었는지에 대해 당신에게 이야기해 주겠습니다."라고 말을 하였다.

암묵적 과거사에 대한 단서를 듣는 연습을 하도록 하자. 잠깐 동안 당신의 가까운 친구의 이야기에 대해 알고 있는 것이 있다면 이에 대해 느껴 보도록 하라. 만약 당신이 사실을 걷어내 버리고 나면, 당신의 그들의 암묵적 애착 이야기를 이해할 수 있는 다른 길은 무엇인가? 그리고 그 일이 있고 난 뒤의 그들의 과거사는 무엇인가? 그리고 당신은 그것을 어떻게 알 수 있는지 그리고 당신이 알아낸 것은 무엇인지에 대해 여기에 간단히 써 보도록 하라. 당신은 당신의 몸, 느낌 혹은 직관으로 듣고 있는가? 이런 종류의 알아차림을 증진시킴으로써 무엇을 알게 되었는가?

때때로 암묵적인 뿌리에 초점을 맞추는 것이 어떤 사람의 개인적인 이야기를 이해할 수 있는 유일한 길일 수 있다. 극적인 예를 들어 보도록 하겠다. 훌륭하고 돌봄이 많은 여인이 수천 명의 어린 암 환자들이 더 오래 살고 건강하게 살 수 있도록 도와주고 있었다. 외적으로만 보면 우리는 그녀가 어린 환자들과 부모들로부터 자신의 훌륭함과 자비에 대해 많은 사랑과 감사를 받고 있다고 알고 있었다. 치료에서 그녀는 "저는 멍청하고 감정도 생각도 없어요. 저 자신 이외는 아무도 돌보지 않아요."라고 이야기하였다. 그녀는 자기 자신에 대한 이 경험에 아주 단단히 집착하고 있었고 만약 이것을 다르게 생각하도록 격려받으면 "다른 사람들은 그렇게 이야기할 수 있어요. 그러나 저는 진실을 알고 있어요."라고 이야기를 하였다. 그녀는 자신의 몸과 정신모델이 암묵적 진실을 너무 깊게 알고 있어서 다른 사람이 그녀에 대해 경험하게 한 것에서 오는 것이 얼마나 다른가에는 상관없이 자신의 모든 의식적 경험은 그것들로부터 만들어진다고 이야기하고 있었다. 우리는 그녀가 좋지 않은 현실검증 능력을 가졌다고 이야기할 수 있거나(몇몇 치료자들이 그렇게 이야기했고 그것이 그대로 그들과의 치료적 관계의 끝이 되었다), 혹은 암묵적인 관계 학습이 너무 초기에 일어나 그들이 그녀의 뇌에 **이런 느낀 진실**(felt truth)**을 만들지 않았나** 하고 의심을 해 볼 수 있을 것이다. 그녀에게 이렇게 알고 있는 것은 신체와 감정 동조적인 것이어서 이들과 새로운 생각 사이에는 아무런 문제가 일어나지 않았다. 그녀의 이야기가 점차 드러나면서 그녀의 우측 양식인 경험 회로로부터 좌측 양식으로 지속적으로 정보가 쏟아져 들어오고 있었는데, 사실상 아이로서 철저히 거부당했던 그녀의 경험을 어떻게든 말로 설명하기 위해 그녀의 좌측 뇌가 우측 뇌의 이런 정보에 대해 납득할 만한 이유를 만들어 내고 있다는 것이 명백해졌다.

만약 우리가 그녀의 암묵적인 입장에 서지 않는다면 그녀의 개인적인 이야기는 이해할 수 없는 이야기이고, 그러면 우리 안에서의 불협화음을 가져 오는 경험이 생겨 우리는 **우리 자신에게** 안도감을 주기 위해 그녀에게 세계가 그녀를 어떻게 보고 있는지 알려 주어 그녀 자신에 대한 지각을 재구성화시킬 필요가 있다고 느끼게 될 것이다. 그러나 만약 우리가 그녀가 자신에 대한 지각을 형성하는 데 중요한 암묵적인 영향이 있었을 것이라 가정하는 관점을 가질 수 있다면, 비록 우리가 그녀의 완전한 과거사를 알지 못한다고 해도 이 불협화음은 빠르게 그녀가 아이로서 그리고 어른으로서 느꼈을 고통에 대한 아주 큰 자비의 감각으로 대치될 것이다.

잠깐 시간을 내어서 치료에서 당신이 당신의 환자의 개인 이야기와 그들에 대한 당신의 지각 사이에 이런 고통스러운 불협화음이 일어났던 몇몇 경우에 느껴졌던 당신의 몸과 마음을 기억해 보도록 하라. 이 불협화음이 당신의 몸, 느낌 및 지각에 어떤 영향을 미쳤는지를 알아차리도록 하라. 이 환자에게 당신이 무슨 이야기를 하고 싶은지를 느껴 보라. 이렇게 알아차린 암묵적인 뿌리가 이 불협화음을 없애 주어 비판단적인 자비로 바뀌게 해 준다고 생각해 보고, 당신의 체화된 경험에 있어 변화에 대해 알아차려 보도록 하라. 당신의 이런 두 가지 마음 상태를 고르면서 당신이 알아차린 변화에 대해 간단히 서술하도록 하라.

종종 우리 환자들 이야기의 진실 됨이나 그들의 자기평가에 대한 현실성에 대해 보여 주는 우리의 마음 상태가 **그들의** 들어주고 있다는 느낌 및 이해받고 있다는 느낌에 중대한 영향을 미치게 된다. 이 부분에 대한 우리의 태도가 다음 치료 진행 방향을 이끌어 줄 뿐만 아니라 우리와 환자 둘 사이의 공명은 비록 우리가 말로는 받아들이고 있다고 할지라도 만약에 어떤 의심을 갖는다면 이것이 환자에게는 파문을 불러일으킬 수 있음을 의미하는 것이기도 하다. 비판단적인 수용은 환자의 자기 이야기와 그 속에 자리 잡고 있는 그 이야기를 만들어 낸 암묵적인 정신모델 사이의 일치를 그대로 볼 수 있게 해 주는 우리 능력에 뿌리가 되어 준다. 일단 우리가 이렇게 완벽하게 맞추는 경험을 할 수 있게 되면 인지적으로 반작용적으로 움직이려 하거나 아니면 그들의 이야기에 반대하려는 충동도 호기심과 그 암묵적 뿌리에 대한 배려로 대체가 될 것이다. 치료실 안에서의 이런 전환은 명백하게 드러나게 된다.

우리가 환자의 이야기에 대해 우리 자신을 열어 돌보는 관찰자적 마음 상태로 들어가게 만들면 우리는 감정적으로 의미가 있는 모든 관계에서 꽃을 피우는 일종의 대인관계적 통합 상태에 참여하게 되는 것이다. 우리가 거울 신경세포와 공명회로를 통해 그들의 내적 경험에 대한 메아리를 우리 안에 만들어 내어 환자들과 조율을 한 순간부터 우리는 이 생생하게 살아 있는 이야기를 수용하기 시작한 것이다. 알렉스의 경우, 그의 불안한 움직임, 커진 눈, 가쁜 호흡 및 결정에 어려움 등이 나에게 내가 그에 대한 어떤 이야기도 듣기 전에 그의 어린 시절의 조절 경험이 어땠는가에 대해 힌트를 주었다. 동시에 나는 공명을 통해 그의 무언의 경험을 내재화하고 있었고 그의 암묵적 이야기에 대해 느낀 조율(felt attunement)을 위한 공간을 만들고 있었다. 이런 방식을 통해 그의 이야기에 대한 우측 양식 반응과 전체 뇌의 상상하기를 통해 나의 몸과 뇌는 그의 내적 세계에 대한 지도를 그리기 시작하였다. 그러고 난 다음 그가 자신에게 세 살 때 무슨 일이 일어났는지에 대해 나에게 이야기를 시작하였고, 그 이야기는 그를 두렵게 만들었던 부모 사이에 일어난 폭력과 뒤이은 싸움으로 얼룩진 이혼에 대한 이야기였다. 이 이야기를 통해 그의 내적 존재는 나의 마음 안에 좀 더 분화된 모습으로 자리 잡기 시작하였다.

다음 두 번의 치료회기 동안에 그는 자신의 삶에 대해 이야기를 하였고 그의 부모, 형제, 선생님, 코치들 및 다른 사람의 여러 측면에 대해 이야기를 하였다. 이 이야기는 나의 신경계, 느낌 및 이미지의 흐름 안에 촉매로서 자리 잡기 시작했고, 그의 어린 시절 경험과 예상 밖의 부정 행동 사이에 놓여진 복잡한 연결에 대해서도 점점 더 알게 되었다. 의식적인 노력과 무의식적인 조율 모두를 통해 나의 마음은 치유적인 작업이 이루어질 동안에 우리가 거주할 곳이 되어 줄 '집(house)'을 점점 더 분화된 신경 안에 지어 가고 있었다. 몇 주 동안 그가 그 방 안에 들어올 때마다 혹은 그가 치료시간 사이사이에 나의 알아차림 속으로 들어올 때마다 그의 어린 시절에 대한 과거사와 내적 공동체에 대한 느낀 감각이 내 마음 안에서 그 기억과 연관된 사람들이 머무를 수 있도록 해 주었다.

거울 신경세포와 공명회로의 전반적인 영향

글자 그대로 우리 안에 자리 잡고 있는(embed) 다른 인간 및 그들 안에 자리 잡고 있는 우리 사이에 이렇게 풍부하게 서로 엮여 있는 것의 신경생물학적 기반에 대해서 우리가 무엇을 알 수 있을까? 우리는 이제 막 우리가 서로의 일부분이 된다는 사실에 대해 다양한 방식으로 이해하기 시작했다. 한 가지 널리 알려진 가설적 모델은 거울 신경세포와 공명회로가 이런 과정의 바탕에 있는 기전의 후보로 가능성이 있다고 주장하고 있다(Iacobini, 2009; Siegel, 2006). 거울 신경세포는 우리가 특정 행동을 하고 있을 때와 같은 행동을 관찰할 때 모두 발화한다. 흥미롭게도, 이 영역의 다른 신경세포들은 행동할 때 발화하고 그러고 난 다음 그 행동이 관찰될 때 발화가 억제된다. 이것은 우리가 모방을 하지 않고도 어떻게 공명할 수 있는지 그리고 우리 자신의 행동과 다른 사람의 같은 행동을 어떻게 구분할 수 있는지에 대한 수수께끼를 풀어 주는 것이다(Mukamel et al., 2010).

이렇게 우리는 관찰된 행동과 우리 안에서의 이 행동에 대한 반향 사이에 일대일의 대응적인 그림을 그릴 수 있게 되는 것이다. 그러나 거울 신경세포의 약 1/3만이 이렇게 작동되는 것이 밝혀졌다. 이들 **엄격하게 합동적인**(strictly congruent) 세포들은 동일한 행동을 실행하고 관찰할 때만 발화한다. 그러나 거울 신경세포의 나머지 2/3는 '같은 목적을 성취하거나 혹은 논리적으로 연결되어 있는' 관찰된 행동에 대해 발화한다(Iacoboni, 2009, p. 600). 이들 **광범위하게 합동적인**(broadly congruent) 신경세포들은 우리의 '협동적인, 협조적인, 보조적인 행동'을 위한 기반을 제공해 주는 것처럼 보이고(p. 600), 이들은 우리 서로 간에 이루어지는 그때그때의 춤을 지지해 주고 있는 것으로 여겨진다. 이 춤이 안전한 애착의 춤이든 아니면 학대의 춤이든 간에 이것이 모두 적용된다.

거울 신경세포는 또한 다른 사람과 하나 됨을 느끼는 느낀 감각(felt sense)인 공감을 완성시키는 복합 공명회로의 최전선이기도 하다. 최선을 다해서 그것이 우리에게 가져다준 모든 풍미(all the flavors)를 잡으려 이 회로의 모든 경로를 따르는 것이 특별한 가치가 있을 것이다. 우리가 유사한 의도적 행동을 목격했을 때 그 행동의 표상이 **위쪽 측두엽 피질**에서부터 **전통적인 거울 신경세포**로 보내지게 되고 그러면 행동과 **의도의 지각**(perception of intention) 사이에 연결이 이루어지게 된다(Carr et al., 2003). 그 순간에 우리는 행동의 수준 및 그 행동이 우리를 함께 데리고 갈 곳의 수준 모두(엄격하고 합동적인 그리고 광범위하게 합동적인 수준 모두)에서 이미 다른 사람과 함께 그 움직임에 내적으로 참여하고 있는 것이다. 이것은 우리가 누군가 컵을 잡고 있는 것을 보거나 혹은 통증으로 얼굴을 찡그리고 있는 누군가를 관찰하고 있거나와는 상관없이 사실이다. 여기로부터 정보는 **위쪽 측두엽 피질**을 통해서 되돌려 보내지는데 이곳이 우리가 **다른 사람의 의도**를 더 느끼게 만드는 곳이고, 다른 사람의 **그다음 움직임**에 대한 표상을 만들어 내는 곳이다(Carr et al., 2003). 여기에서 **섬**은 신 피질에서 에너지와 정보를 받아, 들어오는 메시지가 **우리에 대해 지니는 감정적인 의미**를 무의식적으로 느끼는 **변연 영역, 뇌간 및 신체**로 그것들을 보낸다. 여기서 '우리에 대해'라는 것이 중요하다. 우리의 변연 영역은 특정한 경험이 안전한가 혹은 위험한가에 관해 이전에 코드화해서 저장된 곳이기도 해서 암묵적인 지각 편향에 의해 지금 들어오는 정보에 색을 입힌다. 이것은 때때로 자신들의 내면 상태에 대한 깊은 공명보다는 우리 자신의 평가를 반영하는 다른 사람에 대해 느낀 감각을 낳는다. 이것이 확실히 우리가 하는 것 혹은 우리가 다른 사람에 대해 모른다는 사실에 겸손해야 하는 바로 그 이유가 된다. 그렇게 정보가 다시 섬을 통해 **공감의 완전한 화음**(full chord of empathy)이 이루어지는 통합적인 중간 전전두엽 회로를 통과한다(Goldman, 2006; Siegel, 2007). 이 과정은 수 밀리 초 안에 걸쳐 연속적으로 일어나는데 대부분은 인식 밖에서 이루어지지만 우리의 내적 환경과 외부적 행동에는 큰 영향을 준다.

이제 잠깐 동안 좌측 양식을 통해 공명 과정에 대한 우리의 지식을 공고화하는 시간을 갖도록 하자. 당신의 일지에 무엇이 명확한지 그리고 무엇이 불명확한지를 인식하면서 필요하다면 당신이 명확하다고 느낄 때까지 재검토하면서 대인관계의 연결에 대한 신경 경로에 대해 글을 써 보도록 하라. 배우기로부터 말하기로 전환해서 당신이 편안하다고 느낄 때까지 당신의 들어주는 파트너와 거울 신경세포의 개념에 대해 이야기하는 시간을 가져 보도록 하라. 만약 당신이 이것에 대해 배우는 것에 대해 어떤 판단이 일어나면 자신에 대한 당신의 판단에 대해 친절함을 가지고 이들 비판적이거나 아니면 축하하는 목소리를 돌보는 관찰자에게 꺼내 놓도록 하고, 당신이 판단에서 부드러운 수용으로 움직일 때 당신 몸에서 일어나는 전환에 대해 간단히 써 보도록 하라.

떠오르는 어떤 판단이라도 그것을 꺼내 놓으려는 연습을 잠시 동안 하면서 우리는 이전보다 작든 크든 간에 이것을 하는 데 좀 더 수월해졌음을 알 수 있게 될 것이다. 우리 중 많은 이가 판단(좋고–나쁘고, 수용할 수 있고–수용할 수 없고)을 좋은 행동을 확보하는 도구로 사용했던 가족 안에서 성장을 했고, 이것은 아마도 우리 부모가 이런 행동이 세상에서 성공하는 데 필요하다고 믿고 있었기 때문이었을 것이다. 만약 이런 경우라면 이 판단을 특정 행동의 근원에 대한 호기심으로 움직이도록 바꾸는 것이 쉽지 않을 것인데 왜냐하면 이렇게 하는 것이 실패에 대한 두려움이나 가족에 대해 불충한 느낌이 올라오게 할 수 있기 때문이다. 이 작은 공간을 이용해서 판단의 중요함에 대해 당신 가족으로부터 당신이 내재화했던 에너지와 정보의 흐름이 어떤 것이었는지를 심사숙고해 보는 것이 그들을 좀 더 꽉 잡지 않게 해 주는 과정을 쉽게 할 수 있도록 도와줄 것이다.

우리는 잠깐 다시 거울 신경세포와 공명회로로 돌아가려고 하는데 그들이 치료적 관계에 아주 강력한 영향력을 가지고 있기 때문이다. 야코보니(Iacoboni)의 말에 의하면 그들의 영향은 '전반적이고 자동적'(2009, p. 657)이다. 알아차림 없이 우리의 내적 상태를 전환시키는 데 얼마나 작은 입력이 필요한지에 대해 이해할 수 있도록, 한 가지 작은 연구의 예를 들어 보려 한다. 참가자에게 노인과 연관된 단어(예: 플로리다, 빙고, 회색)가 포함된 문장에 노출되도록 뒤섞여 있는 문장 과제를 보여 주었고 다른 사람에게는 그렇게 하지 않았다. 그러고 난 다음에 연구자들이 엘리베이터까지 걸어가는 시간을 측정하였다. '늙은' 단어에 노출된 사람들은 더 천천히 움직였다(Bargh, Chen, & Burrows, 1996). 이것은 명백히 노인의 걸음걸이를 무의식적으로 흉내 내는 것이었다. 이런 현상을 표현하는 용어가 **점화**(priming)다. 그러나 우리가 이 개념을 일종의 경험으로 한정시키면, 우리는 이 현상이 가지고 있는 중요성을 인식하지 못하는 마음의 공간 안에 이것을 그냥 맡겨 버리는 것일 수 있다. 다르게 본다면 이것이 우리에게 단어의 선택, 얼굴 표정, 자세, 시선 및 우리가 환자에게 주고, 또 환자들이 우리에게 가져 오는 그밖에 수없이 많은 작은 정보들이 지닌 강력하고, 보이지 않는 영향을 보여 주는 것일 수 있다. 이런 인식이 지니는 한 가지 가능한 효과는 일부는 모방에 의해(엄격하게 합동적인 거울 신경세포), 또 다른 일부는 협동에 의해(광범위하게 합동적인 거울 신경세포로) 이루어진 협력적인 춤을 함께 출 수 있도록 도와줄 수 있다는 것이다.

반면에 우리의 아무 뜻이 없는 눈 표정이나 소리조차도 예측하지 못한 방식으로 환자들의 내적 세계에 대해, 또 그들이 우리를 어떻게 지각하는지에 대해 영향을 줄 수 있다. 최근에 일어난 친구의 죽음으로 인해 나의 눈에 무엇인가 슬픔이 보여질 수 있는 그 주 동안에 환자 중 몇 명은 어린 시절 자신의 부모로 인해 실망했던 경험 때문에 다양한 방식으로 나를 불쾌하게 만든 것은 아닌지에 대해 걱정을 하였다. 나는 보통 환자를 보는 것이 즐겁다. 그래서 이런 반응은 내 생각에는 나의 내적인 불안정성(interiority)과 조용함이 그들 안에서 마치 상실처럼 메아리를 불러일으켜서 그들의 변연계 지각 오류에 의해 해석이 이루어졌기 때문이라 생각한다. 물론 이와 똑같은 경험이 우리가 환자들의 의미 없는 단서를 지각할 때에도 우리 안에서 일어날 수 있다. 이런 종류의 전환에 대한 민감함이 의식하에 일어나든 아니면 의식 바깥에서 일어나든 간에 상관없이, 우리가 우리 안에서 혹은 환자 안에서 움직이고 있는 신비한 힘을 느낀다면 불안해지는 대신에 좀 더 개방적이 되고 호기심을 가지는 데 도움을 줄 수 있다. 또한 우리가 계속해서 서로 간에 공유하고 있는 정보의 홍수를 알아차리는 것이 환자들의 행동 뒤에 무엇이 있는가를 판단하게 건너뛰어 버리는 것으로부터 우리를 보호해 줄 수 있다. 우리의 돌보는 관찰자와 함께 펼쳐지는 치유 과정의 큰 그림 속에 자리를 잡은 채 남아 있는 상태에서 어떤 순간에 **모르는** 채(**not**knowing) 편안한 상태로 머무르는 것이 이 과정이 더 나빠지는 것을 완화시켜 주는 것처럼 보인다.

위에서 이야기한 것처럼 거울 신경세포에 대한 연구는 아직 초기 단계이고 몇몇 과학자들은 인간에서 이들의 존재나 기능에 대해 의문을 표시하고 있다(Lingnau, Gesierich, & Caramazza, 2009). 어떤 것이든 간에 우리는 우리 뇌가 우리를 서로 엮어 주는 특정한 신경 과정을 가지고 있다는 것은 경험적으로 증명할 수 있다. 현재 거울 신경세포 세계에 새로운 발전이 진행되고 있다. 2010년 연구에서 외현적인 기억을 코드화해서 저장하고, 인출하며, 통합하는 데 연관된 영역인 **해마**를 포함하는 **안쪽 전두엽 피질**과 **안쪽 측두엽**에서 거울 신경세포와 같은 특징을 가진 단일 신경세포가 존재하는 것이 추가적으로 밝혀졌다(Mukamel et al., 2010). 이런 새로운 발전은 우리가 전통적인 거울 신경세포와 공명회로에 의해 제시되고 또 제안되었던 움직임, 의도 및 감정에 대한 많은 기존의 소견보다도 남들로부터 더 다양한 에너지와 정보의 흐름을 받아들이고 있다는 것을 보여 주는 것이다(Iacoboni & Badenoch, 2010). 우리가 서로를 어떻게 내재화하는가에 대한 이 중요한 연구의 적용(이것이 치료적 상황하에서 일어나든 바깥에서 일어나든 간에)이 수년 안에 이루어질 것이다.

이제 우리는 염두에 둔 특정 환자나 상황에 대한 공명 과정에 대해 말하기를 연습함으로써 이 새로운 지식을 더 확고하게 만들려고 한다. 들어 주는 당신의 파트너와 특정 역할하기를 서로 번갈아 하면서 공명 과정을 이해하는 데 도움이 될 수 있는 한 명 혹은 두 명의 환자를 몸과 마음에 두도록 하라. 그러고 난 뒤에 몇몇 상황에서 편안함을 느끼거나 쉽게 공유를 느끼게 될 때까지 이들 환자와 이야기하는 것을 연습하라. 용기를 내서 과감하게 부딪치고 즐겁게 하는 것이 바퀴가 잘 돌아가도록 윤활유 역할을 해 준다는 것을 명심하도록 하라. 연습하고 난 뒤에 당신의 들어주는 파트너와 함께 당신의 발전하고 있는 관계를 다시 돌아보는 시간을 갖도록 하라. 특별히 당신이 이렇게 **듣고 있을**(being listened to) 때에 당신의 몸, 느낌 및 생각의 깊이에 무엇을 인식할 수 있는가? 파트너에게 **귀 기울이는**(attending to) 것이 당신의 인식을 넓혀 주는 데 어떤 역할을 하는가?

공명회로를 공유할 수 있는 기회

거울 신경세포와 공명회로는 우리가 그 순간에 다른 사람의 뇌의 배선에 어떻게 영향을 주고 있는가를 이해할 수 있게 도와줄 뿐만 아니라 우리로 하여금 영구적인 내적 공동체를 얻기 위해 필요한 내재화라는 과정의 밑바탕이 되어 준다. 공명을 통해 우리는 다른 사람의 의도와 감정을 내재화시킨다. 그러고 난 다음 제4장에서 우리가 경험했던 쌍을 이룬 마음 상태를 만들어 내기 위해 그것을 우리 자신의 반응과 함께 엮는다. 많은 내 환자가 '어떻게 이들이 그곳에 있게 되는지'에 대해서 더 이해하기를 원했고 그렇게 함으로써 우리의 대화가 더 쉽게 공명 과정으로 들어가기를 원했다. 이 과학적 근거는 종종 그들에게 마음의 이런 상태가 '내적 아이에 대한 어떤 정신적인 허상'이 아니라 신경생물학적 실체로 인식할 수 있도록 해 준다. 회의론으로 인해 만들어진 제약이 없어지게 되면 우리는 이 중요한 작업을 향해 훨씬 더 쉽게 움직일 수 있게 된다.

가족과 함께 작업하는 것이 결실이 넘치는 공유를 위한 또 다른 기회를 제공해 준다. 아이들과 치료하는 데 있어 장애물 중 하나가, 물론 이해할 만한 것이기는 하지만, 부모들이 아이의 행동 문제를 빨리 교정하고 싶어 한다는 것이다. 부모의 내적 상태가 자신의 아이들 안에서 어떻게 반영되는가에 대한 대화가 부모 자신의 애착 형태에 대한 이해와 함께 이루어질 때, 이것이 부모로 하여금 행동에 있어 즉각적인 변화에 대한 요구를 버릴 수 있도록 도와주기도 하고 자신의 애착의 근원에 대해 기꺼이 탐색하고자 하는 마음을 만들어 주기도 한다. 부모들이 자신의 마음 상태가 어떻게 그 순간에 자기 아이들의 상태와 행동에 영향을 주고 있는가를 더 볼 수 있게 되면 될수록 그들은 비난과 조절에서 조용함과 이해로의 전환을 더 잘할 수 있게 된다. 이런 내적 변화는 이번에는 그것을 보고 느낀 그들의 아이들 안에서 공명을 일으켜 아이들을 조용해지게 만든다. 부모의 관심이 바라는 행동이 빠르게 일어나기를 원하는 것에서 안전한 애착을 만들어 내고, 자신의 아이들의 발달적 요구가 무엇인지에 대해 배우는 것에 대한 관심으로 바뀌게 되었을 때 실제로 자연스럽게 더 낫게 행동하는 아이로 바뀌게 만든다는 사실에 부모는 더 기뻐하게 된다.

우리의 공명회로는 확실히 우리로 하여금 단지 좌측 양식이 사실만을 인식할 때는 할 수 없었던 초기 애착의 암묵적 이야기에 귀 기울일 수 있도록 도와준다. 우리가 환자와 이 특별한 신경 과정에 대해 이야기하는 것은 그들로 하여금 자신의 과거에 대해 다른 관점에서 이해할 수 있게 도와준다. 세대 간 영향이 좀 더 명확해지고 자신과 다른 사람들에 대한 판단이 줄어들게 된다. 이런 깨달음이 그들의 삶의 경험에 대해 점점 더 자비를 통해 이해할 수 있는 힘을 발전시키기 위해 자신들의 돌보는 관찰자의 단계로 넘어갈 수 있게 해 준다. 그래서 그들의 과거를 공유하는 과정만으로도 그들은 새로운 신경 회로를 만들고, 통합적 신경가소성에 대한 첫 번째 경험을 하게 되는 것이다.

이제 우리는 애착에 대한 민감성이 어떻게 우리를 환자들의 내적 세계로 더 깊게 끌려 들어가게 할 수 있는지를 보기 위해 우리의 시각을 조금 돌려 보려 한다.

애착 양상에 대해 듣기

우리가 환자 이야기의 말로 표현된 부분에 주의를 기울이게 되면 우리는 애착의 주제를 들을 수 있다. 아주 어린아이로서 이 사람은 누구에게 애착을 할 수 있었을까? 그의 발달하는 뇌를 어떤 관계적 에너지와 정보의 흐름이 만들었을까? 이런 경험들이 어떻게 암묵적으로 연결의 특성을 정의하게 되었을까? 이 사람은 현재의 제공된 관계나 거절의 경험에 어떻게 반응할까?

우리는 또한 이야기가 전달되는 방식을 받아들일 수 있다. 어떤 부분이 생생하게 활기를 띠게 느껴지고 어떤 부분이 죽은 것처럼 느껴질까? 어떤 이야기가 풍부하게 자세하고, 어떤 이야기는 메마르고 무미건조한가? 특정 이야기의 부분이 신체를 불안하게 만들지는 않는가? 그와 반대로 어떤 부분은 이야기하는 사람과 듣는 사람 모두를 이완하도록 만들지는 않는가? 과거와 현재가 함께 섞여 있지는 않는가? 혹은 과거가 실제 과거로 이야기의 흐름이 자연스러운가? 이야기를 듣는 동안 내 몸에서는 어떤 반응이 일어나는가?

신경생물학적 연구는 어떤 발달 심리 그리고 애착 심리가 있는지에 대해 확실히 해 주고 있다. 삶의 아주 초기에 우리의 돌보는 사람/사람들이 관계적 에너지가 가장 쉽게 전달될 수 있는 경로를 만드는 방식으로 뇌의 구조를 형성하게 만든다. 신경망이 형성될 때 더 자주 반복되고 더 큰 감정 강도를 가질수록 이것은 다시 활성화될 가능성이 더 커지게 된다(Siegel, 1999). 처음 형성이 이루어지고 난 뒤 이들 새로운 회로는 수초화가 되어 더 안정화되고 속도를 가질 수 있게 된다. 애착 형성의 생물학적인 중요성, 유아 뇌에서 이미 형성된 신경망의 부족 및 첫 12～18개월에는 암묵적 기억만이 형성된다는 사실을 고려한다면, 우리는 대부분은 의식적인 의식의 바깥에서 작동하고, 깨어났을 때는 현재의 상태에 뿌리를 둔 것으로 주관적으로 경험을 하게 되는 지속적인 구조를 발전시키고 있는 신경 시스템을 그려 볼 수 있을 것이다. 이런 이유 때문에 이 시스템은 이들 이미 확립된 애착 양상에 의해 아주 강력하게 제한받게 되는 것이다.

안전한 애착의 견고함

때때로 이것은 좋은 일이다. 안전한 애착에서는 이것의 핵심 기반이 진행 중인 통합을 지지해 준다. 그래서 신경 회로는 유연성, 일관성 및 회복 탄력성을 만들어 내도록 제한되고, 시스템은 새로운 경험을 정신건강의 기반인 복합성을 증가시키는 흐름 안으로 들어가도록 점화되어 있다. 여기에서 제한이나 한계를 의미하는 **제한이 되고**(constrained)라는 단어를 사용하는 것이 이상하게 보일 수 있다. 그러나 이것은 정확하게 신경 구조가 무엇을 하는가를 보여 주는 것으로, 신경구조는 우리 뇌의 신경 발화 패턴의 내용과 경계를 결정해 준다는 것을 의미하는 것이다. 예를 들어, 생의 초기 동안에는 안전한 애착이 이루어진 어른의 따뜻함, 기쁨 및 조율이 아이의 애착과 가장 강하게 연관이 있는 영역인 안와전두엽 피질 활성화의 신경생물학적인 바탕이 되어 준다. 그리고 이번에는 그들이 자신의 아기 뇌에서 똑같은 회로를 활성화시켜 주게 된다. 그래서 유전적으로 이미 결정되어 있는 시기인 초기 24개월 무렵에 이들 미리 배선화된 회로는 조절, 공감, 조율 및 도덕적 행동의 시작 고리를 형성하는 성숙하고 있는 변연 영역과 연결되게 된다. 그래서 시스템이 기쁘게 그리고 건강을 유도하는 방식으로 **제한이 되어** 있다고 이야기하는 것이다. 여기서 보여 주는 그림과 앞으로 다음에 나올 부분에 있어 각 그림은 특정한 애착 경험의 관계적인 핵심을 보여 주려는 시도다.

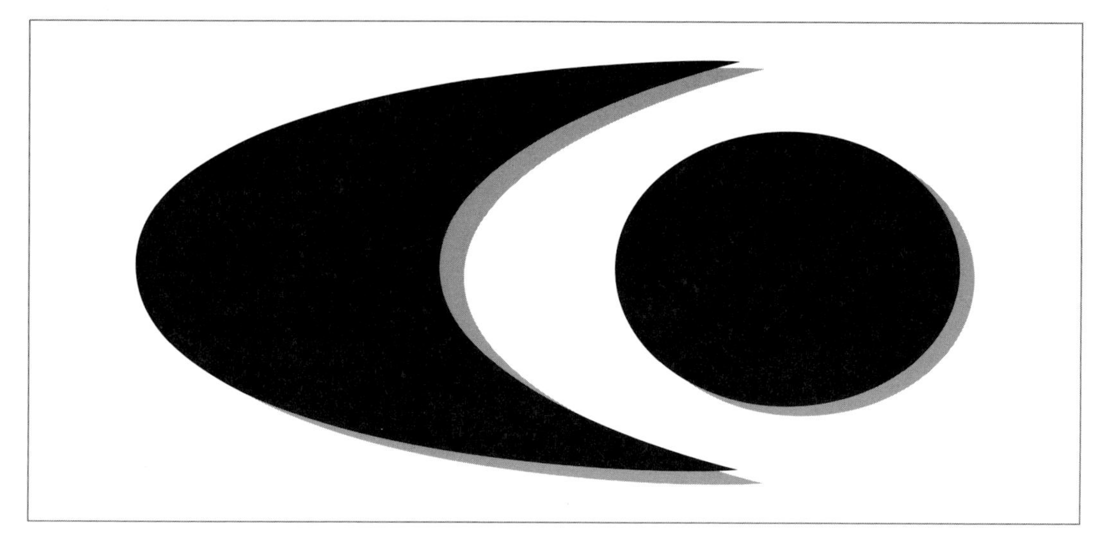

[그림 8-1] 안전한 애착의 느낌

아이가 자기 자신의 움직임이나 적절한 시간을 탐색하기 위한 충분한 자유가 동반되어서 자신을 알고 있다는 느낌과 기뻐하고 있다는 느낌으로 인해 보호받고 있다는 감각. 만약 이것이 애니메이션으로 표시한다면, 아이가 압박을 받거나 버림받지 않았다는 느낌을 가지고 일종의 조율의 춤을 추는 것이 될 것이다.

뇌에 이런 종류의 배선을 가진 사람이 그 혹은 그녀의 이야기를 공유하게 될 때 우리는 따뜻함, 편안함 및 만족감으로 가득 찬 우측 양식의 욕조에서 또 다른 우측 양식의 욕조로 이동하는 경험을 하게 된다. 이렇게 이야기가 흐르게 되면, 우리 자신의 뇌는 지지를 받아 통합을 이루게 되어 이것은 아마도 우리에게 이완된 경각심(relaxed alertness)과 깊은 통찰을 동시에 느끼게 해 줄 것이다. 정신건강의 정의로서 대니얼 시겔(2007)이 이야기한 두문자어인 FACES—유연한(flexible), 적응적인(adaptive), 일관성 있는(coherent), 생기 있는(energized) 및 안정적인

(stable)—는 이 체화되어 내재화된 이야기의 생생한 형태를 의미한다. 잠깐 시간을 내어 치료에서나 아니면 친구로부터 이런 종류의 이야기를 듣고 있는 것을 상상해 보라. 그리고 당신의 신체, 감정, 지각 및 총체적인 안녕감에 어떤 반응이 일어나는지를 살펴보라. 그러고 난 다음에 당신이 알아차린 것에 대해 여기에 간단하게 서술하도록 하라.

____

____

____

____

____

____

____

____

____

진료실을 찾아오는 대부분의 사람들은 암묵적이거나 외현적인 애착 이야기를 직접 가져 오지는 않는다. 환자들이 우리에게 가져 온 붕괴된 에너지와 정보의 흐름에 대한 이해의 한 방법으로 우리는 메리 에인스워스 등(Ainsworth, Blehar, Waters, & Wall, 1978), 메리 메인(Mary Main, 1996) 및 에릭 헤세와 메인(Hesse & Main, 1999)이 밝혀낸 회피적(avoidant), 양가적(ambivalent) 및 붕괴된(disorganized)의 세 가지 서로 다른 유형의 불안정한 애착을 또다시 상상해 볼 수 있을 것이다. 우리는 우리 자신의 과거에 관해서 이야기할 때 이들에 대해 이미 논의한 바 있다. 그러나 특히 우리 자신의 애착 과거에서 알게 된 것을 배경으로 우리가 환자들이 가진 애착의 입장이 되어 보게 하는데 이것이 매우 유용하기 때문에 이에 대해 다시 논의하려 한다. 우리 중 많은 사람은 진단이라는 렌즈를 통해서 환자들을 볼 수 있도록 훈련을 받았지만, 환자가 가져 온 관계 투쟁의 깊은 뿌리를 조망하는 데 암묵적 애착 양상이 중요하기 때문에, 나는 이 암묵적 애착 양상을 어떻게 바라보는가 하는 관점이 이 문제를 쉬우면서도 깊게 이해하는 데 아주 효율적이고 효과적인 방법이 될 수 있게 애써 왔다. 종종 풍부하게 안전한 애착을 가진 환자가 방문할 때가 있는데, 이런 경우조차도 이것을 알아차리는 것은 우리로 하여금 어떤 작업이 필요할 것인지를 이야기하는 데 있어 그것이 무엇이든 우리가 이용할 수 있는 단단한 발달학적 기반이 되어 준다. 한편 이들 초기에 형성된 양상 및 이들의 기저에 있는 신경학적 상관물(neural correlates)은 우리로 하여금 이들 심한 증상의 발달학적 근원에 대한 이해를 도와줄 수 있다. 나는 이런 관점이 경계성 인격장애 혹은 해리성 주체성 장애와 같은 진단으로부터 오는 낙인과 두려움을 제거하는 데 크게 도움이 된다는 것을 발견하였다. 우리가 격해진 감정에 마주해서 더 명료하고 더 차분하게 반응할수록 치유를 일어나게 해 줄 수 있는 더 큰 바탕이 되어 줄 것이다.

우리는 우리 자신의 애착 양상에서 우리가 알게 된 것이 무엇인가를 알려 주는 것으로부터 시작할 수 있다. 실제로 보면 우리 대부분은 복합적인 애착 가능성을 가지고 있는데 이것은 아마도 한 가지 뚜렷한 형태의 애착을 가지지만 또 다른 관계적 상황에서는 또 다른 애착의 형태가 나타날 수 있다는 것을 의미한다. 내 환자 중 한 명은 그녀가 자신의 어머니와 가졌던 애착 양상(혼란스러운), 그리고 아버지와 가졌던 애착 양상(거리를 둔) 및 대고모와 가졌던 애착 양상(따뜻하고 안전한)을 번갈아 반영해 주고 있는 오래된 세 가지 관계 양상을 명확히 보기 시작하였다. 두 번의 결혼 실패가 그녀를 치료에 오게 하였고, 세 번째 관계는 우리가 함께했던 작업이 거의 끝날 무렵에 시작되어 결혼으로 연결되어서 지금까지 수년간을 만족스럽게 유지하고 있다. 그녀 자신의 부모와의 애착 투쟁이 신경적 에너지를 덜 빼앗아 가게 되면서 대고모와의 건강한 애착 양상을 위한 공간이 더 표면으로 드러난 것처럼 보였다.

메리 에인스워스의 낯선 상황 실시 요강의 오랜 사용 경험 덕에 우리는 암묵적 애착 양상이 아이가 채 1세가 되기 전에 신경적으로 뿌리를 깊게 내린다는 사실을 알게 되었다(Ainaworth et al., 1978). 그리고 또한 우리는 이 경로들이 암묵적인 기억에만 국한된다는 것도 알게 되었는데 왜냐하면 외현적인 기억은 적어도 생후 1년이 완전히 지나기 전까지는 이용 가능할 정도로 시작되지 않기 때문이다. 이것은 우리 환자들의 자신의 초기 경험에 대한 외현적인 생각은 지각적으로 왜곡된 다른 사람들(부모, 이웃, 친척들)의 관점에 의해 형성된 것인 반면에 주관적으로 경험된 이야기는 환자들의 신체, 감정 및 관계적 정신모델 안에 만들어져 있음을 의미한다. 어떻게 우리는 이들의 어린 시절을 직접적으로 볼 수 있을까? 우리의 차분하고 수용적인 자기(self)가 안전한 천국(safe haven)을 제공해 주면 환자들에게 이미 배선되어 있던 애착 체계가 활성화되기 시작해서 그들이 우리의 존재에 대해 어떻게 느끼며 우리와 어떻게 관계 맺는지에 대해 영향을 주기 시작할 것이다. 우리가 그들을 깊게 받아들이기 위해 우리의 마음을 열고 그들의 초기 삶에 대해 묻기 시작하면서 이때 나타나는 이야기에 그들의 암묵적 애착에 관한 에너지와 정보가 담겨 있게 될 것이다. 이것은 소아 환자의 경우에도 일어나는데 우리가 묻지 않아도 그들의 애착 이야기는 자연스럽게 모래상자에서, 놀이방 안에서 그리고 우리와의 상호작용 안에서 나타날 것이다. 우리는 그냥 그것을 볼 수 있는 안목과 그것을 끌어안아 줄 수 있는 능력을 키우면 된다.

회피적 애착의 무미건조한 풍경

안전한 애착에 대한 논의가 끝났으니 이제 세 가지 불안정한 애착 안에서의 에너지와 정보의 흐름에 대해 알아보도록 하자. 자신의 아이들에게 관계를 무시하도록 하거나 아니면 피하도록 암묵적으로 가르치는 무심한 부모에 의해 뿌리내려지는 회피적 애착으로 시작하도록 하자. 부모가 자신의 아이들을 감정적인 인식 없이 혹은 자신들의 내적인 세계에 대해 공명 없이 키울 때, 그들은 자기 자식들의 뇌를 우측 양식 과정에서부터 오는 약동하는 정보와 접촉을 피하도록 배선시키게 만든다. 이것은 거기에 사랑이 꼭 없다는 것을 이야기하는 것이 아니라 돌봄이라는 것이 따뜻한 음식이나, 숙제를 도와주는 것, 자신의 아이들이 삶의 경험에 대한 관심 대신에 성공에 대한 관심 등으로 표현됨을 의미한다. 이 부모들은 조율된 경청을 제공해 주지 못하기 때문에 아이들의 우측 변연 영역과 중간 전전두엽 사이의 연결이 제대로 발달하지 못해서 양측 반구 사이에 만들어진 경로가 쇠퇴하게 된다. 그러면서 이들 부모는 자신의 아이들에서 좌측 양식 과정의 발달은 강하게 지지해 줄 가능성이 높다. 신체 지도는 우측 양식 안에 자리 잡고 있기 때문에 이들은 자신의 몸에서 오는 메시지를 들을 수 없어서 이 아이들은 일종의 감정적 맹인으로 성장할 수 있다. 그들의 말로 표현된 이야기를 위한 자료는 종종 너무 보잘것없을 수 있는데, 그 이유는 좌측 양식 안에서 조직화되고 언어화될 기회를 가지기 전에 우측 양식의 알아차림에 의해 느낀 이야기가 만들어지기 때문이다. 그래서 이야기는 아는 것이 사실이고 시간적인 연대기도 가질 수 있지만 이야기를 말로 표현을 하면 흔히는 생기가 하나도 없이 느껴진다. 우리는 애착에 있어 우측 양식 과정 간의 종적 통합을 그려 볼 수도 있고 서로의 통합을 위해 힘을 제한하는 두 반구 간의 경로도 그려 볼 수 있다(Siegel, 2006). 회피적 애착에 대한 이 이미지는 아마도 우리에게 본능적인 외로움을 느끼게 만들 것이고, 감정적인 지지가 필요할 때마다 부모와 아이 사이에 연결이 단절되는 것을 볼 수 있게 해 줄 것이다.

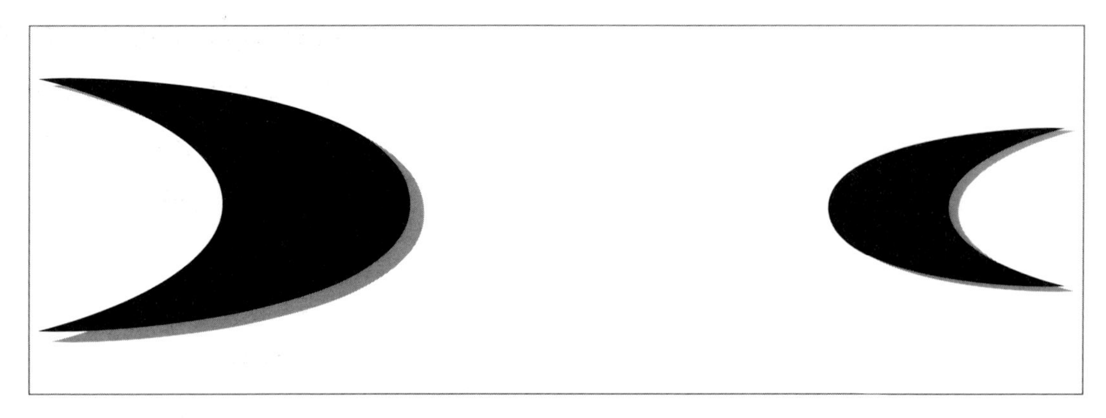

[그림 8-2] 회피적 애착의 느낌

부모와 아이는 서로의 얼굴을 보거나 서로의 목소리와 함께하지 않기 때문에, 연결의 요구를 마주하게 되면 이를 대처하기 위해 두 사람 모두 주어진 과제와 좌측 양식적인 외로움에 다시 던져지게 되는데, 만약 이것을 애니메이션으로 표시한다면, 큰 움직임이 없게 표시될 수 있다.

놀이방에서 우리는 종종 회피적으로 애착된 아이들이 우리가 옆에 있음에도 불구하고 손에 있는 것에 집중을 하면서 쉽게 놀이로 들어가는 것을 통해 자신의 애착 이야기를 드러내고 있는 것을 볼 수 있는데 그들은 우리가 방 안에 있는 것조차도 인식하지 못하는 경우가 많다. 그들은 흔히 도움을 잘 청하지 않고 이해를 돕기 위해 청하는 것은 더더욱 하지 않는다. 한 남자아이가 몇 개의 블록을 균형 있게 쌓는 것이 잘 되지 않아 좌절을 느끼고 있을 때, 자신의 치료자가 자신의 이런 마음 상태를 정확하게 반영하고 있는 것에 대해 쇼크를 받은 것처럼 보였다. 이 이야기를 공유하고 있는 성인은 종종 사실적이고, 좌측 양식의 이야기를 말하지만 그 안에 삶의 흔적은 없다. 예를 들면, "우리는 여기에 살았어요. 그리고 저곳으로 이사했고 그러고 난 다음에 나는 여기서 학교를 다녔어요."와 같은 이야기다. 종종 이들 가족관계를 어떻게 **느꼈었냐고** 질문하면, 그냥 텅 비어 있었고 생생한 에너지는 하나도 없이 오려낸 그림과 같은 상호작용 느낌만 있을 뿐이라는 답이 돌아온다.

회피적 애착과 싸우고 있는 사람과 함께 있을 때 무엇을 느끼게 되는지, 이들에 대한 느낀 감각에 대해 좀 더 깊게 들어가려면 이렇게 감정적으로 죽어 있는 특질(quality)을 가진 당신의 환자 중 한 명을 떠올려 보는 것이 도움이 된다. 당신이 그 환자의 이야기를 들을 때 당신의 경험에 그것이 얼마만큼 영향을 주는지에 대해 느껴 보고, 특히 이 사람에 대한 당신의 공명 반응 안에서 일어나는 행동적 충동에 대해 특히 더 주의를 기울여 보도록 하라. 그리고 이 경험에 대해 간단하게 서술하도록 하라.

이제 우리는 이들 암묵적인 표식에 대해 더 친숙해져 가고 있다. 그래서 우리는 좀 더 쉽게 그리고 좀 더 정확하게 환자의 내적 세계로 들어갈 수가 있게 되었다. 다음에 나올 장(chapter)에서 우리는 뇌가 통합의 경로로 되돌아갈 수 있도록 유도하는 방법을 찾아보려 할 것이다. 이런 감정적인 죽음과 직면할 때 흔한 반응이 지루함, 졸음 및 불안 등이기 때문에, 이런 반응을 환자들의 정체된 내적 상태에 대한 우리의 공명 반응으로서, 아니면 단절된 상태에 대한 정상적인 반응으로서 읽는 것이 도움이 된다. 우리의 자비를 확장하는 것이 우리 자신과 환자의 마음을 끌어안을 수 있게 만들어서, 우리 자신을 조절할 수 있는 문을 열어 주게 하고 환자들을 지금 그대로 비판단적으로 수용할 수 있도록 도와줄 것이다. 회피적 애착의 흥미로운 점 중 하나는 연결을 제공받을 때 비록 다양한 차단과 미발달된 신경 경로 때문에 이들 활성화가 의식적으로 알아차릴 정도의 수준까지 올라오지는 않지만 이들의 변연계가 발화한다는 사실이다(Siegel, 1999). 그것은 애착에 대한 지속적으로 진행 중인 내적 요구가 적절한 시간이 되면 길을 제공해 줄 것이라는 것을 보여 주고, 우리에게 비록 우리가 감정적으로 살아 있지 않는 대상을 만나고 있는 그 순간에도 낙관적이어야 하는 이유를 제공해 준다.

양가적 애착의 불일치성

회피적 애착과는 반대로 양가적 애착은 생동감으로 가득 차 있는 것처럼 보인다. 그러나 이것이 가끔은 거의 조절되지 않는 생동감이다. 용어가 말해 주듯 자신의 아이들에게 양가적 애착을 제공해 주는 부모는 어린아이에 대한 조율과 자기 자신의 내적 세계에 대한 몰입 사이를 번갈아 왔다 갔다 한다. 이것은 부모가 통합된 상태에 있을 때는 안전에 대한 경험이 쉽게 아이들에게 흘러가게 되지만, 자신의 어린 시절 치유되지 않은 상처가 되살아날 때는 그들의 아이들은 부모의 왜곡된 지각의 대상이 되어 버리는 것이다. 어떤 때는 그녀는 아들과 바닥에 앉아 웃고 함께 놀지만 또 다른 순간에서는 그녀는 자신의 어머님의 죽음으로 인해 지금도 살을 도려내는 것 같은 고통으로 슬퍼지거나 아니면 실망이 그녀를 휩쓸어 버린다. 그녀의 아들은 이런 엄마의 변화에 대해 이해할 수가 없다. 왜냐하면 이런 변화가 엄마와 자기 사이에서 일어난 일과는 아무런 관계가 없기 때문이다. 놀라고 무력감에 빠져 아이는 위축되거나 혹은 문제를 제자리에 돌려놓기 위해 매달리게 된다. 그렇지만 불안의 화학물질은 그의 몸을 완전히 적셔 놓는다. 만약 이런 양상이 지속된다면 그의 신경계는 이렇게 교감신경계가 항진된 것이 정상이라고 학습하게 될 것이고, 이렇게 되면 이는 그로 하여금 자신을 달래 주는 조절을 위해 엄마나 아니면 다른 누구와 연결되는 것을 더 힘들게 만들 것이다. 아이에게 변연 영역과 중간 전전두엽 사이의 연결을 확립시키는 데 이상적인 부모의 조율된 돌봄이 제공되어야 하는 적절한 시기 동안 부모가 자신의 통합을 유지할 수 없기 때문에 이 과정이 붕괴되어 이루어질 수 없게 된다. 다음 페이지에 보여진 도형은 아이의 자기감 발달과 관계상에서의 기대를 형성하는 데 있어 안전의 편안함과 부모에 대한 지각적 오류의 부담 사이에서 오는 불일치가 불안을 야기하고 있는 것을 보여 주고 있다.

양가적으로 애착이 형성된 아이들은 종종 에너지와 관심이 넘쳐서 놀이방의 모든 공간을 다 이용한다. 그러나 우리와는 연결 상태와 단절 상태 사이를 넘나든다. 그들이 우리가 그들에게 지속적으로 조율해 주면서 머물러 있을 것이라는 믿음을 주기 전까지는 그들이 자신들을 조절하도록 도와주는 것이 쉽지 않다. 이와 같은 애착 이야기를 가진 성인은 고양된 활동, 빠른 말, 생각을 조직화하는 데 어려움 및 사건에 적절해 보이지 않은 과거형과 현재형 사이에서의 변화 등을 보여 준다. 어떤 한 순간에 내 환자는 그의 죽은 형제에 대해 과거형으로 말을 하다가는 바로 현재형으로 "그가 나에게 너무 폭력적이에요."라고 이야기를 하였다. 나는 붕괴된 암묵적 기억이 솟아올라 오래된 외상의 경험을 현재로 가져 오는 것을 느낄 수 있었다.

잠깐 시간을 내어 당신의 환자가 당신의 마음으로 들어오는 것을 허용하고 이런 질적인 문제를 가진 사람에 대해 수용적이 되도록 하라. 당신이 그들의 조절장애와 마주할 때 당신의 몸, 감정 및 특히 당신의 행동적 충동에서 어떤 변화가 일어나는가? 그들에게 당신은 무슨 이야기를 해 주고 싶은가? 만약 당신이 당신의 자비에 찬 주의력을 그들의 경험과 자신의 경험에까지 확장시킨다면 당신은 어떤 변화를 느낄 수 있는가?

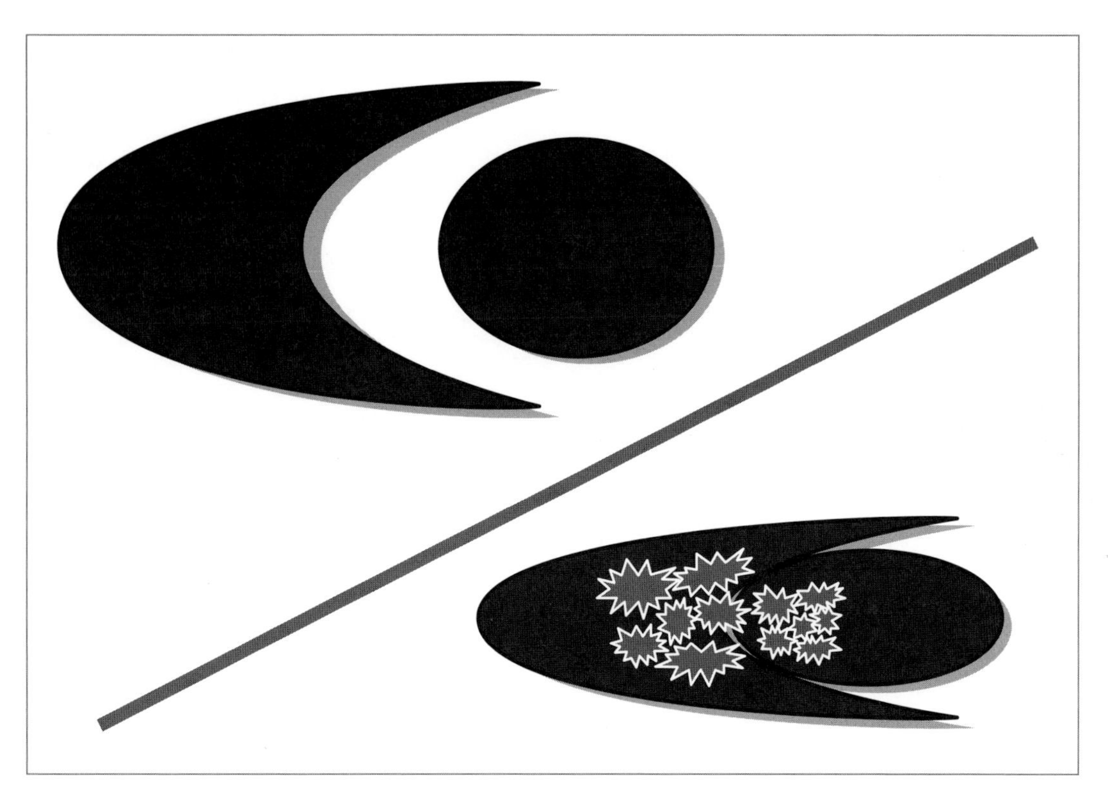

[그림 8-3] 양가적 애착의 느낌

안전의 따뜻한 연결과 부모가 자기 자신의 과거에 매몰되어 있는 것 사이에서 예측할 수 없는 변화. 이 상실 양식에서는 어머니 역할을 하는 사람이 여기에 존재하는 실제 아이를 보지 못하고(보는 것을 상실) 자신의 아이를 자기 자신의 과거의 색깔로 칠해 버린다. 아이는 이것을 두려운 유기로 경험하게 되고 이것은 흔히 높아진 불안의 패턴으로 뿌리내린다. 만약 이것을 애니메이션으로 표시한다면, 안전함의 춤이 이루어진 후에 아이가 부모가 요구하는 형태 속으로 억지로 쥐어짜 들어가게 되는 것으로 표시될 것이다.

환자의 감정이 많이 부과된 이야기가 펼쳐지게 되면, 우리는 이들을 이 혼돈으로부터 끌어내고 싶은 강한 욕구를 느끼게 될 것이다. 그러나 만약 우리가 환자의 화난 감정에 대한 공명적인 메아리로서 조절을 하고 싶어 하는 자신의 불안이나 요구에 대해 귀를 기울일 수 있다면, 우리는 자신의 이런 어려움을 그들의 내적 세계에 더 깊게 들어가는 데 사용할 수 있을 것이다. 직접 흐름을 중단하기보다는 이런 활성화에 대해 차분하고 비판단적인 공간을 유지하는 것이 환자들에게 조절을 유지할 수 있는 첫 경험을 할 수 있는 기회를 제공해 주게 될 것이다.

붕괴된 애착의 폭력적인 내적 풍경

지금까지 우리는 우리에게 세 가지 가능한 대처 전략을 보여 준 애착 양상을 선택해서 살펴보았다. 안전은 탄력성을 제공해 주고 건강한 관계적인 선택을 할 가능성을 높여 준다. 회피

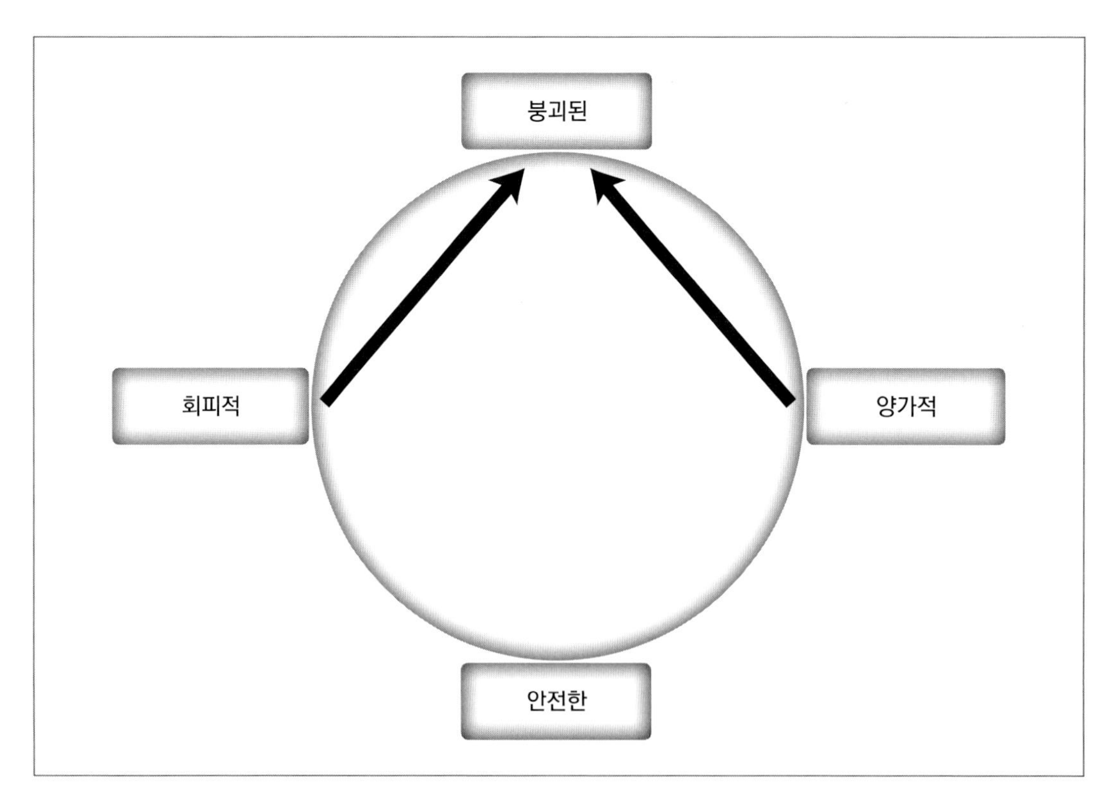

[그림 8-4] 붕괴의 경로

만약 우리가 돌보아 주는 역할을 하는 회피를 증오와 양가성을 향해 혼돈이 지배하는 방향으로 밀어붙인다면, 우리는 붕괴된 애착에 도달하게 된다.

는 자신감과 성공의 길을 얻어 주지만 양가성은 희미한 연결의 가능성과 불안 속에 희망을 남겨 놓을 수 있다. 그러나 두려움에 찬 아이는 자신의 부모를 위로해 줄 수 있는 방법을 찾으려 하거나, 분리감을 완화시켜 줄 수 있는 방법을 찾으려 할 수 있고, 아니면 올 A 학생이 되고자 할 수 있는 방법을 찾게 되는데 왜냐하면 이렇게 하지 않으면 감정적으로 반응을 보이지 않는 부모를 기쁘게 할 수 있기 때문이다. 안전을 제외하고는 이 모든 전략은 대가를 필요로 한다. 그 대가를 받고 이들은 우리를 아주 극심한 분열로부터 방어해 준다. 돌보아 주는 역할을 하는 회피(caring avoidance)는 냉담과 증오를 낳고, 종종 중등도의 혼돈은 무서운 에너지의 소용돌이로 변하면서 우리의 어린 마음은 쉴 자리를 찾지 못한다. 얼어붙게 춥거나 아주 더운 환경으로부터 분리할 수 있는 방법이 없으며, 그것과 결합할 수 있는 방법도 없는 것이다—'해결점이 보이지 않는 공포'(Hesse & Main, 1999). 이 두 경로는 같은 결과를 가져 온다. 응집이 되지 않는 내적 세계와 진행 중인 관계적 재앙에 대한 암묵적인 메시지가 그것이다.

우리의 마음은 분열을 일으키는 두려운 외상에 쉽게 사로잡힌다. 이렇게 되면 심한 거절이 어떻게 마음을 붕괴시키는지 아니면 부모의 무언의 내적 공포가 폭력처럼 작용해서 아이 안에서 얼마나 많은 불일치와 비일관성을 만들어 내는지에 대해 떠올려 보는 것이 더 어려워진다. 우리가 만약 아이들이 부모의 미움이 가득 차거나 아니면 공포로 가득 찬 두 눈을 만나기보다는 차분하고, 따뜻하며, 뇌의 형성을 도와주는 조율을 찾고 있으며, 이런 연결을 위해 생물학적으로 꼭 필요한 요소로 생기에 차 있는 구조화되지 않는 아이의 변연 회로를 상상해 본다면, 우리는 아이의 뇌에 대한 이들이 가진 파괴적인 영향에 대해 추측해 볼 수 있을 것이다. 부모의 매몰찬 거절 혹은 공포가 가득한 수용 모두 아이의 신경계를 극단적인 상태로 밀어붙이고 결합이 불가능하다는 암묵적 기억을 코드화해서 저장하기 시작한다. 아이는 부모를 향해 갈 수밖에 없다. 그러나 그곳에서 오로지 체화된 소멸 혹은 공포의 경험만을 만날 수 있을 뿐이다. 자신의 부모의 눈을 통해 연결과 조절 속으로 녹아 들어가는 대신에 아이는 망각 속에서 지워져 버리거나 아니면 공포의 소용돌이 속으로 빠져들게 되는 것이다. 어떤 경우이든 그곳에는 이들 파편화된 조각을 함께 붙여 줄 수 있는 공감이 존재하지 않고 편안함을 위해 돌아설 수 있는 어떤 공간도 존재하지 않는다. 따라서 아이의 마음은 해리된 파편 조각으로 나누어져 버리게 되고 극심한 공포, 거절 및 유기의 암묵적 정신모델의 바다 안에 빠져 버린 채 남아 있게 되는 것이다.

이 특별한 어린아이를 보기 위해 은밀한 증오에 젖어 있는 눈에 띄게 질서정연한 가정에서 온 아이를 예로 들어 보자. 시간이 지나가면서 암묵적 정신모델은 증오와 거절의 반복적인 경험과 하나로 합체되었다. 이 중 일부는 그 후 아이들의 붕괴하는 마음을 관리하기 위해 일종의 조직화된 수용체(receptacle)를 제공해 주는 언어적인 교훈으로 번역된다. 즉, 우리의 좌측 양식은 우측 양식의 경험에 대해 납득해야 하기 때문에, 이런 결과 완전하게 거절당한 아이는 가장 가혹한 자기혐오나 자기 비난을 사용하게 되고 이는 자신은 인간 집단의 일부가 되어서는 안 되는 아주 유해한 존재라는 믿음을 가지게 되는데 이렇게 자신의 몸, 마음과 가장 가까운 관계에서 일어나는 에너지와 정보의 흐름을 설명할 수 있는 방법을 찾으려 하게 된다. 자신이 비열하기 짝이 없는 창조물이라는 틀은 모든 사람들과의 그들의 상호작용에 영향을 미치게 되어 어떤 사람과도 전혀 가까워질 수 없는 밧줄 타기를 계속하는 삶을 살게 만들고, 다른 사람들이 그들의 부정적인 자기평가에 동의를 하게끔 만들게 행동하게 되며, 이렇게 이런 방식이 이들의 생존에 절대적으로 필요한 방식으로 지속되게 되는 것이다. 흥미롭게도 많은 경우에 이들은 이런 심한 상처에도 불구하고 생산적이고 도움이 되는 삶을 살아가게 되는데 이들은 상처 받은 다른 사람들을 돕게 자신들을 끌어들이는 직관적인 연결을 가지고 있기 때문이다.

표면 바로 아래에 존재하는 이런 미쳐 버릴 것 같은 붕괴에 자신들이 노출되어 있다는 이런 경직된 관점을 벗어나기 위해 그들은 종종 삶을 거부하는 자기혐오에 집요하게 매달린다. 이런 아주 고통스러운 모든 손상은 암묵적이어서 사고 수준에서는 도전이 불가능하게 만들거나 자기 자신에 대해 대체적인 현재의 관점으로 빠져나올 수 없게 만든다. 이런 패턴을 변화시킬 수 있도록 깊게 들어가기 위해서 우리는 첫째로 이들 암묵적 기억의 근원을 이해해야만 하고 암묵적으로 강하게 잡고 있는 것을 벗어나기에 충분할 정도로 따뜻함, 차분함 및 인내를 가지고 이들을 끌어안을 수 있어야 한다. 우리는 다음 두 장에서 이런 종류의 작업에 대해 좀 더 이야기하게 될 것이다.

다른 양상의 붕괴된 애착은 종종 명백한 학대적인 상황에서 일어난다. 이런 경우 지속적인 암묵적 왜곡에 의해 지배를 받기보다는 많은 부분이 파편화되어 독립적으로 저장되었다가 내적이나 외적이 사건들이 그들을 자극하게 되면 그들의 삶에 나타나게 된다. 나머지 시간에는 다른 애착 양상 중 하나가 이들의 관계적인 세계를 지배하게 된다. 이렇게 재각성을 시키는 외상 경험은 종종 처음에는 암묵적인 기억으로만 이루어지지만, 환자들이 매우 초초해지거나 혹은 마음이 붕괴된 상태가 되도록 압박을 받게 되면 이 외상 경험은 그들의 허락도 없이, 또 종종 왜 이렇게 붕괴되는지 그 이유에 대한 어떤 이해도 없이, 혹은 더 조직화된 상태로 돌아가기 위해서는 어떻게 해야 하는지에 대한 명확한 길도 모르는 채 극단적인 무력감을 만들어 낸다. 많은 나의 환자들은 그들이 처음에는 이렇게 자기 자신의 부분으로 인식하지 못하는 상태에서 아무 때나 전환되는 것처럼 보이는 현상을 다루어야 하게 될 때 "저는 미쳤어요. —저는 감옥에 갇혀야만 해요."라고 이야기하였다.

붕괴된 애착을 가진 각각의 사람은 세상을 절뚝거리면서라도 살아남기 위해 각자 독특한 전략을 발달시킨다. 그러나 이런 표면 바로 밑에 붕괴가 놓여 있어 이것은 외상 경험을 해리된 채 간직하고 있는 주머니가 건드려지거나, 암묵적 바다 위에 물결을 일으키게 만드는 스쳐 지나가는 어떠한 내적 혹은 외적인 경험에도 취약하기만 하다. 간신히 감추어진 단편의 조각들은 극단적인 취약함을 만들어 내고 이 취약함은 치료 과정에서 우리 몸에서 아주 큰 걱정이나 머뭇거림으로 경험될 수 있다. 한 환자는 그녀의 상황을 다음과 같이 말하였는데, 우리는 안전함의 암묵적 기억이 어떻게 회복 탄력성의 기반이 될 수 있는가에 대해 이야기하고 있는 중이었다. 그녀는 "저는 마치 피라미드가 삼각형의 받침이 아닌 꼭짓점으로 서 있는 것처럼 느껴져요."라고 이야기하였다. 이 이미지는 이런 종류의 재앙적인 애착 경험과 상관있는 정신적 일관성을 유지하기 위해서는, 그것이 어떤 것이든 간에 얼마나 조심성이 필요한가를 단적으로 보여 주는 것이라 할 수 있다. 이런 식의 대처의 결과로 나타나는 붕괴나 지속적인 공포를 완전하게 잡아낼 수 있는 상징적인 이미지는 없지만 아마도 우리는 다음 페이지의 추상적인 그림에서 약간이라도 그 느낌을 받을 수 있을 것이다.

놀이실에서 흔히는 신뢰가 단단하게 확립된 후에 아이들은 자신들의 붕괴의 주머니를 건드리기 시작한다. 그들은 빙빙 돌기도 하고, 넘어지기도 하며, 자신의 몸을 던지거나, 해리 상태가 되기도 하고, 파괴적이 되거나, 울고, 비명을 지르고 혹은 극단적인 파편의 파도가 그들의 몸, 신경계, 감정 혹은 지각을 부숴 버리면 지리멸렬해지거나 오줌을 싸 버릴 수도 있다. 만약 그들의 과거사를 알고 있다면 우리는 이들이 내적으로 가야 할 곳이 어디인지를 볼 수가 있어, 우리를 공명의 한가운데서 차분하게 있도록 유지할 수 있을 것이다. 그들의 시스템은 안정, 돌봄 및 자비라는 변형의 경험을 받아들이기 위해 넓게 열려 있다. 성인으로서 붕괴된 신경망으로 이동하는 뚜렷한 현상 중 하나는 극단적으로 파편화되고 지리멸렬한 말, 두려움에 가득한 눈, 그리고 종종 이들 사이사이에 붕괴와 해리의 삽화 기간이 끼어드는 것이다.

이제 당신이 지난 수년간 봐 왔던 사람들에 대해 생각해 보는 시간을 가져 보도록 하자. 붕괴에 대한 어떤 경험이라도 당신의 마음에 초청을 해서 그것이 당신의 몸, 신경계, 느낌, 생각 및 전반적인 안녕감에 미치는 영향을 알아차려 보도록 하라. 이들 공유된 에너지와 정보의 흐름에 대해 당신의 공명을 어떻게 유지할 수 있는가? 이에 대해 간단히 서술해 보도록 하라.

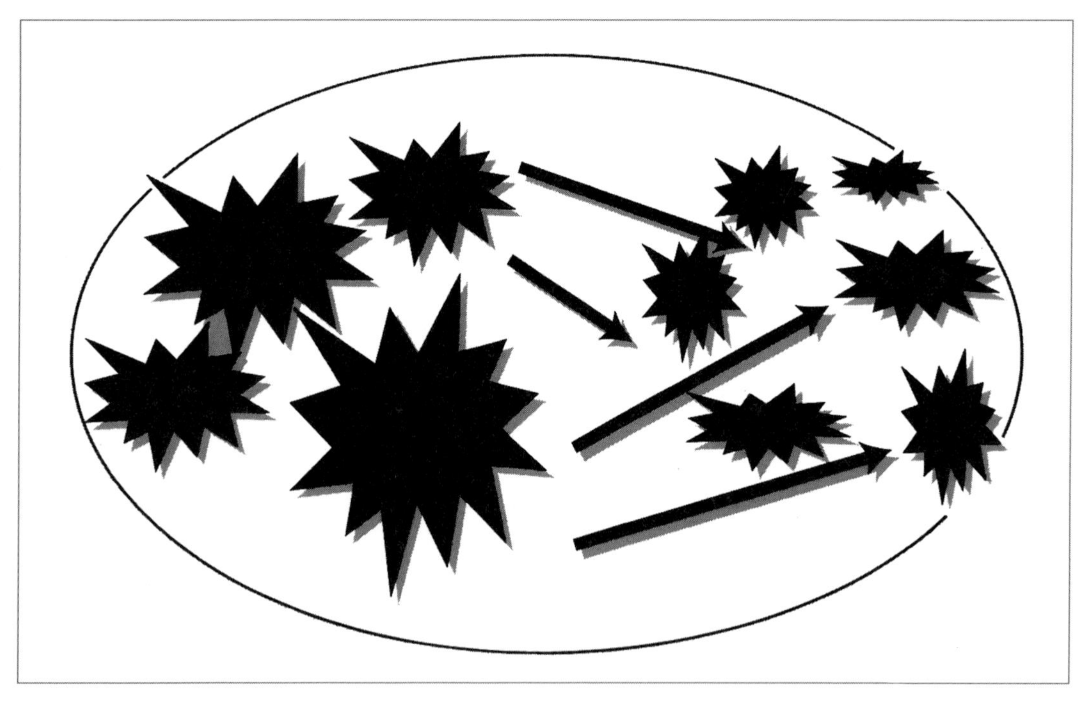

[그림 8-5] 붕괴된 애착의 느낌

이 애착 양상에 결합되어 있는 부모와 아이에게는 도피할 곳이 없다. 모든 길은 혼돈으로 열려 있다. 부모 뇌 안에 있는 회로에 의해 패턴화된 아이는 파편적인 그리고 안심이 없는 공포에 의해 배선되고, 지속적인 자기감이 없이 배선된다. 가장 흔하게는 이들 파편화된 경험들은 첫 경험과 특정한 유사함을 지닌 상호작용이나 상황에 의해 건드려졌을 때 타오르는 해리된 불쏘시개 안에 담겨 있다. 만약 이들을 애니메이션으로 표시한다면 아이와 부모의 조각들은 방향이나 목적이 없이 빙빙 돌고 있는 가운데 화살표는 부모와 아이를 더 큰 붕괴를 향해 가도록 두렵게 만들고 공격하고 있는 것으로 표시할 수 있다.

종종 우리 환자들은 처음에는 크게 감정이 없이 혹은 신체적인 초초감이 전혀 없이, 그렇기 때문에 개방을 할 수 있어, 외상과 방치의 이야기를 공유하게 될 것이다. 이것이 가진 영향의 심한 정도 때문에 암묵적인 본능적 혼란으로부터 사건에 대한 외현적인 앎을 분리시키는 벽은 생존을 위협할 정도로 아주 견고하다. 그러나 시간이 지나면서 신뢰가 쌓이게 되면, 붕괴가 완전히 쓸려 나가서 방 안을 뒤덮고 나서야 이야기가 끝나게 될 것이다. 공포와 파편화가 마음을 무용지물로 만들면 말로 표현하는 것이 불가능해지고 우리는 잠시 동안이지만 우리 자신 안에서 이와 비슷한 붕괴를 경험하게 될 것이다. 우리가 환자가 경험하고 있는 것이 무엇인지에 대해 명확함을 가지고 공감 반응을 해 나갈 수 있다면 파도는 우리 안에서 가라앉게 될 것이고 우리 자신이 환자가 안정될 수 있는 환경이 되어 줄 것이다. 이와 같은 방식으로 환자의 역사가 치료 과정 내내 지속적으로 펼쳐질 것이며, 붕괴를 만들어 낸 사람과의 싸움만 아닌 모든 사람들과의 싸움을 해 나가게 될 것이다.

그것을 모두 함께 불러오기

우리는 이제까지 서로 다른 애착 양상으로 깊게 들어가 보았다. 이제 당신의 들어주는 파트너와 시간을 가져 보는 것이 특히 도움이 될 것인데, 당신들이 환자들과 가졌던 경험을 서로 교환해 보는 것이 도움이 될 것이다. 이런 유형의 공유가 당신이 이들 네 가지 기본 양상의 애착 특징을 구분하는 데 더 도움을 줄 것이고, 일부 사람들에서는 이런 몇 가지 양상이 서로 상호작용하는 것을 찾는 데도 도움을 줄 것이다. 각 사람들과 공명할 때 당신의 몸과 마음이 어떻게 움직이는지에 대해 특히 주의를 기울여 보도록 하라. 당신의 환자와 상호작용하는 데 당신 자신의 애착 양상이 어떻게 영향을 주는가? 환자들의 양상에 따라, 누구는 다른 사람보다 쉽다든가와 같이, 이것이 차이가 나는가? 이에 대해 여기에 간단히 서술해 보도록 하라.

____

____

____

____

당신들은 서로 간에 당신이 딩신 환자와 애착에 대한 정보를 어떻게 그리고 왜 공유하는지에 대해 이야기해 보도록 하라. 당신은 그 환자의 양상에 따라 그것을 다르게 공유하는 경향을 가지고 있는가? 당신은 그 사람과 어떤 식으로 애착이 공감적 연결을 발전시킨다는 것에 대해 이야기를 나누는가? 이런 대화가 현명하지 않아 보일 때는 언제인가? 이런 대화가 적절했던 몇몇 환자를 골라서 당신과 당신의 들어주는 파트너가 편안한 흐름을 느낄 때까지 그들과 이야기하는 것을 연습해 보도록 하라.

치료에서 애착에 대해 이야기하는 순간에 우리는 명료함과 희망을 전달해 줄 수 있다. 만약 애착 상태가 마치 일종의 진단처럼 전달된다면 우리는 환자의 자기 거부, 무망감 및 절망을 더 증폭시킬 수 있다.—"그래, 그게 바로 나란 존재야. 이제 내가 왜 앞으로도 좋을 수 있는 관계를 결코 가질 수가 없는지 이해가 돼." 그러나 우리가 우측의 공감적 관점에서 뇌의 관계적 회로의 그림을 보여 주고 이를 뇌의 신경가소성에 대한 강조와 함께 이야기한다면 이런 정보는 치료적 관계에 대해 강한 접착제로 작용할 수 있고 또한 함께 작업할 수 있는 길을 명료하게 해 줄 것이다. 알렉스가 세 살 때 그의 집을 풍비박산 내었던 폭력과 이론에 대해 나와 이야기를 나눈 후 이 부분에 대해 탐색할 수 있게 우리에게 문이 활짝 열리게 되었다.

알렉스: 저는 좀처럼 그때 생각은 하지 않아요. 하지만 그 생각을 하면 저는 항상 아픈 느낌이 들어요.

보 니: (내 자신의 위가 긴장됨을 느끼면서) 그렇게 어린아이에게 얼마나 힘든 시간이었을까요. 그때 당신은 정말 어렸었잖아요.

알렉스: (잠깐 쉰 뒤에, 그의 손을 바라보면서 무엇인가 실제와 연결이 되는 것처럼 느끼면서 불안이 많이 가라앉았고, 그러고 난 뒤 위를 쳐다보면서 깊은 숨을 내쉬면서) 저는 부모님들이 그렇게 싸울 때 아마도 그들은 제가 대부분을 제 방 안에 있었다는 것을 알고 있다고 생각하지 않습니다.

보 니: (고개를 끄덕이며, 그의 고통과 자신의 고통에 대해 생각하고 있는 그의 능력을

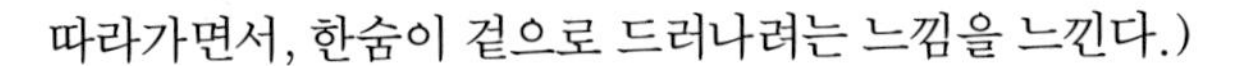

따라가면서, 한숨이 겉으로 드러나려는 느낌을 느낀다.)

알렉스: (동시에 깊게 한숨을 쉬면서) 이것이 제가 바람을 피우는 것과 관련이 있다고 생각하시나요?

보 니: 우리의 뇌는 어린 시절에 만들어진 패턴에 대해 매우 취약하답니다. 우리 부모님들이 서로 어떻게 관계를 맺었는지 그리고 우리에게 어떻게 했는지가 아주 강력한 그림을 만들어 내서, 이것이 우리가 우리 관계는 어때야 한다는 식의 깊은 믿음을 가지게 만든답니다. 이것은 마치 부모님들이 우리의 뇌에 그런 이미지를 새겨 넣는 것과 같아서 이렇게 되면 우리는 이 이미지에 대략 맞추어서 관계를 가지게 되고, 구체적인 것이 동일하지 않음에도 불구하고 우리가 똑같다고 느끼는 관계를 맺게 됩니다. 당신이 그때 생각을 할 때 당신의 몸에서 어떤 변화가 느껴지나요?

알렉스: (안절부절못하기 시작하고, 숨이 가빠지며, 자신의 기억에 가까워지면서 눈빛이 변하며) 글쎄요, 저는 예민해지고 겁에 질린 느낌을 느껴요. 마치 개미가 제 몸 전체를 기어가는 느낌이에요.

보 니: (내 심장박동수가 약간 증가하는 것을 느끼면서) 그렇군요. 이것이 당신이 관계라는 것이 어떻게 느껴지는지에 대해 배운 것이군요. 차분하거나 따뜻함 혹은 안심을 주는 것이 아니라 불안하고 겁에 질리는 것이라고 말입니다.

알렉스: (잠깐 조용히 있다가, 강한 집중력을 가지고 날카롭게 쳐다보면서) 그것이 바로 제가 제 여자 친구들과 지속할 수 없는 이유입니다. 그들과 좋다고 느끼게 되면 바로 저는 떠나야만 합니다. 다시 불안해져 버리거든요.

보 니: (더 깊게 숨을 쉬며 고개를 끄덕거린다.)

일단 그가 우리의 관계 안에 충분히 자리를 잡았다고 느껴서 자신의 몸과 연결시킬 수 있게 되면서 알렉스는 빠르게 진전을 보였다. 그는 기억이 떠오르는 순간에 느꼈던 것과 그가 파괴적인 궤도를 향했을 때 느꼈던 것을 빠르게 비교할 수 있었다. 이것이 우리의 애착 경험이 현재의 관계를 이끄는 방법의 핵심이다. 그는 꽤 육체적인 사람이었기 때문에, 차분함을 제공해 주고 그가 특정한 역사의 조각에 갇혀 있는 것을 벗어날 수 있도록 유도해 주자마자 그의 몸과 변연계 그리고 중간 전전두엽 회로 사이에 통합적인 경로가 만들어지기 시작하였다. 이 경우, 우리는 애착 범주에 대해 어떤 말도 사용하지 않았지만 우리는 그의 몸과 뇌에 저장되어 있는 관계 패턴에 집중하고 또 유지할 수 있었다. 같은 정보이지만 상황에 따라 다른 말로 이루어져야 한다. 환자들이 가진 방향으로 함께 향하고 그들의 강도에 맞추어 작업을 하는 것이 우리로 하여금 특정 순간에 이 정보를 제공해야 할지 여부를 결정해 준다. 이렇게 되면, 이것 자체가 공감과 알아차림 모두를 더 크게 해 주어 마음보기로 연결이 될 수 있게 될 것이다(Siegel, 2010a, 2010b).

치료자가 애착의 관점을 가지게 될 때 무슨 일이 일어날 수 있을까? 나는 일전에 포틀랜드에서 일군의 인턴들과 일할 기회가 있었는데 이들은 주로 인지행동치료적인 방법을 훈련받은 사람들이었다. 우리는 한 달에 한 번 약 반년간 만남을 가졌다. 뇌의 기본 구조와 기능에서부터 시작한 후에 우리는 애착의 신경생물학과 생후 첫 2년간의 뇌의 발달에 대해 이야기하였다. 내가 한 달 후에 되돌아왔을 때 그들의 지도의가 나를 부르더니, 그들이 자기 자신, 환자들, 그리고 가족의 애착에 대해 이야기하면서 복도를 걸어 다니는 것을 들었다고 이야기하였다. 그들은 자신들의 치료 작업이 더 빨리 진행되고 있으며 처음으로 자신들이 하고 있는 것이 무엇인지를 제대로 알고 있는 것처럼 느껴진다고 이야기하였다. 모순된 것처럼 보이지만 그들이 인지행동치료적인 접근을 시도하려 할 때 그들은 치료에 대해 미리 계획을 하는 대신에 환자들이 가져 오는 것에 대해 마음을 열어 놓고 이완되어 치료시간을 기다리고 있는 자신들을 발견할 수 있었다고 이야기하였다. 많은 이가 치료시간 후에도 지치기보다는 에너지를 받는 느낌을 가질 수 있었다고 이야기하였고 이는 이 치료 작업이 신경 통합을 가져 왔다는 신호이기도 했다.

비록 환자들의 애착 이야기에 대해 공명을 보이는 것이 환자를 아는 유일한 길은 아니겠지만 이것은 일반적인 진단을 내리는 방식으로 해 주지 못하는 그들의 암묵적 세계의 뿌리에 우리를 함께할 수 있게 해 준다. 행동은 뿌리를 가지고 있는 경향이 있기 때문에 이것을 아는 것은 우리에게 그들이 고통받는 투쟁의 근원에 대한 발판을 마련해 준다. 이런 그들의 애착 양상에 대해 느낀 감각은 흔히 그들의 가족력을 이야기하는 과정에서 열리기 시작한다. 따뜻함을 지닌 수용적인 우리 존재 그 자체, 그들을 깊이 있게 보고 알려는 의도 및 그들의 초기 관계에 대한 질문이 합쳐져서 관계적인 에너지의 흐름을 표면으로 떠오르게 만들기 시작한다. 다음과 같은 몇 가지 기본적인 질문을 가지고 과거사에 대해 접근하는 것이 도움이 될 수 있다. 당신이 어렸을 때 당신의 가족과 함께 있는 것은 어땠는가? 당신은 언제 가장 안전하다고 느꼈는가? 가장 안전하지 않다고 느꼈을 때는 언제인가? 당신은 언제 가장 돌봄을 받는다고 느끼는가? 가장 그렇지 않을 때는 언제인가? 당신은 언제 가장 이해 받는다고 느끼는가? 가장 이해받지 않는다고 느낄 때는 언제인가? 이 질문에 대한 답은 끝없이 이어지는 질문을 만들어 내게 될 것이다. 우리가 그들의 내적 공동체에 걸어 들어갈 수 있는 것이 가능해지면, 그들은 자신들의 초기 삶의 완전하게 체화된 경험 안으로 우리를 데리고 들어가게 될 것이다.

우리의 듣고 있는 마음과 몸은 우리가 환자와 처음 접촉을 가지자마자 바로 암묵적 흐름과 공명하기 시작한다. 그런 다음 우리가 현재의 문제에서 과거의 이야기로 움직이게 되면 이 흐름은 애착 패턴으로 분화하기 시작하며 동시에 내적인 공동체 구성원들로 분화하기 시작한다. 우리가 다른 사람의 마음 안에 들어가 자리를 잡으면 그것은 신경가소성의 춤을 추기 위한 기반을 만들고 있는 것이다. 이것은 마치 우리가 미지의 바다를 건너 다른 쪽으로 나아가기 위해 팀으로 함께해야 할 오랜 수영을 대비하여 서로 손을 잡고 해안을 따라 일어나는 물결 속에 발을 담그고 있는 것과 같다.

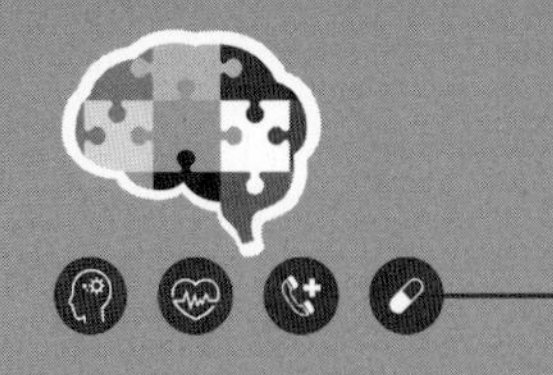

제 9 장 변화의 원칙 찾아내기

이제 우리는 치료의 가장 중요한 부분으로 들어왔다. 여기에서 우리는 변화의 일부 뇌 **원칙들**에 대해 주로 초점을 맞추려고 한다. 이것은 가장 효과적인 평가를 위해 접근하려 할 때 우리에게 기본적인 틀을 제공해 줄 수 있다. 최근 연구는 우리에게 포용하는 치료관계 안에서 어떻게 변화를 키워 나갈 수 있는지에 대해 좀 더 자세한 그림을 보여 주고 있다. 이들 뒤에 놓여 있는 핵심 개념 및 과학적인 소견을 따라 서서히 옮겨 가면서 우리는 좌측 양식적인 명확성을 얻기 위해 잠시 멈출 것이고, 이러한 변화에 대한 우리의 암묵적이고 외현적인 반응에 대해 조사해 볼 것이다. 우리가 현재 변화의 요인으로 사용하고 있는 일련의 방법에 대해 다시 심사숙고해 볼 것이며, 우리의 들어주는 파트너와 함께 이런 희망적인 생각들을 말로 표현하는 연습을 해 볼 것이다. 이에 대해 나는 많은 예를 제공하려고 한다. 그리고 나면 당신과 당신의 들어주는 파트너는 여기에 당신들만의 원칙을 추가시켜 연습할 수 있을 것이다. 이제 시작해 보자.

암묵적 정신모델 재방문하기

기본적으로 우리는 **통합적인 신경가소성**을 증진시키기 위해 우리의 체화된 뇌와 마음이 가지고 있는 타고난 과정을 어떻게 사용할 수 있는지에 대해 묻고 있다. 통합적인 신경가소성은 다음의 것들을 증가시키는 것으로 나타나는 뇌의 변화를 가져 온다.

- 신경 연결성
- 마음의 유연성과 균형
- 스트레스하에서의 회복 탄력성
- 조절을 유지하면서도 강한 감정을 경험할 수 있는 능력
- 의미 있는 삶에 대한 주관적 감각
- 창조성, 놀이 및 즐거움
- 관계적인 선함

이들은 정신건강이 확장되면 발현되는 특징들이다. 제1부에서 우리가 한 경험이 새로운 패러다임에 대한 기반을 만들어 주었는데 이 패러다임은 깨어 있음과 우측 양식의 경험을 수용과 친절함으로 끌어안아 주는 것을 강조하고 있고, 이들은 변화를 지지해 주는 신경학적 환경을 만들어 내는 데 핵심 요인으로 작용하게 된다. 이와 함께 나는 해결되지 않은 기억의 암묵적 측면 안에 우리가 겪는 대부분의 어려움의 뿌리가 놓여 있다는 것이 더 명백해지고 있다는 사실을 믿고 있다. 우리는 이들 보이지 않은 정신모델이 패턴의 진실(the truth of the pattern)을 지속적으로 지지하고 강화하는 쪽으로 우리의 생각, 감정 및 행동을 유도하고 있다는 사실을 알고 있다.

우리가 자신에 대한 치료를 통해 이들 뿌리를 발견하면 종종 우리의 좌측 양식의 관점에서는 원치도 않고 불합리하게 보이는 내적 혹은 외적 활동에 암묵적 모델이 얼마나 끊임없이 필요한지에 대해 놀라게 될 때가 많다(Ecker & Hulley, 1996, 2000a, 2000b, 2008). 예를 들어, 나의 마음은 나에게 충분하게 잠을 자는 것은 좋은 생각이라고 이야기하지만 나는 계속해서 몇 시에 잠이 들든 상관없이 아침에 아주 일찍 일어난다. 그러면 나는 피곤함을 느끼면서 나의 이런 이해할 수 없는 행동에 대해 화가 난다. 이런 자기 비난에서 벗어나 나는 시간이 허락되는 날에는 좀 더 잠을 자는 것이 어떻겠냐고 물어본다. 그런 다음 이 생각에 대한 내 몸의 반응에 귀를 기울인다. 불안이 즉각적으로 솟아올라 배에서 가슴, 팔 그리고 다리로 뻗쳐 나간다. 내가 이런 신체적 감각과 함께 앉아 이들의 근원에 대해 물어보면, 내가 여름 아침에 늦게까지 자는 것을 좋아했기 때문에 부모님이 나를 게으르다고 이야기하면서 매우 화를 내었던 기억이 떠오른다. 나는 침대 끝에 서서 화나 나서 노려보고 있는 부모님을 쳐다보고 있고, 부모님은 이불을 걷이 내고 마당에 나가서 잡초를 제거하라고 명령한다. 나는 내 안의 부모의 분노보다는 차라리 피곤한 것이 더 낫기 때문에 지금도 아침에 일찍 일어난다는 것을 느낄 수가 있게 되었

다. 나의 암묵적 모델과 행동 사이의 연결을 경험한다는(인지적으로 이해하는 것이 아닌) 관점에서 본다면 이것은 이제 변화 가능한 것이 될 수 있다.

또한 우리는 우리의 내적 탐색을 통해 이들 정신모델들이 우리의 지각과 행동을 계속해서 유도하는 관계에 대한 특정한 기대의 흐름으로나, 아니면 활성화되어 촉발되면 우리로 하여금 의식적인 선택을 하지 않게끔 이끄는 기억의 분리된 측면으로 나타난다는 것을 알 수 있게 될 것이다.

- 첫 번째 증례의 경우는, 우리는 멀리 떨어져 있는—그러나 영원히 현재인—과거에 만들어진 보이지 않고 해결되지 않은 관계적 패턴에 의해 견고하게 그리고 지속적으로 갇혀 있는 경우의 증례다. 예상하고 있는 것의 아래에 깔려 있는 이 흐름은 우리가 일어날 것이라 기대하는 것에 그리고 기대하는 것을 만들어 내는 데 매 순간 어떻게 행동할 것인가에 영향을 주고, 우리가 그렇지 않을 경우에도 이 패턴이 있다는 지각이 일어나게 하도록 영향을 준다. 다르게 이야기하면 우리는 계속해서, 능동적으로 그리고 의식적인 알아차림 없이 우리의 경험을 암묵적 진실에 맞추도록 만들고 있다는 것이다(Badenoch, 2008; Toomey & Ecker, 2007). 이 남자의 관계에 대한 정신모델은 자신은 중요하지 않게 취급되어야 한다는 것이었는데 왜냐하면 그를 돌보아 주었던 사람은 그를 위해 내어 줄 시간과 관심이나 이에 대한 조율이 전혀 없었기 때문이었다. 현재 그는 자기 자신의 존재에 대해 거의 알지 못하는 여인에게 빠져 있다.
- 두 번째 증례의 경우는, 우리는 잘 숨겨져 있던 기억과 이 기억의 조각이 다시 깨어나는 것에 대해 취약함을 보여 주는 증례로, 이런 재각성은 동반된 정신모델 및 패턴의 활성화와 함께 이루어진다. 크게 보면 이것은 뇌의 통합적이고 조절적인 흐름의 일부가 되는 것이 아니라 이들은 내적 혹은 외적인 사건에 의해 촉발될 때만 어쩔 수 없이 나타나게 되는 것이다. 선생님이 얼굴을 찌푸릴 때마다 7세의 여자아이는 앉아 있지 못할 정도로 불안해졌는데 그 이유는 그녀의 암묵적 세계가 그녀에게 바로 매가 뒤따를 것이라 이야기해 주고 있기 때문이었다. 실제로 선생님이 얼굴을 찌푸린 후에 몇 번이나 때리지 않더라도 그 아이는 과각성 상태로 남아 있고 불안이라는 벼랑 끝에서 살게 되는데, 왜냐하면 그 아이의 혼돈된 집안에서 얼굴을 찌푸린다는 의미에 대한 아이의 기억이 그 아이의 통합되지 않은 암묵적 기억의 층에 아직도 확고하게 자리 잡고 있기 때문이다.

암묵적 정신모델을 변화시키는 데 필요한 두 경로

우리는 이들 암묵적 경험의 뿌리 깊은 패턴을 변화시키는 데 두 가지 서로 엮여 있는 경로에 대해 탐색하려고 한다. 이 두 경로는, ① 조절을 증가시켜 주고 관계의 정신모델을 변화시키기 위해 **우측 양식 관계 회로에서 복잡성** 키우기, ② 변화를 위한 전조로 **생각, 그리고 행동의 암묵적 뿌리를 외현적인 알아차림**으로 데려오기다. 이 둘 모두는 환자와 치료자가 암묵적 경험과 감정적으로 생생하게 접촉하게 되면 시작된다.

잠깐 생각을 위해 시간을 가져 보도록 하자. 서로 다른 환자들과 가졌던 치료회기 중 몇 회기를 다시 생각해 보아서, 어떤 경험이 당신의 우측 양식 경험과의 접촉을 촉진시켰는지, 어떤 경험이 좌측 양식에 집중되는 과정을 지속시키는 경향이 있었는지 느껴 보도록 하라. 우리의 모든 치료회기는 우리가 좌측 양식을 이용한 대화를 하는 순간을 포함하고 있는데 바로 이것이 일상적인 사회적 정보 공개의 매개체로 작용하기 때문이다. 그리고 또한 많은 순간 관계에 대한 우측 양식이 부여하는 활력으로 채워진다. 가능한 한 비난보다는 호기심을 가지고 당신 환자가 암묵적 경험으로 움직이는 데 도움되도록 우측 양식적으로 초점을 맞출 수 있게 전환하기 위해 의도적으로 노력해 보도록 하라. 무엇이 당신으로 하여금 이것을 하도록 촉발을 하고 이 과정으로 당신을 어떻게 안내를 하는가? 당신이 발견한 것에 대해 여기에 간단히 서술하도록 하라.

당신이 좀 더 명확해졌다면 당신의 들어주는 파트너와 우측 양식 과정과 좌측 양식 과정에 대한 서로의 메모를 비교해 보는 시간을 가지는 것이 도움이 될 것이다. 여기서 목표는 치료회기 동안의 어떤 순간에서든, 이 회기를 이끌어 주는 치료관계에 대해 알아차림의 층을 더하는 것이다. 우측 양식 경험의 중요성을 끌어안는 쪽으로 우리의 내적 세계를 변화시키는 것만으로도 말로 표현하지 않았지만 우리는 환자들에게 우리가 그들을 아주 강력하게 초청하고 있다는 것을 보여 주기 시작하는 것이다.

신경 변화의 과학

신경 변화의 과학에 대한 몇몇 핵심 측면에 대해 살펴보도록 하자. 우리 인간이 정신적·감정적 과정에 대해 생각하기 시작한 이후에 오랫동안 사람들은 암묵적 기억이 일단 장기 저장 안에 들어간 후에는 변화시킬 수 없다고 믿어 왔다. 그러나 이들 신경 경로는 다른 회로들과의 연결성을 증가시킴으로써 조정될 수 있거나 암묵 기억 자체는 변화시킬 수 없어도 비슷한 상태에 대해 우리가 다른 반응을 할 수 있도록 해 주는 대체적인 신경망 세트가 만들어질 수 있다. 뇌에 대한 거의 모든 새로운 발견들이 암묵 기억이 우리가 이전에 믿었던 것보다 훨씬 더 유연성이 있다는 것을 우리에게 보여 주고 있다.

정리하자면, 연구들은 장기 저장이 되어 있는 암묵 기억이 현재 지각에 활발하게 반응할 때, 즉 기억을 담고 있는 우측 양식 과정 안의 신경 회로가 활성화되어 감정적 혹은 행동적 반응을 만들어 내고 만약에 여기에 더해 현재의 지각이 이 암묵 기억을 포함하고 있는 정신모델과 확실하게 모순된다면 **기억 회로의 시냅스는 열쇠가 채워진 상태에서 유연한 상태로 움직일 수 있게 되어 새로운 에너지와 정보가 암묵 기억에서 만들어진 원래의 정신모델을 지워 버리고 이들을 근본적으로 다시 쓸 수 있게 되는 것이다**(Pedreira, Perez-Cuest, & Maldonado, 2004; Rossato, Bevilaqua, Medina, Izquierdo, & Cammarota, 2006; Winters, Tucci, & DaCosta-Furtado, 2009; 이 연구에 대한 임상적인 재검토를 보려면 Ecker, 2008과 Ecker & Toomey, 2008을 보라). 암묵 기억을 갱신하는 이 과정은, 신경과학자들은 이를 **재공고화**(reconsolidation)라고 부르는데, 우리가 앞으로 보게 되겠지만 변화를 위한 다양한 기회를 제공해 준다. 새롭게 개편된 기억이 저장될 때 혹은 재공고화되었을 때, 이것은 과거가 아닌 현재에 익숙한 암묵 기억 요소들인 **변경된** 신체 감각, 행동 충동, 감정, 지각 및 자기와 다른 사람들에 대한 관계에 대한 모델을 포함하는 전체적인 정신모델을 가진 **다른** 암묵적 패턴을 포함하게 된다. 이것은 명확하고 단순한 원칙이다. 우리가 앞으로 보게 되겠지만 이것이 적용되는 곳은 바로 복합적인 대인관계 과정이다.

변화의 정도에 영향을 주는 요소들

변화의 수준에 영향을 주는 데 최소한 세 가지 요소들이 있을 수 있는데, ① 암묵 기억이 어느 정도 **분화되어 있는가**, ② 그 기억에 대한 우측 양식 경험의 **감정적인 생생함**, ③ 신경망에 더해지는 **새롭고 변용적인 에너지와 정보의 정확도 및 감정적인 생동감** 등이 그것이다(Badenoch, 2008; Ecker & Toomey, 2008; Fosha, Siegel, & Solomon, 2009; Schore, 2010; Toomey & Ecker, 2007, 2009). 이들 세 요소는 우리가 체화된 뇌를 자연스럽게 통합을 향해 움직이게 어떻게 촉진시킬 수 있는가를 이해하는 데 중심이 되는 것이다. 모든 변화 과정을 위해 필수 불가결한 기반은 환자와 우리 자신 사이의 공명적인 관계다. 이 과정은 환자와 우리 자신 사이에 의식적 · 무의식적인 공명을 만들어 내는 능력과 한 사람 혹은 둘 모두에서 마음챙김적 알아차림을 있을 수 있게 하는 능력, 이 두 능력에 달려 있다. 종종 변용 경험은 관계의 질에 달려 있어 조율과 안정감을 위한 우리의 능력이 필수 불가결한 요소가 된다. 마음챙김과 관련해서는, 주의력이 집중되는 곳에 신경 발화가 일어나고 그러면 우리는 이들 새롭게 일어난 우측 양식 경험에 참여할 수 있게 되는데, 이 결과 우리는 새로운 에너지와 정보를 위한 공간을 만들기 위해 이들을 지속적으로 알아차림 안에 붙잡아 둘 수 있게 될 것이다.

기억 분화(memory differentiation). 이들 세 가지 요소에 대해 좀 더 깊이 알아보도록 하자. 그 첫 번째는 기억 분화다. 많은 내담자들이 끊임없이 관계 문제에 기름을 부어 대는 커다란 고통의 상태를 주 증상으로 방문하고, 이들은 흔히 자신들이 왜 이런 경험을 계속해서 해야 하는지에 대한 당황스러움과 부정확한 좌측 양식 설명을 가지고 방문한다. 우리는 신뢰할 수 있는 대인관계 환경 안에서 이것을 마주하게 된다. 이 신뢰할 수 있는 대인관계 환경이란 환자가 어떤 순간에 필요한 것을 보여 줄 수 있을 것이라는 능력에 대한 기대 및 많은 경우에 변화에 대한 요구에 마주하게 되면 환자들의 마음은 통합을 방해하는 특정 방해물을 향해 움직이기 시작하는데 이것을 포함해서 무엇이 드러나든 그것을 받아들이는 데 개방되어 있는 환경임을 의미한다. 한 사람이 심한 초초감에서 특정 신체적 감각에 대한 알아차림을 향해 움직이게 된다면 이것은 아주 오랫동안 잊었던 수치스러웠던 감정적 기억을 이끌어 내게 될 것이다. 또 다른 사람은 나로 인해 예민해지는 감정을 느끼게 될 수 있는데, 이런 예민함에 대해 돌봄과 호기심을 가지고 만나면 증가되었던 불안감이 관계 안에서 받아들여지고 조절되고 있다고 느끼게 될 것이다. 이 두 경우 모두에서 불편함 혹은 방어적인 상태라는 전반적인 상태는 좀 더 분화된 경험으로 분해된 것인데, 이들은 암묵적 뿌리와 연결되어 있고 조정 가능한 양의 에너지와 정보를 담고 있었던 것이었다.

좀 더 완전한 예를 들어 보도록 하자. 나이가 든 남성 환자가 구역질을 동반한 불안 증상으로 방문하였다. 그는 이 초조증이 경제적인 염려 때문에 온다고 믿고 있었다(좌측 양식에 의한 추측/설명). 하지만 이 경제적 문제가 그를 얼마나 힘들게 하는가에 대해 이야기하는 것이 그를 편안하게 만들어 주지 못했다. 그러나 우리가 그가 경제적인 문제에 대해 생각하게 될 때 그의 신체에서 느껴지는 것에 대해 주의를 기울이게 함으로써 우측 양식으로 들어가게 하자마자, 신체적 생존에 대한 그의 암묵적 공포의 한 단면이 나타나게 되어 그것이 감정적으로 생생한 초점이 되었다. 이 감정에 머무르면서 그의 마음은 그가 세 살 때에 병원에 있을 때의 이미지가 떠오르게 되면서 이 경험을 더 정교화시킬 수 있었다. 그의 부모는 어린 그가 이해할 수 없는 이유로 그곳에 없었고, 그에게 남겨진 결과는 생존을 위협하는 두려움이었던 것이다. 이 기억이 의식적인 알아차림 안으로 들어오게 되면서 그의 신체에서 느껴지는 공포감이 더 강하게 밀려왔지만 우리의 함께하는 마음이 그것을 조절해 줄 수 있었다. 그런 다음에 우리는 이 어린 자기/어린 마음 상태에 대해 함께하는 경험을 제공해 줄 수 있었다. 이 치료회기 동안에 우리는 아래의 층들을 뚫고 지나갈 수 있었는데 첫 번째는 좌측 양식 대화에서 우측 양식 신체적 알아차림으로, 그러고 난 다음에는 그 뿌리에 놓여 있는 경험을 향해 단계적으로 분화된 층들을 향해 나갔다. 암묵적인 뿌리가 되는 경험이 저장되었던 때의 양상과 발달 연령에 따라 이것이 외현적인 기억과는 전혀 연결되어 있지 않을 수 있다. 그러나 이것이 활성화된 패턴으로(교감신경 혹은 등 쪽 미주 부교감신경계의 활성화), 감정의 고조, 신체적 감각이나 동작의 강화 및 지각에서의 변화 등으로 의식 안으로 들어올 수 있다.

이런 분화의 과정은 조절이라는 이점을 제공해 줄 뿐만 아니라 자율신경계 활성화 강도를 조정해 주는 작은 단위의 신경망들을 활성화시켜 준다. 우리가 볼 수 있는 것처럼, 언어가 개입되어 있는 경우에도 이것들이 전적으로 좌측 양식 사건만은 아닌 것이다. 사실상 우리는 좌측 양식적인 요구를 지연시키거나 혹은 뒤로 물러서게 해서 우측 양식이 자신의 목소리를 내고 우리 환자들이 분화 과정으로 움직일 수 있도록 해 주는 상황을 만들어 내기 위해 다양한 방식을 통해(이 장의 다음 부분과 다음 장에서 다룰 것이다) 치료하고 있다.

감정적으로 생생한 경험과 접촉하기. 더 세분화된 층에 대해 우측 양식이 중심되어 집중하는 이런 마음챙김적 과정은 자동적으로 두 번째 상황을 가져 오게 만든다. 즉 신체가 기반이 된, 감정적으로 생생한 경험과 접촉하게 만드는 두 번째 상황이 그것이다. 암묵적 기억들은 이것이 외상과 완전하게 해리되어 있거나 혹은 집중하지 않아 의식적인 알아차림에서 벗어나 있거나와 상관없이 우측 양식 과정 안에 있다. 좌측 양식적인 압박으로는 이들을 캐낼 수가 없다. 그러나 불안이 가득한 남자에게서 일어났던 것처럼 우리는 신체 감각, 행동적 충동 및 감정에 우리의 집중력을 개방함으로써 이들을 우리의 경험 안으로 초청할 수 있다(종종 처음에는 무의식적으로, 그리고는 점차 의식적이 되게 이동하는). 위에서 이야기한 바와 같이 우리는 우리 자신의 알아차림을 우측 양식에 조율함으로써 이런 전환을 시작할 수 있는데 그러고 나면 이것이 말로 표현하지 않아도 우리 환자들에게 공명의 초청장을 보내 준다.

변용의 에너지를 보태기(adding disconfirming energy). 일단 암묵적 기억이 환자-치료자의 결합된 마음의 의식적 알아차림 안에서 감정적으로 생생해지고, 우측 양식 상태가 되면 이것은 새로운 정보를 위해 이용이 가능해진다. 시냅스 열기(unlocking synapses)와 연관된 위에서 인용된 연구와 수십 년에 걸친 일화적인 임상적 증거들(Badenoch, 2008; Ecker & Hulley, 1996; Schore, 2003a, 2003b, 출판 중)은 암묵적 기억의 뿌리 깊은 지각을 **변용시킨** 다양한 형태의 에너지와 정보는 이런 상태하에서 이 상태를 변화시키기 위해 사용될 수 있다는 것을 보여 주고 있다. 공포가 공명 및 조절이 되고 있는 안전함 모두와 만나게 되거나 혹은 무가치감에 대한 암묵적 확신이 자신이 가치 있다는 본능적인 경험을 만나게 된다면, 암묵적 기억은 적든 많든 간에 변환될 것이다. 언어가 관여되든 관여되지 않든 간에 변화의 발화 양상에는 암묵적 기억을 담고 있는 우측 양식 신경망 포함된다. 만약 이 과정이 언어에 의해 중개된다면 단어들이 본능적인 경험을 담고 있는 우측 양식의 언어인 시적(poetic), 직접적, 구체적, 은유적, 살아 있는, 혹은 서술적인 특징을 가졌을 때가 가장 효과적인 것으로 보인다(Panksepp, 2008; Schore, 2009a).

암묵적인 것이 의식적인 알아차림으로 나오게 되면, 변연계와 중간 전전두엽 영역 사이에 새로운 연결이 형성되고, 이것은 조정 회로의 강도와 복잡성도 증가시켜 준다. 그런 다음 이 새롭게 통합된 경로가 변용 경험을 제공해 주는 조율된 타인과 만나게 될 때, 아니면 환자 자신의 알아차림 안에서 이 경험이 동시적으로 올라오게 될 때, 마음의 불협화음을 찾아내는 회로는 갈등을 해소하려 할 것이고 이것은 종종 처리 과정 안에 있는 암묵적 기억을 변화시켜 준다(Ecker & Toomey, 2008).

암묵적 기억과는 달리 명백하고 생생하다는 점에서 반대가 되는 변용 경험의 정도와 변화의 강도 사이에는 상관관계가 있는 것으로 보여진다(Ecker & Toomey, 2008). 이것은 우리의 첫 번째 명제적 추론으로 기억의 분화는 해독제를 가져다주는 딱 맞는 변용 경험을 위한 확실한 경로를 열어 주고 이를 위한 수용 공간을 준비해 준다. 일관적 정신치료(coherence psychotherapy)의 창시자인 브루스 에커(Bruce Ecker)와 로럴 헐리(Laurel Hulley)는 그들이 암묵적 정신모델의 **동시적**(simultaneous) 경험하기를 알아차림과 새로운 변용 경험으로 옮겨 가도록 유도할 때에 이 결과로 깊고, 지속적인 변화가 가장 지속적으로 나타난다는 것을 발견하였다. 그들은 암묵적 뿌리와 변용적인 지각 사이에 일어나는 이 세밀하면서도 공명적인 모순을 일컫기 위해 **병치 경험**(juxtaposition experience)이라는 문구를 사용하였는데, 그들은 풍부하게 경험적인, 특정한 유형의 정서적으로 깊게 뿌리내린 인지적 부조화로 이를 기술하였다(Ecker, 2008, 2010; Ecker & Hulley, 2008a, 2008). 정신역동적인 전통에서는 '교정적인 감정적 재경험'(Alexander, 1946/1980)이 만약 우리가 이 문구를 오래된 것과 새로운 학습 사이의 의식적인 느낀 부조화(felt dissonance)를 의미하는 데 사용한다면 앞의 병치 경험 문구와 유사한 의미를 가진 문구라 할 수 있다. 이 경우에는 오래된, 암묵적 학습을 비합리적이거나 부적응적인 것으로 무효화화거나 병적인 것으로 취급하지 않는다.

이제 이 원칙들에 대해 좀 더 명확한 감각이 생길 때까지 재검토하는 시간을 가져 보도록 하자. 당신이 만족스럽게 이해했다고 느낄 때까지 당신의 일지에 이 세 가지 원칙 각각에 대한 문장을 적어 보도록 하라. 이런 식으로 생각하는 데 불편함을 느끼거나 동의하지 않는다는 것을 느낀다면 그것이 무엇이든 알아차리고 그것에 대해서도 간단히 적어 보도록 하라. 우리는 좌측 양식이 중심이 된 세계에 살고 있고 우리의 치료 훈련은 흔히 인지적 치료 선택을 강조하고 있기 때문에 특정 암묵적인 그리고 외현적인 문제의 원인에 집중을 하는 데 우측 양식을 사용하고 있다는 것에 대해 놀라는 것은 당연하다. 일지에 당신이 알아차린 것에 대해 간단히 서술하도록 하라. 그리고 난 다음 만약 당신이 자신이나 환자의 암묵적 정신모델에서 암묵적 뿌리를 발견할 수 있거나 혹은 여기에서 변화를 가져 오는 변용 경험을 가져 올 수 있는 마음과 신체의 경험을 불러낼 수 있는지 살펴보도록 하라. 그리고 당신이 준비가 되었다면 여기에 그것에 대해 간단하게 서술해 보도록 하라.

언제나처럼, 당신의 들어주는 파트너와 이야기하는 것은 이런 경험을 풍요롭게 만들어 줄 것이고, 당신의 좌측과 우측 양식을 통한 학습 모두에서 새로운 발견들을 더 깊이 있게 자리 잡도록 만들어 줄 것이다.

우리가 좌측 양식에서 이 과정을 재구성화, 즉 소위 말하는 비합리적인 생각에 도전하고 그것을 합리적인 생각으로 대체하는 교정하는 것, 다른 행동을 하도록 지시하는 것, 우리 환자들에게 새로운 행동을 하게 계획을 세우도록 돕는 것 그리고 좌측 양식에 기반된 다른 과정들과는 구분하는 것이 매우 중요하다. 우측의 편도와 좌측의 언어 모듈 사이에 직접적인 신경 연결이 없기 때문에 논리적인 단어는 이런 어려움의 근원에 대해 적절하게 표현할 수 없다(Halgren, 1992). 암묵적 뿌리가 이전에는 전혀 언급된 적이 없기 때문에 이런 개입은 진행 중인 암묵적 학습 내용에 대해 반대가 되는 쪽으로 연결시키는 새로운 신경망만을 만들어 낼 수 있다. 중간 전전두엽 피질은 어느 정도는 편도를 잠잠하게 만들 수 있고 이에 따라 사람들이 특정 생각, 감정 및 행동에 대해 대체적인 반응을 발전시킬 수 있으나 암묵적 패턴은 변화하지 않는다. 이런 상황이 우리로 하여금 좌측 양식이 단절되어 있는 스트레스가 많은 상황하에서는 이들 암묵적 패턴이 재활성화가 될 수 있는 취약성에 노출되게 만든다(Badenoch, 2008; Ecker & Toomey, 2008; Schore, 2009a).

대신에 우리는 활성화된 우측 양식 변연 영역에서 중간 전전두엽 피질, 특히 배 안쪽(안와) 피질로 가는 경로를 발달시킴으로써 우측 양식 과정에 더 영구적인 변화를 만들어 낼 수 있다(Schore, 2009a). 이 경험에서 시작된 첫 번째 단어는, 치료자이든 환자 쪽이든 어느 쪽에서든 나올 수 있는데, 흔히 좌측 양식보다는 우측 양식에 의해 만들어진 말로 표현된 구어인 경우가 많다(Panksepp, 2008). 이 경험이 말로 표현된 이야기의 일부분이 되면 이것은 좌측 양식에 기반한 단어를 사용하게 될 것이다. 그러나 이것은 신경생물학적으로 우측 양식 경험과 지속적으로 연결된 채 남아 있기 때문에 이야기는 일관성과 생생함도 간직해 나갈 수 있을 것이다. [그림 9-1]에 이 과정을 정리해 놓았다.

우리가 여기서 연습해 본 것처럼, 좌측 양식 과정에 대한 이런 생각들은 마음챙김적 알아차림을 제공하지 못한다. 수용적 주의력은 문을 열어서 우측 양식 목소리를 들을 수 있게 해 주는 아주 강력한 방법이다. 이 방법을 사용하는 것은 조절의 전략이 아니라 발견의 길이다. 신체, 생각 및 느낌에 대한 매일의 알아차림과 명상 연습은 수용, 자애 및 자비에 이바지하고 뇌에 조절과 공감의 구조를 만들어 준다(Lazar et al., 2005; Lutz et al., 2008). 그리고 우리의 돌보는 관찰자의 영역을 확장시켜서 우리로 하여금 우리 자신과 우리 환자들의 강한 감정을 더 꾸준히 그리고 스트레스는 덜 받으면서 끌어안을 수 있게 해 준다.

좌측 양식 치료 개입과 관련된 이런 생각에 대한 당신의 외현적인 반응 및 암묵적 반응을 알아차리기 위해 잠깐 시간을 가져 보도록 하자. 신체적 감각, 행동적 충동, 감정 및 지각 등 떠오르는 것이 무엇이든 알아차려 보도록 하라. 그리고 친절함을 가지고 그들을 안아 주고 이에 대해 여기에 간략하게 적어 보도록 하라.

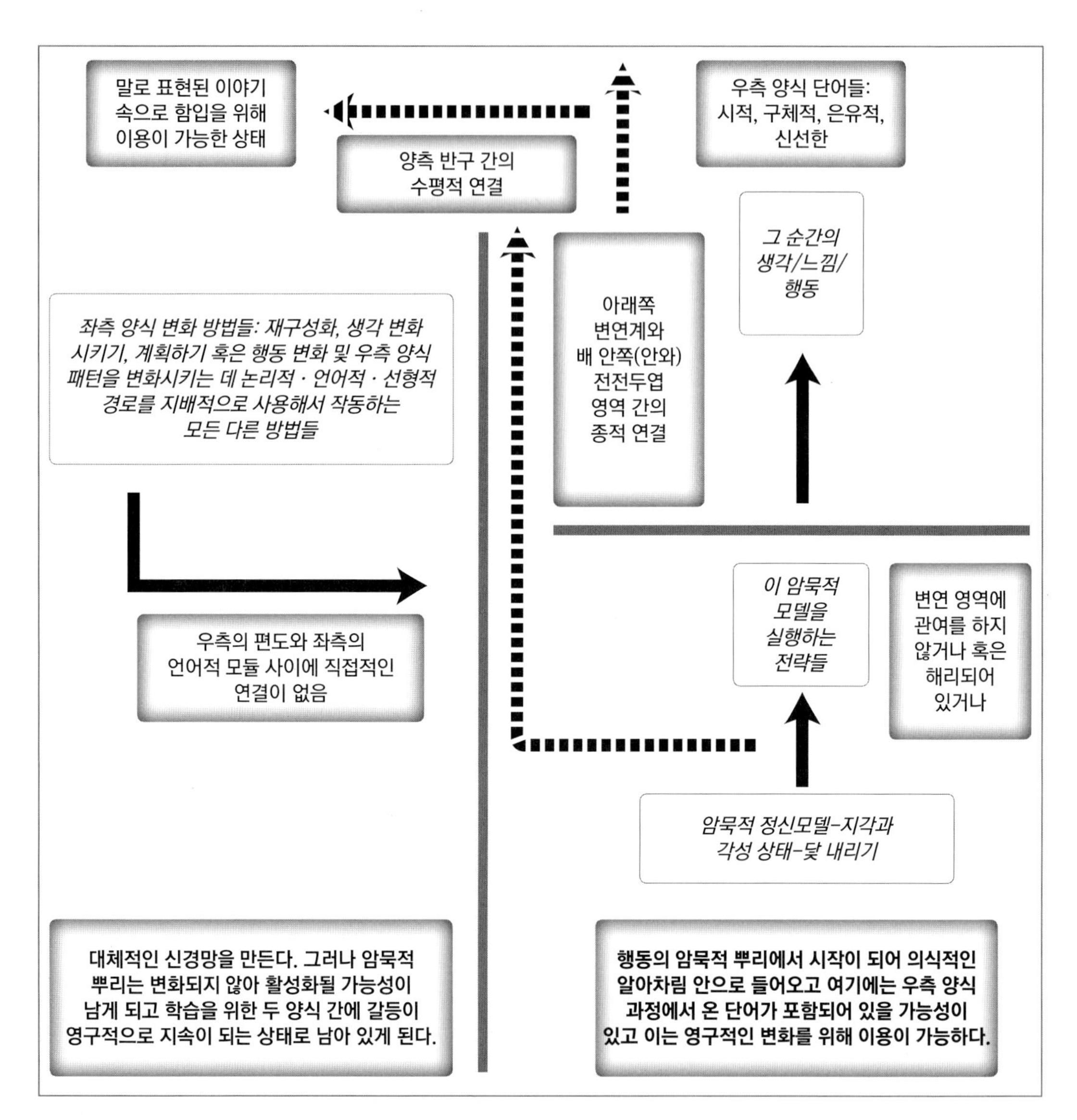

[그림 9-1] 좌측 및 우측 양식 신경 변화 방법들에 대한 신경생물학

신경과학의 발견들은 우리로 하여금 암묵적 세계에 대한 좌측 중심적 치료 개입 및 우측 중심적 접촉을 통해 강화가 되는 경로들을 추적할 수 있게 허용해 주고 있다. 좌측 중심적 방법은 새로운 신경망을 구축해 주지만 암묵적 영역을 변경시키지는 못하는 반면, 우측에서의 종적 통합과 함께 시작되는 방법은 우리로 하여금 우리를 관계적으로 어려운 경험 안으로 그렇게 많이 몰아붙이는 핵심 암묵적 정신모델을 변경시킬 수 있는 기회를 제공해 준다. 바데노크(2008), 에커와 투미(2008), 투미와 에커(2007, 2009) 및 쇼어(2009a)의 작업으로부터 그린 것이다.

내성의 창 만들기

이 원칙들을 어떻게 실행할 것인가를 결정하는 데 있어 우리가 깨달아야 할 요소에 대해 생각해 보도록 하자. 사람들이 편도와 안와전전두엽 피질 사이에 연결이 확립되기 전인 삶의 초기에 겪은 외상이나 애착 상실이 지속될 경우, 그들의 우측 편도는 스트레스 상황에 과도하게 민감해질 것이고, 예상되는 위험을 간직한 정신모델을 선호하게 될 것이며 따라서 공포와 불안이 저장되고, 조절을 위한 다른 회로들과의 연결이 부족하게 되어 그들의 삶은 정말로 충만한 삶이 아닌 끔찍한 갑판 쌓기가 되어 버릴 것이다. 흔히 경계성 인격장애 및 기타 II 축 상태들, 해리성 정체성 장애, 외상 후 스트레스 장애와 같은 진단 및 모든 종류의 신체적 어려움이 결과로 남게 된다.

안전한 애착을 만들어 주는 상태하에서 어머니 역할을 하는 사람의 안와전전두엽 피질의 발화는 이것이 변연 영역과 통합되는데 유전적으로 최적의 시간(약 생후 24개월)이 되기 전이라도 자신 아이의 동일한 영역을 발화시킨다. 이런 일이 일어날 때 회로들이 준비되어 있기 때문에 변연 영역과 안와전전두엽 사이의 결합이 큰 어려움이 없이 이루어지고 이런 통합은 또 관계 안에서 계속해서 지지를 받으며 단단해지게 된다. 이런 상황하에서는 대인관계 조절이 이런 결합을 점점 더 강하게 해 주고 점차적으로 자기 조절을 만들어 나갈 수 있도록 도와준다. 관계에서의 안전함은 우측 양식 복합성을 위한 기반을 조성해 주고 우측 양식 복합성은 회복탄력성과 건강한 관계 맺기를 뒷받침해 준다.

그러나 스트레스가 많은 초기 상태하에서는 아이의 안와전전두엽 피질이 미리 배선되어 있지 않고, 24개월에 통합이 시작될 때 변연 영역과의 결합이 거의 없거나 드문드문 형성되어 있게 된다. 이것은 아이의 이후 삶이나 성인이 되어서 비교적 중등도의 스트레스 상황 아래에서조차도 자신의 자율신경계 및 감정 조절을 하는 데 어려움을 가져 오게 만들 수 있다. 이것은 매우 슬픈 일인데 왜냐하면 몸과 감정을 조절하는 능력은 우리 삶의 주관적인 질을 위해 해야 하는 모든 것과 연관이 있기 때문이다. 예를 들어, 만약 우리가 쉽게 적은 양의 스트레스에도 불안해진다면 우리는 선택과 안녕을 도둑맞을 뿐만 아니라 혼동과 무력감을 느끼게 될 것이다.

우리는 지금 우측 양식 과정의 내성의 창이 좁아지는 것에 대해 이야기하고 있다. 이 창의 한 측면은 교감신경계 활성화 및 싸우기-도망가기와 연관되어 있고, 또 다른 측면은 종종 허탈/해리로 나타나는 부동 반응을 만들어 내는 등 쪽 미주 부교감신경계 활성화와 연관이 있다. 앨런 쇼어(2009a)가 말한 바와 같이, 치료 안에서 우리는 치료관계를 우리 환자들이 **"안전**

한 환경의 맥락하에서 정서적으로 견딜 수 있는, 그래서 압도적인 외상 감정이 조절될 수 있고 환자의 감정적 삶 안으로 통합될 수 있게 해 줄 수 있게 조절되지 않았던 감정을 재경험"할 수 있도록 해주는 데 사용하는 것이다(173페이지, 쇼어의 강조). 다르게 이야기하면, 우리는 내성의 창 경계에서 마음챙김적으로 치료를 하고 있는 것으로, 이렇게 함으로써 우리는 함께 서서히 모든 종류의 강한 감정을 감싸 안을 수 있는 우리 환자들의 능력을 확장시켜 나갈 수 있게 되는 것이다([그림 9-2]를 보라). 외상 및 애착 상실의 슬픈 결과 중 하나가 즐거움과 공포 모두를 견딜 수 있는 능력이 없어지게 되는 것이다.

우리는 하나나 혹은 둘 모두 조절이 안 되는 경계에 놓이게 될 수 있을 것이다. 외상 혹은 애착 상실이 공포와 불안으로 인한 교감신경계 각성을 높게 만들면, 잠깐 동안 해리 상태로 귀결되는 완전한 무력감 및 무망감 상태로 빠졌다가 그 뒤에 교감신경계만 쉽게 조절이 안 되는 상태가 되어 버릴 수 있다. 그러나 반대로 싸우기와 도망가기가 통하지 않는다는 것이 확실해지게 되면, 허탈과 해리로 나타나는 등 쪽 미주 부교감신경계 부동반응이 생존을 위한 유일한 방법이 될 수 있고 이것은 종종 수치심과 혐오를 동반한다. 이 경우에는 정서적 내성 창의 위쪽과 아래쪽 경계 모두가 좁아지기 쉽다.

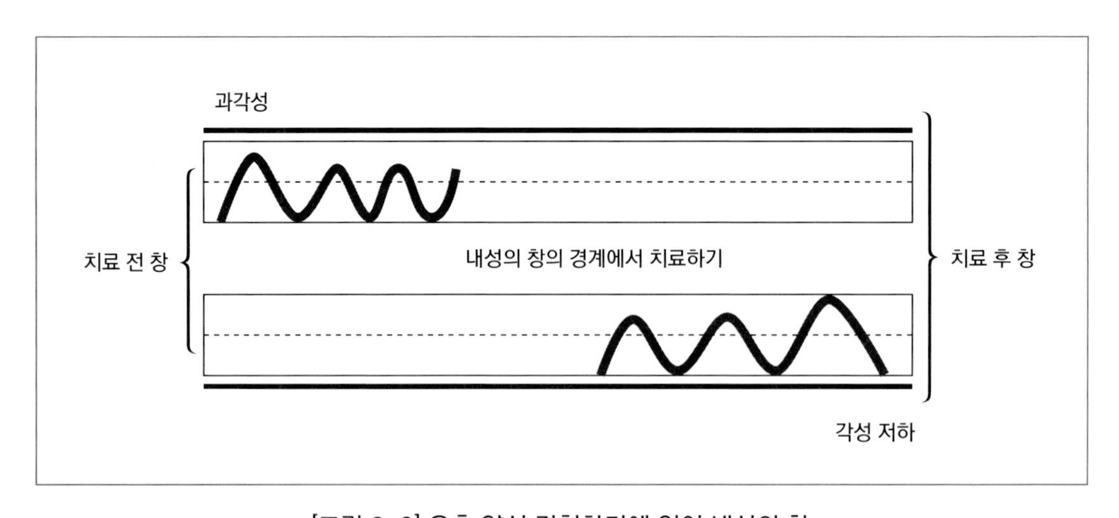

[그림 9-2] 우측 양식 경험하기에 있어 내성의 창

치료의 가장 중요한 측면 중 하나가 더 강한 강도의 감정을 담을 수 있도록 정서적 내성의 창을 넓히는 것이다. 우리는 우리의 좀 더 넓은 내성의 창 안으로 환자의 교감신경계(과 각성) 및 등 쪽 미주 부교감 신경계(각성 저하) 활성화를 끌어안을 수 있는 내성의 창 경계에서 가장 효과적으로 치료할 수 있다. Ogden, Minton, & Pain(2006), Porges(2007), Schore(2009a), & Siegel(2006)의 작업에 근거하였다.

한 환자가 나에게 "저는 하루 종일 일어나지 않았던 일을 상상하느라 시간을 다 써 버렸습니다. 그래서 저는 제가 상상력이 전혀 없다고 생각했습니다."라고 이야기를 하였다. 이제 우리가 함께 치료하게 되면서, 그녀는 이제 막 초기 외상의 통합된 알아차림을 견디기 시작하였는데 이제 신체 감각/움직임과 자율신경계 각성 및 감정들이 함께 하나로 합쳐지고 이들의 공격이 시작되면 약간은 노력을 해야 하지만 거의 노력하지 않고도 이것을 수용하게 되는 것이 가능해졌다. 그러나 우리가 완전한 알아차림을 하려고 복습을 시도했을 때, 조절이 다시 완전히 불가능해졌다. 한참 동안, 그녀는 자주 그녀가 기억을 하는 어떤 사건과도 연관이 없는 것처럼 보이는 심한 신체 감각과 떨림을 느꼈고 그녀는 자신이 거짓말을 하고 있거나 미친 것이 아닌가 하고 느끼고 있었다. 이러다가 이런 반응은 그녀에게는 이해할 수 없는 완전히 죽어 버린 것 같은 기간으로 대체되었다. 이런 해리적인 조각내기는 그 당시에는 그녀의 삶을 구해 주었겠지만 이제 우리는 우선적으로 아주 조금씩, 내성의 창의 양쪽 경계 모두에서 조절할 수 있는 회로를 구축하는 것에 초점을 맞추어야만 한다. 그렇게 함으로써 그녀의 넓어진 창이 그녀의 암묵적이고 외현적인 기억들의 끈들을 견디고 잡아 줄 수 있게 되면 이 둘은 함께 통합된 하나의 전체로 모아질 수 있게 되는 것이다. 이렇게 새롭게 조합된 기억들은 그다음에 새롭게 분화되어 그녀의 더 큰 뇌 과정의 흐름과 결합되기 위해 기회가 무르익기를 기다리게 된다. 그녀는 우리의 관계를 사용할 수 있게 되었는데, 그녀가 제대로 할 수 없게 되었을 때에도 그녀는 내가 그녀의 몸, 뇌 및 마음에서 어떤 일이 일어나고 있는지를 이해하고 있다는 사실을 발견함으로써 안심할 수 있게 되었다. 그리고 그녀가 극단적으로 화가 나도 나의 무의식적인 공명이 나의 조절 회로에 의해 지속적으로 그것을 잡아 주어서 우리가 함께 더 화를 내거나 혹은 해리되거나 하지 않게 해 주었다는 사실도 역시 중요했다.

이들 드문드문 형성된 신경 연결 때문에 우리 환자들의 내적 삶의 흐름이 붕괴되었을 때, **우측 양식에서 우측 양식을 통한 대인관계적 조절**(right-mode to right-mode interpersonal regulation)이 처음으로 변연 영역과 안와전전두엽 피질 사이의 필수적인 연결을 만들어 줄 수 있다. 우리의 자율신경계가 환자의 자율신경계와 함께 동조하게 되면서 이 새로운 '연결'이 치료적 관계 안에서 일어난다. 관계가 충분히 안전한 것으로 경험될 때, 해리 경험은 의식적인 알아차림 안으로 들어오기 시작할 것이다. 우리가 함께 공명하게 되면, 활성화는 더 증폭될 것이고 이와 함께 우리의 내성의 창이 이 에너지와 정보를 담을 수 있을 만큼 충분히 확장된다면, 우리 환자는 자기 자신의 내성의 창이 넓어지는 것을 경험하게 될 것이다. 칼 마시(Carl Marci)와 그의 동료들(Marci & Reiss, 2005)의 연구에서 이런 자율신경계 동조의 순간은 주관적으로 공감적으로 풍부한 대인관계적인 결합하기로 경험된다고 이야기하였다. 이 연구는 치료회기 안에서 우리의 신경계는 수없이 동조를 일으켰다, 빠져나왔다, 다시 돌아갔다 하는 것을 반복한다는 사실을 보여 주었다. 이 리듬은 안전함, 낙관 및 회복 탄력성의 기반에 놓여 있는 엄마와 아이가 춤을 추면서 조율에서 파열로 그리고 또다시 회복으로 돌아가는 것을 수없이 반복하는 것과 마찬가지다.

이 조절 경험들이 뿌리내리는 동안에, 우리는 우리 환자들의 위험에 대한 감정적으로 생생한 암묵적 기억 및 안전함과 존재가 제공해 주는 변용을 위한 풍부한 정보와의 연결의 부재와 만나게 되고, 여기에서 애착의 정신모델이 전환을 시작하게 된다. 이 과정은 말로 진행되는 것이 아니고 우리 사이에서 일어나는 천 분의 1초 사이의 따뜻함과 수용의 상호작용에 의해 이루어지며, 이렇게 되면 해리되었던 감정이 변연계 감옥(limbic prison)에서 풀려나 감정적으로 생생한 알아차림 속으로 들어가게 되어, 공명과 수용을 만나게 된다. 그러나 어떤 경우에는 우리는 특정한 변용 경험을 체화시키는 감정적으로 생생한 우측 양식의 단어를 제시해 줄 수도 있다.

우리가 이런 내성의 창의 경계에 있게 될 때 치료(우리 자신이나 혹은 환자들에서 일어난)의 몸과 마음에서 나타난 특정 경험을 다시 불러낼 수 있는 내성의 시간을 가져 보도록 하자. 교감신경계와 등 쪽 미주신경 경계 모두에서 몸, 느낌 및 지각에 어떤 경험이 했었는가? 시간이 지나면서 당신의 감정적인 내성의 창에서 어떤 일이 일어나고 있는지가 느껴지는가? 말로 하려고 하지 말고 경험 그 자체에서 올라오는 대로 느껴 보도록 하라. 그리고 이에 대해 여기에 간략하게 적어 보도록 하라.

이제 당신의 들어 주는 파트너와 함께해서 표현함으로써 배울 수 있는 양식으로 전환해 보도록 하자. 신경 변화의 원리, 조절의 회로, 외상 혹은 애착 스트레스하에서 이들 회로에 어떤 일이 일어나는지 그리고 이들 변화들이 환자들을 위해 감정적 허용의 창에 어떤 종류의 변화를 만들어 내는지 등을 이해함으로써 도움을 받을 수 있는 몇몇 환자들을 몸과 마음으로 불러내도록 해 보라. 그런 후에 당신의 들어주는 파트너와 이들 각각의 주제에 대해 마치 당신의 파트너가 그 환자가 된 것처럼 되어 이야기를 나누어 보도록 하라. 우리는 여기에서 많은 문제들을 다루고 있다. 따라서 이들 생각을 치료 실제에서 어떤 말로 표현할 것인가에 대해 편안함이 느껴질 수 있도록 충분한 시간을 들여서 함께 치료적 시도를 해 보는 것이 가장 도움이 될 수 있을 것이다.

나는 내 환자 중 신경망이 자신의 경우 어떻게 자신의 문제를 만들어 내게 되었는지 그리고 이들 패턴이 우리의 관계 안에서 어떻게 변화될 수 있는지 이해함으로써 우리의 치료 과정에 눈에 띌 만큼 더 전념하게 되고 수치심으로부터 벗어날 수 있게 되는 경우를 많이 보았다. 내가 그들의 특수한 상황에 대해 내 자신의 말로 적절하게 표현할 수 있으면 있을수록 치료 결과는 더 좋았다. **전반적인 생각은 좌측 양식에 기반을 두는 반면에, 단어는 그들의 내적 세계에 대한 나의 본능적인 알아차림으로부터 나오는 것을 사용하여 표현하는 것이 양쪽 반구 모두 안에서 공명을 일으키게 만드는 것처럼 보인다.** 환자가 새로운 정보에 개방되어 있는 그 순간에 우측 양식의 연결에 대해 말하기에 충분한 좌측 양식 명확성을 얻기 위해 이러한 개념들을 가지고 당신의 들어주는 파트너와 충분한 시간을 보내는 것이 변화 과정을 촉진시켜 줄 수 있을 것이다.

재연을 통한 치유

우리가 초기 외상 및 애착 상실의 문제를 가지고 치료할 때 불가피하게 일어날 수밖에 없는 다른 과정, 즉 비의식적인 재연(nonconscious enactment)에 대해 알고 있는 것이 특히 도움이 된다. 앨런 쇼어(Allen Shore, 2010, 개인적인 대화)와 에프라트 진토(Efrat Ginto, 2009)는 이 과정에 대해 설득력 있게 언급한 바 있다. 우리 환자들에게 과거 경험이 외현적인 기억이 성숙되기 전에 입력되었거나, 아니면 외상이 기억의 감정적으로 생생한 부분들을 해리시켜서 환자들이 과거의 기억에 의식적으로 접근할 수 없을 때, 우리의 암묵적 세계는 처음에는 비언어적인 과정을 통해서만 서로 만날 수가 있다. 우리의 거울 신경세포의 활성화를 통해 일어난 공명회로를 통해서이든 아니면 다른 방법을 통해서이든 간에 우리는 우측 양식하에서 몸 대 몸으로, 뇌 대 뇌로 서로 결합하고 영향을 주게 된다. 우리 환자들의 자율신경계가 활성화되기 시작하면 우리의 자율신경계도 역시 활성화되게 될 것이다.

기술적으로, 재연은 의식적인 알아차림 바깥에서 환자와 치료자의 해결되지 않은 암묵적 패턴들이 동시에 활성화되어 만나는 시간으로, 이것은 이들 패턴에 기반을 둔 행동을 만들어 낸다. 만약 이들이 의식적 알아차림의 바깥에 계속 남아 있게 되면 우리는 우리 환자의 해로운 초기 아동기의 만남들을 재확인시켜 주는 경험으로 빠져 버리게 될 수 있거나, 아니면 우리는 우측 양식으로 부터 우측 양식으로의 의사소통을 통해서 이들을 변용시켜 주는 경험을 제공해 주는 방식으로 반응할 수가 있을 것이다. 우리는 완전한 의식의 알아차림 바깥인 상태에서 일어나는 여러 만남에서 얼마나 많이 이런 일들이 일어나는지를 결코 알 수 없을 것이다. 그러나 종종 흥분 시의 행동과 관계상의 행동 모두가 우리 둘 모두의, 혹은 한 명의 의식으로 들어오게 되는 경우가 있는데 이런 경우 우리는 아주 오랫동안 자리 잡은 암묵적 패턴을 변화시켜 줄 수 있는 변용 경험을 만들어 내는 데 의식적으로 참여할 수 있다.

제프(Jeff)와 나는 그의 부유한 가족으로부터 '버림받고 망쳐 버린' 것 같은 경험에 대해 수개월간 치료 작업을 해 왔다. 그의 두 부모는 북동부에 새로운 공장을 세우는 데 관여하고 있어서 아이들을 볼보기 위해 조금의 시간과 에너지도 쓸 여유가 없었다. 그러나 이런 무관심한 태도를 넘어 이 밑에 깔려 있는 부모의 마음 안에서 만들어진 요구가 제프의 발달하는 자기에 대한 감각 안에 부정적인 지각을 쌓아만 갔다. 그들이 죽기 전까지 그들은 제프가 멍청하고(그는 2개의 학사 이상 학위를 가지고 있었다), 무언가 가치 있는 일을 할 수 있는 능력이 없으며(그는 3개의 주에서 교량 안전에 대해 책임을 지고 있었다), 그가 태어남으로써 가족을 망쳤기 때문에 그를 만나지 말아야 한다고 믿고 있었다. 그들의 지각과 그의 실제적인 역사 사이에 단절의 정도의 크기 때문에(거기에 더해 그에 대한 나의 경험까지 합쳐져서) 나는 그가 부모들 스스로의 허용할 수 없고 알리고 싶지 않는 많은 부분들을 버리는 쓰레기장이 되어 버렸다고 믿었다. 나는 이것이 그가 태어날 때부터 짊어질 수밖에 없었던 압도적인 짐이었다는 것을 느낄 수 있었다.

하루는 그가 자신이 누구인지를 보여 줄 수 있는 관계를 찾는 것과 연관해서 그가 느꼈던 절망에 대해 그와 공유하고 있는 중에 나는 내 어깨의 자세를 바로잡아야 할 필요성을 강하게 느꼈다. 뒤돌아보니 내 몸이 제프의 신체적-감정적 붕괴를 따라가면서 나는 의자에 아주 깊게 빨려 들어가고 있다는 사실을 깨달을 수 있었다. 내 어깨가 거의 원래대로 펴지면서 나는 그가 밝아지고 회복되기 시작하는 것을 볼 수 있었는데 이런 변화는 그의 몸에서 먼저 일어나 바로 그의 자신에 찬 목소리와 밝게 빛나는 눈동자로 옮아 갔다. 몇 분 후에 나는 어깨가 펴지면서 느꼈던 경험을 공유하였다. "나는 내가 강해져서 당신을 보호하고 싶다고 느꼈어요." 그는 잠깐 쉬었다가 이야기를 하였는데, "그것 참 이상하네요. 제가 어렸을 때, 저는 누군가가 나의 어깨를 눌러 어깨가 무너져서 제 팔을 쓸 수 없게 만들 때까지 제 어깨를 누르는 꿈을 꾸곤 했어요. 그 꿈은 너무 생생해서 깨어 있을 때조차도 저는 항상 팔이 움직이지 않아서 전적으로 부모님에게 신세를 져야 하는 것에 대해 걱정을 했었습니다. 지난 수년 동안에 저는 제 어깨에 아무런 문제가 없다는 것을 깨닫게 되었지요. 그것은 단지 그들에 의해 제가 부서지는 느낌이었던 것입니다. 그리고 우리가 함께 이야기했던 것처럼 저는 아직도 수없이 그렇게 되고 있습니다." 나는 본능적으로 **부서지는 것**(crushed)의 메아리를 느꼈던 것이었고, 부서지는 것이라는 것은 그가 느꼈던 애착 경험의 질에 대해 내 마음에서 일어났던 바로 그 단어였던 것이다.

진토(2009)는 **얽힘**(entanglement)이라는 단어를 치료 안에서 지속적으로 일어나는 이런 신체적으로 기반된, 처음에는 무의식적인 결합(paring)을 이야기하는 데 사용한다. 나의 몸은 제프의 붕괴 경험을 따라갔고, 심사숙고를 통해 나는 내 가슴이 우리의 함께 나눈 절망으로 빠져들어가면서 내 마음이 둔해지는 것을 깨달았다. 그러고 난 다음 그에 대한 나의 현재의 애착이 작동해서 우선은 나의 등 쪽 미주 신경계에 기인한 무망감을 조절해 주었고, 나로 하여금 부모가 자기 아이의 내적 경험에 보조를 맞추기 위해 움직일 때 보여 주는 것과 같은 종류의 경험을 제공할 수 있도록 해 주었다. 붕괴되어 가는 그의 본능적인 상태에 대한 내 몸의 느낌을 통해 제프가 그 순간 자신이 어떤 사람인지 알게 된 것 같다는 믿음을 가지게 되었다. 이런 일이 일어났을 때 우리의 연결은 강해졌으며 나의 강해진 어깨는 그가 필요로 하는 변용 경험을 가능하게 만들어 주는 공간이 되어 주었다. 제프와 나는 이 새롭고도 좀 더 확장적인 공간의 관점에서 그가 어렸을 때 겪었던 외상 경험에 대해 이야기를 계속해 나갔다. 그는 자신의 어깨에 대한 이전 꿈속에서 보여 준 외상의 흔적을 느낄 수 있었지만, 중간중간에 단단하고도 새로운 어깨가 생겨나는 것에 대한 가능성도 느낄 수 있었다. 이들 새로운 변화된 암묵적 회로들이 며칠간은 열린 채 남아 있다는 연구결과(Suzuki et al., 2004)를 고려한다면 우리는 이 새로운 어깨가 다음 일주일간 우리의 알아차림 안에서 경험적으로 생생하게 또 지속적으로 존재하고 있음에 동의할 수 있을 것이다.

우리가 이 모든 것을 의식적으로 할 수 있다는 생각은 쓸데없는 것이다. 왜냐하면 이런 우측 양식으로부터 우측 양식으로의 동기화는 우리가 의식적으로 알아차리기에는 너무나 빨리, 수천 분에 1초 사이에 일어나 버리기 때문이다. 우리가 할 수 있는 것은 우리 자신의 신경 통합을 증가시키려는 지속적인 노력을 통해서 환자와 우리 자신의 암묵적 기억이 활성화되었을 때 일어나는 것을 조절할 수 있도록 우리 자신을 준비시키는 것이다. 자기 자신을 돌볼 수 있어야 남을 돌볼 수 있는 것이다.

나는 이런 잠재적인 재연의 전조들이 지속적으로 일어나고 있다고 정말로 믿고 있는데, 왜냐하면 우리가 해리된 기억들을 공유할 때만이 아니라 보통 때에도 서로 간에 강한 공명을 가지고 있다고 믿기 때문이다. 가끔 이런 에너지와 정보의 교환은 우리의 해결되지 않은 암묵적 정신모델을 흔들어 행동화시킬 정도로 줄을 퉁기기도 할 것이고, 또 가끔은 단지 우리의 암묵적 체계인 우리 몸, 신경계, 감정 및 지각 안에서 병렬적으로 일어나는 활성화를 경험하게 만들 것이다. 연습을 통해, 우리는 공명과 개인적 활성화의 차이를 더 잘 감지할 수 있게 만들 수 있다. 나의 경우, 공명의 존재하에서는 알아차림의 조용한 흐름이 자율신경계의 활성화 밑을 강하게 흐르고, 내 자신의 해리된 경험과 접촉하게 되었을 때는 그 강함이 약화된다. 이 두 경우 모두에서, 이런 혼합된 상태는 내적 행동을 불러일으킨다. 우리가 우리의 돌보는 관찰자의 힘을 지속적으로 키워 주게 되면 이들 암묵적인 급격한 파도에 대해 잘 듣게 되고 또 조절할 수 있게 되는데, 우리 중 한 사람이 해결되지 않은 기억들을 떠올릴 때조차도 그렇게 할 수 있게 된다. 다시 말하지만 치료자로서 우리 자신의 정신건강의 중요성은 아무리 이야기해도 지나치지 않다.

재연은 처음에는 훨씬 덜 경험적이고 지적으로 이해하기 어려울 수 있다. 재연에 대한 생각은 처음에는 연기처럼 사라지는 것처럼 느껴지는데 아마도 이것이 너무 우측 중심(right-centric)이라 단어로 가두기 힘들기 때문으로 여겨진다. 잠깐 시간을 내어 이 부분을 다시 읽어 보는 것이 도움이 될 수도 있을 것이다. 그리고 친절함과 심사숙고하는 마음을 가지고 이런 종류의 경험이 당신과 당신의 환자 사이에 있는 공간에 흐르고 있을 때 당신의 경험을 보여 주기 위해 당신의 깊은 마음을 초대하도록 하라. 그리고 다시 이를 여기에 써 보고 당신의 들어주는 파트너와 함께 공유해 보도록 하라.

결론적으로 이야기하면, 우리는 우리 환자의 조절 회로가 충분히 발달할 때까지 함께 치료하는 데 가장 핵심적인 방법은 마치 엄마가 자신의 아이를 키울 때 하는 것처럼 신체에 기반을 둔 공조절(coregulation)을 하는 것임을 알 수 있다. 우리의 애착 체계가 치료적 관계의 풍부함 안에서 함께 치료해 나가면서 우리는 **우측 양식 과정 안에서 복합성을 구축하는데(build complexity in right-mode processes)**, 이것은 감정의 강도를 잘 조절될 수 있도록 공간을 만들어 주고, 공포를 잠재워 주며, 조율된 의사소통과 공감할 수 있는 능력을 발전시켜 주고, 암묵적 패턴에 무기력하게 매달려 있는 대신에 선택할 수 있는 능력을 키워 줄 수 있다(Siegel, 2007). 이런 기초에 기반을 두고 우리가 암묵적인 방해물들에 대해 지속적으로 치료해 나갈 때 우리 환자들은 자신의 돌보는 관찰자를 우리와의 관계 안으로 데리고 올 수 있게 되는 것이다.

암묵적 뿌리에 대해서

모든 사람들이 초기 어린 시절의 경험에 의해 광범위한 조절 도움이 필요할 정도로 쪼개져 있지는 않다. 그러나 모든 사람은 증상으로 간주되는 원하지 않는 것을 포함하여 자신의 생각과 감정 및 행동을 유도하는 광범위한 암묵적인 정신적 모델들을 가지고 있다. 에커와 헐리(Ecker & Hulley, 1996, 2000a, 2000b, 2008)는 다양한 범주의 증상 아래 존재하는 암묵적 학습 및 기억이 직접적인 의식적 경험을 가져 오게 할 수 있다는 발견에 대해 발표해 왔다. 그들이 강조하고 있듯이, 자료들은 일관성 있게 '감정적 진실(emotional truth)'의 회복에 대한 것을 보여 주고 있는데, 이 감정적 진실은 기존 증상의 깊은 감각과 적응성을 보여 주는 동시에 인생 경험의 불가사의한 틈과 모호한 부분을 채워 준다. 증상 생성에 대한 이런 관점은 뇌 과학자들의 암묵적 기억에 대한 광범위한 연구에 의해 확실히 증명되었다(재검토에 대해서는 Toomey &

Ecker, 2007을 보라). 진체적인 연구결과는 우리가 생각해 오던 것과 같은 것이었다. 즉 증상은 일리가 있고 말이 된다는 것이다. 비록 우리의 좌측 양식 과정이 우리의 반응을 비합리적이고, 병든 것이며, 멍청하고 혹은 깨져 버린 것이라 여길지라도 우리가 생각하는 것, 느끼는 것 그리고 행동하는 것의 뿌리에 있는 신경망의 수준에서는 일관성을 가지고 있는 것이다.

우리는 일생을 거쳐 좋거나 혹은 병들거나 하는 것에 대한 암묵적 지각을 만들어 내는 경험을 한다. 좋고 충분한 애착 경험을 시작해서 다섯 살까지는 자신의 외향적이고 낙관적인 기질을 충분히 표현할 수 있었던 아이가 갑작스럽게 전쟁의 스트레스와 마주하거나 혹은 위협적으로 느껴지는 도시로 이사하기 위해 친숙했던 모든 것을 떠나야 하는 스트레스와 마주할 수도 있다. 이와 동시에 이런 스트레스들이 이 아이에게 부모들의 안심시켜 주기, 조절을 도와주는 관심 등을 빼앗아 버려서 외상 경험의 암묵적 측면이 해리되어 버릴 수도 있다. 이 결과 핵심적인 안전감, 도움의 이용 여부 및 좋은 결과를 희망하기 등에 대한 암묵적 기대에 대해 새로운 틀이 만들어지고 이것은 심하게 조절되지 않는 신경계와 함께 만들어질 수 있다. 비록 이들 기억 저장은 일부 안정적인 애착의 기반과 변연계와 중간 전전두엽 사이에 확립된 연결에 기반을 두고 일어날 수도 있지만, 붕괴의 크기가 커지면 이런 붕괴는 이 아이를 두렵고, 내향화된, 종종은 이런 기반과 단절된 무망함의 마음 상태 쪽으로 끌어당길 수 있다. 그러면 이 사람은 현재는 좀 더 안정된 삶을 가진 성인으로서 때로는 자신의 좌측 양식으로는 도저히 이해할 수 없는 두려움과 무력감을 지속적으로 느끼면서 살아가게 된다.

우리가 이들 암묵적 뿌리에 대해 치료를 시작하면서 우리는 신경 구조를 처음부터 다시 연결하는 데 집중할 필요는 없을 것이다. 대신에 이 해리된 암묵적인 것들을 이미 확립된 중간 전전두엽 회로에 연결시켜 주는 경로를 발견하는 데 집중할 것이다. 또한 우리는 우리와 치료했을 때 보여 주었던 것이 유지될 수 있도록, 조절을 위한 더 큰 자원을 만들어 나가기를 바랄 것이고 환자들의 성인 자신이 더 강한 능력을 가지길 바랄 것이다. 비록 신경망이 다섯 살의 경험을 열린 채로 잡고 있지만, 더 뿌리 깊게 코드화되어 저장된 안전감은 자신들이 통합으로 받아들여지기 위해 기다릴 것이다.

이 외에도 회피적이거나 양가적인 애착을 가진 좀 더 심각하지 않은 경험은 일단 신뢰와 명확함이 확립되고 나면 그들이 우리와 함께 정말 빠르게 치료적 관계를 만들기에 충분할 정도로 환자들의 조절 회로를 연결시켜 주게 만들어 준다는 것을 발견하게 될 수도 있다. 또한 외상 상황에서조차도 더 큰 회복 탄력성을 부여해 주는 유전적 요인이 있기 때문에 각각의 사람은 자신만의 독특한 상황을 만들어 낸다(Kauffman et al., 2006). 첫 몇 면담회기를 가지는 것만으로도 시작점으로서 우리가 얼마나 조절 회로를 구축하는 데 초점을 맞추어야 할 필요가 있는지에 대해 감을 잡을 수가 있다.

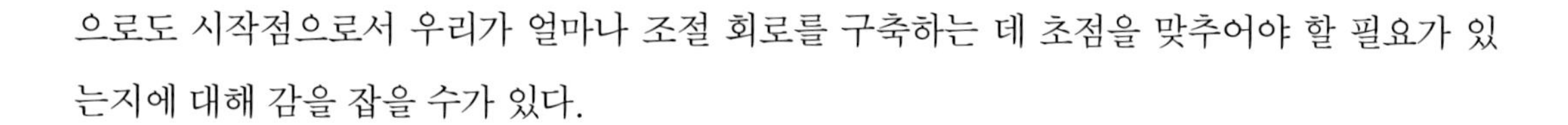

암묵적 뿌리를 외현적인 알아차림으로 초대하기

그러고 나면 이 해리된(그러나 신경적으로는 연결된) 혹은 알아차리지 못한(신경적으로 느슨하게 연결되었으나 일상적으로는 의식적인 알아차림 안에 있지 않는) 우측 양식 기억들을 어떻게 변연계의 저장소에서 꺼내 외현적인 알아차림 안으로 가져 올 수 있는가에 대해 의문을 가지게 된다. 우리는 환자가 치료회기에 가져 오는 어떤 경험이라도 그것을 가지고 시작하는 것이 유용하다는 사실을 그동안 경험해 왔다. 치료를 시작하고 나면 짧은 시간 안에 나는 사람들의 마음이 우리가 만나기 몇 시간 전부터, 흔히는 의식적인 인식 없이, 자신들의 치료시간을 위해 준비를 시작한다는 것을 알게 된다. 이런 결과, 많은 경우에 사람들은 일상생활, 꿈 혹은 관계적인 만남 안에서 그들을 화나게 하는 감정적으로 풍부한 경험을 치료의 장으로 가져 온다. 일단 우리가 이런 문제 안에 예를 들어, 비판에 대한 두려움 혹은 유기 불안 등과 같은 특정 패턴이 있다는 것을 느끼게 되면, 암묵적 뿌리에 대해 의사소통할 수 있게 우측 양식을 끄집어낼 수 있는 많은 방법이 있다. 여기에 몇몇 방법들을 소개한다.

- 모래상자의 상징적이고 촉각적인 경험에 참여하기
- 특히 우세적이지 않은 쪽의 손을 사용해서, 종이 위에 예술작업을 통해 색이나 모양의 흐름에 따라가도록 허용하기
- 진흙을 가지고 모양을 만들어 그것이 보여 주는 물리적인, 확연히 드러나는, 발현되는 특질에 대해 탐색하기
- 만약 증상이 없어진다면 어떤 일이 일어날 것인지를 묻고 이에 대한 우측 양식 대답이 나타나기를 기다리기
- 신체 감각, 행동적 충동 및 느낌 들을 따라가서 이들의 아동기 근원을 찾아가기
- 몸에 주의를 기울이기, 특히 그것이 크든 작든 간에 움직이려 하는 경향에 대해 주의를 기울이기
- 현재 경험에 반응해서 마음과 몸에서 무슨 일이 일어나든 간에 이를 수용하고 앉아 있기

- 환자와 치료자 사이에 펼쳐지는 관계적 경험에 대해 주의를 기울이기
- 몸에 강한 공명을 가져 오는 아동기 사진을 보는 시간을 가지기

정리하자면, 말을 하든 안 하든 간에 우측 양식이 의식적인 알아차림으로 좀 더 들어오게 만들 수 있는 방법이라면 무슨 방법이든 쓸 수 있다는 것이다. 암묵적인 기억에 대한 단서들이 있는 환경을 만드는 것이 큰 도움이 될 수 있다. 우리의 경우에는 벽에 큰 종이를 붙여서 크레용을 사용해서 그리게 하거나 진흙 바구니나 손이 닿는 곳에 미니어처와 모래 등을 이용한다. 그냥 이 자료들을 방 안에 두는 것만으로도 우리의 우측 양식이 더 잘 나타날 수 있게 해 준다.

시간을 잠깐 내어 우측 양식 접근에 대한 당신만의 레퍼토리를 정리해 보라. 친절함을 가지고 재구성, 행동을 유도하기 등과 같은 좀 더 좌측 중심적인 방법들과 비교해서 이들의 유용성에 대한 당신의 믿음을 살펴보도록 하라. 당신의 우측 양식의 방법들과 이들에 대한 당신의 믿음에 대해 여기에 간단히 서술하도록 하라.

어떻게 이 과정이 펼쳐지는지에 대해 몇 가지 예를 공유해 보려 한다. 15세의 여자아이가 특별한 이유 없이 불안에 가득 차서 방문하였다. 특히 학교에서 불안은 종종 공황의 수준에 이를

정도로 심해졌다. 그녀는 대학에 들어가는 것에 대해 점점 더 불안해하고 있어 이것이 그녀로 하여금 더 압박을 느끼게 만들기 때문이라고 추측하였다. 그리고 그녀는 이것이 사랑하는 조부모의 병 때문에 그럴 수도 있다고 생각을 하였다. 우리는 잠깐 좌측 양식이 이에 대한 답을 어떻게 찾는지에 대해 이야기하였다. 그러나 진실을 이야기해 주는 정확한 답을 찾을 수가 없었다. 그녀의 눈은 방에 들어오면서부터 줄곧 모래상자에 머무르고 있었고 이는 그녀의 우측 양식이 표현할 길을 찾는다는 신호였다. 모래를 필요에 따라 쓸 수 있도록 배치하고 난 뒤에 한쪽에 아주 가파른 언덕을 만들었고 그녀는 자신의 신체, 즉 가슴, 목 그리고 위 부위의 불안에 초점을 맞추었다. 그리고 이 장소로부터, 그녀는 기는 아기, 수레 위의 감옥 및 큰 뱀, 세 가지를 선택하였다.

첫째로, 그녀는 모래 작업을 더 하면서 언덕의 각도를 더 증가시켰고 그 언덕에 수레를 놓았으며 그 바로 앞에 아이가 직접 기어오르도록 배치시켰다. 그녀는 곡예사가 제자리에 들어가

[그림 9-3] 10대의 모래상자

이 모래상자 사진에 대한 당신의 본능적인 반응을 느껴 보도록 하라. 이런 이미지가 종종 몸 대 몸 수준에서 환자와 치료 간에 공명의 문을 열어 놓기도 하고 신경 증상의 동기화를 일으키기도 해서 암묵적 기억 패턴에 대한 의식적인 알아차림을 가져 오게 한다.

는 것처럼 느껴질 때까지 뱀이 수레의 한쪽에서 다른 쪽을 향해 움직이게 하였다. 우리가 뱀이 뒤쪽으로부터 아이 위로 기어서 넘어가는 것을 볼 수 있게 되었을 때 우리 둘은 모두 불안이 강하게 증가되는 것을 경험하였다. 이 순간 이 암묵적인 관계적 기억에 대해서는 아무런 말도 하지 않았다. 그러나 우측 양식의 의식적인 알아차림에 의해 우리 둘은 이를 알게 되었고 이것이 변화 과정의 첫 번째 단계가 되었다.

또 다른 예를 들어 보도록 하자. 우리 기관에서 우리는 우연히 한 방법을 발견했는데(아니면 내적으로 알게 된 것이거나) 이것은 우리가 사람들에게 특정 방식으로 생각하거나 느끼거나 혹은 행동하지 않는다면 삶이 어떻게 달라질 것 같은지 상상해 보라고 묻는 것으로, 이것은 종종 패턴을 지속하는 것에 대한 일관적이고 명확한 이유를 이성적으로 알아차리게 하는 극적인 효과를 가져 왔다[이 다목적용 기법은 에커와 헐리(1996, 2000a)에 의해서도 사용되었고, 이들은 이것을 **증상박탈**(symptom deprivation)이라고 불렀다]. 나는 내 환자에게 특별한 음식을 위한 남편의 요청에 대해 저항하기를 중단하거나 그에게 의미 있는 다른 작은 몸짓이나 행동을 중단하면 자신이 어떻게 느끼게 될 것 같은지를 상상해 보라고 주문을 하였다. 좌측 양식에 의한 추측을 한 후에는 "그가 저를 좀 더 좋아할 것 같아요."나 "제가 좀 편안하게 느낄 것 같아요."라고 대답하였다. 그러나 깊은 숨을 들이쉬고 난 뒤에 "제가 무서워질 것 같아요."라고 대답하였다. 그녀의 빠른 호흡과 커진 눈은 그녀의 교감신경계가 활성화되기 시작했다는 신호다. 우리는 두려움이 조금 커졌지만 우리의 관계를 그대로 유지할 수 있었고, 그러자 어린 시절에 아버지의 분노 앞에서 순응하는 어린 자신의 이미지가 그녀의 마음에 섬광처럼 떠올랐다. 곧 눈물이 터졌고 그녀는 "만약 제가 남편이 부탁한 것을 한다면, 저는 아버지와 한 것처럼 느끼게 될 것 같아요." 다시 이야기하지만, 첫 번째 단계는 암묵적인 기억에 뿌리를 두고 있는 기억의 가닥을 의식적으로 일관적인 전체와 함께하도록 가져 오는 것이다. 이 경우에 그녀의 행동이 만약 행동이 중단되었으면 올 수 있는 결과에 대한 본능적인 감각과 접촉하게 된 것이었다. 앞으로 우리가 보게 되겠지만, 변화 과정의 시작은 **의식적인 알아차림 안에 있는 알고 있는 증상과 의식적인 알아차림의 바깥에 있는 증상의 암묵적 원인 사이의 통합**의 점에서 일어나게 된다. 그녀에 대해 남편이 짜증 내는 것은 불쾌한 일이었지만 그것은 그녀 아버지의 일상적 분노에 비하면 아무것도 아니었다.

에커와 헐리(1996, 2000a, 2000b, 2008)는 이것을 한 개인의 **친증상적 위치**(pro-symptom position)를 발견하는 것이라 불렀는데, 이는 증상을 가지게 되면 괴로움이 생김에도 불구하고 그 증상을 꼭 가져야 할 긴급한 것으로 보는, 무의식적지만 특별한 암묵적으로 아는 것과 느낌을 이야기한다. 반대로 한 개인의 의식적인 **반증상적 위치**(anti-symptom position)도 있는데, 이것은 증상에 저항하고, 그것이 왜 존재하는지에 대한 이야기를 만들고, 그것이 비이성적이며 완전히 가치 없다고 생각해서 그것을 없애고 싶어 하는 것을 말한다. 친증상적 위치는 사고, 느낌 혹은 행동에 대해 강력한 필요성을 느끼게 만들고 인식을 하게 만들어 그 알아차림을 끌어안을 수 있게 만든다.

피질 하 변연 영역으로부터 기인한 친증상적인 인식이 아직 공고하게 확립되지 않은 피질과의 새로운 연결 회로와 이제 막 연결되어 있을 때는 치료회기 사이에도 이들 새로운 알아차림이 의식 내에 살아 있도록 유지하는 것이 중요하다. 이런 식으로 우리는 앞으로 곧 있을 변용 경험을 수용할 수 있는 안정적인 플랫폼을 발전시키기 위해서 이 새로운 인식을 지속적으로 유지될 수 있게 치료하고 있는 것이다. 우리가 이렇게 함으로써 중간 전전두엽-변연계 연결 또한 강화된다.

친증상적 위치를 통합하는 것 이상으로 무엇인가를 더하지 않아도 나는 사람들이 자신들의 새롭게 발견된 인식에 대해 마음챙김적인 부드러움을 가지게 되는 놀라운 전환을 가져 오는 것을 많이 봐 왔다. 모든 사람들이 자신을 좋아해야 한다는 강박적인 요구의 뿌리를 찾고 있었던 한 젊은 여성 환자는 자신을 희생자화시키는, 마음속 깊이에 있는 경험에 대해 알게 되었다. 다음 주 치료회기를 위해 그녀는 매일 수없이 "나는 희생자야."라는 말을 반복했다. 첫 번째 날, 그녀는 자신의 좌측 양식에 맞는, 그리고 암묵적 진실에 반하는 현재 알고 있는 것에 기반해서, 이를 밀어내고, 부정하고 이것이 틀렸다는 것을 증명하고 싶은 강력한 충동을 느꼈다. 그러나 그녀는 저항하지 않고 이를 반복하였더니 자신이 관찰자적이고 평화로운 상태로 들어감을 느끼게 되었다. 그녀는 이것을 어린 시절의 경험적 진실을 인정하면서도 동시에 그녀의 성인 상태를 유지한다는 점에서 그녀의 희생된 아이와 하나가 되는 것이라고 표현하였다. 이것은 중간 전전두엽 회로와 변연계 회로가 서로 연결되어 조절의 조화를 이루는 것이라 할 수 있다. 주말이 되자 "나는 희생자야."라는 말이 "나는 희생자였어."라는 말로 변용되었고, 이런 시제의 변화는 시간적 통합이 일어났음을 보여 주는 것이었고 영원히 현재인 과거가 정말로 과거로 변했음을 보여 주는 것이었다.

그 주 내내 그녀는 이제 그녀는 더 이상 희생자가 아니라는 것을 정말로 인식하는 시간을 가졌고, 또한 깊은 비탄의 시간을 가졌으며 이것은 그녀로 하여금 암묵적 패턴에서 벗어날 수 있게끔 해 주었다. 그녀와 그녀 안의 아이는 이제 현재 안에서 존재할 수 있게 되면서 희생자의 경험은 멀게 그리고 과거로 느껴졌다. 그녀는 "저는 이제 저를 돌아볼 수 있게 되었어요. 저는 저를 돌보아 주는 많은 사람들에 의해 둘러싸여 있다는 것을 볼 수도 있고 느낄 수도 있어요. 물론 그렇지 않은 사람들도 있지만 그들이 저를 해하려는 의도를 가지고 있지는 않아요. 그들은 단지 제 사람이 아닌 것일 뿐이지요."라고 말했다. 신경생물학적으로 우리는 이 특정 암묵 기억을 완료시키는 중간 전전두엽 영역과 변연 회로 사이에 통합이 이루어졌다고 이야기할 수 있다. 부모로서 우리가 아이에게 줄 수 있는 가장 중요한 선물 중 하나는 그들이 고통 속에 있거나 두려움 속에 있을 때 그들과 조율할 수 있어(Siegel & Hartzell, 2003; Wipfler, 2006) 그들에게 조각난 경험을 통합하는 데 필요한 시간과 함께 있어 줌을 제공해 줄 수 있다는 사실이다. 치료에서 우리는 환자들과 이와 똑같이 치료하는데, 환자들은 이를 통해 자기 자신과도 이렇게 할 수 있게 되는 것을 배우게 되는 것이다.

모든 암묵 기억이 이렇게 쉽게 혹은 한 번의 시도로 통합되는 것은 아니다. 여기 예를 든 젊은 여성도 수년간의 치료 경험을 가지고 있어 이것이 신경 통합을 위한 유사한 경로를 발전시켜 왔던 것이다. 우리는 그녀를 붙잡고 있던 제약을 잡아당겨 주는 것이 그녀가 해결의 길을 향해 움직일 수 있게 길을 만들어 주었던 것이다. 이 희생자화 경험(experience of victimization)이 우리가 그녀가 모든 사람들이 자신을 좋아해야 한다는 그녀의 요구 밑에서 발견한 여덟 번째의 암묵모델이었고 마지막 것이 없어질 때까지 이런 친증상적 위치가 반복되어야 하는 것이다. 그녀는 다른 모든 사람을 공격자로서 보는 그녀의 원래 모델이 이 새롭고 완전히 다른 지각에 의해 완전하게 충족되고 새롭게 편집될 때까지 다음 수일 동안을 이 해결 경험과 함께 머물러야 했다. 우리가 다음 몇 주를 통해 희생자화에 대한 생각을 재방문했을 때 이 생각은 이제 **그랬었다는**(of was) 과거 시제를 통해서 보여지고 있었다.

스크린 뒤에서 일어난 어떤 일들이 이렇게 부드럽게 펼쳐진 이 과정을 가능하게 했던 것일까? 첫째, 암묵적 뿌리와 함께 정렬(alignment)하는 것으로 이것이 증상을 투명하게 만들고 감정적으로 실제인 것으로 만들어 주는 근원을 제공해 준다. 둘째, 뿌리를 알아차림으로 통합시키는 것, 그리고 세 번째, 체화된 암묵적 기억의 생생한 경험을 지금 현실의 생생한 경험(이에 대한 단지 좌측 양식에 의한 생각만이 아닌)으로 변용적인 병치를 하는 것(juxtaposition)(Ecker, 2008, 2010; Ecker & Hulley, 2008)이 그것이다. 두 경험 모두 다 감정적으로 생생하고 이 둘이 동시에 의식적인 알아차림 안에 있게 되면, 마음은 두 에너지와 정보의 흐름 중 하나를 선택해서 이 둘의 상호적인 모순을 해결하려 시도하는데 이런 시도는 일반적으로는 더 적응적이고 세계에 대한 최근 모델을 향한 방향으로 이루어진다(Ecker & Toomey, 2008). 치료자로서 우리는 이런 생생한 변용 경험이 이루어질 수 있게 충분히 성숙된 순간을 알아차릴 수가 있는데 그들 중 어떤 것은 언어적이기도 하고 어떤 것은 관계적이기도 하다.

병치가 나타난 후 바로 해결이 이루어지지 않는다면 이것은 환자나 치료자가 실패해서가 아니고 무엇인가 이를 설명할 만한 내적인 이유가 있기 때문이다. 암묵적 뿌리와 현재의 지각을 담당하고 있는 신경망이 실제로 서로 간에 연결되지 않았을 수도 있고, 혹은 이 특별한 나무를 잡고 있는 다른 뿌리가 있을 수도 있다. 때로는 오래된 패턴 안에 포함되어 있던 에너지와 정보의 범람이 그냥 변용 자체를 압도했기 때문일 수도 있거나 혹은 중간 전전두엽과 변연 영역 사이에 신경 회로가 아직 새로운 연결을 유지할 만큼 충분하게 발전되지 못해서일 수도 있다. 아니면 암묵적 패턴이 너무 어린 시절에 만들어지고 또 너무 광범위해서 이 사람이 유일한 현실로 친증상적 위치 안에서 모든 시간을 살고 있어, 아주 적더라도 지각에 전환이 일어나기 위해서는 더 많은 관계적 경험을 필요로 하기 때문일 수도 있다(Badenoch, 2008). 암묵적 뿌리를 찾고 변용 경험을 촉진시키기 위해 인내와 지속성을 유지하고 반작용적인 방법으로 정서적으로 도피하려는 것에 대해 주의 깊게 지켜보는 것이 그 과정을 밟아 나가게 하거나 속도를 내게 만들어 줄 것이다. 브루스 에커(Bruce Ecker)는 "물론 자신의 정체성, 순간순간의 행동, 그리고 자신의 미래에 대한 시각을 조정해 주는 전반적이고 지독한 도식(schema)을 놓아 주는 것에 수반되는 많은 상실, 혼돈, 고통 및 두려움이 있을 때…… 이 사람이 이를 놓아 주고 상실을 애도할 수 있도록 도와주는 데 충분한 작은 단계들에 적용이 될 수 있는 병치적인 많은 '반복 경험들(doses)'이 필요할 수 있다"(2010, 개인적인 대화 안에서)라고 이야기하였다.

우리 모두는 종종 이런 과정에 대한 의식적인 생각 없이 환자와 조율의 춤을 함께 춤으로써 이런 생생한 변용 경험을 만들어 내기도 한다. 우리의 깊은 마음에게 우리가 이런 경험을 하고 이 변화가 만들어 낸 명백한 전환을 보았던 그 시간으로 우리를 데려가 달라고 부탁해 보자. 그리고 이들에 대해 간단하게 서술하라.

____

____

____

____

____

____

____

그러고 난 다음, 이런 관점에서 당신과 환자가 어떤 암묵적인 뿌리를 발견했는지 알아보기 위해 몇몇 환자들을 생각해 보는 시간을 가져 보라. 이들은 당신 환자의 증상의 의미를 어떻게 바꾸어 놓았는가? 증상이 암묵적 패턴의 관점에서 납득된다는 것을 알아차렸을 때 이 새로운 알아차림이 당신의 몸, 느낌, 그리고 특히 당신의 지각에 어떻게 영향을 주는지에 대해 주목해 보도록 하라. 그리고 여기에 이들 새로운 지각에 대해 서술적인 단어를 사용해서 기록해 보도록 하라.

암묵적인 아동의 상처 치유를 지지해 주기

나는 내 환자들을 괴롭히는 생각, 감정 및 행동과 그들이 그렇게 되도록 만든 역사적인 암묵적 뿌리 사이에서 이루어진 이런 종류의 느낀 일관성(felt coherence)을 만나면 내 몸과 마음을 안정시키는 깊은 안심과 안정감을 발견하곤 했다. 암묵적 변화에 초점을 맞추는 것이 가진 힘에 대한 용기를 북돋워 주는 예를 들면서 이 장에 대해 결론을 내려 한다. 나는 성인으로서 반응성 애착장애를 가진 몇몇 사람들과 치료를 함께할 수 있는 영광스러운 기회를 가졌었다. 아주 어린 시절에 이들에게 주어진 어머니의 돌봄의 질은 이들의 애착 체계를 뒤로 돌려서 배선시킬 정도여서 사람들과의 접촉에서 철퇴하는 것을 배울 수밖에 없게 되었는데 이는 다른 인간의 마음에 대한 어떤 참조 없이 현실을 자신의 내적 지각 세계에만 의지하게 되었고(따라서 이들의 마음은 아이로서조차도 돌봄을 받지 못했다), 이들은 가장 심한 유형의 자기혐오와 자기 거부를 통해 이 막대한 조절부전을 극복할 수밖에 없었다. 이런 정신적인 붕괴의 대부분은 겉으로 드러나는 명백한 학대는 없었지만 엄마 역할을 하는 사람들의 조용하며 차가운 혐오와 경멸이 아이들을 자극함으로써 은밀하게 이루어졌다. 이런 상황에서 자기혐오는 지목할 수 있는 명백한 가해자가 없었기 때문에 자신의 내적 붕괴를 조절하려는 자연적이고 강력한 방법이 되었고 이를 통해 조직화가 이루어졌다. 이런 혐오에 마주해서 아이들이 자신의 가치에 대해 자신 안에 무언가 원천적인 악함이 있다고 암묵적으로 결론 내리는 것 이외는 무슨 방법이 있었겠는가? 이런 암묵적인 가정에 대한 포기는 이 사람들을 고통스럽게 만드는 파편화(fragmentation)에 노출시키기 때문에, 이 자기혐오를 포기한다는 생각은 외부적으로나 내부적으로 폭발하는 죽음의 감각을 가져 오게 만들 수 있다.

현재 순간에 이 암묵의 바다는 다양한 신체 감각, 행동적 충동, 느낌 및 단단하게 결합된 지각 등을 만들어 낸다. 모든 연결의 시도는 더 멀어지는 움직임과 맞닥뜨리게 되고, 모든 연결의 철퇴는 수치스럽고, 고통스러우며, 또 옳은 것으로 인식된다. 그들은 자신들의 긍정적인 측면은 어떤 것도 지각하지 말아야 하고, 이에 대해 훨씬 덜 감사해야만 한다. 모든 것은 지속적으로 나쁜 상태에서 미쳐 버릴 정도의 절망적인 상태로 더 나빠져야 하며, 음식, 수면, 사귀는 관계 등 모든 양역에서 결핍은 일종의 법칙이 되어 버리고, 붕괴는 자신이 나쁘다는 증거이며, 따라서 파편화는 돌보아 주는 치료자와의 관계에 집중하기 위해 자기혐오에서 멀어지게 되면 나타나는 필연적인 결과물이다. 이 목록은 매우 길어 보이는데 이것은 마치 이 사람들을 그들의 내적·외적인 고통 속에 영원히 가두어 놓는 것처럼 보이는 진행성의 이중 구속적 양상을 보여 준다.

이 사람들 중 아무도 암묵적 뿌리를 찾으려는 노력을 하지 않는데 왜냐하면 이들은 매일을 자신 안에서 살고 있기 때문이다. 이렇게 몰아붙이는 지각들은 너무 공고화되어서 그들은 그 근원을 볼 수 있는 능력 없이, 초기 아동기 경험에 대한 적응이라는 그라피티(graffiti: 역자 주–

'긁다, 긁어서 새기다'라는 뜻으로 고대 동굴벽화, 이집트 상형문자에서 기원을 찾을 수 있다. 현대적 의미는 1960년대 후반 미국의 흑인 젊은이들이 스프레이 페인트로 저항적 구호나 그림을 그리면서 시작되었다)로 도배된 벽으로 둘러싸여 있는 감옥을 만들고 있는 것처럼 보인다. 이 감옥의 모든 감방에서는 모든 것이 '지금 이대로'다. 결과적으로, 비합리적으로 지각하는 것은 증상이 아니며, 윤리와 행동의 규칙이고 유일하게 상상할 수 있는 생활방식에 대한 명제일 뿐이다. 우리가 기억 공고화에 대해 배우고 있는 것을 감안한다면, 그들이 가지고 있는 모든 것이 거의 거주할 수 없는 암묵 기억의 바다뿐일 때 우리는 어디서 시작해야 할까?

나는 이 사람들이 나에게 감정적으로 재앙적인 상태에서도 인간의 회복력에 대한 깊은 존경을 보여 주었다는 점을 이야기함으로써 이에 대한 답을 시작하고 싶다. 이들 모두는 생산적이고, 도움이 되는 삶을 살았고, 이들은 모두 분리되거나 도망가 버리라는 내적인 명령에 도전하는, 밑에 끊임없이 흐르고 있는 내적 에너지의 흐름을 간직하고 있었다. 그렇지 않았다면 아마도 이들은 내 진료실에 오지도 않았을 것이다. 자기 지각과 우리가 보는 것 사이의 격차 때문에 우리는 즉각적으로 이들의 가치를 인정해 주고 교정적인 단어를 사용해서 잘못된 자기 이미지에 대해 반대로 이야기해 주고 싶은 필요를 느꼈다. 우리는 이에 대해 감정적으로 확신을 너무 많이 느꼈기 때문에 우리 자신이 변용의 언어가 될 수 있을 것이라고 믿었다. 그러나 고통받는 사람들이 충분히 조절되어 새로운 정보를 받아들여 이를 이용할 수 있게 되고 이들이 적어도 자신들이 암묵적으로 알고 있는 것과는 다른 가능한 설명을 경험할 수 있지 않고는 이 변용의 언어들은 소용이 없을 것이다. 대신에 우리의 언어는 그들이 오직 하나뿐인 현실(The Only Reality: 왜냐하면 이것은 우리의 암묵 기억들이 우리에게 이야기해 주는 것이기 때문에)이라고 신체적으로, 감정적으로 그리고 인지적으로 믿고 있는 자신들, 관계 및 인생의 가능성에 대한 관점을 만들고 있는 믿음의 벽을 강타했다. 이러한 종류의 변용을 제시하려는 시도는 그들에게는 상대방이 보이지 않고 듣지도 않은 것으로 느끼기 때문에 관계를 즉각적으로 위태롭게 만들 수 있다.

어떤 종류의 변용이 이런 단단한 장애물을 뚫고 이들의 경험적이고 암묵적인 뿌리에 도달하도록 해 줄 수 있을까? 놀란 아이는 안전한 애착의 조용한 요람 안에서 내적이고, 유전적으로 뿌리내린 그들의 연결에 대한 요구와 희미하지만 그 희망을 찾기 위해 양육자와의 초기 경험으로 다시 들어갈 수 있게 된다. 이들에게 치료자의 가슴과 마음 안에 안전하고 평온한 안식처가 있을 가능성은 너무나 좋은 제안이고, 이런 바람은 끝없이 지속되어 왔기 때문에 일단 결합이 시작되면, 종종 우리를 향해 이루어지는 약간의 육체적 움직임 안에서도 이런 것이 보인다.

예를 들어, 긴장을 풀고 우리를 지켜주기 위해 1인치씩 움직이는 꽉 쥐어진 손, 의자에서 더 가까워지기 위해 새롭게 자리를 옮겨 앉는 그들의 전체적인 몸, 흔히는 잠겨 있는 눈길에서 올려보는 것으로 바뀐 눈, 감정이 있다는 것을 보여 주기 시작하는 목소리 등이 그것이다. 이런 순간들은 본능적 수준에서 순간적으로 이루어지고 그러면 방 안에 항상 거주하듯 존재하고 있던 강제적인 분리에서 오는 긴장을 깨 버린다.

첫 연결 이후 바로 이 연결은 친구와 같은 관계의 빛에 의해 따뜻해져서 자기혐오에 의한 방어는 조금씩 녹기 시작한다. 이것이 비록 일어날 필요가 있는 바로 그것이지만 이것은 또한 이제까지 그 무거운 손에 의해 통제되어 왔던 거대한 무질서함을 자극하고 거기에 힘을 불어넣는다. 이런 용솟음(upwelling)의 정도는 환자와 우리 모두에게 압도적이 될 수 있다. 나는 이 단계가 가지는 일관성과 이 단계가 필요한 것이란 사실에 대한 이해가 전뇌 과정에 발판을 마련해 주어 붕괴의 강에 의해 쓸려 내려가거나 아니면 환자들과 함께 절망에 빠져 버리게 되는 것으로부터 나를 지켜 준다는 것을 알게 되었다. 이 상황은 내가 키를 잡고 함께 급류를 따라 내려가는 그림이나, 아니면 내가 물길이 얕은 곳에 서서 그물로 환자를 급류에서 낚아채고 있는 그림을 만들어 낸다. 많은 시간을 거치면서 우리는 이런 광란의 분열과 공조를 하면서도 중간중간에 온전하게 연결되는 그런 순간들을 가지게 된다. 이런 공조절 및 지속적인 연결을 위해 발전되는 능력이 바로 변용의 시작인 것이다. 경험의 수준에서만 본다면 우리는 "당신을 지킬 수 있어요. 나는 당신의 존재를 좋아합니다. 우리는 함께 평화를 찾을 수 있습니다. 이것은 아마도 우리 모두에게 좋은 일이 될 것입니다."라고 말하고 있는 것이다. 결합의 경험은 새로운 세계에 대한 문을 열 수 있게 한다. 따뜻하고, 차분한 연결의 지속적인 제공은 애착을 구하는 것이 애착을 보내는 것과 같다고 메시지를 변용시킬 것이다. 지속적인 긍정적 배려는 자신이 나쁜 인간이라는 경험을 지우기 시작하게 만든다. 차분함 자체가 붕괴에 대한 해독제다. 이 모든 것은 경험에 이름을 붙이거나 혹은 내적 과정에 대해 그림과 은유를 제공해 주는 우측 양식 단어에 의해 더 명확해진 본능적인 작업이다.

시간이 지나면서 더 지속적이고 조용한 공간이 나타나고 이것은 아이의 애착을 위해 핵심적인 곳이 된다. 그곳에 머무르고 싶은 아픈 갈망을 동반한 경외심이 그곳에 있다. 그들은 "이것이 무엇인가요? 이것이 대체 무엇입니까? 이것은 물고기가 공기로 숨을 쉬는 것보다도 더 다른 것 같아요. 우주보다도 클 뿐만 아니라 매우 다릅니다."라고 이야기한다. 그들 중 아무도 이 장소에 대해 부를 수 있는 어떤 이름도 가지고 있지 않다. 왜냐하면 이것은 완전히 다른, 어떤 이름이나 심지어는 상징 없이 단지 존재함으로써 시작하는 그런 장소이기 때문이다. 이 조용한 애착의 장소를 수개월 동안 방문하면서 이들 새로운 신경 연결이 안정화되기 시작하고 그러면 우리는 우리가 원할 때 언제든지 그곳에 갈 수 있게 되고 내 환자는 때로는 자신들의 요구에 의해서 그곳을 찾을 수 있게 되기도 한다.

그러는 동안 삶은 종종 얼마간은 더 힘들어지기도 한다. 붕괴는 종종 집, 감정, 관계, 일과 같은 우리의 삶 구석구석에 거주하듯 존재하고 있다. 그러나 이 용감한 사람들은 이 소란스러운 놀이기구를 타는 것 같은 삶의 과정 내내 살아가는 데 없어서는 안 되는 필수적인 것에 매달린다. 아무도 자신의 직업을 잃지 않으려 하고 가족관계를 안정적으로 유지하려 하며 오랫동안 지속되는 친구관계를 어떡하든 지켜 나가려 한다. 그러나 붕괴가 꽃을 피우고 있고, 암묵적인 믿음이 조직화를 향해 빠르게 움직이는 것을 막고 있다. 삶의 한 측면이 나아지면 다른 면이 반드시 나빠질 것인데 왜냐하면 이것이 어린 시절 유용했던 유일한 패턴이었기 때문이다. 아동기에 만약 평화의 순간이 있었다면 이것은 바로 그다음 순간에 혐오에 의해 산산이 부서져 버렸을 것이다. 이런 암묵적 모델에 의하면 애착의 행복에 찬 경험이 커지게 되면 삶의 다른 부분이 반드시 스트레스를 받게 되거나 아니면 붕괴될 것이다. 이 치료의 가장 힘든 부분 중 하나가 한 장소에 암묵적 정신모델이 서로 간에 얽혀져 서로를 잡고 모여 있다는 것이다.

이들의 고통 밑에 존재하는 조용한 황폐화는 지속적인 학대보다 다양한 방법으로 더 파괴적으로 작용한다. 초기에 만들어져 지속적이 되는 암묵적인 배선은 오직 한 가지 메시지만 전달한다. 당신은 증오스러우니 없어져 버려라. 너 같은 존재는 존재할 필요가 없다. 그래서 체화된 뇌는 이런 믿음을 중심으로 구조화가 이루어지게 되고 이것은 어떤 수준에서도 도전을 받을 수 없게 된다. 오직 이 모든 이상한 것에 대항해서 애착을 끌어내는 조용한 협동만이 예외가 될 뿐이다. 연결의 바다가 더 넓어지고 깊어지게 되면 조절과 유연성에 대한 핵심 뇌 구조가 만들어지게 되어 생각에 있어 점차적인 전환이 나타나기 시작하게 된다. 새로운 신경 회로가 감옥처럼 사로잡고 있던 암묵적 기억과는 다른 관점을 가질 수 있는 가능성을 지지해 주고, 이 오래된 신경망에 새로운 정보를 추가할 수 있는 공간을 만들어 주게 할 것이다. 여기에서부터 이 과정은 힘을 받아 빠르게 나아가게 되는데 왜냐하면 암묵적 정신모델을 궁극적으로는 불멸의 진실(The Immutable Truth)이 아닌 어린 시절 경험에서 나온 것으로 보고 또 경험할 수 있게 되기 때문이다. 이것이 치료적 변화의 주 흐름으로 들어가는 아주 중요한 변환점이다.

이 사람들은 통합되고 충만한 삶을 이끌 수 있게 회복할 수 있고 회복할 수 있기 때문에 이들은 우리 모두에게 희망의 등불이 된다. 내 첫 번째 반응성 애착 환자가 건강한 결과를 얻게 된 것을 본 후에 나는 체화된 뇌가 안정되고 조율된 관계의 맥락 안에서 변화할 수 있는 능력을 가졌다는 확고한 신념을 가지게 되었다.

이 장은 집약적인 장으로 우리가 치유작업에 대해 생각하는 방식에 대해 도전하고 재확인하는 장이다. 치료에 대한 패러다임에 상관없이 우리는 신경과학의 전환점의 한가운데 있으며, 신경과학이 치유를 위해 우측 양식 과정에 마음챙김적 집중을 하는 것이 중요하다는 쪽으로 우리를 유도해 주고 있다는 것이 명백해지고 있다. 자비로운 수용을 지지해 주는 따뜻하고 친절한 치료적 관계의 포용 안에서 우리는 우리의 생각, 느낌 및 행동 아래에 존재하는 암묵적 모델에 대해 개방적이 될 수 있다. 여기에서부터, 대인관계적으로 통합된 마음은 우리 삶을 유도하는 정신모델의 영원한 변화를 만들어 주는 변용 경험으로 우리를 이끌어 줄 수 있다. 다음 장에서 우리는 기억 및 마음의 상태와 치료 작업하기 위해 실제 과정을 만들어 나가면서 이들 원칙에다가 추가적인 살을 붙이려 한다.

변화의 원칙 적용하기: 기억을 재구성하고 내적 세계의 갈등 해결하기

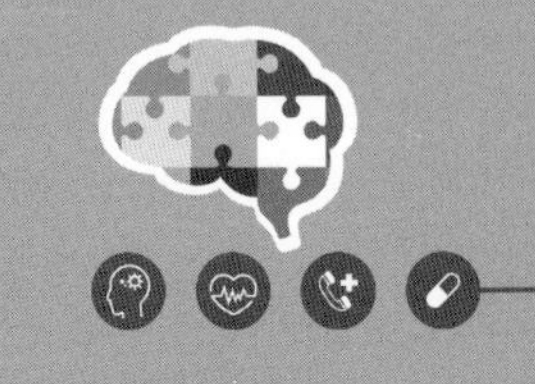

이제 우리는 지난 장에서 우리가 피력한 원칙들을 적용하는 데 더 많은 노력을 하려 한다. 우리는 변화를 가져 오는 뇌의 원칙들을 적용하는 것이 어떻게 우리를 지각, 느낌 및 행동의 암묵적 뿌리에 다다르게 하는지 볼 수 있었다. 그곳에서 우리가 마주하는 것은 기억들이고 혹은 경험에 의해 형성된 신경 경로들이라 이야기할 수 있다. 숲속에 난 모든 길과 마찬가지로(숲 그 자체와 비교해서), 이들은 흔히 의식적인 알아차림 없이 우리 뇌가 가장 쉽게 따를 수 있는 경로다. 내가 아침에 집을 나서려 준비할 때, 어떤 옷을 입을지 결정하거나, 차 열쇠를 어디에 두었는지 찾는 것(여러 곳에 있을 가능성이 있기 때문에) 등과 같은 내 행동 중 일부는 의식적인 주의력을 필요로 한다. 나는 결정을 내려야 하기 때문에 알아차리고 있어야만 한다. 그러나 다른 행동들은 의식적인 생각 없이 일어나는데, 예를 들어 집에서 나와 차고로 이동하여 뒷문을 열고 차고를 연 후 차문을 열고 시동을 걸어 차를 출발시키는 것 등을 할 때는 그렇다. 나는 이들을 의식적으로 생각할 수 있겠지만 이런 활동은 다음에 무엇이 올 것인지에 대한 절차적 기억과 피질의 변하지 않은 표상에 의해 성공적으로 유도된다(Hawkins & Blakeslee, 2004).

하지만 좀 더 자세히 살펴보면 내가 의식적인 마음에 관여하고 있을 때조차도 암묵적 패턴은 많은 나의 반응을 계속 유도하고 있다. 아마도 차 열쇠를 못 찾으면 나는 예민해질 것이고, 그날 필요한 것을 잊어버렸다면 더 마음이 편치 않을 것이다. 그러나 일반적으로는 앞으로 일어날 일들에 대해 열정적이고 낙관적일 것이다. 특히 우리 몸과 감정적 반응, 우리를 동기화시키는 것 그리고 우리 자신과 다른 사람들과 관계를 맺는 우리의 방식에 관해서 암묵적 패턴이 가지고 있는 이 유도 에너지와 정보는 항상 우리와 함께 있다. 우리가 원할 때는 언제나 암묵적 영향의 지속성에 대한 본능적 감각을 얻기 위해 우리의 돌보는 관찰자가 되어서 그 순간 우리 안에서 작동하고 있는 에너지와 정보의 다른 흐름을 찾을 수 있을 것이다.

우리가 이전 장에서 논의한 바와 같이, 이들 암묵적 경로는 변치 않은 불멸의 것이 아니고 신경과학은 매일 변화의 법칙에 대해 더 많은 것들을 발견해 나가고 있다. 이것은 환자들과 공유할 만한 희망적인 정보인데 왜냐하면 기억이 지속적으로 존재하는 암묵적인 틀의 형태를 취하든 아니면 과거의 문제들과 해리된 측면으로 존재하든 간에 환자들은 이들 패턴이 변화하는 경험을 원하기 때문에 치료에 오기 때문이다. 제임스(James)는 그를 가치 있게 인정해 줄 인생의 파트너를 찾고 싶어 한다. 수전(Susan)은 그녀의 아이와 함께 놀아 주는 것을 즐겁게 여기는 엄마가 되고 싶어 한다. 찰리(Charlie)는 학교에서 차분하게 보내서 항상 문제가 되지 않기를 원한다. 그들이 우리 진료소에 왔을 때, 그들의 뇌는 어떻게 자신을 무시하는 파트너를 찾을 것인가, 어떻게 아이들과 노는 것을 싫어할까, 혹은 어떻게 학교에서 불안해질까만을 기억한다. 결론적으로 우리는 항상 환자들과 함께 어떤 종류의 기억을 가지고 치료하는 것으로 이를 통해 이들이 자동적으로 걷고 있는 길을 변경시켜 주는 일을 하는 것이다.

변용 경험으로서 함께 있어 주는 것

지난 장에서 우리는 관계적 존재가 신경 회로를 재구성하는 방식에 대해 탐구하기 시작했었다. 이제 우리는 우리가 함께 있어 주는 것(presence)만으로도 환자의 초기 암묵적 기억을 변용시키는 몇 가지 방법을 돌이켜보면서 이에 대해 좀 더 깊이 들어가 보려 한다. 치료적 만남 안에서, 애착 패턴과 초기 아동기의 동반된 행동은 그것이 우리의 것이든 환자들의 것이든 간에 항상 존재하기 마련이다. 우리는 자신의 일을 지속하면서 애착 안정성을 높이려 한다(만약 우리가 그것을 가지고 있지 못했다면). 이런 식으로 우리는 우리의 체화된 뇌와 마음을 환자의 내적 상태와 공명을 경험하도록 준비시키는데, 이 경우 지속적이고 자비로운 돌봄의 강은 이 전체 과정의 저 깊은 곳을 지속적으로 흐르고 있는 것이다. 모든 종류의 파괴적인 애착은 그들의 흐름 뒤에 꼭 혼돈된 관계 패턴을 남긴다. 회피성 애착의 경우조차도 연결에 대한 변연계적 갈망은 알아차림의 바깥에 그대로 남아 있다. 이것은 다양한 유형의 붕괴와 공명하면서 매 순간 **차분하게 지속적으로 함께 있어 주고 돌봄**을 제공하는 우리의 능력 그 자체가 강력한 변용 경험이라는 것을 의미한다. 이것을 다르게 이야기하면 우리의 감정적 내성의 창을 넓혀서 자율신경계가 조율부전으로 빠지지 않고 환자의 그것과 동조하도록 움직일 수 있게 되는 것을 이야기한다. 이런 상호적인 공명의 경험은 뇌를 강력하게 변화시키는 힘이다. 우리 환자 몇몇은 차분함의 바다 안에서 푹 빠져 버린 채로 있었던 경험을 치료 중 가장 의미 있었던 순간이었다고 이야기하였다.

다른 변용 경험들도 관계 안에서 이용 가능한데 이것은 단순히 관계 맺기의 질에 의해 이루어진다. 예를 들어, 어린 시절 내내 비난받는다고 느꼈던 환자들은 종종 그들의 암묵적 모델에 의해 만들어진 대로 행동하게 되어 우리로부터 비난을 이끌어 내거나 아니면 예민한 반응을 이끌어 낸다. 만약 우리가 환자와 우리 사이에 이런 공명적인 긴장을 느끼게 되면 우리는 동시에 더 깊은 수준에서 왜 이런 일이 일어나고 있는지에 대해 명확한 흐름을 알아차릴 수 있을 것이다. 이런 명확하게 볼 수 있음(clear-sightedness)은 종종 이완을 통해 비판단적인 수용을 향해 들어간 뒤에 즉각적으로 뒤따라오게 된다. 이런 비판단적인 수용은 환자들이 이것을 흡수할 수 있을 정도로 충분하게 조절될 때 근본적인 변용적 병치로서 작용하게 된다. 이들이 항상 붙어 다니는 두 가지 질문이다.

- 환자들이 그들의 내성의 창 안에 있는가?
- 우리가 제공하고 있는 것이 감정적으로 생생한 변용 경험인가?

만약 조절부전이 너무 강력하게 자리 잡고 있다면, 환자들의 자율신경계는 배 쪽 미주 회로를 닫아 버려서 사회참여 경로가 단절되기 때문에 그들은 우리가 제공하고 있는 것을 받아들일 수 없다. 또한 우리의 마음 상태가 환자가 경험하고 있는 것과 아주 정확하게 맞지 않는다면 그들이 우리의 돌보는 존재를 내재화시켜 일부 변화가 일어날 수는 있지만, 그들 자신의 암묵 회로에 대한 완전한 그리고 영원한 변화가 즉각적으로 일어날 가능성은 낮다. 이것은 단순히 비판단적으로 이용 가능한 존재로 있는 것이 아무런 도움이 되지 않는다는 사실을 이야기하는 것은 아니다. 왜냐하면 이런 개방성은 환자들의 내적 세계 안에 공간을 만들어 주어 이 공간이 더 명료하고 깊이 있게 발현될 수 있게 만들어 주기 때문이다. 이것은 우리에게도 종종 의식적으로 또한 무의식적으로 더 큰 명료함의 전조로서 작용하는데, 이것은 앞으로 더 정확한 변용을 발현시켜서 영원한 변화를 가져 오게 할 것이다. 때때로 우리는 환자의 요구에 반응해서 우리의 내적 전환이 일어나는 것을 알아차리게 될 수 있고, 또 다른 경우에는 수천 분의 1초의 상호 교환이 의식적 알아차림 바깥에서 일어날 수도 있다.

이런 조율의 증가가 우리로 하여금 예를 들어, 환자들의 절망, 보이는 것에 대한 그들의 무감각함이나 따뜻한 환영에 동반되는 유기에 대한 공포 및 그런 마음 상태가 지속적으로 유지되고 있는 것 등에 맞출 수 있도록 해 줄 때, 우리가 말로 표시하지 않아 특별한 개입을 제공하지 않더라도 우리는 무엇인가 매우 중요한 것을 **하고 있는**(doing) 것이다. 사실상 나는 상처가 더 초기에 일어나고, 조절부전이 더 클수록 치유에 더 중요한 것은 이 내적 공간의 다양한 풍미를 담아 줄 수 있는 이런 예술(art)이라는 것을 알게 되었다.

잠깐 시간을 내어서 이전이나 아니면 현재의 환자를 마음과 몸에 초대해서 자신이 치료에서 **그냥 함께 있어 주었던**(just being) 순간을 생각해 보도록 하라. 이것이 당신에게는 무엇을 의미하는가? 그들이 차분함을 더 만들어 주는가? 아니면 편치 않는 느낌을 주는가? 아니면 이 둘 모두인가? 당신의 경험에 대해 서술적인 용어를 사용해서 여기에 써 보도록 하라.

___

___

___

___

___

___

___

___

___

___

비록 우리가 "일찍 일어난 새가 벌레를 잡는다."라는 식으로 어려서부터 뿌리를 내린 신경망에 의해 지속적인 압박을 경험하거나 아니면 지속적으로 진전하는 것이 미덕임을 직접 경험하고 있지는 않다고 하더라도, 우리 사회는 우리의 마음이 지속적으로 말이나 행동이 없이 그냥 함께하는 것에 대해 스트레스를 느낄 수 있게 조건화시켰다. 따라서 이 경험이 편안해질 수 있도록 우리의 암묵적 패턴을 바꾸는 데는 상당한 연습이 필요하다. 가능한 한 많이 이해하는 태도와 친절함을 가지고 우리 안에서 일어나는 인내할 수 없음과 좌불안석에 대해 어떤 알아차림이라도 수용하도록 하자. 나는 뒹굴뒹굴하지 말고 계속 움직이라는 것을 의미하는 신호였던 신발 끈으로 나를 끌던 아버지의 엄격한 명령의 말을 지금도 들을 수 있다. 이제 나는 아버지 자신이 뒹굴뒹굴하거나 몸이나 마음이 느긋해졌다면 아버지는 아마도 자신의 내적 세계와 만나게 되었을 것이고 그러면 붕괴되었을 것이라고 생각한다. 그래서 마치 나에게 소몰이를 하는 것처럼 느껴졌던 아버지의 매우 압박적인 말이 실제로는 그가 가장 두려워하던 것, 즉 만약 조금이라도 조용한 순간이 있으면 그의 암묵적 마음이 이야기하는 진실과 마주하는 것으로부터 나를 보호하려 그랬던 것이었다. 내 안에 있는 아버지에 대한 알아차림과 공감이 더 발달하면서 그것은 나로 하여금 행동할 것인가 아니면 정지할 것인가를 선택할 수 있는 능력을 증가시킬 수 있도록 도와주었다.

이제 우리가 우리 환자들에게 제공할 수 있는 말없는 변용의 다른 유형에 대해서도 생각해 보도록 하자. 아주 깊고 지속적인 상처를 가진 두 환자를 생각해 보고 다음 질문을 적용해 본 후에 당신이 발견할 것에 대해 써 보도록 하라.

- 그들이 어떻게 대우를 받을 것인지, 그들이 누구인지 혹은 그들이 삶에서 기대할 수 있는 것은 무엇인지에 대한 그들의 지속적인 정신모델은 무엇인가?

____

____

____

____

____

____

- 그들이 당신으로부터 예상되는 반응을 이끌어 내기 위해 사용한 단어나 행동은 어떤 것이었는가?

____

____

____

____

____

____

- 그들이 받아들일 수 있으며 또 종종은 의식적인 알아차림 수준 이하에서 당신이 그들에게 지속적으로 줄 수 있었던 마음 상태는 어떤 것이었는가?

____
____
____
____
____
____

- 만약 당신이 이 상태를 유지할 수 있었다면(우리가 이렇게 심하게 상처받은 사람들에게 공명하는 것은 쉽지 않은 일이지만), 시간이 지나면서 어떤 일이 일어났었을 것 같은가?

____
____
____
____
____
____

여기에 쓰고 난 이후에, 당신의 들어주는 파트너와 함께 이에 대해 그리고 이와 유사한 경험에 대해 이야기할 수 있는 시간을 가져 보도록 하라.

발달 연령에 대한 우리의 알아차림 증진시키기

매 순간 우리 환자의 마음 상태에 해당하는 발달 연령을 고려하는 것이 변용 경험을 제공하는 데 있어 중요한 지침이 된다. 우리의 초대하는 존재 그 자체는 환자들의 경험이 너무 외상이 심해서 이렇게 매우 어린 발달 연령 때부터 해리된 채로 그 상태에 머물러 있을 수밖에 없고, 과거 시간에 대해 아주 좁은 조각에 한정된 기억만을 가진 환자의 아주 어린 상태조차에도 우리는 안전한 천국을 제공해 줄 수 있다. 그들은 시간의 흐름의 바깥에서 멈추어서, 우리가 영원히 현재인 과거라는 시간에 갇혀서 통합된 공감과 이해와 만날 수 없는 고통스럽고 두려운 경험만이 있는 장소에 머무르고 있다. 많은 환자들이 나에게 그들이 경험하고 있는 연령에 대한 단서에 대해 듣고 이에 반응할 수 있도록 가르쳐 주었다. 나는 유아기에 학대를 당했던 많은 환자들을 치료한 바 있는데 이런 학대는 그들의 뇌를 여러 조각의 마음 상태로 파편화시켰고, 이들 중 몇몇 조각은 아기 상태를 결코 벗어날 수 없었다. 그런 마음의 상태가 우세해질 때는 말을 할 수 있는 성인 상태가 남아 있음에도 뇌는 아기들이 그랬듯이, 아주 처음에서부터 신경 연결을 만들어 내는 것처럼 그렇게 작동하는 것처럼 보인다.

재미있는 예를 하나 들어 보도록 하자. 현재 40대인 한 여성을 치료한 적 있는데, 이 환자는 신체적 · 성적으로 출생 시부터 학대를 받아 왔다. 우리는 많은 경우 직접 만나서 치료를 진행했으나, 때로는 스카이프(Skype)를 이용해서 치료하기도 했다. 우리가 함께 방에 있을 때 나는 거의 안경을 쓰지 않았는데, 그녀는 종종 우리가 소파에 함께 앉아 있을 때 나의 부분적인 모습을 보았다. 스카이프에서 그녀는 안경을 쓴 나와 내 얼굴 전체를 볼 수 있었다. 처음에는 그녀가 내 모습에서 이런 차이를 알아차리지 못했다. 그래서 하루는 그녀가 "저는 제가 당신이 누구인지를 모르는 것 같아 깜짝 놀랐어요. 당신 머리를 서서히 돌려서 당신의 모습을 저에게 보여 주실 수 있을까요?"라고 이야기하였다. 그녀는 내가 그렇게 해 주자 금방 안심되었다고 이야기하였다. 그래서 우리는 한 가지 실험을 시도하였다. 나는 내 머리를 돌려서 한쪽 얼굴을 보여 주고 나서 얼굴 전면을 보여 주고 또 다른 면을 보여 주는 것을 천천히 그리고 반복적으로 하였다. 이렇게 하는 것은 단지 안심시키는 것만이 아니라 끝없는 미소와 놀이처럼 느끼게 만들었는데 나에게는 마치 아이와 함께 까꿍놀이를 하는 것처럼 느끼도록 만들었다. 분명히 우리는 대인관계적으로 축복받은 즐거움의 뿌리를 내리게 해 주는 이 자연스러운 능력을 만들어 내는 우측 양식의 변연계 영역에 의해 서로가 연결되었음이 틀림없었다(Panksepp, 1998).

나는 또한 우리가 나의 이 '아기-뇌' 상태를 전체적인 사람으로 연결되도록 돕고 있었다고 느끼고 있었는데, 이는 일종의 신경 분화 과정으로 사람의 부분을 이루는 조각을 점차적으로 조립해서 하나로 만들어 주고 얼굴 인식을 하나 혹은 몇 개의 세포로 세분화시키는 것을 말한다(Quiroga, Reddy, Kreiman, Koch, & Freid, 2005). 그녀의 성인 상태는 이 과제를 하는 데 아무런 문제가 없었지만, 이 아기 상태가 그녀의 뇌가 그녀의 발달 수준에 맞도록 기능하게 영향을 주고 있는 것처럼 보였다. 다음 시간에 우리는 서로 직접 만나서 서로를 보게 되었는데, 나는 안경을 썼고 그녀는 내 전체의 여러 다른 부분들이 다들 제자리를 찾아가는 것을 느꼈다고 이야기하였다. 만약 이런 유형의 초기 뇌 분화가 우리에게 진짜로 뿌리 내려져 있는 것이라면,

이것은 다른 마음의 상태는 다른 신경 발화 패턴과 연관이 된다는 상태의존적(state-dependent)인 경험에 대한 확실한 예라고 할 수 있다.

그녀가 비록 다중인격장애를 가지고 있지는 않았지만 그녀의 학대가 너무 초기에 시작되었고 너무 심했기 때문에 그녀의 다양한 마음 상태는 극적인 방식으로 해리되었다. 나는 이 경험들이 우리의 의식적인 알아차림 안으로 들어와 이 아기 마음 상태가 나와 관계를 형성하게 되면 이 아기 마음이 점차적으로 그녀의 발달하는 뇌의 진행 중인 흐름과 통합되게 만들 것임을 믿는다. 이들 발달 단계를 실제 신경적인 사건으로 보고, 이해하고 반응하는 우리의 능력이 이에 동기화되는 순간들을 만들어 내어 이것이 신뢰를 쌓을 수 있게 해 주고, 통합적인 신경 연결을 만들어 주면 즐거움만이 아니라 화난 감정을 견디어 낼 수 있는 내성의 창을 확장시켜 준다. 우리가 이들 발달 단계를 간과하게 되면 그들은 당혹스러움을 느끼게 되거나 이해받지 못한다고 느끼게 되어 우리 내적 상태에서의 전환이 그 사람이 보이지 않았던 초기 상태를 복제하게 만들 수 있는데, 그러면 이것이 그들로 하여금 때로는 조절부전을 가져 오게 하거나 아니면 문을 닫아 버리게 만들거나 혹은 이후 경험에 대해 이야기하게 만들기 위해서 초기 과정을 다시 해리시키게 만들 수 있다.

다른 예로서, 내 환자 중 몇몇은 우리 치료 과정에 대해 이야기하는 것보다 내가 이야기를 읽어 주는 것을 듣는 것을 더 강렬히 원한다. 그들은 내 목소리를 자유롭게 듣고, 언짢은 내용에서 벗어나 자신들이 방해받거나 중단되지 않는 운율 안에 안주하고 싶은 것처럼 보였다. CD를 만드는 것이 요즈음에서는 크게 어려운 일이 아니기 때문에 이들의 요청은 쉽게 받아들여질 수 있었다. 이와 함께 내가 가진 물건 중에 부드럽고 주머니 속에 들어갈 수 있는 물건이 어떤 경우에는 이렇게 나타나는 내적인 아이들에게 의미 있는, 만져서 확인할 수 있는 기반을 제공해 줄 수 있다. 정신역동적인 전통에서는 이들을 이행 대상(transitional objects)이라고 부르는데, 우리는 이제 이것을 신경생물학적인 실제성으로 이해하고 있고, 이것은 애착을 관장하는 신경망을 강화시키도록 돕는 장신구와 같은 것을 가지고 있는 것을 말한다.

시간을 잠깐 내어서 당신이 당신과 당신 환자가 인지적으로 확인할 수 있는 나이가 아닌 신경발화 양상과 연관되어 있는 나이를 통해서 나타나는 서로 다른 연령을 보여 주는 순간을 찾을 수 있었던 초기 외상 환자에 대해 생각해 보도록 하라. 그리고 여기에 이 마음챙김적인 탐지 작업에 대해 짧게 서술하도록 하라.

현재 경험에 대한 암묵적 뿌리 추적하기

이러한 변화적인 관계 경험 및 발달적으로 더 초기의 시기로의 방문과 함께, 우리는 여기에 더해 현재 경험의 암묵적 뿌리를 마음챙김적으로 추적함으로써 기억의 변화를 가져 오게 만들 수 있다. 우리가 시간을 통해 움직이면서 우리는 사건으로서의 기억과 이 사건에 관여했던 내적 공동체 일원들을 기억으로서 마주하게 될 것이다. 우리는 이미 우리 자신과의 마음은 제1부에서 연습한 바 있다. 그리고 여기에서 우리는 이와 유사한 과정을 어떻게 우리 환자들에게 적용시킬 것인지에 대해 생각해 보려 한다. 흔히 치료에서 이렇게 하는 것은 자연스럽게 이루어진다. 제대로 치료가 이루어지는 경우, 우리는 처음 몇 번의 치료시간에 이들에 대해 이야기할 수 있는 올바른 공감의 순간을 발견함으로써 치료에 대한 기반을 일찍 확립할 수 있다.

- 어떻게 신경망이 형성이 되는가
- 어떻게 암묵 기억이 아주 큰 영향을 미치게 되는가
- 어떻게 모든 생각, 느낌 및 행동이 일관성이 있는 암묵적 이유를 가지게 되는가, 그리고 왜 이것이 필요한가(예와 함께)
- 어떻게 내적 공동체가 형성되고 이것이 변화될 수 있는가(환자의 삶으로부터 온 예와 함께)
- 어떻게 신경가소성이 관계를 통해 만들어질 수 있고 이것이 변화에 대한 희망을 가져다줄 수 있는가

수잰: 암묵 기억을 변화시키고 내적 공동체 조정하기

수잰(Suzanne)은 감당할 수 없는 불안을 주 호소로 내원하였다. 그 불안은 어떤 관계이든 사랑하는 관계가 시작된 지 약 3개월이 되면 솟아오르기 시작한다. 그러면 그녀는 "어리석고, 형편없으며 희망이 없는 천치 바보처럼" 느껴진다. 그녀가 이야기하기를 불안은 매번 어느 날 자신에게 "내가 사랑에 빠진 것 같아."라고 이야기하면 시작된다고 이야기하였다. 나는 그녀가 현재에는 그런 관계를 가지고 있지 않음에도 불구하고 그녀가 이야기하면서 그녀의 교감신경계가 항진되는 것을 느꼈다. 우리는 그녀의 과거로 바로 들어가서 그녀가 아주 어렸을 때부터 감당해야 했던 수많은 상실을 공유하였다. 그녀가 세 살 때 어머니가 돌아가셨고, 아버지는 일 때문에 그녀가 네 살 때 따뜻하고 친절했던 오빠와 의자매에게 그녀를 맡기고 떠났다. 그녀는 암 투병 중이던 그녀의 삼촌(그리고 대리 아버지)을 찾을 때까지 그들과 함께 있어야 했다. 그리고 삼촌은 4개월 후에 세상을 떠났다. 다섯 살 때 그녀는 매일 학교에 가기 전 심한 복통에 시달리기 시작하였고 그녀의 숙모에게 무슨 일이 일어날까 봐 두려워서 다섯 블록이 떨어진 집까지 다녀오기 위해 하루에 두 번씩 학교에서 집으로 걸어왔다.

악몽은 바로 시작되었고 그녀의 초등학교 시절 내내 다른 유형의 불안 증상이 연이어 시작되었다. 그런 후에 불안은 그녀가 사춘기가 되기 직전에 마치 요술같이 다 나은 것처럼 없어져 버렸다. 그녀는 연극반에 가입하여서 경연을 위해 그들과 여행을 하였고 공연할 수 있는 모든 기회에 자신을 전부 던져 버렸다. 그녀는 무대에서는 "겁이 하나도 없었다."고 하였고 처음에는 많이 행복했으며 전혀 불안하지 않았다고 이야기하였다. 그녀는 고등학교나 대학 때, 너무 바빠서 데이트할 기회가 없다고 이야기하면서 데이트 기회를 그렇게 많이 가지지 않았다. 졸업 후에 그녀는 지방 전문 극단에 들어가 즐겁게 일할 기회를 가졌고 회사에 있는 젊은 남자들과 사귀기 시작하였다. 그리고 7년이 지나 그녀의 경력은 꽃을 피우고 있었으나 그녀는 자신이 정말 결혼할 수 있을지 그리고 아이를 가질 수 있을지에 대해 의문을 가지기 시작하였다.

단지 그녀의 과거에 대해 이야기하고 있음에도 불구하고 그녀는 그 불안이 왜 그렇게 압도적이었는지에 대해 당황하고 있었다. 이것이 우리로 하여금 암묵 기억들에 대해 이야기할 수 있도록 문을 열어 주었다. 나는 설명하기를

> "우리는 흔히 기억을 '열두 살에 나는 연극과 사랑에 빠졌던 것을 기억해'와 같은 것이라 생각합니다. 그렇지만 이것이 우리가 가진 유일한 기억의 형태는 아닌 것입니다. 우리

는 암묵 기억이라고, 경험에 대한 우리 몸의 반응과 그들에 대한 우리의 감정을 운반하는 기억도 가지고 있습니다. 만약 어떤 일이 반복적으로 일어난다면, 우리는 **정신모델**이라고 불리는 것을 발전시키게 되는데 이것은 우리에게 미래에 무엇을 예상할 수 있는지에 대해 이야기해 주는 역할을 합니다. 가장 까다로운 부분은 암묵 기억들이 작동하게 되면 우리는 이들을 과거가 아닌 현재에 일어난 것으로 경험을 한다는 것입니다. 더 힘든 것은 이들은 우리에게 앞으로 우리가 무엇을 예상할 수 있는가에 대해서도 이야기해 준다는 것입니다."

그녀의 기민함이 증가하고 있는 것이 나로 하여금 이 이야기가 그녀에게 좌측 양식 정보 제공 이상의 것에 닿게 하고 있음을 알 수 있게 해 주었다.

그녀의 가족은 서로를 매우 사랑하고 있었지만 이와 함께 서로가 자기 연민에 빠지지 않고 스스로 잘 해 나가기를 기대하였는데, 수잰은 이를 공유하였다. 이 결과, 수잰은 이 모든 상실에 대해 애도할 수 있는 충분한 기회를 가질 수 없었다. 그녀의 불안에 대한 숙모의 반응은 항상 현실적인 것이어서, 모든 것이 괜찮다는 합리적인 설명과 함께 그녀가 '다시 정상 궤도로 돌아가도록' 주의를 돌리게 만드는 방법을 사용하였다. 우리는 이런 선의의 의도에 의한 태도들이 어떻게 그녀의 상실에 대한 두려움과 그 아래 깊이에 있는 유기에 대한 불안을 압박했었는지, 그리고 그녀의 남자친구들과 감정적인 결합이 커지게 되는 것을 의식적으로 알게 되면 이 두려움과 불안이 어떻게 촉발되는지에 대해 이야기하였다. 많은 이야기를 하지 않았어도 그녀는 자신이 숙모를 어떻게 내재화시켰는지, 그래서 그녀가 항상 자신에게 매우 친절하게 자신의 감정을 무시하고 살아가도록 이야기해 주는 존재가 되었는지 느낄 수가 있었다.

우리 둘은 우리 사이에 강한 동반의식이 생긴다는 것을 알 수 있었고 수잰은 암묵 기억이 자신을 '게으르고 형편없다'고 느끼게 만든다는 것을 알겠다고 이야기하였다. 그녀는 그녀가 자신의 뇌를 '볼 수 있게' 된 것에 대해 진짜로 감사한다고 이야기하였고, 이것은 우리가 함께 작업할 수 있는 무엇인가가 있음을 의미하고 있는 것이기도 했다. 나는 "우리의 뇌는 항상 변하고 있습니다. 오래된 경험을 변화시켜 그것들이 그렇게 혼란스럽게 되지 않도록 만들고, 새로운 암묵 기억을 만들어 내기도 합니다. 당신과 제가 이렇게 서로 간에 연결되는 방식이 새로운 기억을 만들어 내고 있는 것입니다."라고 이야기하였다. 그녀는 수줍게 정말로 치료에 오는 것이 좋다고 이야기하였고, 우리는 그 말이 약간의 불안감을 일으킨다는 것을 알아차릴 수 있었다. 우리는 느낌과 함께 앉아 있는 것, 그것을 받아들이는 것, 그리고 애착이 커지게 되면 그녀의 암묵 세계가 긴장을 느끼게 만든다는 사실을 믿는 것 등에 대해 이야기하였다.

이후 치료시간에 나는 그녀에게 만약 불안감이 없고 그녀가 이 남자들 중 한 명과 함께할 수 있게 된다면 그녀의 깊은 마음이 무슨 일이 일어날 것이라 믿고 있는지에 대해 물어보았다. 처음에 그녀는 "그러면 기쁠 것 같아요. 그게 바로 제가 원하는 것이거든요."라고 대답하였다. 우리는 무언가가 더 있지 않는지 물어보면서 좀 더 질문을 이어 나갔다. 그랬더니 갑자기 공포로 눈이 휘둥그레지면서 그녀의 손이 배를 향해 날아갔다. 빠른 속삭임으로 그녀는 "만약 제가 그들을 사랑하게 되면 그들이 죽게 될 것 같이 느껴졌어요. 마치 제가 그들을 저의 사랑으로 죽이는 것 같이 말이죠."라고 이야기를 하였다. 이것이 우리에게 특정 기억에 대해 작업을 시작하고 그녀의 초기 상실을 둘러싼 내적 공동체에 대한 작업을 시작할 수 있도록 문을 열어 주었다. 이 고통스러운 죽음들과 그녀 아버지의 유기가 너무 어린 시기에 일어났기 때문에, 나는 그녀의 어린 자기(younger self)들이 가지고 있는 분리된 고통과 두려움이 의식적인 알아차림으로 나와서 그녀의 고통의 깊이에 대한 이해와 만날 수 있게 도와주는 것이 우리가 변용 경험으로서 가장 먼저 해야 할 일이라고 믿었다. 이것이 비극이 일어났을 때 통합을 방해한 잃어버린 조각 중 하나였다.

나는 또한 그녀의 어린 자기들이 나에게 결합되어 있음을 알고 있었다. 그래서 그들이 더 큰 통합을 향해 움직이게 되면서 나는 그녀 자신의 사랑이 다른 사람을 죽일 것이라는 암묵적 가정을 실험하는 일종의 실험 대상이 되어 주었다. 우리가 하지 않았던 것은 그녀의 사랑이 그녀가 사랑했던 보모나 그녀의 스승이었던 여러 선생님들을 죽이지 않았다는 것을 이성적인 용어로 이야기하지 않았다는 것이다. 이런 경험은 통합하고 있는 뇌의 큰 흐름과 결합하지 못했던 해리된 아이들에게는 현실적인 경험이 아니기 때문에 이런 식의 좌측 양식적으로 반박하는 접근은 암묵적인 상처를 건드리지 못할 뿐만 아니라 나로 하여금 의도하지 않게 수잰에게 상처를 주었던 숙모의 방식과 유사하게 시도하도록 만들 수 있다. 그 대신, 우리는 그녀가 노출했던 암묵적 믿음의 힘을 알고 있었기에 나는 우리가 암묵적 믿음이 투명해지고 잘 분화되어 있는 점에 도달한 것을 속으로 축하하고 있었다. 수잰은 자신의 불안이 그녀의 깊은 마음이 가진 믿음의 관점으로 볼 때 실제적으로 이해될 수 있다는 것을 알게 되면서 안심되는 것을 느꼈다.

다음 수개월의 과정에 거쳐, 기억에 대한 작업은 몇 가지 유형으로 나뉘어서 진행이 되었다. 수잰은 내 선반에 있는 작은 인형, 특히 진흙으로 빚은 '부모-아이' 인형에 대해 관심을 보였다. 어떤 때는 그냥 그것들을 단지 잡고 있기만 했고, 어떤 때는 모래상자에서 그들을 분리시켜 놓았는데, 아이 인형은 묻어 두었다. 말없이 그녀는 우리에게 그녀를 사랑했던 사람들과 얼마나 많이 함께 죽어 갔는지 보여 주고 있었다. 불안은 깊은 슬픔에게 자리를 내어 주고 있었다.

종종 모래상자가 우리를 그녀의 기억 및 내적 공동체 쌍과 함께 직접 내적 작업을 할 수 있도록 해 주었다. 모래에서 작업이 끝난 후 수잰은 종종 그녀의 몸에서 강한 감정을 알아차리곤 했는데, 특히 그녀의 배부터 목까지 뻗치는 통증을 느꼈다. 우리는 이 느낌을 따라갔는데, 그것은 그녀의 몸이 이와 똑같이 느꼈던 그때의 경험으로 우리의 시간을 되돌려 데려다주는 실과 같았다. 신체 감각은 암묵 기억의 한 요소이고, 신체에 대한 통합적인 지도는 우측 양식 과정 안에 있고, 따라서 감각에 대해 주의를 기울이는 것은 우리로 하여금 한 가지 이상의 감정적으로 생생한 근원적 경험으로 돌아갈 수 있도록 유도해 준다.

우리가 질문하고 나서 수 초 뒤 수잰은 그녀의 어린 자기(small self)가 그녀의 숙모 집에 있는 자신의 침대에 앉아 있는 것을 보았다. 그리고 그녀의 진흙으로 만든 동물 인형 중 하나를 손으로 꼭 쥐고 울었다. 그녀는 이 기억을 그녀의 성인 자기(adult self)의 관점에서 하나의 장면으로 보고 있었고 따라서 나는 그녀에게 우리가 그 아이에게 함께 갈 수는 없겠느냐고 물었다. 나는 그녀에게 자신의 눈을 바라보거나 아니면 뒷짐을 짐으로써 그녀의 경계를 느슨하게 만들어 그때 그 아이가 느끼고 있는 것을 경험할 수 있도록 제안하였다. 그녀가 그렇게 접근하면

[그림 10-1] 수잰의 '엄마-딸' 쌍

이들 쌍 모두는 많은 모래상자에서 사용된다. 진흙으로 만든 인형들은 데비 베로(Debbie Berrow)에 의해 만들어졌다. http://bellpineartfarm.com.

그녀의 위, 가슴 및 목에서 느껴지는 통증이 증가되었고 그녀가 그 아이의 세계에 좀 더 완전하게 빠져 들어가게 되면서 그녀는 울기 시작하였다. 이것은 더 큰 뇌의 흐름의 일부인 돌보는 성인이 그녀 자신의 현재 상태와 아이의 분리된 경험을 통합하게 만들어 줄 수 있는 회로로 초대를 함으로써 신경 통합을 이루게 만드는 행위인 것이다. 이것은 또한 그 어린 아이를 위한 상실의 경험, 위로의 행위인 것이기도 하다.

[그림 10-2] 불타고 물에 빠트리는 모래상자

새끼 부엉이는 자신도 반은 모래에 묻혀 경계하고 있는 어미 근처에 묻혀 있다. 죽고 굽은 나무는 자신이 옳다고 느끼기 위해 그 각도에 있어야만 했다. 동시에 세상을 태우고, 또 물에 빠트려 버리는 느낌도 있고, 이것은 좌측에 있는 물구덩이에 파도와 불꽃 그리고 분노에 찬 형상들로 보여진다. 거칠게 헤어진 심장은 묻힌 아이를 기념하기 위해 미국 원주민의 영혼의 딸랑이처럼 그곳에 있다. 진흙으로 만든 인형들은 데비 베로에 의해 만들어졌고, http://bellpineartfarm.com. 사기로 만든 인형들은 조지아 만(Georgia Mann)에 의해 만들어졌다. http://georgiamann.com.

잠시 후에 수잰은 그 아이가 봉제 인형을 무릎 위에 떨어뜨리는 듯한 느낌을 받았다. 그리고 그 어린 아이는 내 손을 잡았다. 이제 우리 셋은 감정적으로 그리고 신경적으로 결합되어 있었고, 이것은 한 경험 안에서 개인 내적 및 대인관계적 통합이 동시에 일어나는 것이었다. "나는 영원히 혼자이고 고통도 영원할 것이다."라는 암묵적 정신모델은 이제 "사람들은 나를 위로해 주기 위해 올 것이다."라는 모델로 바뀌었다. 나도 이 경험의 한 부분이었기 때문에 그녀는 내적인 부분과 외적인 사람 모두가 자신을 도울 것임을 알 수 있었다. 수잰은 아무도 자신을 도와주지 않을 것이라는 암묵적 믿음에 대해 말로 표현하지 않았는데 왜냐하면 그녀의 숙모와의 사랑하는 관계에서도 그랬고 감정적 억압이 그 가족과 공동체의 익숙한 부분이기도 했기 때문이었다. 몇 개의 기억을 경험하고 난 뒤에 수잰은 "저는 처음으로 이것에 의해 도움을 받고 있다는 느낌을 느꼈어요."라고 이야기를 하였다. 이것으로부터, 우리는 때로는 정신모델이 다른 이유가 아니라, 바로 해독제(antidote)가 도착했기 **때문에** 치유되어 표면으로 드러나게 되는 것을 볼 수가 있다.

수잰과 나는 수잰의 어린아이와 함께해서 그녀의 경험을 추적하고 끌어안아 주었다. 수잰은 우리가 **동일시를 통한 공감**(empathy through identification)이라고 부르는 그 안에서 아마도 1/3은 어른으로 그리고 2/3는 아이로 대부분은 본능적으로 연결되어 있었으며, 나는 내 마음 안에 둘을 잡아 주고 고통의 아래에 흐르고 있는 조용하고 따뜻한 강처럼 그녀의 깊은 슬픔에 대해 공명해 주고 있었다. 이 과정에서, 그녀가 자신의 몸과 감정에서 느끼고 있는 것에 대한 언급, 예를 들어 자신의 배, 가슴 및 목에서 통증이 완화되었다는 이야기나 자신의 몸이 이완되어 안전하고 이해받았다는 느낌을 느끼게 되었다는 것과 같은 간단한 언급 이외에 말은 거의 없었다. 기억이 해결을 향해 움직이고, 어린 아이가 우리와 함께 편안하게 느끼고 있었기 때문에 그녀를 현재 순간에 초대하는 것이 가능해 보여서 그녀로 하여금 더 이상 침대에 머무를 필요가 없고 이제는 의향만 있으면 우리와 함께할 수 있다는 것을 알게 해 주었다. 수잰은 그렇게 하는 것에 대해 조금 망설이게 되는 것을 느꼈지만, 이제는 아이가 숙모의 집에서 자신의 침대에 우리와 함께 있는 것을 좋아하는 것처럼 느껴졌다. 그녀는 자신이 영원히 현재인 과거를 완전하게 새롭게 바꿀 수 있게 되어 이것이 진짜 과거가 될 수 있도록 만들기 전에 자신의 경험에 대해 좀 더 알기 위해 확실히 우리를 필요로 하고 있었다. 이에 대한 또 다른 가능한 해석은, 이들 경험을 둘러싸고 있는 암묵 기억의 층 안에 존재하는 에너지와 정보가 점차적으로 감정적으로 풍부한 외현적인 알아차림으로 전환되고 있으나 아직 이 과정이 완전하게 끝나지는 않았다고 보는 것이다.

얼마의 시간이 지나면서 기억의 강도는 점차 줄어들기 시작하였고 수잰의 성인 자기는 완전하게 다시 나타날 수 있게 되었다. 나는 그녀에게 어떤 경험이 자신을 위해 좋았는지에 대해 물어보았다. 그녀는 자신이 그 먼 시간까지 이동하는 것이 무엇인지를 느낄 수 있었기 때문에 내가 이야기하는 시간 여행이라는 것이 무엇을 의미하는지 이해할 수 있었다고 이야기하였다. 우리는 이것의 의미를 그녀의 뇌의 관점에서 이야기하였고 이 관점에서 이것은 그녀가 이 극단적인 외로움과 슬픔을 잡고 있었던 신경망을 다시 깨울 수 있게 되어서 우리가 다른 경험을 이 이용 가능한 공간으로 가져 올 수 있게 된 것을 의미한다. 나는 그녀로 하여금 우리 셋의 기억에 자주 재방문할 것을 격려하였는데, 그렇게 함으로써 우리가 사람들이 필요할 때 그녀와 함께 있어 줄 것이라는 그녀의 느낌을 강화시킬 수 있었기 때문이었다. 그녀가 자신의 속을 다시 들여다보게 되면서 우리가 이제는 더 이상 혼자라고 느끼지 않는 아이와 아직도 함께하는 것을 볼 수 있게 되어 돌보는 다른 사람을 내재화하는 작업이 지속적으로 잘 이루어지게 되었다. 우리는 기억이 더 이상 그녀가 자신이 사랑을 하게 되면 그 사랑으로 사랑하는 사람을 죽이게 될 것이라는 느낌을 직접 표현하지 않는다는 것을 알게 되었고 또한 자신의 불안이 우리가 시작할 때와 비교해서 많이 덜해졌다는 것을 알게 되었다.

때때로 암묵적 뿌리와 이에 근거해서 연결된 기억 사이에 일대일 대응이 있는 경우가 있는데, 수잰의 경우는 그녀의 마음이 우리를 첫 번째로 해결되어야 할 필요가 있는 암묵적 공간으로 인도하였다. 아무도 자신을 돕지 않을 것이라는 것에 대한 그녀의 두려움이 그것이었다. 나는 그녀가 자신의 엄마와 삼촌을 사랑해서 그들을 죽였다는 공포의 느낌에 대해 접근하기 전에 그녀에게 진실로 믿을 수 있는 동반자가 필요했다고 믿는다. 긴 시간 많은 경험을 통해 얻은 바에 의하면, 우리는 오직 환자의 마음만이 알고 있는 내적 논리에 이끌려 이 숲속을 목적을 가지고 헤매고 있다고 나는 생각한다. 나는 이 과정에 대해 아주 전적인 믿음을 가지고 있기 때문에 환자들을 지시하거나 간섭할 의향이 전혀 없다. 대신에 나는 내 자신을 환자들이 선택한 길을 위해 필요한 물건, 즉 일관성, 호기심, 따뜻함, 안정, 명료함, 희망, 무엇이 올라오든 이에 대해 기꺼이 공명하기 등과 같은 것을 옮겨 주는 셰르파라고 보고 있다. 나는 학대나 무관심으로 인해 그들의 신경계나 변연계 안에 굳건하게 존재하는 심한 조절부전의 위협에도 불구하고 그들이 지속적인 동반자적 관계 안에 뿌리내리고 있는 한 우리가 환자들의 과정 안에서 근본적인 지혜를 발견할 수 있다고 믿는다.

그 뒤에 수개월 동안 수잰과 나는 치료 과정 안에 모래를 사용해서 기억에 대한 직접 작업을 하고 그리고 궁극적으로는 이해와 돌봄을 제공해 주는 그녀의 내적 공동체 구성원에 접근하는 식의 일종의 리듬을 만들었다. 어느 순간, 그녀는 사랑하는 숙모에 대해 강한 분노를 발견하게 되었는데 그녀는 수잰의 삼촌이 죽은 뒤에 수잰의 찢어지도록 아픈 마음에 대해 들어주지 않았기 때문이었다. 그것이 그녀의 낡고 연약한 내적 구조를 무너뜨리겠다고 위협하는 마지막 한 가닥 무게처럼 느껴졌던 바로 그것이었다. 그녀는 그 당시 자신이, 실제 몸까지도 조각조각 나뉘는 것처럼 느껴졌었으나 숙모는 그것을 모른 척하였다. 우리는 이 내적 쌍, 즉 화나고, 미쳐 버릴 것 같은 아이와 이를 무시하는 숙모에 대해 작업하기 시작하였다. 우리는 첫 번째로 이 어린 소녀의 분노에 대해 일종의 신체 작업을 시행하였다. 그녀는 그 당시 숙모에게 화를 내지 않기 위해 조용히 하려 노력했었기 때문에 자신의 몸이 움직일 필요가 있다고 느끼고 있었다. 우리는 일어나서 확고하고도 의도적인 걸음걸이로 방과 근처 공원을 거닐었는데, 그 걸음걸이는 곧 그녀를 분노에서 눈물로, 그리고 그녀가 도움을 필요로 하는 깊은 곳에서 애처로운 울음소리로 연결되었다. "왜 당신은 제가 얼마나 심하게 다쳤는지 보지 않으세요?"

그러고 난 뒤에 놀랄 만한 일이 일어났다. 내적 숙모가 수잰이 이전에 가끔 보았던 부드러운 사랑을 눈에 가득 담고 있는 숙모로 변화하였던 것이다. 수잰은 직감적으로 "저는 당신을 볼 수 있어요. 아마도 제가 당신이 느끼고 있는 것을 제 자신에게 느끼도록 허락한다면 제 자신이 산산조각이 나게 될 것입니다. 그래서 우리는 이에 대해 이야기하지 않는 것입니다. 왜냐하면 이야기하게 되면 우리 모두가 산산조각이 날 것이기 때문입니다."라고 이야기하였다. 수잰은 이것을 숙모와의 감정적 결합을 씻어 내는 것, 떨리는 신체 감각 및 왜 가족이 그렇게 될 수밖에 없었는가에 대한 깊은 이해의 느낌 등으로 표현하였다. 우리의 거울 신경세포와 공명회로들이 다른 사람들로부터 의도와 감정을 내재화하기 때문에, 수잰은 이런 식으로 숙모의 내적 세계를 깊이 있게 느낄 수가 있었다. 그리고 나는 수잰과 그녀의 숙모, 둘의 이런 마음의 상태 모두를 위해 편안하게 만들어 주는 존재가 되어 줄 수 있었다. 수잰은 이런 경험을 통해 숙모와의 평화의 느낌과 친밀한 느낌을 만들어 낼 수 있었던 것이다.

우리는 몇 주 동안 이들 둘에 대해 작업하였는데, 그녀의 삼촌의 죽음에 관해서만이 아니라 수잰의 아버지가 그녀를 갑자기 떠나 그녀가 버려졌을 때, 그때의 두 쌍에 대해서도 작업하였다. 이것들은 세상에서 생각하는 것만큼 많은 대화를 통해 이루어진 것이 아니었다. 대신 본질적으로 공감이 풍부하고 통합적인 과정인 2개의 마음 상태가 교대로 상대방의 경험이 지닌 본능적인 현실을 골라내는 것에 의해 이루어졌다. 갈등의 불꽃과 붕괴의 두려움으로부터 강함과 무엇인가 기본적으로 함께 견디는 힘을 가졌다는 느낌이 생겨난 것이었다. 이를 신경생물학적인 용어로 생각해 본다면, 이들 심각하게 고통스러운 경험들을 간직하고 있었던 신경망이 수

십 년간 해리되어서 지속적으로 긴장된 상태로 남아 있었던 것이었는데 이제, 그들은 재각성되어 현재 순간의 삶 안으로 들어와 각 망 안에 있던 두 마음의 상태 모두가 다른 사람과 나에 의해 이해되었다고 느끼게 된 것이라고 이야기할 수 있다. 망 안에 갈등적인 부분과 결합되어 있던 이 새로운 에너지와 정보는 이제 뇌의 더 큰 흐름과 통합을 위해 움직일 준비를 하고 있는 것이다.

우리가 이 작업을 하면서, 수잰의 불안은 서서히 감소되었다. 하루는 그녀가 "이 모든 작업을 정리하자면 제가 어떤 사람을 사랑했다고 해서 제가 그들을 죽이지 않았다는 것을 알게 된 것입니다. 저는 그것을 처음부터 끝까지 정말로 **깨닫게** 되었습니다. 저는 제 안의 아이들이 슬프게 느끼듯이 우리가 사랑하는 사람들이 끔찍하게 죽어 가거나 혹은 떠난다는 사실이 슬프게 느껴집니다. 그러나 이제 그것은 그것일 뿐입니다. 이제는 저와 사랑에 빠진 사람을 죽일 것이라는 느낌이나 죄책감을 가지지 않을 것입니다. 어쨌든 우리는 두 명의 사람이 가까이할 수 있는 가장 가까운 관계를 가지고 있는데도 당신은 죽지 않았단 말입니다!"라고 이야기하였다. 우리가 드러나지 않은 세계를 통해 함께 여행하면서 그녀는 만약 자신이 독에 중독되어 있었다면 치사량을 받았을 것이라는 사실을 깨달았다. 그녀의 말은 단순히 인지적 수준의 언급이 아니라 온전하게 수용이 된 암묵적 진실에 대한 체화된 선언에 기반한 확신, 강건함 그리고 즐거움이 우러나 있었다. 우리가 이 핵심적인 암묵적 믿음에 대해 특정한 변용 경험을 만들어 내기 위해 직접적으로 시도하려 했던 특별한 목표가 있었던 것은 아니었지만 우리는 뿌리 깊은 정신모델을 해결하기 위해 필요한 조각들 모두를 포함하고 있는 해리된 신경망의 이들 층에 대해서 감지하고 있었던 것이다. 우리가 고립된 아이의 마음 상태에 대해 작업하면서 꼭 필요했던 발달 과정이 재개되었다. 그녀의 편도와 안와전두엽 피질 간의 연결이 강화되어 그녀의 부모가 없어진 이유에 대한 아이의 지각과 성숙된 마음이 가진 좀 더 넓은 관점 사이에 일종의 고속도로가 뚫리게 되었다. 이런 새로운 관점에서 그녀는 아이의 공포와 수치심, 그리고 비극적인 상황이라는 현실 모두를 경험할 수 있게 되었다. 그녀의 이런 경험 자체가 너무 깊게 뿌리내렸기 때문에 아이의 암묵적인 믿음은 이런 더 큰 그림이 비쳐 주는 빛 아래에서 서서히 녹아들어 갔다.

실행을 하는 데 있어 몇 가지 지침

수잰의 이야기의 일부는 대부분의 기억이나 내적 공동체 작업에서 보여 주는 공통적인 양상을 보이지만 또 어떤 측면은 온전히 수잰의 이야기에만 있는 독특한 부분이기도 하다. 신체 감각을 통해 암묵적 세계로 들어가는 방법은 많은 사람들에게도 적용해 볼 수 있는 통로다. 그러나 그녀의 내적 숙모의 자발적인 반응은 전형적인 것은 아니다. 이런 원칙은 우리 치료자들에게도 마찬가지로 적용이 되는데, 몇몇 기본적인 지침이 도움이 될 수는 있겠지만 암묵적인 세계로 접근하는 데 모두에게 정확하게 적용될 수 있는 똑같은 방식은 없을 것이다. 이런 사실을 염두에 두고서, 우리는 치료 작업을 진행하는 데 있어 어떤 일반적인 원칙들을 끌어낼 수 있을 것인가? 이 원칙 중 일부는 우리가 그 과정에 참여하는 방식과 연관해서 해야 하는 것과 관련 있으며, 또 어떤 것은 종종 발현되는 일반적인 패턴이 무엇인가를 고려해야만 한다. 우리가 예고한 바와 같이, 제1부에서 기억들과 내적 공동체 구성원을 작업했던 당신 자신의 경험을 기억해 보는 것은 질적으로 향상시키는 데 특히 더 도움이 될 것이다.

- **우리의 외현 및 암묵적 마음 상태의 영향.** 현재 우리가 알고 있듯이, 우리의 마음 상태는 치료가 전개되는 방식에 큰 영향을 주게 된다. J. D. 겔러(J. D. Geller, 2003)가 이야기했듯이 "넓게 이야기하자면, 환자들은 자신의 치료자에 대한 지식을 얻는 데 가능한 두 가지 원천이 있는데 한 가지는 치료자가 말로 보여 주기 위해 선택한 것에 의존한 지식이고, 다른 한 가지는 치료시간 중에 감각이 이용 가능한 정보를 통해서 알 수 있는 것에 의존한 지식이 그것이다" (p. 549). 의문, 절망, 연민 및 불안은 우리의 얼굴 표정, 자세, 운율, 시선, 의도 및 감정 등을 통해서 표현될 수 있고 희망, 안정 및 따뜻함 또한 그렇다. 겔러는 계속 이야기하기를 "치료자들은 의도적인 자기 공개에 의해 전달되는 메시지에 대해서보다 자신의 버릇처럼 특징적인 표현에 의해 전달되는 메시지에 대해서 의식과 통제가 덜하다"(p. 550)라고 말하였다. 우리의 거울 신경세포와 공명회로를 통한 알아차림은 우리에게 마음-상태의 교환이 얼마나 자주 일어나는지에 대해 건강한 존중심을 부여해 주었을 가능성이 높다. 겔러는 "유추하건대, 환자들은 치료시간 중에 자신들이 받은 정보를 통해 치료자에 대해 무엇을 알게 되는지 알아차리는 것이 쉽지 않다. 다른 말로 하자면 환자들이 자신의 치료자들에 대한 '지각적인 현실(perceptual reality)'과의 만남에서 얻어지는 지식은 종종 전술적 수준이나 잠재적 수준에서 머물러 있게 된다"(pp. 549-550). 우리는 우리의 지각적 현실이 의식적인 알아차림 없

이 코드화되어 저장될 수 있는 암묵적 기억의 형태를 취하게 된다고 이야기할 수 있다. 우리의 전반적인 희망에 찬 느낌, 치유 경로에 대한 명확성, 호기심, 따뜻함 및 우리들 각각에 독특한 다른 특징들 모두가 우리 환자들 안에 체화된 채로 남게 될 것이고, 이것은 그들의 암묵적인 의식 아래의 흐름에 영향을 주게 될 것이다. 우리가 예를 들어 모래상자 작업이나 아니면 직접적인 내성을 통해서 기억의 세계로 들어가려 하든 간에 상관없이, 특정 작업 방식에 대해 우리가 얼마나 쉽게 느끼고 있고 자신감을 가지고 있는가는 이 과정 안에서 우리 환자들의 자발성이나 안정감에 영향을 주게 될 것이다.

연습 당신의 현재 환자 몇 명을 몸과 마음으로 불러내면서, 몇 번의 치료시간에 그들을 만난 후에 당신의 마음 상태를 점검해 보도록 하라. 당신이 기억을 불러낸 각 환자의 처음 치료시간에서 어떤 변화가 있는가? 당신의 마음 상태에 사람과 사람에 따라 유사한 패턴이 존재하는가? 당신의 상태에 한 방식이든 아니면 다른 방식으로든 영향을 준 특정 문제가 있는가? 당신이 할 수 있는 최선을 다해 호기심과 친절함을 가지고 이 탐색을 받아들이도록 하고 치료적 관계 안에서 두 사람 모두에게 긍정적인 영향을 주는, 알아차림에 있어 모든 증가를 인식하도록 하라.

- **폭넓게 기억을 이해하기.** 우리는 단지 외현적인 이야기뿐만 아니라 몇 가지 예를 들면, 암묵적 기억에서 만들어진 신체적 감각, 행동적 충동, 감정 고조, 지각 및 전반적인 정신모델, 우리

의 근육 안에서 특정 경험의 패턴, 우리의 신경계의 기초 및 허용의 창까지를 포함하는 기억에 대해 광범위한 정의를 가지고 이 작업을 시작하였다. 이런 식으로 기억을 이해하는 것은 우리로 하여금 우리가 다수의 정보 흐름을 추적할 때 좀 더 온전하게 참여할 수 있도록 해준다. 또한 우리는 우리의 내담자들로 하여금 그들의 기억들이 왜 항상 전체적인 이야기로 돌아오지 않고 암묵적인 조각이나 단순히 그들의 신체 안에서 활성화되는 흐름 등으로 나타나는지 그 이유를 이해할 수 있도록 도울 수가 있다. 이런 알아차림이 없이는 초기 외상에서 살아남은 생존자들은 아무런 외현적인 내용을 가지고 있지 않기 때문에 자신들의 기억에 의문을 가지거나 아니면 그냥 잊어버리고 살아갈 수밖에 없다.

연습 우리는 제1부에서 우리 자신 안에서 이런 종류의 듣기를 발전시키는 작업을 한 바가 있다. 몇몇 환자들 마음으로 데려와서 그들이 치료실로 가져 온 기억의 특정한 흐름을 느껴 보도록 하라. 서로 다른 사람에서 한 기억이 다른 것에 비해 더 두드러진 것이 있는가? 당신이 알아낸 것에 대해 간단하게 적어 보도록 하라.

___

___

___

___

___

___

___

___

___

___

___

기억 및 내적 공동체 작업으로 들어가는 경로

이제 이 과정의 몇 가지 단계에 대해 살펴보도록 하자. 이 단계들을 지침이 될 수 있도록 만들지만 이들을 너무 엄격하게 유지하지는 않도록 하자. 우리가 환자들이 보여 주는 자연스러운 치료 경로에 유연하게 적응하고 그때그때의 치료시간에 따라 쉽게 변화를 줄 수가 있다면 이것이 우리에게 자신들을 보여 주고 우리를 신뢰해 준 환자들에게 열쇠가 되어 준다. 당신이 빠르게 참고할 수 있는 8단계의 목록이 여기에 있다. 우리는 각각에 대해 좀 더 자세하게 들어가 보려 한다.

1. 기억과 내적 공동체 구성원에 대한 작업을 이해하기 위해 기초를 만들기
2. 환자가 치료실에 가져 오는 것이 무엇이든 그것이 좋은 시작점이 된다는 것을 믿기
3. 우측 양식의 암묵 영역으로 들어가는 경로로서 신체 감각과 행동적 충동을 향해 움직이기
4. 해석이나 판단을 하지 않고 정상적으로 생각하고, 수용하기 및 무엇이 일어나든 함께 머무르기
5. 기억으로 들어가서 그 안에 있는 내적 공동체 구성원들과 함께 있기
6. 머무르고, 추적하고, 위로하고, 조절하고, 변용시키기
7. 현재로 들어가기
8. 새로운 기억을 기억하기

1. **기억과 내적 공동체 구성원에 대한 작업을 이해하기 위해 기초를 만들기.** 수잰의 경우에서처럼, 뇌가 우리의 현재 마음 상태나 행동에 영향을 주는 암묵적 패턴을 어떻게 저장하는가에 대한 이해 및 다른 정보들이 이 특정한 상황에 어떻게 맞추게 되는가에 대한 이해는 좌측 양식의 알려고 하는 욕구를 완화시켜 주는 데 도움이 될 수 있다. 그렇게 되면 이제 좌측 양식은 이 과정에 대해 반대하거나 비판하기보다는 좀 더 협력적이 될 수 있게 된다. 종종 이 정보는 우측 양식이 알고 있는 것과 함께 공명을 하게 되는데 왜냐하면 우리가 문제들이 실제로 작동하는 그대로 우리 환자들이 경험한 과정을 서술하고 있기 때문이다. 관계의 초기에 내적 공동체가 어떻게 형성되고, 이 공동체의 사람 및 마음의 상태가 어떻게 우리의 일부로 우리 안에서 살고 있는지, 그리고 이들이 어떻게 변화할 수 있는지 등에 대해 이야기하는 것이 도움이 된다. 만약 이에 대해서 확실하지가 않다면 제4장(p. 87)에 있는 내재화 과정에 대한 설명을 재검토해

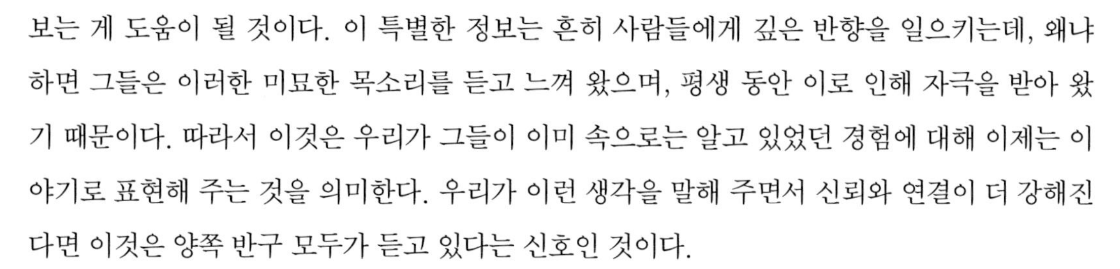

보는 게 도움이 될 것이다. 이 특별한 정보는 흔히 사람들에게 깊은 반향을 일으키는데, 왜냐하면 그들은 이러한 미묘한 목소리를 듣고 느껴 왔으며, 평생 동안 이로 인해 자극을 받아 왔기 때문이다. 따라서 이것은 우리가 그들이 이미 속으로는 알고 있었던 경험에 대해 이제는 이야기로 표현해 주는 것을 의미한다. 우리가 이런 생각을 말해 주면서 신뢰와 연결이 더 강해진다면 이것은 양쪽 반구 모두가 듣고 있다는 신호인 것이다.

2. 환자가 치료실에 가져 오는 것이 무엇이든 그것이 좋은 시작점이 된다는 것을 믿기. 일단 우리가 관계 안에 들어가 전념하게 되면 뇌가 복합성과 일관성에 대해 추구하는 경향이 있기 때문에, 이것 자체가 앞으로의 탐색을 위한 다음 단계로 유도하도록 만들 것이다. 환자들이 공유할 이야기를 가지고 오든, 자기 방어를 위해 모든 것을 막고 있든, 아니면 소심하고 조용한 장소에서 있든 간에, 그들의 내적 세계는 우리가 구별할 수 있는 무엇인가를 소통하고 있는 것이다.

3. 우측 양식의 암묵 영역으로 들어가는 경로로서 신체 감각과 행동적 충동을 향해 움직이기. 만약 우리가 신경망의 관점에서 생각한다면, 에너지와 정보의 어떤 요소이든 이에 관여한다는 것은 앞으로 신경망의 나머지 부분들이 활성화될 가능성이 있다는 것을 말해 주는 것이라 할 수 있다. 우리의 몸은 우측 양식 과정 안에 있기 때문에 신체 감각과 움직임은 우리의 작업을 위한 가장 자연스러운 시작점이 될 수 있다. 위가 답답한 것에 초점을 맞추는 것이 감정의 흐름을 끌어낼 수도 있고, 이외에 근육 긴장도의 변화, 움직이고 싶은 충동 혹은 지각에 있어 전환 등이 특정한 정신모델이라는 렌즈를 통해 우리의 마음이 보기를 시작했다는 것을 보여 주는 것일 수 있다. **이 과정은 우리로 하여금 감정적으로 생생함 속에 머무를 수 있도록 기억의 여러 측면이 하나의 전체로 통합될 수 있도록 촉진해 준다.** 우리가 알고 있듯이, 모든 기억이 외현적인 구체성을 가지고 코드화되어 저장되지는 않는다. 따라서 때로는 시각적 기억이 표면에 드러나지 않을 수도 있다. 대신에 암묵 기억의 다양한 측면이 함께 뭉쳐서 완전한 경험으로 드러날 수도 있다. 또한 나는 암묵 기억만으로는 마음이 때로 상징적인 이미지를 만들어 낼 것이라는 것도 알고 있다. 이런 상징적 이미지는 경험의 종합으로서 특정한 형상의 기억을 만들어 낸다. 아마도 풀숲에 숨어 있는 작은 토끼와 작은 벌레를 짓이기기 위해 구름에서 나오는 만화 손 등이 이런 이미지일 수 있다. 이런 이미지들은 나로 하여금 초기 암묵 기억들이 모래상자 안에서 발현되는 방식에 대해 다시 상기시켜 주는데, 이것은 환자들의 경험 안에 있는 핵심적인 관계 요소들이 직접적으로 표현되는 것이다. 우리의 핵심적인 과제는 마음이 가져 오는 것이 무엇이든 간에 그것이 이야기해 주는 진실을 믿고 그와 함께하는 것이다.

4. 해석이나 판단을 하지 않고 정상적으로 생각하기, 수용하기 및 무엇이 일어나든 함께 머무르기. 우

리의 합리를 중시하는 마음은 종종(그리고 당연히) 경험이 무엇을 의미하는지에 대해 미리 추측하기를 원한다. 그러나 이렇게 하는 대신에 우리가 우리의 돌보는 관찰자적 자세가 되어 만약 다음에 올 것에 대해 자비로운 수용과 지켜봄을 통해 지지해 줄 수 있다면, 이 과정은 스스로가 자기 자신의 길을 찾아 나갈 수 있게 될 것이다. 다시 말하지만, 이것은 마음의 과정이 납득되고 치유의 방향으로 움직일 것이라는 확신의 표현인 것이다. 치유가 필수적이라는 것을 지지하는 우리의 내적 태도가 환자의 내적 세계에 대해 보이지는 않지만 명확한 길을 보여 줄 수 있다.

5. 기억으로 들어가서 그 안에 있는 내적 공동체 구성원과 함께 있기. 기억이 처음 떠오를 때, 환자들은 이것을 외부에서 바라보는 관찰자적 입장에서 경험할 수도 있고 아니면 그 기억 안에서 살고 있을 수도 있다. 앞의 경우에, 우리는 신체 감각에 집중하는 것을 통해 기억을 보이지 않는 암묵적 세계에서 의식적인 알아차림으로 움직이게 만들고 있고, 그러면 중간 전전두엽 피질이 이를 지켜보고 있지만 아직은 이들 본능적인 경험과 완전하게 접촉하지 못하고 있는 것이라고 상상해 볼 수 있다. 나는 이런 경우에 "우리는 마치 다른 방에 들어가듯 우리의 마음으로 들어갈 수 있습니다. 우리가 이 어린아이에게 다가설 수 있는지를 지켜보도록 합시다."와 같이 이야기한다. 내면의 여행에 우리 자신을 확실하게 포함시키는 것은 안심과 지지를 제공해 주고, 외부 세계로부터 온 사람에 대한 아이의 반응을 불러일으킬 수 있다. 우리가 한 젊은 남자의 아이 마음 상태를 향해 내적으로 들어가게 되면 그는 내가 점점 가까워지는 것에 대한 아이의 조심스러운 마음을 느낄 수 있을 것이다. 나는 그로 하여금 내가 그 사실을 알고 있고 또 존중하고 있음을 알 수 있도록 해 주고 그가 더 편안하다고 느낄 때까지 배경에서 그냥 머물러 있으려 노력한다. 그러나 시간이 지나면서, 나의 존재가 그의 어머니와 복잡하고 혼돈스러운 관계로 들어가는 입구가 된다. 우리가 내적 세계로 들어갈 때마다, 우리의 유일한 목표는 그 자리에 있어 주는 것, 존중에 찬 마음을 가지는 것 그리고 펼쳐지는 것에 대해 반응적이 되는 것이다. 일단 우리가 그 안에 있어 줄 수 있게 되면, 작업은 완전히 비지시적인 것이 된다.

우리를 기억으로 데리고 가는 것은 또한 내재화를 더 촉진시켜 주는데, 왜냐하면 주의가 집중되면, 그것이 발화를 만들어 내고, 그러면 안전한 애착 결합이 더 믿을만한 것이 되도록 속도가 증가될 수 있기 때문이다. 유아기 발달 동안에 이런 강력한 내재화가 뇌 안에서 관계 회로가 만들어지는 결정적 시기의 일부로 일어나지만, 만약 우리가 커가면서 이런 신경 과정에 대해 지지받지 못하였다면, 이런 식의 의식적인 주의집중이 코드화되어 저장하기를 상당히 증진시켜 줄 수 있다.

환자들이 아이의 관점에서 보기 시작하게 되면 그들은 경험의 본능적인 현실 안에 거주하고 있을 수 있게 되는 것이고, 이것은 변용 에너지 및 정보의 추가적 유입에 많이 열려 있다는 것을 의미해 준다. 이런 관점에서 환자들의 보여 주는 아이의 마음 상태는 유일한 활성화 패턴일 수 있고, 핵심은 이것은 아직 중간 전전두엽 회로와의 연결이 이루어지 않은 채 이루어진 변연계 과정이라는 것이다. 이럴 때가 바로 대인관계 시스템이 작업의 핵심적인 초점이 되는 것이다. 우리의 중간 전전두엽 피질은 경험을 목격하고 적절한 내성의 창 수준 안에 조절이 되게끔 조절을 제공해 준다. 편도와 안와전두엽 피질사이 및 중간 전전두엽 영역 전체와의 새로운 연결(이것이 바로 애착 회로이다) 안에 배선을 깔 수 있는 기회를 제공해 줌으로써 두 부분의 뇌의 자원들이 하나의 전체로서의 뇌로 변환하게 된다.

만약 기억이 감각, 움직임, 감정 및 지각으로만 일어난다면, 우리는 아직도 이 과정의 일부분이 될 수 있다. 나는, 예를 들어 "나를 그냥 당신의 아픈 가슴 안으로 끌어당겨 달라."고 이야기를 한다. 때로는 공명감과 조용하게 함께 해 주는 것이 내성의 창을 넓혀 주게 되면 즉각적인 움직임의 강도가 더 커지게 되는 경우가 있다. 많은 환자들이 자신들의 고통과 두려움을 혼자서 견디어 왔기 때문에 우리가 그 자리에 함께하기를 원한다는 생각은 그들이 암묵적으로 상상할 수 있는 범위의 바깥에 놓여 있어 그들은 우리가 실제로는 **함께 있어 주지**(being present) 않을 것이라 생각할 수 있다. 나는 감정적으로 단단한 뿌리를 가진 우리의 제안이 그들을 모든 것을 혼자 해야만 한다는 정신적 모델에서부터 앞으로 도움을 받을 수 있을 것이라고 점점 더 감정적으로 크게 감지하는 쪽으로 움직이게 할 것이라 믿는다.

때때로 기억들은 아동기에서 온 근원적인 암묵적 기억을 막아 버리는 것처럼 보이는 방어의 양상을 띠고 나타날 수 있다. 그러나 우리의 호기심과 존중이 우리로 하여금 내적 세계 안에서 그들을 이해하도록 도와줄 것이고, 또한 암묵적인 것이 외현적인 것이 되어 이것을 인식하게 되는 것에 대한 그들의 걱정과 염려를 이해할 수 있도록 도와줄 것이다. 내 환자 중 한 명은 왼쪽 다리에, 그녀의 표현에 의하면 '불가사의한 통증'으로 고통을 받고 있었다. 예방책으로 그녀는 의사에게 검사를 받았고 손상의 증거를 발견할 수 없었다. 비록 우리가 인지적으로는 이것이 많이 일어났던 심한 학대와 연관되어 있을 것이라고 알고는 있지만 그녀의 감정적인 마음은 그녀로 하여금 사랑하는 친척이 고의적으로 그리고 지속적으로 자신을 해하였다는 현실과 연결되는 것을 허용하지 않고 있었다. 그녀는 연결할 수 없다는 사실에 대해 자신에게 화를 느끼고 있었고 어떻게든 문제를 밀어붙이고 싶어 했다. 그러나 나는 내가 치유 과정에서 강압은 있을 수 없다고 믿고 있다는 것을 그녀와 부드럽게 공유하였고, 그녀가 너무 많은 것을 강요

당해 왔다는 사실에 대해서도 공유하였다. 나는 그녀의 마음이 그것이 무엇을 의미하는지 알고, 그녀가 그것을 견딜 수 있는 때 그런 연결들이 만들어지도록 할 것이라고 그녀에게 확신시켰다. 그 후 몇 주 동안에 걸쳐 다른 기억을 다루고 또 우리의 결합이 더 안정적으로 되면서—강한 감정들에 대해 그녀의 내성의 창의 넓이가 더 넓어지는 경험—, 신체적 통증과 감정적으로 이 통증의 의미에 대해 아는 것이 갑자기 통합되었다. 그녀는 가슴이 무너져 내리는 느낌을 받았지만 우리는 둘이 함께 이 경험을 견디어 냈던 어린 자신과 어린 마음의 상태를 담아 주고 위로해 줄 수 있었다.

우리가 제1부에서 본 것처럼, 우리는 우리의 기억들을 사건들에 따라 조직화시킬 수 있을 뿐만 아니라 내적 공동체의 쌍과 같은 관계에 의해서도 조직화시킬 수 있다. 우리가 내적 세계로 완전하게 들어가 있는 이 기억 작업의 시점에서, 우리는 종종 이 경험 속에 거주하고 있는 한 사람 이상의 사람들을 만날 수가 있는데, 이것이 바로 이들 각각의 사람이나 그들의 마음 상태를 초대하는 것이다. 만약 우리가 환자들로 하여금 이런 상태가 어떻게 형성되었는지, 그들이 이제 우리에게 얼마나 영향을 주고 있는지 그리고 이 쌍에서 각 사람이 일상생활에서 어떻게 활성화될 수 있는지에 대해 이해할 수 있도록 도와서 환자들로 하여금 준비하게 할 수 있다면, 우측 양식에 의한 공감적 순간이 만들어지게 될 것이고 그러면 우리는 이 쌍에 원래 있지 않았던 구성원과도 만날 수 있게 제안하거나 격려하게 될 수 있다. 수잰의 경우에, 그녀와 숙모 사이의 풍부한 사랑은 이 과정을 쉽게 그리고 자연스럽게 만들어 주었다. 폭력이나 혹은 차가운 증오를 경험한 사람에게는 이런 가해자와의 만남이 자체적으로는 결코 일어나지 않는다. 따라서 이런 경우에는 좌측 양식의 이해와 우측 양식의 실제 경험 모두를 서서히 가져 오게 격려해야 한다. 병력 조사 시 초기에 우리는 세대를 넘어 전달되는 일련의 패턴을 추적할 수 있는데, 이렇게 함으로써 환자들은 적어도 왜 이런 증오스러운 일들이 일어났는지에 대한 인지적인 이해를 얻기 시작할 수 있다. 때때로 우리가 제4장에서 했던 것처럼, 내적 공동체 그림을 그리게 하는 것은 시간을 초월해서 이런 패턴이 상호 연결되는 것을 느끼도록 유도해 줄 수 있다. 비난이 우리에게 이 모든 것의 비극을 이해하는 데 길을 내어 주게 되면, 이 상처를 입은 사람들이 결국은 우리의 일부라는 것에 대한 이해, 즉 그들의 의도, 감정, 신체적인 감각과 행동, 지각 등에 대한 이해를 위한 문과 우리가 환자들의 아이 부분을 도왔던 것처럼 그들이 자신에게 도움이 될 수 있다는 사실에 대한 이해를 위한 문이 열리기 시작한다.

내 자신의 치료에서, 나에게 상처를 주었고 그러면서도 상처가 많았던 어머니를 우리의 치유 집단으로 초대했던 기억이 있다. 내가 어머니에게 "무엇이 당신에게 상처를 주거나 두렵게 만드나요?"라고 묻자, 어머니의 눈 안에서 어둡고 위협적인 것이 조각나고 무너져 버리는 절망으로 바뀌는 것을 보았고 나는 자신의 고통의 일부분을 이모와 나에게 표현하고 싶어 하는 어머니의 욕구를 이해할 수 있었다. 이것은 단지 인지적인 경험은 아니었고 어머니의 고통 및 행동과의 명백하고도 본능적인 연결이 느껴졌으며 그것은 내 자신의 몸을 통해 경험되었는데, 바로 그곳이 어머니가 지금 진정으로 살고 있는 곳이기 때문이었다. 우리가 어머니와 작업하게 되면서 나는 내 손이 마치 어머니의 손인 것처럼 특정한 방법으로 내 지갑을 들고 나가거나, 어머니가 집에서 멀리 나갈 때 세상에 노출되는 불안을 달래주는 방법이었던 매장을 나오기 전에 차 열쇠를 찾았던 것처럼 나도 그렇게 하고 있는 순간들을 알아차렸다. 이런 동작들과 그 뒤에 숨은 동기들이 내가 어머니의 괴로움에 대해 더 크게 온정을 가질 수 있도록 해 주는 방식으로 내 안에 살고 있었던 것이다. 이것은 기억의 내 자신의 부분을 해결하도록 만들어 준 것을 넘어서 나로 하여금 학대를 받은 과거로부터 자유로워질 수 있도록 많은 것을 주었다.

6. **머무르고, 추적하고, 위로하고, 조절하고, 변용시키기.** 우리의 자비는 환자들이 고통을 경험하기 시작하면 바로 우리로 하여금 괴로움을 해결해 주는 방향으로 움직이게 만들 뿐만 아니라 다른 경로를 따라 열려 있는 치유의 경로로도 움직이게도 해 준다. 일상생활에서와 같이 우리의 내적 자아들은 그들이 고쳐 주고 구조하고 싶어 하는 것보다 더 많이 듣고, 느끼고 싶어 한다. 우리의 일은 과거의 정신적 모델을 변용시키고, 새로운 암묵적 지식의 뿌리를 내려 주게 될 존재(presence)의 정확한 그늘을 제공해 주는 진입로로서, 괴로움에 공명하면서 공감적으로 합치하여 머물러 주는 것이다. 일반적으로 머무름의 길이는 환자들이 기억의 측면들과 감정적으로 연결되고 싶은 자신의 욕구에 따라, 그리고 그곳에서 자신이 알게 되었고, 이해되었고 그리고 위로받았다는 체화된 느낌을 얻고 싶은 요구에 따라 달라진다. 때때로 이것은 한 번의 치료시간으로 일어날 수 있으나 더 많은 경우에는 길어져서 특정 경험에 대해 여러 번의 방문 후에 일어난다.

내가 오랜 기간 만났던 나이든 여자 환자가 있었는데 그녀는 특별한 방식으로 작업을 진행했었다. 우리는 그녀가 몇 년간 견디어 온, 고립의 경험을 담고 있는 신경망으로 들어갔고, 어떤 경우에는 수 주 혹은 수개월 동안 이 문제에 들어가 있곤 했다. 나는 부분적으로는 나의 내적 이유와 부분적으로는 그녀의 고통이 거의 견딜 수 없었기 때문에, 우리의 진전 속도를 참을 수 없을 것 같아 이에 대한 조급함을 느꼈다. 그러나 마치 그녀는 모든 면에서 그것을 선택해서 내가 그것을 심층적으로 맛보았는지 확인해야만 하는 것처럼 보였다. 그러고 난 뒤에 그녀는 자신의 오래된 정신모델을 완전하게 해소시킨 것처럼 보이는 새로운 관계 경험을 아주 많이 받아들이게 되면서 갑작스럽게 변화를 했다. 이런 과정을 거쳐 세 번의 순환이 이루어지고 나서야, 우리는 이에 대해서 의미를 탐색하고 이야기할 수 있게 되었다. 이것은 우리를 그녀의 초기 삶에서부터 시작된 두 가지 쌍둥이처럼 붙어 다니는 경험에 대한 이야기로 이끌었다. 즉 누군가는 그녀 자신에게 무슨 일이 일어나고 있는지 알아야 한다는 것에 대한 깊은 갈망과 괴로움을 견뎌야 하는 정신모델이 그것이었다. 기억을 작업하는 그녀의 방식은 건강한 정신모델과 상처받은 정신모델 모두가 체화되게 만드는 방식이었다. 이에 대한 발견은 우리로 하여금 그녀를 그냥 참아야 한다고 묶어 두었던 암묵적 기억의 새로운 층에 대해 외현적으로 작업할 수 있도록 길을 내어 주었다.

사람들로 하여금 그들이 준비가 되기 전에 본능적인 경험을 할 수 있도록 끌어내는 것은 오히려 이것이 반작용적인 움직임으로 경험될 수 있고, 신경생물학적 수준에서는 암묵적 차원에서 처리되지 않은 고통과 두려움의 자투리를 남겨 두는 것으로 볼 수 있다. 고통과 머무르는 것에 대한 지침에서 한 가지 예외는 우리 환자들이 자신들의 정서적 내성의 창 바깥으로 움직이는 경우, 우리와 그들 자신의 조절 자원과 단절되어 있는 경우 및 항진된 교감신경 상태나 등 쪽 미주 상태로 들어가는 경우다. 이것 또한 조절이 심하게 상실되었던 경우에 대한 기억이므로 이들에 대한 우리의 공감 가득한 공간은 연결과 조절로 돌아갈 수 있는 자원을 제공해 줄 것이다. 이런 환자들의 경우 너무나 많은 기억의 가닥이 모여들어 그 에너지와 정보에 압도당하고 있다. 우리가 만약 우리 환자로 하여금 그 가닥이 모여서 하나로 되기 전에 각각을 분리해서 마주할 수 있도록 도울 수 있다면, 점차적으로 전체적인 기억을 조절하는 것이 가능해질 것이다. 우리의 첫 번째 과제는 환자의 이름을 부드러운 목소리로 부르면서, 눈맞춤을 격려하고, 환자들이 시간 여행에서 돌아올 수 있도록 돕기 위해 현재 순간에 대해 언급하면서 치료실 안에 안정적인 존재로 있어 주는 것이다. 함께 공동으로 조절하는 경험은 견딜 수 없는 각성 상태로 혼자 남아 있던 신경계의 기억을 변용시켜 준다.

우리가 연결을 재확립한 뒤에 신체의 움직임과 감각에 대해 작업하고, 이들을 감정적인 요소들과 분리시키는 것은 좋은 시작점이 된다. 팻 오그덴과 동료들(Ogden, Minton, & Pain, 2006)이 쓴 『감각 운동 정신치료(The sensorimotor psychotherapy)』라는 책은 이런 종류의 작업에 훌륭한 안내서가 되어 줄 것이다. 간단하게 정리하자면, 신체에 주의력을 집중하는 것은 감정의 강도를 약화시켜 주고 일어난 일에 대한 외현적인 수용을 약화시켜 준다는 것이다. 이와 함께 기억은 체화된 과정이기 때문에 신체를 통한 발산(release)과 재배선(rewiring)은 신경계, 뇌간 및 변연 영역에 재형성(reshaping)에 관한 메시지를 보내줄 것이다. 우리는 강도를 잘 맞추어서 이것이 어떤 것이 되었든 들어가는 시작점으로 이용할 수 있는데 이렇게 되면 이것은 환자들의 자연적인 작업 방식으로 잘 맞도록 연결될 것이다. 모래상자, 예술작업 및 진흙작업 또한 에너지의 흐름을 표현하거나 이를 담는 데 도움이 되는 체화된 방식이 될 수 있다.

7. 현재로 들어가기. 우리는 과거는 정말 과거로 경험되기를 원한다. 이런 경험은 일부는 암묵기억이 외현 기억이 되어 그 기억이 타임스탬프(time stamp)를 받게 되는 것을 통해서 이루어지고, 또 일부는 오래된 정신모델이 현재 순간의 변용 경험을 만남으로써 이루어지게 된다. 이런 움직임을 격려하기 위해서, 기억이 자연적으로 가까워지게 되면 때로는 환자가 이 과정을 충분히 진행했을 때 그냥 차단시키기도 하고, 때로는 기억의 끝에서 어린 시절의 마음 상태를 현재 순간으로 불러낼 수 있는데, 즉 그것을 치료실로 불러내어 이제는 어린 자기가 성인 자기의 일부분인 것을 느끼게 한다. 많은 환자들이 오래된 기억(예: 침실, 마당, 부엌) 안에서 신체적으로 특정 부위에서의 장관 감각이나 시각적인 감각을 느끼고 이들이 배경으로 서서히 사라지거나 아니면 해소되는 것을 느낀다고 보고하고 있다. 그러고 난 다음, 다음번에 우리가 그 마음 상태를 다시 방문하게 되면 그것이 이제는 **그때**가 아닌 **현재**에 뿌리내리고 있는 것이 느껴진다고 이야기한다. 암묵의 자물쇠가 풀어져서 이 마음의 상태는 이제 뇌의 진행 중인 흐름의 일부가 된 것이다. 이런 상태에서 더 많고 넓은 범위의 정보가 사용이 가능해지고 이것은 우리로 하여금 오랜 기억과 새로운 알아차림을 함께 껴안음으로써 변용 경험이 더 일어날 수 있도록 증진시키는 것이 가능해지도록 만들어 준다(Ecker & Toomey, 2008). 현재로 완전하게 들어오도록 시간이 충분하게 성숙되지 않은 경우에, 아이는 저항하거나 우리에게 함께 있어 줄 것을 부탁하기도 한다. 아니면 우리가 아이 자신의 존재가 여기에 뿌리내리고 있다는 느낌이 생기기 전까지 몇 번의 방문을 통해 아이의 에너지와 정보의 층들을 현재로 가져다주어야 할 수도 있다.

8. 새로운 기억을 기억하기. 이들 부드러워지고 새롭게 수정된 신경망은 개방된 채로 있거나 그들이 재공고화되기 전에 수일 동안 강화되기 위해 이용될 수도 있는데, 이 신경망은 작업을 통해 저장된 새로운 에너지와 정보를 운반하고 있다(Ecker & Toomey, 2008; Suzuki et al., 2004). 본능적인 경험을 의식으로 불러내어 다음 한 주에 걸쳐 아이의 새로운 마음 상태를 수시로 방문하고, 이와 함께 잠시 머물러 있는 것은 우측 양식 과정 안에서 변연계와 중간 전전두엽 영역이 함께 묶여진 이런 초기 신경망의 통합 강도를 더해 주게 될 것이고, 느낀/생생한 이야기에 변화를 가져 오게 하며, 다음 장의 주제가 될 좌측 양식의 말로 표현된 이야기에 연결될 수 있게 준비하도록 해 줄 것이다.

요약

이번 장에서 우리는 주로 기억들을 직접적으로 작업하는 것에 초점을 맞추었고, 이는 암묵적 신경망을 감정적으로 생생한 알아차림 안으로 가져 오게 할 수 있는, 일종의 우측 양식에 기반을 둔 내적 관찰이라고 할 수 있다. 내 치료에서 이런 작업은 항상 모래상자 작업, 예술 작업 그리고 좀 더 최근에는 진흙 경험 등이 하나의 팀을 이루어 행해지고, 이 모든 것은 관계적 포용 안에서 펼쳐진다. 이들 경험적 양식들과 혹은 당신이 만들었거나 발견했던 다른 것이 있다면 그것들 사이를 물 흐르듯 움직이는 것은 환자들에게 암묵 기억을 다른 각도에서 또 다른 정도의 강도를 가지고 접근할 수 있는 기회를 부여해 준다. 모든 치료회기에서 일단 환자가 이 양식들 각각을 경험하게 되면 우리는 이 특정한 경험을 위해 무엇이 필요한지에 관련해서 그들의 내적 세계가 우리를 향하도록 할 것을 요청한다. 거의 모든 사람들이 몇 번의 치료회기 안에 그들의 내적 세계가 빨리 그리고 명확하게 반응한다. 만약 그렇지 않다면 십중팔구는 암묵적 정신모델이 길을 차단하고 있는 것이다. 우리의 친절하고 초점이 맞추어진 집중력을 통해 우리는 내적 세계로 들어가는 것을 방해하는 이런 방해물을 제거할 수 있고 이 자체를 명확하게 표현할 수 있게 만들 수 있다.

우리는 여기에서 많은 기본적인 것들을 다루었다. 물론 그중 많은 부분은 아마도 당신 자신의 작업과 많이 유사할 것이다. 제3장과 제4장을 통해 당신이 원하는 만큼 재검토하라. 특히 당신의 개인적인 탐색에 대해 다시 스스로 심사숙고해 보도록 하라. 당신이 이들 과정에 대한 당신이 알고 있는 것에 대해 익숙해졌다고 느끼게 될 때, 당신의 일지에 이에 대해 적어 보거나 당신이 환자에게 기억 및 내적 공동체 작업에 대해 어떻게 설명할 것인지에 대해 적어 보도록 하라. 그리고 당신의 돌보는 관찰자의 입장에서 친절함을 가지고 작업 그 자체에 대해서나 아니면 그것을 당신이 실행하는 것에 대해 일어나는 판단에 대해 알아차려 보도록 하라. 나는 자기 판단과 싸우지 않는 사람을 본 적이 없다. 따라서 당신이 이런 경향을 발견하게 된다면 당신이 할 수 있는 한 부드럽게 그리고 수용적으로 이들을 감싸 주도록 하라. 그리고 여기에 당신의 판단하는 마음과 당신의 관계에 대해 간단하게 적어 보도록 하라.

______

______

______

이제, 당신의 들어주는 파트너와 함께 당신 환자에 대한 기억 및 내적 공동체 작업에 대한 경험, 특히 당신이 한 것이 무엇이고 이제부터 그것을 어떻게 실현시킬 수 있는지에 대해 공유해 보도록 하라. 이것을 함께 규칙적으로 하는 것이 이들 치유 경험을 더 깊이 있게 만들어 줄 것이다. 어떤 사람들은 이런 공유가 동료 학습자들과 함께 듣고 같이 동행한다고 느끼기 때문에 자기 자신에 대한 자기 비난의 날카로운 모서리를 제거해 준다고 이야기한다.

내 개인적인 여정을 돌아보면, 많은 치료자들이 나에게 이런 종류의 작업을 실행하는 것에 대해 듣는 것이 이 작업을 정확하게 어떻게 시작해서 어떻게 추적을 하고, 일단 과정이 시작되면 치유를 위해 어떻게 기억들로 들어가야 하는지가 자신들에게 감지되는 것이 아니라, 이 작업에 대한 전반적인 생각을 얻게 된다는 이야기를 많이 하였다. 환자의 기억 한가운데 있는 무기력감의 느낌이 많은 치료자들로 하여금 암묵의 영역을 향한 이 길을 추적하는 것을 포기하도록 만들었다. 종종 환자들은 자신들의 아이 마음 상태를 경험하기 위해 들어가게 되면 무력감에 빠져들기 시작하는데, 이것이 이런 무기력감에 대한 우리의 공명이 강한 내적 안내자를 가지고 있지 않은 경우와 함께 일어나게 되면 이 과정이 불안으로 끌려 들어가 버리거나 아니면 둘이 함께 이 과정을 중단하게 될 수도 있다. 우리가 자연스러운 흐름을 느낄 때까지 이들 단계를 따라가고, 동료들과 함께 훈련하고, 우리 자신에 대한 작업을 지속적으로 하며 우리가 특정 환자에 대해 이 과정을 어떻게 들어갈지에 대해 생각하는 것이 일정한 틀을 만들어 내는 데 도움이 될 수 있다. 이렇게 되면 이 작업에 필수적으로 일어날 수밖에 없는 감정들이 우리를 휩쓸어 버리지 않게 성공적으로 만들 수 있다. 이 외에도 우리는 이 경로, 즉 조절의 회로 및 어떻게 이 과정을 안내해 주는가에 대한 체화된 감각을 가지고 있는 회로 모두를 지지해 주는 신경망을 만들거나 혹은 강화시켜야 한다. 자기 자신에 대한 일상적인 친절함을 가지고 통합적인 신경가소성을 위한 우리 자신의 연습에 전념하는 것이 이들 경로를 더 강하게 만들어 줄 것이다.

우리는 주의력을 더 깊은 마음으로 움직이도록 집중하였고 이를 통해 해리되고 시간에 묶여 있는 암묵 영역 안에 놓여 있는 고통의 뿌리에 대해 이해하였다. 그러나 치료의 과정에서 우리는 많은 종류의 의사소통을 하였는데 모든 것이 이런 식으로 깊게 파고드는 것은 아니었다. 치료에서 한 가지 유용한 원칙은 **그 순간에 가장 공감적인 반응**을 제공해 주는 것으로, 이것은 매번 꼭 이들 깊은 곳까지 움직여야 함을 의미하는 것은 아니다. 대신에 우리는 성인 자기의 발달을 가져 오면서 또 동시에 어린 마음 상태에게 치유하는 경험을 키워 주는 것 사이에 균형을 생각해야 할 것이다. 종종 강력한 내적 작업을 일부 시행한 후에 환자들은 이를 공고화할 시간을 필요로 하는데, 이 시간에 통합적인 불이행망 회로가 작업을 통해 이미 드러난 것을 소화시킬 수 있는 기회를 가지게 된다. 결국 이 시간은 성인 대 성인의 의사소통이 일어나게 되는 시간이 된다. 환자마다 발달적인 느낌은 다르지만 환자 중심적으로 초점을 맞추어야 하는 것은 어느 경우이든 마찬가지다. 우리는 이 과정을 많은 다리를 가진 한 가지 건축물로 그려 볼 수 있는데, 이것은 우리 환자가 느끼는 모든 측면들에 의미가 부여되고, 그것을 봐 주어야 하며, 그리고 적절한 발달 수준에서 그것들을 소중하게 여겨져야 한다는 것을 보여 주는 것이다.

내 환자들 중 한 명은 부모가 자신은 사랑하지 않고, 드러나게 자신의 남자 형제에 대해 노골적으로 선망을 보여 주는 것 때문에 깊이 절망한 문제 때문에 치료를 받고 있었다. 고통스러운 어둠 속에 빠져드는 것을 견디고 난 후에 우리는 갑자기 밝은 곳으로 나오게 되었는데 우리는 마치 우리가 매를 맞았지만, 살아 숨 쉬고 치유를 받아 나아지고 있는 아이를 안고 있는 느낌을 받았다. 다음 네 번의 치료회기 동안 우리는 우리 둘에게 공통적인 열정의 대상인 정원 가꾸기에 대해 이야기하였다. 이들 치료회기가 끝날 무렵 내 환자는 "저는 말 그대로 그리고 비유적으로도 숨을 쉴 시간과 성장을 느낄 수 있는 그리고 당신과 아이 및 새로운 꽃들과 함께 할 수 있는 시간이 필요했어요. 저는 이것이 괜찮기를 바라요."라고 이야기를 하였다. 나는 우리가 이들 구조된 아이들이 안전함, 따뜻함, 놀이 및 즐거움을 찾을 수 있는 세계를 만들기 위해 준비하고 있다고 믿고 있고, 따라서 그녀의 마음이 갈망을 하고 있는 이런 의사소통은 너무 당연한 것이라고 믿는다고 이야기해 주었다. 환자들의 내성의 창이 넓어지고 고통과 두려움을 다루는 데 필요한 요구가 줄어들면서 모든 즐거운 감정이 발현될 수 있는 방 또한 만들어지게 되는 것이다. 치료 안에서 이들을 위한 충분한 공간을 만드는 것은, 그들이 장난스러운 아이의 형태로 오든 아니면 정말로 축복받은 성인의 형태로 오든 간에 우리는 이런 즐거움을 공유하는 것이 우리의 커다란 기쁨인 것이다. 동시에 우리는 환자들의 이야기가 살아 있고 말로 표현된 이야기로 변화하는 것을 지켜보게 될 것이다.

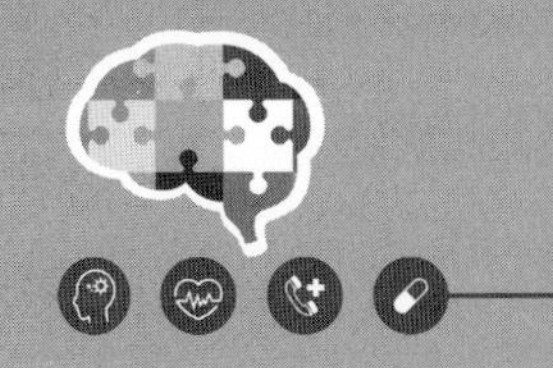

제 11 장 새롭게 나타나는 이야기 지지하기

우리는 우리가 환자들의 깊은 암묵 세계로 내려가게 되면 동시에 바로 그들의 마음이 또한 변화된 삶의 밝은 곳으로 올라가기 시작하고 있다는 것을 알게 된다. 우리가 시간을 함께하면서 우리는 그들이 가진 이야기가 서로 다른 많은 이야기, 때로는 서로가 단절된 상반된 이야기로부터 자신의 역사의 많은 부분을 포함하는 하나로 통일된, 또 감정적으로 해결된 이야기로 움직이는 것을 지켜볼 수 있다. 우리가 첫 몇 주간의 치료를 진행하면서 멜라니(Melanie)는 "우리 아버지는 정말로 친절했었어요."라고 이야기를 하였다. 그리고 그녀는 그가 지역사회를 위해 얼마나 많은 좋은 일을 했는가를 기술하였다. 그러나 같은 날 나중에 우리가 자신의 두 딸에 대해 지속적으로 비판적으로 대한 것에 대해 이야기하자 그녀는 화가 나서 "아버지는 제 삶을 망가뜨렸어요."라고 이야기하였다. 다음 치료회기에 그녀는 "아버지가 제게 실망한 것은 틀린 건 아니에요. 저는 한 번도 제 잠재력에 부응해서 살지 못했어요."라고 이야기하였다. 만약 우리가 이런 말들을 내적 공동체의 관점에서 살펴본다면 우리는 칭찬하는 딸-공덕심(civic-minded)이 있는 아버지, 화난 딸-비판적인 아버지(이런 표면 아래에는 수치심에 찬 아이가 있다) 및 자기-비난적, 뒤로 물러선 딸-실망한 아버지와 같은 내적인 관계 쌍을 살펴보는 것으로 시작할 수 있을 것이다. 이런 쌍은 멜라니의 아버지에 대해 상반적인 정보를 지니고 있기 때문에 결코 동시에 감정적으로 진실이 되지는 못할 것이다. 대신에 그녀는 그녀 자신과 아버지에 대한 이런 다양한 마음 상태에 살면서 이 신경망에서 저 신경망으로 점프를 하게 될 것이다.

멜라니가 치료를 그만두고 난 지 약 한 달 후에 그녀는 나에게 짧은 글을 하나 주었다. 그녀는 자신의 내적 공동체와 열심히 치료 작업을 하였는데, 특히 자신의 외적 아버지와 그녀가 어떻게 작업하고 있는지에 대해 내게 이야기하고 싶어 했다.

> "아버지에 대해 말씀드리겠습니다. 지난주 저는 아버지를 10년 만에 처음으로 보았습니다. 아버지는 삶에 찌든 늙은 사람처럼 보였습니다. 저는 할아버지가 아버지가 젊었을 때 아버지를 얼마나 많이 우스꽝스러운 존재로 만들었는지 기억납니다. 그래서 항상 그랬지만, 아버지는 비판적일 때조차도 자기 자신에 대해서는 일말의 자비가 없었습니다. 아버지는 지역사회 사람들에게는 친절하게 대할 수 있었는데 아마도 그것은 자기 자신은 전혀 가져 보지 못했던 것을 그 사람들에게 제공해 주는 것이었을 것입니다. 그래서 아버지는 좋은 사람으로 보일 수가 있었겠지요. 저는 아버지 자신이 자신의 삶에 대해 얼마나 실망했었는지 그리고 아버지 자신이 어떤 식으로든 그것을 바꿀 수 없다는 것을 알고 있었다는 사실을 깨달았습니다. 저는 아버지를 기쁘게 해 주고 싶은 마음이 느껴지지 않습니다. 그러나 이제는 아버지에게 화도 덜 느낍니다. 아버지도 이제 좀 더 부드러워진 것처럼 보이고, 좀 더 융통성이 생긴 것 같고, 심지어 제가 다니는 회사에 대해서도 좀 더 만족하는 것처럼 보입니다. 어쨌든 아버지가 하는 행동이 이제는 저를 더 이상 화나게 만들지는 않습니다. 아버지가 죽을 때쯤에는 우리 사이가 문제가 없어지게 될 것 같다는 느낌을 받습니다."

이 이야기 속에는 그녀의 이전 이야기에서 보여 주었던 아버지에 대한 모든 측면들이 다 있다. 그러나 이제 그녀와 한 사람의 인간으로서 평화롭게 화해한 이야기가 여기 있다.

우리 환자들의 새로운 이야기는 완전한 작업이 이루어진 각 조각마다 단편적으로 나타난다. 이것은 마치 벽돌로 하나하나 지어 나가는 것과 매우 유사한데, 이런 은유는 많은 환자들에게 공명을 잘 일으키는 것처럼 보인다. 이들 새로운 이야기들은 이야기 자체의 감정적인 생생함, 환자들이 긍정적인 또는 고통에 차거나 두려운 측면에 대해서도 잘 조절하면서 머무를 수 있는 능력 및 이야기를 들려주는 사람으로부터 나오는 차분한 해결의 느낌 등을 통해 이야기의 일관성을 드러내 보인다. 일관성 있는 이야기를 만들어 내는 데 기초가 되는 신경 통합의 과정은 환자들의 삶의 다양한 측면들을 하나의 그림으로 담을 수 있는 더 넓은 렌즈를 만들어 낸다.

화해를 이룬 일관성 있는 이야기 만들기

이 화해하는 이야기의 과정에 대해 신경생물학이 우리에게 말해 줄 수 있는 것은 무엇인가? 해리되고 시간의 덫에 걸린 신경망이 돌봄과 변용에 대한 경험에 노출된다면, 그들의 자유롭고 변화된 에너지와 정보는 발달하고 있는 뇌의 더 큰 흐름과 결합하게 되고 의식적인 알아차림 없이 불이행망이 함께 엮어지면서 자기 이야기를 지속적으로 변화시켜 나간다. 그러고 난 뒤 깊은 곳에서 일어나는 이런 변화는 점차적으로 느낌, 행동, 지각 및 관계적 전략에서의 전환이 동반되는 내성의 창의 확장으로 나타나게 된다. 항상 그런 것은 아니지만 그들이 말로 표현된 이야기와 같이 단어의 형태를 띠게 되는 경우도 드물지 않다. 우리가 기억할 수 있듯이, 새롭게 이용 가능한 정보를 통합하는 이 과정은 이를 담당하는 전용 회로를 통해 이루어지는데, 안쪽 두정엽 피질(개인적인 삶과 연관된 사건들을 기억하는 곳), 안쪽 전전두엽 피질(자기 내성 및 우리의 경험적인 자서전적 기억을 만들어 내는 곳) 및 뒤쪽 대상 피질(뇌의 뒤쪽 부분에 대해 통합을 하는 영역)을 포함하는 핵심 불이행망이 바로 그것이다. 이 회로가 하는 일은 우리 뇌에서 개별적인 에너지와 정보의 흐름을 통해 개인적 감각을 만들어 내는 것이다(Buckner et al., 2008; Raichle, 2010). 환자들은 종종 마음챙김뿐만 아니라 백일몽(이때 불이행망이 특별히 활동적이다)이 자신의 뇌의 복합성을 증가시켜 준다는 것을 알면 마음에 격려가 된다고 이야기한다. 우리 환자들을 얽매이게 만든 암묵적 패턴을 우리 방식으로 치료 작업하게 되면, 우리는 **제약(constraints)의 변화가, 그것이 어떤 변화라도, 그들의 느낀 그리고 살아 있는(felt and lived) 이야기 안에서의 변화를 의미한다**는 것을 알 수 있게 된다.

초기 애착 경험을 통해 발달한 발달 초기의 제약과 그들을 둘러싸고 만들어진 이야기의 몇몇 예를 함께 공유해 보도록 하자. 그러고 난 뒤에 치료적 관계의 포용 안에서 제약과 이야기 모두가 어떻게 변화하게 되는지 공유해 보도록 하자. 이런 종류의 이야기는 치료의 흐름을 처음부터 시작해 변화가 일어날 때까지 받아들이도록 우리의 마음을 초대한다.

미겔: 암묵의 감옥에서 빠져 나오기

유아일 때 미겔(Miguel)의 애착에 대한 욕구는 그를 돌보아 주는 사람으로부터의 "안 돼"라는 벽에 부딪혀 버렸다. 그 특별한 경험은 그의 몸과 신경계 안에 항상 존재하는 재앙적인 파괴라는 암묵적인 흐름, 즉 붕괴된 애착을 만들어 내었다. 이것은 또한 그가 애착에 대한 갈망을 느낄 때마다 그것을 밀어내는 강한 신체적 · 감정적 충동을 만들어 내었는데 이것이 소위 우리가 반응성 애착장애라고 부르는 그런 문제다. 생후 2년 정도에 신경계의 성숙도가 커지면서 수치심(버림받았다는 것에 대한 그의 부교감신경계 반응) 및 혐오(그를 돌보아 주는 사람을 내재화)가 생겨나고 이것이 해리된 채 파편화되어 저장된다(Schore, 2009a). 이런 암묵적인 흐름은 경직, 분노한 자기증오의 이야기가 되는데, 그는 무의식적으로 이것을 내적인 혼란을 조절하는 데 지켜야 할 조직화 원칙으로 사용하게 된다.

이 모든 에너지와 정보의 흐름은 그의 발생 초기의 암묵적 기억 안에 남아 일생을 통해 영속적이고 강력한 진실의 이야기가 되어 그의 몸, 신경계, 생각 및 감정 안에 존재하게 된다. 아마도 미겔은 감정적으로 자신과 분리된 상태로 지냈기 때문에 그의 뇌는 그의 경험의 근원에 대해 **자신이 알고 있는 것을 자신으로부터 분리하도록** 배선을 형성하게 되었을 것이다. 우리가 암묵기억에 대해 이야기를 할 때, 그는 모든 사람들이 자신에게 어머니 역할을 해 주는 사람이 어떻게 하는가에 의해 영향을 받을 수밖에 없다는 것에 대해 동의할 수 있었다. 그러나 그는 처음부터 혼자서 이런 나쁜 문제를 일으켰고, 이렇게 되는 데 어머니는 아무런 역할을 하지 않았다고 이야기하였다. 그가 나에게 나중에 이루어진 어머니의 언어 및 감정적 학대에 대한 기억으로부터 수많은 예를 이야기해 주었다. 하지만 그 자신이 완벽하게 결함에 찬 인간이라는 이유로 이들은 정당화되어서 지워져 버렸다. 그의 말은 **쓰레기, 멍청해, 추해, 구제불능, 악한, 부도덕한, 해로운** 등과 같이 자기모멸과 거부의 어휘들로 점철되어 있었다.

그의 자신에 대한 이런 느낌은 너무나 깊이 내재되어 있었기 때문에, 종종 완벽한 혼돈의 암묵적 현실로부터 자신을 방어해 주는 악과 무능의 경직된 이야기를 확인해 주는 경험을 더 지속적으로 만들어 냄으로써, 이에 반대가 되는 모든 증거는 어떤 식으로든 파괴되어야만 했다. 이런 그의 지각적인 안경은 그를 자신에 대해 좋게 보는 모든 것으로부터 차단시켰기 때문에, 그의 불이행망은 자신이 타고난 악인이라는 암묵적 이야기에 의해 지배받아서 이것으로 색깔이 입혀진 오직 한 가닥의 정보만을 받고 있었다. 우리가 함께 치료적 작업을 시작할 때, 내가 그의 지각에 반한다고 받아들였던 모든 경험들, 예를 들어 그를 세상에 대해 좋은 일을 하는 호감이 가는 사람으로 보는 것, 혹은 그가 아이로서 전혀 경험해 보지 못했던 방식으로 그에게 행동하는 것, 친절함과 존중으로 대우해 주는 것과 같은 것들은 그의 존재 전체의 격렬한 저항에 부딪혔다. 이 살아 있는 이야기는 그의 삶의 모든 순간을 지배하고 있었다. 이 보다 더 단단한 신경적인 덫은 상상할 수 없을 정도였다.

잠깐 멈추어서 완전한 거부에서 비롯되는 고통에 찬 암묵적 혼돈에서부터 혼돈을 막기 위한 조직적 원리로 사용되는 수치심과 혐오에 찬 느낀(felt) 이야기로 가는, 그리고 정당화된 자기 증오의 말로 표현된(spoken) 그리고 살아 있는(lived) 이야기로 가는 경로를 살펴보도록 하자. 자기증오와 자기혐오가 지독하면 할수록 이것들은 그 사람이 그날그날만 기능하도록 최소한만 허용하는 반면에, 공공연히 드러나는 혼돈은 모든 명확한 생각을 멈추게 만들고 이것은 너무 많은 불안을 야기하므로 그 사람이 아무것도 못하게 만든다. 당신이 치료하고 있는 좀 더 상처받은 환자에 대해 생각해 보라. 그리고 유사한 경로를 추적해 보도록 하라. 무엇이 이 경험적인 이야기를 만들어 낸 암묵적 뿌리인가? 이 이야기는 그 사람에 대한 당신의 경험과는 완벽하게 다른 이야기로 끝이 난다. 이러한 경로는 대개 그 뿌리가 환자와 우리 모두에게 의식적인 알아차림에서 벗어나 있기 때문에 종종 파악하기 어려울 수 있다. 그렇기 때문에, 일단 그것을 발견하면 그 경로에 대해 적는 것이 도움이 될 수 있다.

치료에 '실패했던' 경험이 십여 차례 있었기 때문에, 미겔은 자기를 증오하는 것이 옳다는 확신을 얻어 내기 위해, 그렇지만 또 자신 안에 있는 자기증오와 자신이 악한 것 모두를 다룰 수 있는 좀 더 나은 전략을 얻을 수 있을지도 모른다는 의식적인 기대로 치료를 한 번 더 해 보기로 결정하였다. 의식적 알아차림의 바깥에서, 그의 충족되지 않는 애착 에너지의 급증이 실제로 이 탐색을 이끌었을 가능성이 있다. 돌봄에 대한 거의 자동적인 저항에도 불구하고 내가 지속적으로 함께 해 주는 것, 친절한 배려 및 성인으로서 미겔의 암묵적 뇌에서 무엇이 일어나고 있는지를 명확하게 보는 것 등이 버리고 무너뜨려야만 할, 그가 진실이라고 믿고 있는 신념을 서서히 침식하기 시작하였다. 대인관계 신경생물학의 가장 큰 선물 중 하나가 우리로 하여금 말로 표현된 이야기를 통해 우리가 속지 않게 암묵적 세계를 있는 그대로 볼 수 있도록 해 준다는 것이다. 돌 위로 떨어지는 물처럼, 항상 그 자리에 있는 있어 주는 것과 따뜻한 애착을 매일매일 조용하게 지속적으로 제공해 주는 것은 이런 따뜻함에서 멀어지려는 행동적 충동이 조용하게 표현되어 나타나는 "아니요"를 자주 만나게 되었고, 이외에도 나쁜 일은 **오로지** 점점 더 나빠질 뿐이라는 지각, 이 사람으로부터 나오는 것 중 **오직** 나쁜 것만이 필요한 것, 절대로 **용인될 수 없는** 것, 그리고 그가 나를 좋아하기 시작했기 때문에 그의 존재가 나를 정확히 **파괴해야만 한다**는 압도적인 두려움 등과 만나야만 했다. 내 좌측 양식 처리 과정의 합리적인 영역에서 오는 반작용적인 움직임들, 예를 들어 "너는 가치가 있는 사람이다."와 같은 것들은 모두 점점 커져만 가는 저항에 부딪치게 되어 나는 내 마음이 그에게 안도감을 가져다주고 싶을 때조차도 나는 매우 조심스럽게 그냥 그와 함께 있어 주려 노력해야만 했다. 그리고 어느 날, 이렇게 몇 시간, 며칠, 몇 주, 몇 달 동안 기다려 주고 용기를 북돋아 주는 함께 있어 주는 것과 돌보아 주는 것으로부터 새로운 이야기가 만들어져 나오기 시작했다. 아주 조용한 목소리로 미겔은 "당신과 있는 게 괜찮아요. 우리가 함께한 시간을 기억하는 것도 이제는 문제없어요."라고 이야기하였다. 처음에, 새로운 애착의 이야기 가닥은 맹렬한 반작용적인 반응에 부딪혔다. 그는 즉각적으로 이것이 가능하다는 것을 부정해야만 했다. 그는 종종 이 생각을 한다는 것만으로 공포의 상태에 빠지곤 했다. 그러나 우리가 이 새로운 상태로 들어가는 시간이 점차적으로 더 빈번해졌다. 처음에는 이 새로운 마음 상태가 가는 섬유유리처럼 취약했지만 점차적으로 강해지면서 '함께'라는 신경망이 반복에 의해 점차 두꺼워지고 감정적 강도도 더 커지게 되었다. 그의 생각이 변화하는 데는 좀 더 시간이 걸렸지만, 특히 그의 신체, 신경계 및 감정 안에서 이 새로운 이야기는 뿌리내리고 있었다. 어떤 느낌이든 자신이 선하다는 느낌에 대한 그의 두려움이 그가 더 빨리 움직이지 못하게 하는 암묵적 뿌리 중 하나였지만, 그의 애착 시스템이 지속적인 연결의 제공에 반응하는 대로 그는 변화했다.

나는 이 장에서 증오와 냉혹함이 우리가 알아차리기 어려운 암묵적인 코드화 수준에서(신체적으로 해를 입히는 것과 같이 좀 더 확실한 것에서 오는 것보다) 손상을 일으키는 인간 학대의 광범위한 예를 보여 주었는데, 이렇게 하는 것이 우리들로 하여금 이런 경로들이 어떻게 생겨나고 또 어떻게 해결될 수 있는가에 대한 감을 가지는 데 도움을 줄 수 있을 것이다. 이런 사례들에 대해 공감을 느끼는 것이 종종 우리 자신들 안에서 조절하기에 가장 힘든 것일 수 있다. 표면에 드러나는 증상과 환자들이 지각하는 것, 우리 자신이 지각하는 것 사이에 불일치는 우리로 하여금 암묵적 기억에 초점을 맞추는 것을 어렵게 만들 수 있고, 이런 것들은 아주 쉽게 핵심 경험을 변화시킬 수 있는 기회를 가지지 못하도록 만드는 활동이나 행동을 증가시키도록 만들어 줄 수 있다. 우리가 환자들의 관점에서 이야기를 함께 써 나가기 시작하는 데 이것은 종종 우리로 하여금 그들의 자기증오와 절망에 공명하게 만들어 "이 사람은 변할 수 없는 사람이고 상황도 변할 수 없어."라고 느끼게 만들 수 있다. 당신 자신에 대한 친절함을 가지고, 환자들의 지속적이고 암묵적으로 추진되는 자기 이야기로부터 환자의 붕괴에 대해 이와 같은 깊은 공명을 경험해 본 일이 있는지 알아보도록 하라. 공유된 에너지와 정보가 복잡한 암묵적인 메시지에 당신을 끌어들이려 하는 방식을 감지해 보도록 하라. 그리고 여기에 부드러운 말로 써 보도록 하라.

우리가 이렇게 관계 안으로 움직일 때 우리의 일차적인 도구는 뇌에 대한 지혜로 가득 차 있고 자비로 가득한 우리의 돌보는 관찰자의 힘이다. 이것을 통해 우리는 환자들의 마음이 이 유아적인 움직일 수 없는 진리에 매달리게 만드는 것과 똑같은 끈기를 가지고 암묵적 감옥에 갇혀 있는 환자들을 만날 수 있게 된다. 뇌는 통합을 향해 움직이게끔 유전적으로 배선되어 있다는 사실과 애착 시스템의 힘 모두가 우리의 강한 협력자다. 이렇게 우리는 뇌 복원 연결을 향해 움직이는 데 동반자가 되는 것이다.

제니스: 빨리 변화하는 이야기

초기 아동기 경험의 다른 영역을 통해 우리는 새로운 이야기가 빠르게 그리고 비교적 쉽게 발현되는 예를 볼 수 있다. 제니스(Jenice)는 다섯 살 난 아들 조시(Josh)가 새로운 여자 형제인 새미(Sammy)에 대해 심한 분노를 보이고 있기 때문에 그를 데려오기를 원했다. 제니스와의 첫 만남에서 그녀는 "그의 행동은 끔찍해요. 그는 여동생을 사랑해야만 해요. 그 아이는 말 그대로 아기이니까요."라고 이야기를 하였다. 새로운 엄마가 된 피곤함에 더해 그녀는 새미가 태어나지 말아야 했다는 조시의 말에 대해 참지를 못하였다. 우리가 이야기하면서, 그녀의 아동기 때의 가족 안에서 존중하는 말이 얼마나 중요한지에 대한 이야기가 드러났다. 그녀는 "제가 제 여동생에 대해 이야기하게 되면, 저는 모든 공격을 받아 만신창이가 되고 말았어요."라고 이야기하였다. 나는 그녀에게 자신의 여동생의 출생이 행복했었냐고 물어보았다. 잠깐의 생각 후에 그녀의 눈에는 눈물이 흘렀다. 그녀는 "아니요. 그러나 저는 아무런 이야기도 하지 않는 것이 낫다는 것을 알고 있었어요."라고 이야기하였다. 나는 그녀에게 그렇다면 자신의 부모가 어떻게 해 주기를 원했느냐고 물었다. "그냥 제 감정을 인정해 주고 그래도 자신들은 괜찮다고 알려 주기를 원했어요. 그러면 저는 그녀를 사랑하게 되었을 거예요. 그때와 똑같이 저는 그녀를 아직도 미워하고 있어요." 그녀는 집중하고 있는 것처럼 보였고 잠시 멈추었다. 그런 뒤, 그녀의 마음에 커튼이 벗겨지는 것처럼 보였고 이것은 그녀로 하여금 이 모든 것의 의미를 바라볼 수 있도록 허용해 주었다. 그녀는 "그 한 가지 이유로 저는 그녀와 함께하지 못하고 20년을 보냈군요."라고 이야기를 하였다.

그날 나머지 시간 동안에 우리는 더 이상 관심의 중심에 놓여 있지 않게 된 조시의 고통에 대해 들어 보기 위한 실제적인 방법에 대해 이야기하였고, 이를 통해 그들이 함께 조시가 새미를 포용할 수 있는 길을 열어 줄 수 있게 되었다. 우리의 함께한 첫 20분 동안에 제니스는 "모든 공격을 받아 만신창이가 되어 버린다"는 것이 의미하는 것에 대한 진짜 감정을 표현하는 데 결합되어 있는 암묵적 뿌리가 지닌 살아 있는 진실을 알게 되었다. 그러고 난 뒤, 아주 미세한 그러나 의도적인 인도에 의해 그녀는 아이로서 그녀가 필요로 했던 것이 무엇이었는지에 대한 생생한 현재의 알아차림으로 갈 수 있었다. 함께 해 주는 것의 힘이 가지는 이런 병치적인 변용 경험은 그런 말을 하는 것은 금지되어 있는 오래된 모델을 말할 수 있게 허용해 준다(Ecker

& Hulley, 1996, 2000a, 2000b, 2008). 이렇게 되면 오래된 경로가 즉각적으로 약해져서 그녀는 본능적으로 문제를 다르게 다룰 수 있는 지혜를 느낄 수가 있게 된다. 이제 수용될 수 있는 아이가 되기 위해 필요한 것에 대한 그녀의 이야기가 달라졌다.

이야기할 필요도 없이, 나는 조시를 만나지 않았다. 그러나 나는 제니스로부터 그녀와 여동생이 정기적으로 서로 만나고 있으며, 둘 모두에게 어린아이로서 서로 반대가 되는 생각을 표현하지 못했던 것이 얼마나 힘들었는지에 대해 많이 이야기하고 있다는 전화를 받았을 때 조시에 대해 다시 이야기를 들을 수 있었다. 그들의 가정은 사랑스럽고 안정적이었으나, 수용에 대한 핵심적인 열쇠였던 좋은 말을 해야 한다는 세대를 통해 내려온 전통이 모두를 가두어 버렸던 것이다. 또한 제니스는 나에게 조시가 자신이 생각하는 방식에 대해 저항할 때는 아직도 조시를 고쳐 주고 싶은 충동을 느끼지 않을까 하는 생각을 하고는 있지만 이것이 이제는 먼 기억처럼 느껴진다고 이야기하였다. 대신에 이제는 그의 이야기 뒤에 무엇이 있을까 하는 호기심이 그 자리를 차지하고 있다고 이야기하였다. 그녀의 새로운 신경망이 이전의 오래된 경로를 유발할 수 있도록 많은 방식을 통해 테스트를 받겠지만, 이제 우리는 그녀의 관계적으로 건강한 제약이 건강하지 않은 제약을 완전하게 교체했다고 생각할 수가 있을 것이다.

당신이 이야기 안에서 이런 갑작스러운 변화를 관찰했을 때의 몇몇 환자를 생각해 보도록 하자. 이런 경우에 지각, 행동 및 관계에서 지속적인 전환이 일어날 수 있다. 이들은 종종 알아차리기가 쉬울 수 있는데 왜냐하면 이들 과정 중 많은 부분이 의식적인 마음 안에서 일어나고 언어의 형태로도 나타나기 때문이다. 우리가 암묵적 세계에 접근하고 있을 때조차도 중간 전전두엽 피질을 사용하고 있는 성인 2명이 함께 문제를 풀고 있는 것이다. 이에 대해 간단하게 적어 보도록 하라. 잠깐 동안 이전 치료시간으로 돌아가 이 두 종류의 이야기 경험에 대한 당신의 몸과 감정에서의 차이를 알아차리도록 해 보라.

이야기 통합의 경로

신경생물학적인 용어로 이 변화에 대해 생각해 보면 우리는 제니스와 그의 여동생이 그들의 암묵적 기억 안에서 간직하고 있던 공감받지 못한 경험을 정말로 빠르게 변화시키게 만들었던 완벽하게 안전하지는 않지만 그러나 충분히 괜찮은(good enough) 애착의 단단한 기초 위에 안착하는 것을 볼 수 있었다. 제니스의 변연계와 중간 전전두엽 시스템 사이의 연결은 새로운 익숙하지 않은 정보를 허용할 만큼 단단하였다. 그래서 이런 정보들이 빨리 발현되고 또 거절된 경험을 마주할 만큼 적절한 범위를 가진 내성의 창 안에서 수용이 되었으며 건강한 관계 맺기라는 좀 큰 그림 안으로 합쳐질 수 있었다. 새로운 느낀 경험은 또한 자연스럽게 그리고 또 빠르게 좌측 양식 과정으로 들어가서 여기에서 언어는 새롭게 알게 된 것에 대해 형태를 부여하고 이를 안정화시키는 데 도움을 주게 되었다. 우측 양식의 경험에서 좌측 양식의 표현으로의 이동은 노력이 필요 없는 과정이다. 초기 아동기에 미움을 받고 학대받았던 미겔과 같은 경우에는 이런 기반이 존재하지 않기 때문에 더 건강한 이야기를 만들어 내는 과정은 뇌의 재구축에 의해 이루어지고, 조절 회로 작동의 시작과 함께 이루어지게 된다.

우리가 여기서 볼 수 있었던 첫 번째 이야기의 변화 중 하나는 내성의 창이 넓어지는 것으로, 이것은 환자의 변연계와 중간 전전두엽이 우리의 조율적이고 수용적인 뇌와 공명해서 변연계와 중간 전전두엽 영역이 더 강한 연결을 만들어 내게 되면서 이루어진다. 이러면 점차적인 붕괴를 향한 증가가 지속적인 위협으로 존재하는 신경계의 이야기 대신에 대인관계에서의 지지 및 감정과 신경계에 대한 조절이 이루어지는 새로운 경험적인 이야기가 서서히 발달하게 될 것이다. 이와 함께 불이행망은 이런 종류의 특질을 가진 사람과의 반복적인 만남과 접촉으로부터 도움이 가능할 수 있다는 믿음에 대한 새로운 지각을 만들기 시작할 것이다. 우리가 미겔의 경우에 보았듯이 이들 이야기 중 어떤 것도 말로 이루어지는 것이 아니지만, 이들은 생생한 이야기에 영향을 주기 시작한다. 이들은 작지만 매우 의미가 있는 단계를 만들어 낸다. 이들은 우리의 돌보아 주는 관찰자가 볼 수 있고 지속적으로 수용해 줄 수 있는 것으로, 여기에는 예를 들면 파편화 없이 연결이 유지될 수 있도록 충분히 조절해 주는 것, 눈맞춤을 더 하는 것 및 자세와 얼굴 표정에서의 변화 등이 포함이 된다.

외상 후 스트레스 장애에서 이야기 경로

이들 두 극단적인 예 사이에 우리는 다른 많은 양상의 이야기 통합을 발견할 수 있다(Siegel, 2006). 하나의 경우를 더 살펴보도록 하자. 학대의 과거사를 가진 사람들을 대할 때의 어려움은 특히 학대가 초기에 시작되었을 때, 이들 신경망이 활성화될 때마다 그들의 체화된 뇌를 압도하는 암묵적 에너지와 정보의 쓰나미와 같은 파도와 결합된 신경계 안에서 일어나는 막대한 양의 조절부전이다. 여기에 더해 통합을 지지하는 바로 그 구조가 손상을 받았거나 발달이 되어 있지 않을 수 있다. 막대한 공포와 앞으로 더 올 위험에 대한 예기로 부호화되어 있어 과도하게 민감한 편도는 조절능력을 가진 중간 전전두엽 영역과 연결이 제대로 되어 있지 못하다. 왜냐하면 외상적인 상황이 이들 연결을 만들어 내는 데 필요한 공감을 부족하게 만들었기 때문이다(Schore, 2003a). 만약 스트레스가 진행이 되면 코르티솔의 지속적인 분비는 해마(외현적인 기억이 형성이 되는 곳)의 조직 일부와 전전두엽 영역(애착 회로와 조절 회로가 자리 잡고 있는 곳)의 일부를 손상시킬 수 있을 것이다(Saigh & Bremner, 1999). 이 경우 관계는 조절의 원천이 아니라 조절부전의 원천이 되기 때문에 이들에게는 대인관계 시스템이 자신의 신경계를 조절하는 데 도움이 될 수 있게 해 주도록 연결되는 쪽으로 움직이는 것이 충분히 안전하다는 느낌을 갖기도 어렵다. 이 모든 상황이 공포와 고통의 첫 번째 이야기의 일부분이 되고, 이들은 앞으로도 더하면 더했지 변할 것이 없을 것이라는 예측에 의해 더 강화된다. 이들 기억들은 암묵적 기억 안에 확고하게 자리 잡을 뿐만 아니라 다음에 무엇이 올 것인지에 대해 우리에게 이야기해 주는 변함없는 표상이 되어 뇌 피질의 일부가 된다(Hawkins & Blakeslee, 2004). "제 인생은 저주받았어요. 저는 절대로 앞으로 안정적인 인간으로 살 수 없을 거예요." 이것은 내 환자 중 한 명의 핵심 믿음을 이야기한 것이다.

외상에 의해 고립된 채로 캡슐처럼 싸여 있는 에너지와 정보를 통합하는 데 우리가 해야 할 일이 무엇인가에 대해 생각해 볼 수가 있다. 첫 번째로 우리는 기억의 조각들을 모아서 이것을 하나의 기억으로 만들고 이들을 뇌의 전체적인 흐름 속으로 들어갈 수 있도록 도와주고 그리고 이들이 내성의 창 안에서 이루어질 수 있도록 도와야 한다. 이런 통합은 한꺼번에 일어나는 것이 아니다. 치료에서 처음에 우리는 종종 이들 기억이 어떻게 알아차림 안으로 쏟아져 들어오는지 자비심을 가지고 관찰할 수 있어야 한다. 그리고 치료관계가 가지는 안정성을 이용해서 우리는 함께 이들을 신경계의 수준, 신체 감각의 수준 및 감정적 수준에서 수용할 수 있도록 만들어 내게 된다. 그러고 난 다음에 이런 식으로 다루어진 것은 말할 것도 없고 어떤 일이 일어났는지 외현적인 알아차림과 연결시키지 않은 채, 알아차림과는 잠시 동안 거리를 두고 물러서 있게 한다. 이렇게 되면 아마도 다음에 이들 신경망에 방문하게 될 때, 기억의 한 가닥은 외현적인 회상의 특정한 측면을 함입을 하게 될 것이며 이런 과정은 전체 기억이 의식적인 알아차림 안에 있을 수 있게 될 때까지 반복될 것이다.

기억이 좀 더 통합이 되어 가는 초기 단계에서 환자들은 종종 내가 그들의 경험에 대해 무엇을 이해하고 있는지에 대해 묻는다. 나는 그들이 안심할 수 있도록 돕기 위해 그들의 뇌 과정에 대한 돌보는 관찰자적 관점이 되어 의도적으로 설명하지만, 이런 설명에 대한 이해는 종종 우측 양식 과정에서 벗어나 좌측 양식의 인지적 이해로 잠시 이동하고, 순간 혹은 몇 시간 내에 완전히 사라져 버린다. 그래서 질문은 하루나 이틀 후에 다시 똑같은 질문을 한다. 우리는 단단한 테라스 벽돌들(특정한 기억의 가닥들을 함께 끌어내서 조절로 들어가게 하는 것)을 만들고 있는데 이 시점에서는 테라스 그 자체를 만들지는 못한다(서로 다른 기억들을 더 큰 뇌에 통합하는 것)고 이야기할 수 있을 것이다. 한 수준에서는 이야기가 변화하고 있을 수 있는데, 도움을 통해 문제들이 해결의 끝이 없이 계속 나빠지지 않을 것이라는 새로운 이야기가 신경계 안에 나타나기 시작하는 것이 이 예가 될 수 있다. 그러나 이 경우에 환자들의 중간 전전두엽 영역의 통합의 수준에서는 아직 아무 일이 일어나지 않았을 수 있다. 환자들이 신경적으로 능력이 생길 때까지, 마음의 돌보는 관찰자 상태로 나타나는 우리의 중간 전전두엽 영역은 이 벽돌을 모아서 내적으로 조합하기 시작해야 한다. 환자들의 조절 회로가 처음으로 만들어지고 그들의 내성의 창이 외상의 기억 자체와 그것이 진실이라고 믿고 있는 것의 영향까지 모두를 담아 줄 수 있을 만큼 충분히 넓어질 때까지 우리는 일정 기간 동안에 발현하는 이야기들에 대해 홀더(holder)가 되어 주어야 한다.

이 마지막 부분이 특히 중요한 부분이다. 그중 한 가지는 기억의 세세한 부분을 본능적으로 끌어안는 것이고, 또 다른 것은 당신에게 이런 식으로 상처를 준 사랑하는 사람을 받아들이는 것이다. 한 환자는 "정말 미쳐 버릴 것 같은 느낌을 가진 순간에, 저는 당신이 제가 아직 알 수 없는 무엇인가를 알고 있다는 것을 알게 되었습니다."라고 이야기를 하였다. 이 말이 모든 것을 요약해서 보여 주고 있다. 만약 학대의 완전한 의미가 일시에 모두 함께 다가오게 된다면 심장은 터져 버릴 것이고 마음은 산산조각이 나 버릴 것이다. 그래서 환자들은 조금씩 기억의 끈들을 모아 나가야 하는 반면에, 우리는 커다란 그림을 가지고 이들 조각들이 하나로 합쳐질 수 있게 따뜻하고, 안정적이며 조절되고 있는 공간을 제공해 주어야 한다. 이러면 결국에는 기억이 전체적인 하나로 충분히 위로를 받아 편도의 활성화가 이제 더 이상 환자의 안와전두엽 및 다른 중간 전전두엽 회로를 닫아 버리는 촉발자의 역할을 하지 않게 될 수 있다. 이런 식으로 기억의 끈들이 통합되어 이제 더 큰 뇌의 진행 중인 흐름과 결합될 수 있는 분화된 하나의 전체를 만들어 내게 된다. 이것이 바로 환자의 이야기가 모든 수준에서 암묵적인 것에서 말로 표현된 구어(spoken)로 변화하는 데 핵심이 되는 과정이다.

이 과정이 어떻게 펼쳐지는가를 명확하게 바라볼 수 있는 우리의 자신감에 찬 상태가, 환자들이 이런 상태를 그들의 공명회로를 통해 받아들임으로써 우리로 하여금 그들의 파편화된 경험들을 정상화하는 것을 도울 수 있도록 해 준다. 그러면 우리는 환자들로 하여금 적당한 시간이 되기 전까지는 커다란 그림을 보려고 노력을 하지 말고 치유의 그 순간에 초점을 맞출 것을 권고할 수 있게 된다. 많은 내 환자가 이것에 대해 한 번에 전부 알 필요가 없으며, 누군가가 그들의 뇌가 이 조각들을 다루기 위해 자신의 완전한 자원을 사용하기 전까지는 이 전체적인 내용을 마음에 담고 있다는 사실을 알려 주면 이에 대해 확신을 가지는 것으로 보인다. 안전적인 애착에서 아이들 자신이 온전하게 인수를 받을 수 있을 때까지 우리가 아이들에게 우리의 중간 전전두엽 자원들을 '빌려 주어서' 하나의 완벽하고 건강한 시스템을 만들기 위해 일시적으로 2개의 뇌를 사용하게 된다. 학대받고 외상을 받은 환자들의 뇌는 어린 시절에는 조각이 나거나 혹은 성인기의 극단적인 상황에 의해 피해를 받기 때문에 이와 똑같은 형태의 지지를 필요로 한다. 그러고 나면 시간이 지남에 따라 기억의 조각들이 성숙되고 분화된 신경망으로 통합을 위해 하나가 되듯이 이야기의 파편들도 서서히 하나의 해결된 이야기로 모이게 된다.

이런 방향으로 움직인다는 신호 중 하나가 이야기 안에서 죄책감, 수치심 및 악하다는 망가진 느낌으로부터 자신이 피해자가 되었다는 것과 현재는 피해자가 아니며 그때에 피해를 받았다는 것을 확실하게 알아차리는 것으로의 느낀 그리고 표현된 전환(felt and expressed shift)이 일어나는 것이다. 성인 자기는 자신의 척추를 곧게 펴서 현재의 어린 자기를 보호하려는 의식을 가지고 있다. 우리의 치료 작업 안에 내재화된 가해자를 해결하는 것까지 포함이 되었을 때, 아주 큰 이완이 근육과 신경계 안에 자리 잡게 된다. 때로는 이들 가해자들이 녹아 버려 휴식으로 변하기도 하고, 혹은 내부적으로 도움이 되는 사람으로 변하기도 한다. 이렇게 전체 시스템을 위해, 외상이 일어날 것이라는 전조 현상이 이제는 이해가 되는 자비에 찬 이야기로 펼쳐지게 되는 것이다.

학대에서 생존한 많은 사람들이 전체 이야기를 말로 할 수 있거나 상상할 수 있다는 것에 의해 커다란 위안을 받는다. 내 환자 중 한 명은 나의 모래상자를 위한 넓은 선반에 놓여 있는 작은 인형의 거의 반을 가로 15피트, 세로 10피트의 내 사무실의 대각선을 따라 자신의 이야기를 만드는 데 사용하였다. 그녀는 또한 말로 이야기하였는데, 그녀의 유연한 몸 움직임과 풍부하지만 잘 조절된 존재 그 자체는 그녀의 높은 수준의 해결에 대해 말해 주고 있었다.

만약 당신이 삶의 초기에 상처를 받은 사람들과 치료 작업을 하게 된다고 가정할 때, 그들의 이야기적인 해결의 경로에 대해 잠깐 동안 느껴 보도록 하라. 어떤 변화가 어떤 시스템에서 가장 먼저 느껴지는가? 신체, 신경계, 느낌, 혹은 생각? 그들의 관계 안에서 변화에 대해 당신이 본 것은 무엇이었는가? 새로운 이야기에 대해 그들은 얼마나 말로 그것을 표현하였는가? 당신은 당신의 몸 안에서 흐름의 변화를 느낄 수 있거나 아니면 이미지나 생각의 형태로 변화를 느낄 수 있을 것이다. 이에 대해 여기에 간략하게 적어 보도록 하라.

이들 모든 예에서, 비록 경로는 서로 다르지만, 이야기의 변화는 암묵적 기억들의 수정에서 비롯되었는데, 그것은 좌측 양식에 의해 말로 번역이 되기 전에 새로운 살아 있는 그리고 느낀 이야기를 만

들어 내었다. 우리의 뇌가 자연적으로 더 큰 일관성 쪽으로 움직이는 뛰어난 점 중 하나가 종적 통합으로, 우측 양식 회로가 반구를 가로질러 풍부하고, 체화된 그리고 전체 뇌의 이야기를 완성할 수 있는 좌측 양식의 능력에 직접적인 경로를 만드는 것이 그것이다(Siegel, 2006). 일단 해리된 경험들이 편도로부터 해마까지, 그리고 안와 전두엽과 안쪽 전전두엽 피질까지 자신들의 길을 만들게 되면 이들은 이제 좌측 양식적인 처리가 가능한 신경 경로 위에 있게 되는 것이다.

이야기의 모든 부분이 항상 말로 표현되는 것은 아니다. 예를 들어, 우리 신경계의 이야기는 신체적으로 우선 펼쳐질 수 있고, 이것이 조절 및 좀 더 넓은 내성의 창을 위한 새로운 기반을 제공해 줄 수도 있다. 하지만 체화된 이야기를 말로 하는 행위는 그동안 밝혀낸 것과 통합된 것에 대해 형태와 안정감을 부여해 준다. 우리 환자들은 종종 말을 함으로써 의미에 대한 자신들의 느낌이나 지배력을 더 깊게 만든다. 치료가 끝나갈 무렵, 세 가지의 이야기가 종종 나타나는데, 첫 번째는 그 사람의 삶에 대한 해결의 이야기를 담고 있고, 두 번째는 치료적인 모험이 포함된 이야기다. 세 번째로, 우리가 뇌의 치유 과정에 대해서도 이야기해 왔기 때문에 우리는 뇌 통합의 단계를 나타내주는 이야기도 함께 병행하고 있는 우리를 발견하게 될 것이다. 우리가 이들 세 가지 경로를 함께 이야기하면, 환자와 치료자 둘 모두에게서 뇌 통합, 마음의 일관성 유지, 관계 증진의 경험을 위한 이 여정을 함께할 수 있었던 것에 대해 진심으로 감사하는 마음이 나타나기도 한다.

이야기 통합을 어떻게 지지하는가

이 통합 과정을 지지하기 위해 우리는 무엇을 할 수 있는가? 이야기가 가지고 있는 다양한 차원에 대한 우리의 알아차림이 우리로 하여금 환자의 몸, 지각, 느낌 및 관계상의 움직임, 즉 그들의 변화하는 이야기의 모든 측면에서 에너지와 정보가 흐르고 있는 방식에 있어 미묘한 전환을 느낄 수 있도록 해 준다. 이 우측 양식 변화들은 언어적인 표현에서의 전환이 오기 전에 이에 대한 전조로서 나타난다. 친절한 알아차림으로 우리가 관찰한 변화들을 감싸 안아 주는 것이 이 새로운 상태가 지속될 수 있게 지지해 준다. 우리는 우리가 무엇을 알아차렸는지에 대해 언급을 할 수도 있고, 하지 않을 수도 있다. 이것은 이렇게 이야기하는 것이 그 상태를 강화시켜 줄지 아니면 그 상태를 나쁘게 만들지에 대해 우리가 어떻게 생각하느냐에 따라 달려 있다. 한 환자에서, 나는 그가 더 이상 그렇게 많이 불안해하고 있지 않다는 것을 알게 되었고 그의 말도 좀 더 규칙적인 속도로 느려졌다는 것을 알게 되었으며, 이것은 그의 신경계가 나에게 이야기하고 있는 이야기에 전환이 이루어졌다는 것을 보여 주는 것이었고 아마도 나에 대한 그의 애착이 증가하고 있다는 것을 보여 주기도 하는 것이었다. 나는 "글쎄요, 저는 당신 점점 차분해지고 있는 것 같은데요."라고 이야기를 하고 있는 자신을 그려 보았으나, 바로 그의 모든 행동에 대해 지켜보고 있는 그를 압도하고 강요하는 그의 어머니를 떠올릴 수 있었다. 그래서 나는 말을 하지 않고 그의 변화에 대해 공명해 주면서 그냥 있기로 마음먹었다. 이와 반대로 아홉 살 난 레이시(Lacy)의 경우에는 부모들의 이혼에 적응하느라고 힘들어하고 있는데 놀이치료 방에서 집을 하나가 아닌 2개를 지었다. 그래서 나는 "오! 이제는 집이 2개네!"라고 이야기를 하였는데 왜냐하면 그녀의 얼굴에서 성취와 즐거움의 감각이 퍼져 나가고 있는 것을 느꼈고, 이와 함께 내가 나의 열정과 마주하기를 원하고 있다는 느낌의 확장된 상태가 그녀의 얼굴에서 퍼져 나가는 것을 느꼈기 때문이었다. 그녀는 나를 팔로 감싸 안았고, 그래서 내 말이 이 중요한 해결을 지지하는 데 좋은 선택이 되었다는 것이 바로 증명되었다.

비록 있는 그대로의 그들에 대한 우리의 공감 능력에 제한이 있고, 우리가 항상 정확하게 가늠할 수 없다는 사실은 명확하지만, 모든 잘못은 또 회복할 수 있는 기회를 가져다준다는 사실을 마음에 새겨 둘 필요가 있다. 앤절라(Angela)는 엄마에게 자신의 목소리를 내기 위한 그녀의 첫 모험을 조용히 공유했다. 앤절라는 어머니에게는 다른 약속이 있기 때문에 공항에 마중 나갈 수 없을 것이라고 말했다. 그녀의 어머니에게 다른 약속이 있다는 것을 이야기하지 않는 것은 일을 더 크게 만들 뿐이었다. 그녀는 이 커다란 시도에 대해 눈을 아래로 깔고 마치 부끄러워하는 아이처럼 훔쳐보면서 나와 공유하였다. 나는 내 얼굴에 커다란 웃음이 가득해지기 시작하는 것을 느꼈다. 그러나 그녀의 조용함에 맞추기 위해 이를 좀 억제하였다. 조금 지나자, 그녀는 갑자기 "뭐라고 이야기해 주시지 않겠어요? 저는 진짜 행복하단 말이에요! 당신도 그렇지 않은가요?"라고 말을 했다. 나는 빙긋이 웃는 것을 멈추고 우리는 함께 크게 웃었다.

펼쳐지는 이야기에 대해 우리가 매 순간 집중력을 주는 것에 더해, 때때로 우리는 이야기의 통합 과정에 대해 이야기하게 되면 그것이 환자들의 돌보는 관찰자로 하여금 새로운 각각의 부분을 마음챙김적으로 그리고 친절함을 가지고 감싸 안는 것을 돕게 만든다는 것을 알게 되는 경우가 있다. 환자의 조절 능력이 증가하는 것은 변연계와 중간 전전두엽 영역 간에 특정한 연결이 자리 잡았다는 것을 보여 주는 것으로 이런 의사소통은 환자와 우리의 두 돌보는 관찰자 사이에 동반자적 관계의 새로운 결합을 만들어 낼 수 있다. 종적인 통합과 횡적인 통합의 경로를 보여 줄 수 있는 손 모델(Siegel & Hartzell, 2003)을 사용하는 것은 이런 새로운 결합을 시각적으로 그리고 촉각적으로 설명하는 데 도움을 줄 수 있다. 많은 내 환자들이 주기적으로 그들 자신의 통합되고 있는 손 모델 뇌를 우리의 치료 작업에 가지고 오는데, 그들은 나에게 그들이 자신의 생각, 느낌, 지각 및 행동에서 일어난 전환을 관찰한 것에 대해 이야기해 주고 또 그들이 어떤 유형의 신경적인 변화가 일어난 것을 보여 주는지에 대해서도 이야기한다. 이런 마음챙김적인 알아차림의 증가는 모든 중요한 조절 회로를 더 강화시키는 역할을 하게 된다.

이렇게 축척되어 가는 이야기를 따라 우리는 호기심, 쾌활함, 그리고 어린 마음을 돌볼 수 있는 더 큰 능력을 발견하게 될지도 모른다. 자크 판크세프(Jaak Panksepp)는 변연 뇌에서 7개의 동기 체계를 확인하였는데 탐구(seeking), 놀이(play), 돌봄(care), 분노(rage), 공포(fear), 정욕(lust) 및 분리고통(separation distress)이 그것이다. 우리가 다른 사람들과의 연결에서 빠져 나오게 될 때, 후자의 세 가지 신호는 우리의 붕괴에 대한 신호를 다른 사람에게 알려 다른 사람들이 이것이 막아 줄 것을 간절하게 요구한다. 이것이 다른 사람들에 대한 우리의 내적 요구에 반응하는 우리의 응급 체계다. 많은 환자들이 그들 뇌 에너지의 많은 부분을 차지하고 있고, 생명력을 향상시켜 주는 다른 동기 체계의 흐름의 숨을 막아 버리는 이런 비상 시스템을 가지고 우리에게 도착한다. 깊이 있고 해결적인 작업 후에 만들어진 표면으로 나타난 고요함 속에서, 다른 동기 체계들이 드러날 수 있는 여지가 만들어지게 된다. **깊은 변화에 대한 승리를 함께 축하하기 위한 환자의 초대를 받아들이는 것은 환자들이 치료 작업의 고통스러운 부분을 통과할 때 우리가 함께 고통스러워했던 것과 마찬가지로 아주 중요하다.** 견뎌 내고 그리고 즐기면서, 우리는 함께 그들이 규칙적으로 표현할 수 있도록 견고한 길을 만들어 낸다.

내 환자 중 한 명은 그들 부모 모두는 홀로코스트에서 살아남아 그 당시 고통을 위해 현재의 고통이 헌신해야 하기 때문에 이런 식으로 확장된 상태를 받아들일 수 없는 가정에 살고 있었다. 그녀가 바깥으로 향한 강한 흐름을 느낄 때마다 그것이 호기심이든, 장난기이든, 아니면 연애 감정이든 간에 상관없이 그것을 눌러서 부셔야만 했고, 그것을 극단적인 죄책감과 불성실함으로 느꼈으며 자신이 마치 부모에게 일어났던 현실을 부정하고 있는 것처럼 느껴졌다. 우리가 함께 부모를 통해 내재화된 모든 것에 대해 치료 작업을 하면서 비록 부모 집에 가서는 아직 그렇게 하지 못하거나 바깥에서는 그렇게 하지 못하지만 그녀는 크게 웃는 것과 나에 대한 호기심 등에 대해 '실험'을 할 수 있게 되었다. 치료시간이 더해지고 좀 더 해결이 진행되면서 그녀의 점차 건강해지는 변연계에서 오는 이들 강력한 흐름을 부정하는 것이 점점 더 힘들어져 갔다.

우리는 억누를 수 없는 기쁨이 나타나는 것이 자연스러운 과정이라는 것에 대해 이야기를 더했고 그녀는 자신의 부모에게 자신과 함께 치료에 동참할 것을 부탁하고 싶어 했으며 그 결과 그녀는 자신이 경험하고 있는 변화에 대해 이야기할 수 있었다. 이 환자의 부모님들은 자신의 딸이 자신들이 견디어 온 고문 같은 것과는 완전히 다른 경험하기를 원하는 딸을 사랑하고 있는 부모였으며 그래서 그들은 기꺼이 치료에 참여하였다. 이제 그녀는 만약 자신이 기쁨에 차 있으면 자신의 부모에게 상처를 줄 것이라는 두려움과 불성실함과의 싸움을 우리 모두와 함께 공유할 수 있게 되었다. 우리 모두는 울었고, 그리고 그녀의 아버지는 "너는 이제 행복해져라. 우리는 충분히 고통스러워했다. 아마도 너의 웃음이 결국은 우리의 마음을 따뜻하게 해 줄 것이다. 이미 네가 어렸을 때 그랬었단다. 하지만 우리 모두가 함께 구덩이에 빠져 버리고 말았구나. 나는 이제야 이것을 알게 되었구나. 정말 미안하다."라고 이야기하였다. 눈물이 더 흘렀지만 이번에는 기쁨과 해소의 눈물이었다. 그녀의 치료 작업은 그녀 가족의 비극적 이야기를 변화시켜 새로운 세대 간의 유산을 위한 공간을 만들어 주었다. 나는 그녀가 치유가 되면서 또 이야기를 쉽게 변화시킬 수 있게 신경 경로를 준비하면서 이런 그녀와의 공명을 통해 그녀의 부모 안에서 얼마나 점차적인 변화가 이미 일어나고 있었는지에 대해서는 잘 모른다. 그러나 지금 이에 대해 쓰면서 나는 나의 가슴에 따뜻함과 확장감을 느끼고 있다.

이야기에 대한 우리의 알아차림은 또한 우리로 하여금 우리의 주의력이 추가적으로 필요할 때와 장소를 볼 수 있도록 도와준다. 침체(doldrums)는 "잘 보이지 않는 암묵적 뿌리가 어디야?"라고 물을 수 있도록 우리를 격려해 줄 수 있다. 카린(Carin)은 어린 시절 고통스러운 신체 및 감정적 학대를 견디어 왔다. 그녀는 내가 보았던 가장 슬픈 표정을 짓고 있었다. 우리는 신체적 및 감정적인 잔인한 학대와 정기적으로 옷장에 갇혀 버리는 것으로부터 생긴 마음과 몸의 상태를 향해 들어가면서, 이렇게 학대받은 아이를 대신하여 치료를 하는 데 있어 빨리 정직하고, 아주 단단한 팀이 되었다. 그녀가 내적 공동체 작업을 시행한 결과 기억들로부터 벗어난다는 느낌이 점차 커지는 것을 느끼고 자신의 부모들에게 자비를 많이 느끼게 되었지만, 그녀의 마음은 어떤 것이든 긍정적인 생각이나 확장적인 기분이 느껴지면 그것이 느껴지자마자 빨리 없애 버리는 것에 온통 집중하고 있었다. 그녀는 자신이 좋은 친구가 되어 줄 수 있을 것 같은 사람을 만나고 난 후에 카린은 나에게 그날의 남은 시간을 행복하게 느낄 수 있었다고 이야기하였다. 그러나 그녀가 다음 날 눈을 떴을 때, 그녀의 마음은 "네가 친구가 없었던 세월을 생각해 봐. 그건 박탈감이 맞지? 이건 그냥 우연히 떨어진 부스러기일 뿐이야. 어떻게 그걸 가지고 기뻐할 수가 있니?"라고 이야기하였다. 우리는 이미 이런 패턴을 이전에도 본 적이 있었다. 희망, 즐거움 및 자유가 터져 나온 후에 감정적으로 부가된 강력한 사고가 뒤따르게 되고, 이것은 그녀를 괴로움, 희생 및 슬픔으로 밀어 넣었다.

이번에는 우리를 이 패턴의 근원으로 데려가려는 그녀의 깊은 마음에 대해 물어보면서 우리는 이에 대해 호기심을 갖게 되었다. 곧 그녀는 가족 내에서 자신의 역할에 대해 본능적으로 알아차리게 되었는데, 그녀의 역할은 가족의 외상과 슬픔의 어두운 면을 그녀가 짐으로 짊어져 다른 가족들이 서로 즐길 수 있게 만드는 것이었다. 그녀의 마음 안에서 그녀는 자신이 기쁨이나 즐거움을 경험하는 것에 대해 엄마가 화내는 것을 보았고 어린 그녀는 다섯 살 이전에 벌써 어떤 것이든 긍정적인 것을 느끼거나 표현해서는 안 된다는 것을 배웠음을 감지할 수 있었다. 이 치료 작업은 대부분이 그녀의 내적인 엄마의 고통을 가라앉히도록 해서 그녀(엄마)의 딸, 즉 어린 그녀가 즐거움을 느낄 수 있게 허용할 수 있는 공간을 만들어 내도록 내성의 창을 넓힐 수 있게 돕는 것에 초점이 맞추어져 있었다. 그녀의 외적인 현실의 어머니는 그녀 자신의 초기 경험과 완전히 해리되어 있었기 때문에 내 환자는 이런 회피의 일부를 내재화하고 있었고 이에 대한 치료 작업도 얼마간은 필요했다. 그러나 내적 이야기가 서서히 펼쳐지면서 어머니가 어린 시절에 연달아 일어난 몇몇 상실과 연관된 어머니의 공포와 슬픔이 표면으로 드러나기 시작하였다. 이와 같은 것이 바로 항상 그들은 마치 잘 극복하고 지나간 것처럼 이야기하지만 아주 익숙한 가족력이다. 그러고 나서야 비로소 카린은 이들 비극적인 사건의 의미를 느낄 수 있게 된 것이다.

그녀의 내적 어머니가 부드러워지고 상실에 대해서도 느끼게 되고 또 카린의 돌보는 관찰자와 내가 편안함을 제공해 주게 되면서 카린은 웃음을 터트리거나 행복한 시간을 즐겁게 보내는 시험을 잠정적으로 시작할 수 있게 되었다. 하지만 카린은 이런 시도에 대한 그녀 어머니의 반응을 점검하면서 그녀의 어머니가 평화롭게 있고 즐거움에 참여하지는 않지만 어머니의 휴식이 이들에 의해 방해받지 않는다는 것을 내적으로 확인할 수 있었다. 어머니에 의해 이루어진 암묵적 요구에 대한 이런 변화가 즐거움을 강력하게 밀어내려는 요구로부터 카린의 마음을 해방시켜 주었다. 이것을 신경생물학적인 관점에서 본다면, 오래된 패턴으로 지속적으로 되돌아간다는 것은 아직 변하지 않은 제약 조건이 있음을 의미한다. 카린과 내가 우리가 함께하는 동안 내내 뇌의 과정에 대해서도 이야기를 해 왔기 때문에 우리는 우리가 같은 장애물을 반복적으로 마주하게 되었을 때도 희망을 계속 유지할 수 있었다. 우리는 우리가 물어볼 필요가 있는 더 깊은 질문이 있다는 것을 이해하기 위해 학대를 충분히 더 극복해야만 했다. 그런 뒤에 해결은 좀 더 빠르게 이루어지기 시작하였다. 시간이 지나면서 환자들의 이야기는 점점 더 포괄적이 되어 간다. 고통과 공포가 이제 더 이상 압도적인 내적 힘으로 작용하지 않게 되면서 개인적인 즐거움을 위한 공간뿐만 아니라 더 확장되기 위한 대인관계적인 자비나 자애를 위한 공간도 생기게 되었다. 뇌, 마음 및 관계의 상호 간의 영향에 대한 이해가 치료적 과정의 통합적 부분이기 때문에 대부분의 환자들은 왜 부모와 다른 사람들이 그런 특정한 방식으로 그들에게 손상을 입혔는지에 대해 깊이 있게 이해할 수 있는 능력을 얻게 된다. 우리의 치료 작업은 또한 우리가 내재화했던 사람들과 감정적으로 생생하게 접촉하게 되는 것을 포함하기 때문에, 이것은 본능적으로 환자들이 지적으로 이해하게 되었던 것을 지지해 주고 이에 대해 깊이를 더 해 준다. 만약 내가 이 단계까지 제안하지 않았었다면, 나는 거의 항상 자애 명상과 자비 명상을 연습하도록 제안한다. 의식적으로 이런 선함을 내적으로 뻗어 나가게 하는 것은 현재 이용 가능한 사람들을 공감적인 내적 공동체로 통합하는 속도를 높여 준다. 대니얼 시겔(2010a, 2010b)이 이야기했던 것처럼 우리 환자의 마음보기는 자신들에 대해서만이 아니라 남들에게 대해서도 점차 커지게 된다. 공감과 이해의 이런 결합이 그들에게 상처 주었던 모든 사람들에게 대해 자비를 가지고 놓아 주는 데 최우선으로 작용하게 된다. 치료 시작 시에 지나치게 여겨졌던 제안이 치료의 끝에 오면 자연스러운 용서의 행위가 되는 것이다.

이 장은 이야기에 대한 이야기를 공유하는 장이었다. 그래서 우리는 당신이 많은 시간을 써야 했던 누군가의 이야기에 대해 한 번 더 생각을 해 보는 즐거움을 가짐으로써 이 장을 마치려고 한다. 당신의 환자 중 한 명과의 풍부한 치료적 관계 안에서 당신이 경험했던 만족감을 당신의 몸과 마음에 불러내도록 하라. 이런 상태에서 당신의 깊은 마음에게 당신에게 특별한 사람을 불러오도록 요청하라. 그러고 난 후에 이 환자의 이야기를 따라가면서 당신의 일지를 써 보고 당신의 들어주는 파트너와 함께 시간을 가져 보도록 하라. 무엇이 처음 이야기의 핵심 요소였는가? 이 이야기에서 당신이 경험한 첫 번째 변화는 무엇이었는가? 이 변화는 어떻게 나타났는가? 행동, 지각, 말 혹은 이들 모두? 화나는 이 변화들을 언제 그리고 어떻게 알아차리기 시작했는가? 당신과 환자는 환자 삶의 이야기와 치유 관계 모두를 포함하는 최종적인 이야기를 어떻게 공유했는가?

우리가 함께한 과정의 끝에 도달할 무렵, 대부분의 내 환자들은 자신의 마음에서 커튼이 걷힌다든지, 세대를 통해 전달이 되는 가족적 비극의 모든 것을 감각적으로 느끼게 된다는 것과 같은 특별한 경험을 한다. 조린(JoLynn)은 일생 지속이 되었던 우울증을 가지고 방문하였는데 이것은 마치 언덕 위에서 세대를 넘어 그녀의 가족 모두를 휩쓸어 버린 고통의 강을 보면서 참고 있는 것 같다고 이야기하였다. 이런 관점에서 그녀의 신경 회로는 자신의 몸과 마음을 통해 쏟아지는 성숙한 슬픔을 지탱해 줄 수 있었다. 그녀는 깊이에서 올라오는 눈물을 흘렸지만 이들 감정들이 옳다는 느낌과 함께 이에 대한 자기 충족감을 가지고 있었다. 나는 이런 순간들에서 그녀와 함께할 수 있음이 영광스럽다는 느낌을 느꼈다. 다음 수 주간 우리는 그녀의 많은 식구들을 파괴시켰던 지독한 외로움에서 벗어나기 위한 그녀의 노력에 대해 이야기하였다. 그리고 우리 둘은 그녀가 치료 작업의 이 부분에서 벗어나 이행(transition)할 시간이 다가왔음을 느꼈고 이것이 우리를 제2부의 마지막 장으로 데려다줄 것이다.

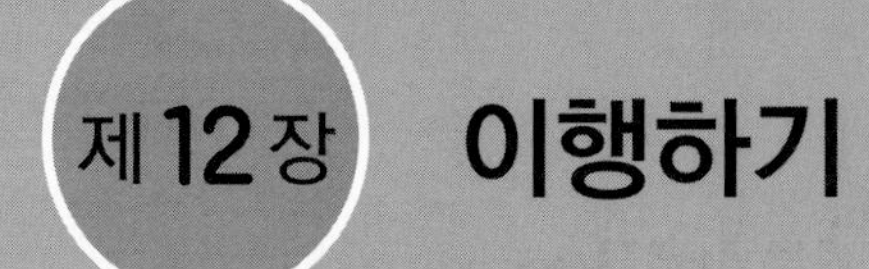

제12장 이행하기

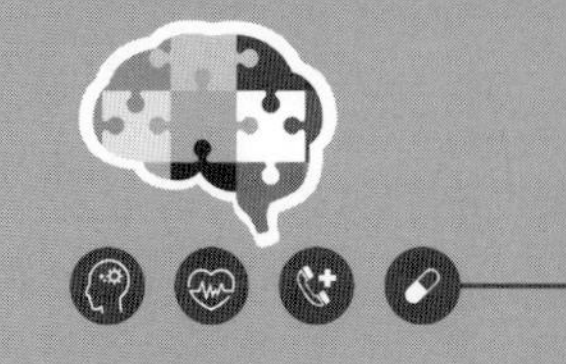

우리가 함께하는 치료 작업이 끝나가는 몇 주 동안 우리는 조린(JoLynn)의 내적 세계에 대해 깊이 있게 들었는데 여기서 이행으로 가는 우리의 움직임에 대한 다양한 반응을 들을 수 있었다. 이행이라는 단어는 끝내기(ending), 분리(separation), 헤어지기(goodbye), 특히 종결(termination)과 같은 단어보다는 나아 보이는데, 이 단어는 이제 치료자가 환자의 내부에 존재하고, 현재는 조절이 확립되었으며, 애착 및 마음챙김의 회로가 외부적인 관계적 지지로부터 내적인 신뢰로 이동하는 경험을 체화하는 것을 보여 준다는 점에서 더 적절해 보인다. 조린과 내가 이런 변화에 대해 이야기를 시작하면서 그녀는 자신의 가슴에서 미묘한 불안이 움직이는 것을 알아차렸다. 그녀의 돌보는 관찰자 회로는 호기심과 존중에 찬 방식으로 자신 몸에서 오는 이런 음악에 지속적으로 조율해 줄 수 있도록 잘 발달되어 있었다. 치료 시작 시의 자신의 내적 신호에 대한 전적인 불신이 이제 그들이 말해 주는 이야기의 진실성에 대한 감사로 바뀌면서 그녀는 에너지와 정보의 고통에 차거나 두려운 흐름의 아래에서조차도 기쁨의 흐름을 느낄 수 있었고 이것이 바로 신경 통합이 진전되고 있다는 명백한 신호인 것이다.

우리는 관찰하는 마음으로 들어가 불안한 감정을 초대해서 그것의 근원으로 우리를 데려갈 수 있다. 조린은 네 살짜리 아이를 볼 수 있었는데, 그 아이는 가족 농장의 우물가에 혼자 앉아 있었다. 그 아이는 자신의 무릎을 바닥에 대고 가슴을 세우고 등은 돌에 기대고 있었다. 아이는 고개를 숙이고 자신의 무릎 위에 있는 무엇인가를 보고 있었다. 그녀는 내적 공동체를 가지고 오랫동안 연습했기 때문에 조린은 이 아이의 감정과 쉽게 하나가 될 수 있었고, 불안 밑에 존재하는 아주 깊은 슬픔을 느낄 수 있었다. 같은 순간, 그녀의 성인 마음 상태는 이 이야기를 온정으로 감싸 안아 줄 수 있었다. 우리는 애착의 시냅스를 가진 변연계 영역 안에 있는 이들 특별한 신경망에 안와전두엽 피질이 아래로 뻗어 그곳에 닿는 그림을 그려 볼 수 있다. 누군가 오는 것을 감지하면서 아이는 고개를 들어 자신의 무릎 위에 무엇이 있는지를 보여 준다. 바로 그것은 죽은 작은 새끼 고양이였다. 이런 죽음은 농장에서는 흔한 일이었다. 그러나 이 아이에게 상실은 몹시 괴로운 일이었다. 그 아이와 함께 해 주면서 조린은 어린 고양이의 죽음 및 이 아이가 이미 견디어 온 많은 상실과 공명하고 있음을 느끼기 시작했다. 조린의 마음 안에서 그녀의 성인 자기가 그 아이의 옆에 자리 잡았고 그 아이는 재빨리 그녀의 무릎 위로 기어 올라왔다. 그녀의 돌보는 관찰자가 이것을 상상하거나 시작한 것이 아니었다. 대신에, 조린이 그녀의 어머니에게 속한 것으로 인식했던 이 어린 마음 상태가 이런 형태로 공감하는 내적 공동체에 참여하기 위해 고립된 상태로부터 나왔다. 이런 시각적 경험은 그동안의 수많은 상실의 순간들을 위한 기억이거나 혹은 상징적인 그릇이었을지도 모른다. 이런 시각적 경험은 우리의 마음이 내적 공동체 경험에서 흔한 감각 정보와 우리의 내부에 있는 다른 사람들에 대해 직관적으로 알고 있는 것을 함께 결합시켜 주는 방법으로 보인다. 이렇게 내재화된 경험의 실제 에너지와 정보를 담고 있는 기억들이나 상징적인 이미지가 떠오를 수가 있다.

그 후 몇 주가 지나 우리는 그녀의 신체에 방문할 때마다 그녀의 내적 세계가 의사소통하기를 원하는지 보기 위해 점검을 하였다. 우리는 몇 가지 경험을 하였는데, 하나는 그녀 자신의 내적 아이와의 경험이었고 또 어떤 것은 내적 공동체 구성원과의 경험이었는데, 이것은 마치 외부적으로 이별하기 전에 보여지고 알려져서, 보살펴 주고 통합되도록 만들기 위해 먼저 앞으로 나오게 하는 것처럼 보였다. 또한 이것은 그녀 스스로가 외부로 나가려는 그녀의 의지가 마음(집중을 통해)과 뇌(통합을 향한 내재적 움직임을 통해)를 자극해서 치료의 이 시점에서 도움이 필요한 정신/신경망 상태를 먼저 앞으로 가져 오게 만드는 것처럼 보였다. 그래서 그녀의 과정은 잘 조절되었고 더 쉽게 이루어졌으며, 나는 그녀가 나의 외부적인 도움이 없이도 앞으로 생길 수 있는 많은 내적인 문제들을 다룰 수 있게 될 것이라 느끼게 되었다. 그녀가 내적으로 작업을 하면서, 나에게 어떤 자극이나 도움을 받지 않아도 나의 존재가 그곳에 있음을 느낀다고 표시하였고, 나는 이제 그녀가 자신의 영구적이고 이용 가능한 부분으로서 나를 그녀의 마음속에 지니고 있음을 알 수 있었다.

우리는 헤어질 것을 생각하기 시작하면서 내적으로 더 이상 올라오는 것이 없는 것처럼 보일 때 우리는 자연스럽게 우리가 함께 걸어왔던 길에 대해 다시 생각하고 축하하는 쪽으로 움직였다. 한 달 정도 시간을 두고, 우리는 그녀가 우리의 치료 작업에서 전환점으로 경험했던 것을 다시 생각해 보았다. 가장 강력했던 것은 우리의 첫 번째 치료시간으로 그녀가 우울증에 걸린 사람이라는 딱지를 붙이는 대신에 본능적인 수준에서 이해받고 있다는 느낌을 가지고 있었던 것, 그녀가 자신의 내적 공동체에 처음으로 방문하게 되었을 때, 그녀가 어렸을 때 그녀의 집에 살았던 모든 사람들이 가졌던 우울증의 깊이를 느끼게 된 것, 자신의 남자 형제의 자살에 대해 나에게 이야기하면서 나의 눈에서 눈물을 보았고 이것은 그녀에게 나는 "그냥 전문가가 아닌 진짜 사람"이라는 것을 말해 주는 것이었던 것 및 우리가 만든 바보 같은 농담으로 배를 잡고 처음으로 함께 웃었던 것 등이었다. 그녀가 처음 치료 받으러 왔을 때 그녀는 자신이 앞으로 다시 웃을 일은 없을 것이라 믿고 있었다. 그녀가 우리의 치료 과정에 대해 다시 생각해 보는 모든 과정에서 그녀는 내가 **이야기했던**(said) 것에 대해 한마디 말로 표현하지 않았고 그녀의 암묵적 세계에 깊게 도달했던 **관계적 순간**(relational moments)에 대해서만 말을 하였다. 그녀는 자신의 가족 중 유일하게 자기 혼자만이 다음 세대에 영향을 미치기 위해 제때에 황량함과 우울의 주기를 깼다는 것을 알고 있었다. 이것은 위의 모든 것과 같이 그녀에게 아주 큰 만족감을 주었다.

조린은 치료 과정에서 모래상자와 예술 기법을 광범위하게 사용을 했는데 마지막 방문 시에 우리가 함께 모래상자를 하길 원했다. 우리의 첫 번째 과제는 모래를 배열하는 것이었다. 우리가 잠시 집중해서 작업하고 나니, 작은 푸른색의 연못이 중앙에 나타났고 이에 대해 우리 사이에는 무언의 동의가 있었다. 우리의 몸이 시키는 대로 우리는 각자 약 6개의 인형을 골라서 그것들을 차례로 배치하였다. 조린은 우측에 언덕을 만드는 것으로 시작하였고 모든 장면을 지켜볼 수 있게 2개의 타조를 그곳에 위치하게 하였다. 나는 그녀가 2개를 고른 것에 대해 매우 행복하게 느꼈다. 우리는 잠시 멈추고 모래 속에 자신의 머리를 박고 있지 않은 긴 다리를 가진 돌보는 관찰자에 대해 확인하였다. 나는 반대 끝 주위에 꽃을 배치하였고 조린은 2개의 유리 하트를 황금 그릇에 넣어 그것을 부드럽게 호수에 배치하여 놓았다. 또 다른 쌍이었다. 나는 우측 호숫가에 내가 선택한 2개의 무지개를 이것 또한 쌍이라는 것을 인식한 채로 놓았다. 자신에게 남은 피겨(figure)에 대해 이런저런 생각을 하면서, 조린은 자주 사용하는 조지아 만의 도자기 3개를 골랐다—그녀의 분노를 억제하는 조각상, 슬픔을 억제하는 조각상, 그리고 그녀의 우울함을 가려 주는 조각상이 그것이었다. 그녀는 그것들을 위쪽 호숫가에 위치하도록 두었고 나는 바로 그 근처에 가을 나무를 세워 두었다.

[그림 12-1] 치유 모래상자

조린의 세 가지 상처받은 자신들이 이야기꾼 엄마의 조심스럽게 관찰하는 눈길하에서 회복하고 있다. 조지아 만이 만든 도자기 인형, http://georgiamann.com, 헤메즈(Jemez) 예술가인 D. 루세로(D. Lucero)가 만든 아메리칸 원주민 이야기꾼.

자신의 아이들에게 애착의 노래를 불러 주는 아메리칸 원주민 이야기꾼은 조린이 좋아하는 모래상자 인형이었다. 사랑스러운 손길로 그녀는 이 어머니와 아이들을 그녀의 상처받은 부분의 위쪽 언덕에 놓았다. 무지개 가까이에 나는 섬세한 분홍색의 아네모네 조개껍데기와 해방을 의미하는 데비 베로의 찰흙으로 만든 피겨인 날 준비가 된 새를 안고 있는 기쁨의 여인을 위치하게 놓았다. 조린은 조지아 만이 만든 도자기 인형을 2개—알을 돌보고 있는 여인과 잎이 곧 펼쳐질 것 같은 초록의 싹이 돋는 아이—를 더 가지러 가기 위해 뒤쪽에 있는 장으로 갔다. 이들은 무지개와 함께 하나의 극적인 장면을 이루었다.

[그림 12-2] 조린의 조력자들

조지아 만이 만든 도자기 인형, http://georgiamann.com; 데비 베로가 만든 진흙 피겨, http://bellpineartfarm.com.

그녀는 꽃들을 약간 다시 배열을 하였고 2개의 무지개를 들어서 이들을 재배치하기 전에 손가락으로 부드러운 표면의 감각을 느껴 보았다. 그녀는 손가락으로 조개껍질의 위쪽 선을 따라 만져 본 후에, 늙은 여인의 손에서 작은 새가 날 수 있도록 돕는 실험을 시도했다. 그러고 난 뒤에 그녀는 이제 다 끝난 것 같다고 이야기하였다. 그러나 진짜로 끝을 내기 전에 그녀는 손가락으로 가을 나뭇잎을 빗을 빗듯 쓰다듬었다. 나는 그녀가 내가 고른 모든 인형들을 만졌다는 것을 깨달았다. 우리는 우리가 만든 것을 보기 위해 함께 뒤로 물러섰다.

나는 내 몸 전체를 통해 느긋하고 편안한 흐름을 느꼈고 비슷한 느낌이 조린에게도 일어나고 있었다. 일종의 연결, 즐거움 및 편안함이 증폭된 느낌이 그것이었다. 그녀는 긴 침묵 속에 이렇게 말했다. "저는 심하게 다친 세 사람이 다른 호숫가의 이야기꾼과 우리의 세 조력자들에게 둘러싸여 있는 것이 정말로 좋아요. 저는 그것이 정말 좋아요!" 나는 그것이 나를 그녀와 마찬가지로 즐겁게 만들었기 때문에 그냥 마음속 깊이에서 올라오는 미소를 지었다. 대칭과 균형의 느낌, 우리 둘 다 놓았던 인형 쌍들, 그리고 가을 나무의 빛나는 색깔 및 보랏빛 꽃 등이 이제는 그녀의 우울증을 완전히 대체한 생명력을 만들어 내고 있었다. 여러 각도에서 우리는 나중에 그녀의 이 메일로 보내기 위해 사진을 찍었고 그러고 난 뒤 우리는 대기실로 가는 길에 서로의 팔을 끼고 걷고 있었다. 나는 조린이 떠나는 것을 보면서 약간 가슴이 먹먹한 느낌을 느꼈으나 나의 내적 공동체의 일부로 영원히 내장되어 버린 내 안에 있는 그녀의 존재에 대한 흔적에 대해서도 편안함을 느낄 수 있었다.

[그림 12-3] 해결과 편안함의 극적인 장면

우리의 이행상자를 함께 즐기자. 조지아 만이 만든 도자기 인형, http://georgiamann.com; 데비 베로가 만든 진흙 피겨, http://bellpineartfarm.com.

단기 치료에 있어 이행

조린의 예를 가지고 이행에 대해 시작한 이유는 이 예가 치료가 단기적인 지시나 증상 중심의 치료가 아니라 철저한 통합적 회복의 과정일 때 마무리 단계를 상징적으로 보여 주었기 때문이다. 어떤 우리 환자들은 그들을 괴롭히는 증상으로 우리를 찾아오는데, 그들은 안전한 애착을 가지고 있고, 수 회기의 회복적인 치료시간만을 원하는 경우가 있다. 그리고 나는 많은 경우에 비록 상처가 장기적인 문제의 경우라도 상황이 이런 종류의 장기 치료 작업을 제공하기 어려운 경우가 있다는 것을 알고 있고, 또 이 책을 읽는 사람 중 많은 사람이 여기에서 제공된 것의 일부나 부분을 제공할 수 있는 좀 더 단기적인 치료를 하려 한다는 것도 알고 있다.

우리는 심지어 사람들에게 그들의 뇌가 작동하는 방식에 대해 교육하는 것만으로도 그들을 조절하고 안심시키는 강력한 기준점을 제공해 준다는 것을 발견했다. 손 모델을 이용해서 그들이 자신들의 뇌의 부분들을 보고 이들이 어떻게 함께 작용하는가를 이해할 수 있도록 도움을 주는 것, 어떻게 신경망이 형성이 되고 변화하는지에 대해 이야기하는 것, 애착 양상을 탐색하는 것 및 암묵적 기억과 그들의 행동 사이의 연결에 대해 이해할 수 있도록 돕는 것이 희망은 증가시켜 주면서 수치심과 불안은 감소시켜 줄 수 있게 하였다. 여기에 더해 우리는 우리의 돌보는 관찰자들을 지지하여 그들 자신과 남들에 대해서 더 큰 마음보기(mindsight) 능력을 가질 수 있도록 그들의 돌보는 관찰자가 좀 더 나은 관점을 가지게 하였다. 이에 더해 우리의 돌보는 존재가 그들로 하여금 좀 더 조절이 되는 상태가 될 수 있도록 안착하는 것을 도울 수 있다. 시작하기와 이행이 아주 가까워지게 될 때, 우리는 씨앗을 심고, 우리가 변화시킬 수 있는 것을 더 키우고, 그리고 더 많은 희망, 약간의 기술, 그리고 어쩌면 문제 해결을 이루었던 일부의 경험 등을 가지고 그들을 그들 자신의 길로 보내는데, 앞의 것들이 미래의 작업을 위한 지침으로 작용할 수 있다.

장기 치료 작업에서의 이행

이 장의 나머지 부분에서 우리는 우리가 발전시켜 온 바 있는 장기 치료 과정의 부분으로서 마음 안의 뇌의 이행에 대해 살펴보려고 한다. 첫째로 이 주제에 집중하고 당신 자신의 치료 경험에서 최근의 2~3개 정도의 이행 과정을 가져 와서 알아차려 보도록 하라. 당신의 몸, 느낌 및 생각에서의 반응에 대해 친절함을 가지고 지켜보도록 하라. 그리고 이들 경험 각각에 대해 서술적인 단어를 사용해서 적어 보도록 하라.

시작하면서, 우리는 이행이 만족스럽게 일어나지 않는 경우가 많다는 것을 알 필요가 있다. 부모가 아이들을 치료자로부터 떨쳐 내려 하는 이유는 그들이 자신의 아이와 치료자 사이에 애착이 증가하는 것을 보기를 두려워하기 때문이고, 특히 아이가 "줄리 선생님이 당신보다 훨씬 더 좋아요. 그녀는 당신같이 비열하지 않거든요!"라고 이야기할 때 더 그렇다. 우리의 환자들은 자신의 옷을 잡아당기기 위해 기다리고 있는 암묵적인 가시덤불들을 볼 수 있음에도 불구하고 자신들로서는 그들이 원하는 혹은 견딜 수 있는 한 멀리까지 가 버리는 정당한 결정을 내릴 수 있다. 실패 및 돌봄의 무가치함에 대한 오래된 암묵적 패턴이 이 사람이 머무를 수 있도록 그들을 충분히 상쇄시켜 줄 만한 새로운 관계적 경험을 위한 동력을 얻게 될 수도 있다. 치료가 끝날 무렵이 되면 돈이 떨어지고 보험은 지불을 중단하고 사람들은 떠나가게 된다. 이 모든 상황에서, 비록 그들은 종종 그래 왔던 것처럼 고통스럽고 좌절되겠지만, 우리는 이들이

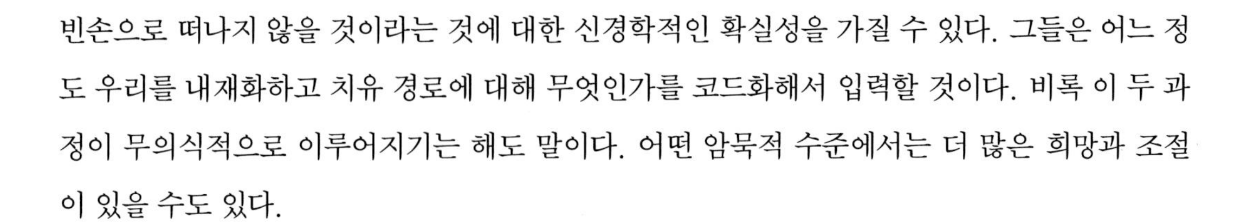

빈손으로 떠나지 않을 것이라는 것에 대한 신경학적인 확실성을 가질 수 있다. 그들은 어느 정도 우리를 내재화하고 치유 경로에 대해 무엇인가를 코드화해서 입력할 것이다. 비록 이 두 과정이 무의식적으로 이루어지기는 해도 말이다. 어떤 암묵적 수준에서는 더 많은 희망과 조절이 있을 수도 있다.

이행의 신경생물학

우리가 우리 환자들과 함께 치유 경로를 따라 더 많이 갈 수 있게 되었을 때 대인관계 신경생물학은 우리에게 이행에 대해 무엇을 이야기해 줄 것인가? 우리 관계 안의 포용 속에서 우리가 키워서 만들었던 신경가소성이 이룬 성취에 대해 재검토해 보도록 하자. 우리의 결합된 마음은 뇌에 통합적 경로를 만들었는데 이는 우측에서 변연계와 중간 전전두엽 영역을 하나로 묶어서 좀 더 많은 그리고 더 단단한 연결을 만들어 내어 이루어진 것이다. 이런 통합 경로는 감정, 관계 및 동기 회로에서 복합성을 증가시켜 주며 이런 복합성의 증가는 새로운 에너지와 정보가 일상생활에서 오거나 아니면 우리 환자의 암묵적 기억에서 올라오기도 한다는 것을 의미하기도 하고 더 넓어진 내성의 창이 알아차림과 조절을 더 허용하게 해 준다는 것을 의미한다. 이들 특정한 회로들은 우측 양식 과정의 통합과 함께 대니얼 시겔(2006, 2007, 2010a, 2010b)이 확인한 9개의 능력들을 지지해 주기도 한다.

- 신체에 대한 조절, 자율신경계의 배 쪽 미주 부교감신경의 기저치를 포함하는 신체에 대한 조절 능력
- 조율된 의사소통, 얼굴의 표정을 읽고, 우리와 다른 사람들이 우리의 삶 안에서 느낌을 느낄 수 있게 신호를 주고받는 능력
- 감정조절, 긍정적인 느낌과 고통스러운 느낌 모두에 대해 더 확장된 내성의 창이 동반된 감정조절 능력
- 반응 유연성, 변연계에서 중간 전전두엽 피질을 통해 긴 반응 회로를 거치게 함으로써 빠른 변연계에서만 반응하는 것보다 다양한 옵션을 고려하여 선택할 수 있는 자유
- 공감, 서로서로 공명하여 함께 고통을 느끼고, 또 함께 축하해 주는 공감 능력
- 공포의 감소, 중간 전전두엽 피질로부터 편도로 가는 GABA를 포함하는 시냅스가 더해지면서 이루어지는 공포 감소 능력

- 통찰, 과거, 현재 및 미래를 일관적인 전체로서 연결할 수 있는 통찰 능력
- 직관, 좌측 양식의 논리적 과정이 없이 의식적인 알아차림에 닿는다는 것을 우측 양식적으로 아는 것
- 도덕성, 우리가 앞의 능력들을 전부 가졌을 때 누군가에게 해를 키질 가능성이 거의 없기 때문에 가질 수 있는 도덕성

이것은 정신건강과 관계적 건강을 나타내는 확실한 목록으로, 치료의 어떤 단계에서든 우리 환자들과 우리가 공유할 수 있는 것이고 이행이 일어날 때에 우리가 축하해 줄 수 있는 것이다. 예를 들어, 조린은 특히 공감과 통찰 능력을 보여 주고 있었으며, 이 두 가지 양식이 자신이 지금도 고통을 받고 있는 가족들과의 관계에서 충만한 관계를 어떻게 만들 수 있는가를 느끼고 있었다. 치료 전체를 통해, 그녀는 자신의 반응 유연성에 있어 변화도 알아차릴 수 있었는데 고립과 우울의 오래된 암묵적인 틀이 이제는 삶에 대한 욕구에 굴복해서 길을 내어 주고 있었다. 몇 년 만에 처음으로 그녀는 자신의 우울에 의해 꼼짝도 못하게 사로잡혀 있다는 느낌 대신에 다른 사람들의 초청을 받아들일 것인지 아닐지를 선택할 수 있었다. 이 9개의 능력은 우리에게 좋은 이정표가 되어 주어 우리를 기다리고 있는 치료 작업으로 우리를 인도하고, 부분들을 전체적인 하나로 보여 줄 수 있도록 해 준다.

다음 문제로, 우리는 우리의 치유 시간을 함께하는 과정을 통해 알게 될 수 있겠지만, 우리 환자들이 안전한 애착에 대한 기반을 얻게 된다는 것이다. 우측 양식 회로의 발달학적인 성장에 더해 우리는 서로서로를 내재화하게 된다. 이것은 우리로 하여금 우리 환자들을 우리와 함께할 수 있도록 해 주어서 치료시간과 치료시간 사이에 우리의 마음 안에 그들을 계속해서 존재하도록 해 주고 이것은 그들에게는 종종 달콤하지만 익숙하지 않은 느낌을 가져다준다. 내가 진심으로 "저는 지난주 내내 당신에 대해 생각을 했습니다. 그리고……"라고 이야기할 때 때때로 눈물로 대답하게 되는데, 특히 환자의 부모가 내적인 지속성을 유지할 수 있는 능력이 없었던 경우에 더 그렇다. 서서히 이 새롭게 만들어진 암묵적 정신모델들은 관계 안에서 나타나게 된다. 한 환자는 처음으로 상호적 관계를 할 수 있는 친구들을 만나기 시작했다. 또 다른 환자는 더 이상 나를 이상화하거나 모욕하거나 하지 않고 나를 강함과 약함을 모두 가지고 있는 하나의 인간으로 보기 시작했다. 또 다른 환자는 즉각적으로 남자친구를 찾는 것보다 자기 자신과의 안정이 더 중요하다고 생각을 한다. 건강한 관계 맺기에 대한 동력이 발달한 것이다. 여기에 더해 우리 환자들은 우리에게 우리가 항상 자신들과 함께한다는 것을 알고 있다고 이

야기해 준다. 그들은 마치 일상생활의 중심에 설치된 프랭클린 난로처럼, 우리의 목소리를 듣고, 우리가 이야기하는 것을 알아차리고, 슬픔 안에서 편안함을 느끼고 불안에서 위안을 느낀다.

모든 종류의 마음챙김적 알아차림에 대한 지속적인 연습을 통해, 환자들은 몸, 변연계 및 피질 영역 사이에 난 고속도로를 더 강화시킬 수가 있다. 아마도 그들의 중간 전전두엽 피질을 더 두껍게 만들고, 자신들의 전부 대상회의 집중 능력을 강화시키며, 뇌의 각 영역 사이에 동기화를 더 만들어 낼 것이다. 우측 및 좌측 양식 과정에서 나온 에너지는 더 균형을 찾게 되어 내성을 위한 능력과 삶을 향해 바깥으로 향하는 능력 모두가 접근이 가능해지고 더 귀중하게 여겨지게 된다. 시간이 지나면서 우리는 환자들의 돌보는 관찰자가 힘을 얻게 되는 것을 보게 될 것이고 그러면서 우리가 조금씩 배경이 되어 갈 수 있음을 알게 될 것이다. 역사의 조각들이 마음챙김적으로 모여서 통합을 이루게 되면 우리는 환자들이 자신의 역사에 대해 포괄적이고 자비로운 포용을 하고 있음을 경험할 수 있게 된다.

우리가 이들 능력들이 증가함을 볼 수 있기 때문에 우리는 환자들이 앞으로도 지속적인 뇌의 통합을 지지해 나갈 수 있는 구조와 기능을 발달시킬 것이라는 사실에 대해 확신을 가질 수 있다. 이들 새로운 회로들이 만들어지면서 단련이 되기 때문에 이제 이들이 뇌에서 친숙한 경로이고 따라서 스트레스 상황에서도 환자들로 하여금 해리와 같은 이전 패턴으로 돌아가게 만들기보다는 통합을 지지할 가능성이 훨씬 높다. 이에 더해 환자들은 자신들의 마음을 더 강하게 만들어서 마음이 진행 중인 알아차림과 자기에 대한 친절함을 만들어 내는 도구로 집중력을 사용할 수 있게 해 주며, 이 둘은 통합을 더 촉진시킨다. 마지막으로, 이제는 지지적인 관계를 기대할 수 있게 된 새로운 암묵적 정신모델은 환자들의 변연계에 내장되어서 그들이 건강한 사람들이 자신들에게 끌릴 수 있도록 만들 가능성을 크게 높여 준다. 이행이 이루어지는 이 시간에 우리는 이제는 친숙한 안녕의 삼각형으로 돌아갈 수 있다. 이것은 통합된 뇌, 일관적인 마음 및 공감적인 관계로 이들은 충만한 삶의 중심을 이루는 핵심 과정인 것이다(Siegel, 2007, 2010a, 2010b). 환자와 우리 사이에 이렇게 많은 공명이 만들어졌기 때문에 이들 과정에 대한 우리의 확신이 우리 환자들에게 퍼져 나갈 수 있다. 우리가 이런 공명을 환자들과 공유된 언어와 함께 사용할 때, 우리는 여정을 앞둔 그들에게 앞으로 더한 성장을 위한 풍부한 여행용 도구를 제공해 주는 것이다.

이행에 대한 개인적 경험

약 2년 전 내가 캘리포니아에서 워싱턴으로 옮기면서 나는 많은 사람들에게 작별 인사를 하였고, 이들 중 일부는 관계를 떠나보낼 준비가 되어 있지 않았다고 느꼈다. 나는 환자들을 떠나는 것만이 아니라 내가 거의 20년간 일했던 치료소를 떠나는 것이었고, 특히 대인관계 신경생물학 과정을 함께했던 인턴 그룹을 떠나는 것이었다. 그래서 이 경험은 나에게 몇 가지 얼굴을 가지고 있었다. 나의 환자들과의 이별 과정은 떠나기 6개월 전부터 시작이 되었고 변화와 상실에 대한 편도에서의 경보는 우리 전신을 통해 흘러들었다. 나는 마치 자기 자신의 날개를 위해 아이를 떠나보내는 부모처럼 느껴져서 슬픔과 대견함이 동시에 느껴졌으며, 아이들에게 그들 각각에 대한 특별한 관심과 이들이 다음 단계를 어떻게 다룰 것인지에 대해 걱정하였다. 당연히 부정, 타협, 분노 및 슬픔의 애도 반응의 단계들이 나타나기 시작했었고 약 3개월 동안 지속이 되었다.

그러고 난 뒤에 괄목할 만한 통합 과정이 자리 잡기 시작했다. 거의 예외 없이, 처음에는 이 상실을 견딜 수 없을 것처럼 느꼈던 사람에게(많은 사람 중 한 명)조차도, 좀 더 포괄적인 시각이 나타나기 시작했다. 그녀가 나를 보낼 준비가 되기 전까지는 내가 일을 그만둔다는 것을 상상조차 할 수 없다고 했던 한 여성이 "처음에는 당신이 일부러 제 밑에서 양탄자를 빼내 버린 것 같더니, 그다음에는 저와 함께 머물 만큼 저를 좋아하지 않는 것 같았는데, 그 후 저는 우리가 지난 2년 동안 함께 한 일에 대해 생각하기 시작했어요. 제가 당신을 보낼 준비가 되어 있지 않고 그것이 매우 힘들 것이라는 것을 알고 있지만, 저는 제 마음이 많이 안정되고, 지금은 그렇게 많은 갈등 없이 제 관계를 다루고 있다는 것 또한 알고 있어요. 그것은 아마도 그것은 제가 다른 치료자와 그들이나 나 자신을 미치게 만들지 않고도 다시 시작할 수 있다는 것을 의미한다고 생각해요."라고 이야기하였다.

나는 우리가 치료 작업을 하는 동안에 이 여성에게서 우리가 경계성적 경향이라고 기술하는 것들이 서서히 줄어들고 있는 것을 보아 왔는데, 이제는 이런 스트레스 상황에서도 그녀는 신경 통합의 신호들을 보여 주고 있었으며, 특히 그녀의 편도에 있는 유기에 대한 경고 체계와 그녀의 애착 중심적 안와 전두엽 피질 사이에 결합이 통합되어 있다는 것을 보여 주고 있었다. 우리의 마지막 남은 두 회기는 부드럽게 진행되었고, 우리 둘 모두에게 적절하게 슬펐으며, 주로는 치료 작업이 잘 시작되었다는 느낌과 앞으로 열린 가능성을 가진 미래의 기대감이 느껴지는 회기였다. 이런 이행은 나에게 대인관계적인 지지하에서의 인간이 가지는 회복 탄력성에 대한 나의 변치 않는 믿음에 대해 기반을 더 단단하게 해 주는 데 아주 많은 역할을 해 주었다. 거의 모든 나의 환자들이 상실과 애도로 채워진 배경을 가지고 있었지만, 이 이별은 우리가 함께 키워 온 따뜻한 연결성 때문에 어떤 물리적 분리로도 이것을 빼앗을 수 없었기 때문에 모두가 달랐다.

이제 우리가 마음챙김적인 알아차림과 친절함으로 가꾸어 온 개인적인 발전 및 환자를 지지하는 과정으로부터 이행해야 할 때다. 환자들의 이행과 함께, 우리는 이 책의 단어들로부터는 떠나가는 것이지만 우리가 뇌 안에 엮어 넣은 치유의 경험, 마음의 강해진 집중 능력 및 자신과 우리의 들어주는 파트너에 대한 친절하고 공감적인 관계 등과 멀어지는 것은 아니다. 각각의 변을 따라 강화된 이 지지의 삼각형은 우리가 시작한 과정 때문에 계속 발전해 나갈 것이다. 치료적 관계 안에서 그랬듯이 우리는 우리의 통합의 아크(arc)를 계속 이어 나가는데 지지나 격려를 받기를 원할 때마다 이 책으로 돌아올 수가 있다. 내가 이들 단어를 쓰면서 비록 애착의 현실과는 시간이나 공간이 적절하지는 않을지라도 나는 당신과 연결되어 있는 느낌을 가진다. 이 쓰는 과정은 대인관계적 연결의 회로에 의해 우리가 어떻게 연결되어 있는가에 대한 나의 느낌을 깊게 해 주고, 거기에 더해 나로 하여금 더 큰 일관성과 자비를 향해 나가려는 우리의 타고난 성향이 가지는 생명력에 대해 더 충만한 감사를 하도록 만든다. 나와 함께 당신들 각각이 그림을 떠올려 보는 것이 내가 경험했던 대로 치유 과정을 보이는, 만질 수 있는 그리고 달콤한 연습 과정으로 만들려 했던 나의 목적을 이끌어 줄 것이다.

나는 이 과정이 당신에게 의미가 있을 것인지에 대해서는 잘 모른다. 우리는 이에 대해 우측 양식 과정과 좌측 양식 용어로 생각해 볼 수 있다. 내가 이 질문을 하게 되면 아주 큰 친절과 부드러움을 가지고, 당신 몸의 감각과 움직이려는 충동에 대해 알아차려 보도록 하라. 그리고 당신의 감정을 오래 느껴 보도록 하라. 치료자로서 그리고 한 인간으로서 당신 자신에 대해 당신이 지각하고 있는 것이 바뀌었는지에 대해 생각해 보도록 하라. 당신 자신, 개인적인 삶에 있어 당신에게 가까운 사람 및 당신의 환자들과 당신의 관계에서 어떤 것이든 질의 변화가 있는지를 감지해 보도록 하라. 그리고 당신의 일지를 가져 와서, 이 순간 당신의 우측 양식 경험에 대해 이제는 당신이 감각적으로 알게 된 것들에 대한 생명력을 지니고 있는 이제는 아주 익숙해진 서술적인 단어들을 사용해서 써 보는 즐거운 시간을 가져 보도록 하라. 그러고 난 뒤에 당신이 무엇을 배웠는가에 대해 좀 더 좌측 양식 중심적인 시도를 통해 생각해 보도록 하라. 어떤 원칙들이 당신이 치료자로서 당신에게 가장 가치 있는 원칙을 제공해 주는가? 한 인간으로는 어떤 것이 그런가? 새롭게 배우기 위해서 당신은 여기에서 어디로 가기를 원하는가? 이제 이들 두 가지 방식의 앎의 흐름이 함께하도록 하여 이들 원칙이 점차적으로 세계 안에서의 당신의 걸음 하나하나에 스며들고 걸음걸음을 만들 수 있도록 체화된 감각으로 변화하도록 만들어 보자. 당신과 당신의 들어주는 파트너가 이런 생각들을 함께 공유하게 된다면 나는 그것이 놀이처럼 즐기고 축하할 수 있는 시간을 가져 줄 것이라 믿는다.

우리가 모닥불에 둘러앉아 이 대단한 여행에 대해 이야기를 나누고 있는 것처럼, 제3부에서 우리는 우리의 원칙을 함께 도출하고 치료를 통해 우리 개개인의 일관성 있는 이야기를 발전시키기 위해 첫발을 내딛음으로써 이전에 진행되었던 모든 것을 요약하거나 아니면 통합이라고 이야기할 수 있는 것을 하려고 한다. 우리는 이 통합 과정을 진행하고 있는데, 함께 그리는 것과 새로운 것을 받아들이는 것 둘 다 모두가 정말 끝나지 않는 이야기 중 하나라는 것을 알고 있다.

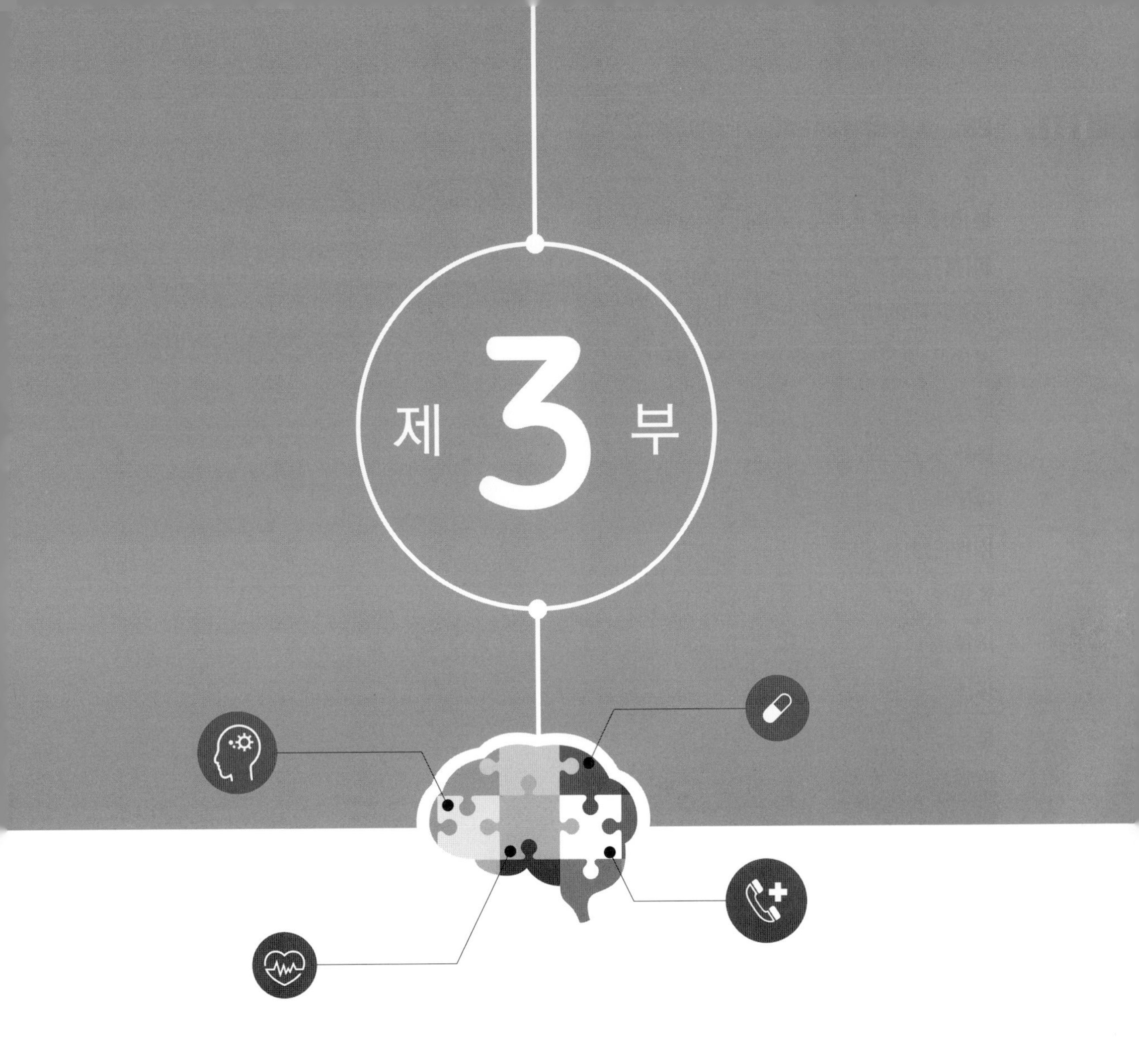

대인관계 신경생물학의 관점에서 우리의 치료 패러다임 재탄생시키기

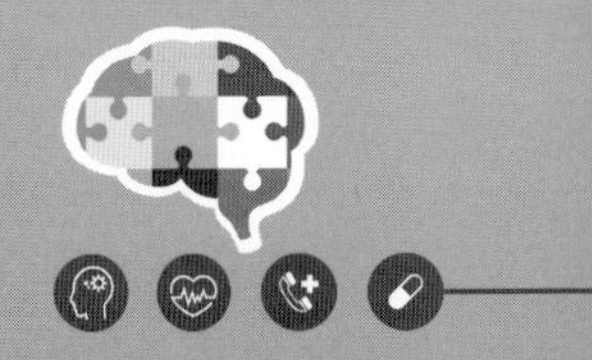

서론

우리가 마음 안에 있는 뇌와 함께 새로운 경험과 새롭게 학습한 것에 대해 초점을 맞추고 있는 동안 우리의 불이행망은 입력되고 있는 새롭고 싱싱한 정보와 우리 자신 안에서 우리가 한 치료 작업의 결과로 나타난 암묵적 패턴에서의 변화를 통합하고 있다. 우리는 새로운 신경망을 만들었고, 우리가 보존하고자 하는 영구적인 것을 확장하고 강화시키면서 우리에게 도움이 되지 않았던 것들을 변화시키기 위한 몇 가지 조치를 취했다. 동시에, 생각하고 경험하는 데 있어 이런 새로운 방식은 치료 과정 및 우리 자신에 대한 기존의 의식적 · 무의식적 믿음과 부딪치게 만들었다. 간단히 정리하면, 우리는 이제 앞으로 시간이 흐르면서 통합을 하게 될 많은 신경 변화를 촉발시킨 것이다.

비록 제3부는 책의 말미를 장식하고 있지만, 이 3부는 여러 면에서 의식적인 지지를 통합의 과정에 끌어들이는 평생의 연습이 시작되는 것이기도 하다. 우리는 지속적으로 우리 자신과 환자들에 있어 마음챙김적 알아차림의 다양한 측면을 키워 왔고, 이제 우리는 이 알아차림의 초점을 암묵적 · 외현적으로 치료적 노력에 대해 우리가 믿는 것—아마도 많은 이질적인 가닥들을 일관성 있는 태피스트리의 시작으로서 모으는 것—을 찾는 데 맞춤으로써 형성된 신경망을 가지게 되었다.

일반적이지만 조금은 신중하게, 우리는 사람들이 어떻게 상처를 입게 되며, 또 그들이 그것에 대해 어떻게 대처해야 하는지에 대한 제안으로서 우리가 가진 확실한 믿음을 이야기해 줄 수 있을 것이다. 이것은 아마도 모든 환자에게 적용될 수 있을 것이다. 그러나 우리의 암묵적 믿음은 두 가지 측면을 보여 준다. 하나는 우리의 사고, 느낌 및 행동에 광범위하게 영향을 미치는 핵심적인 지각들의 혼합으로, 이 중 어떤 것은 치유 과정을 지지해 줄 것이고 또 어떤 것은 방해할 것이다. 두 번째는 환자의 특정한 경험에 의해 자극받은 해리된 신경망이다. 항상 그렇듯이, 이들은 범주적이지 않아 각각 서로 중첩될 수 있다. 예를 들어, 나는 작지만 항상 존재하는 절망의 연못을 내적으로 간직하고 다니는데 이것은 세대를 거치면서 고통의 늪에 빠진 가족으로부터 온 내 유산의 일부분이다. 비록 그것은 내 몸 안에서 조용한 무게로 항상 거기에 존재하지만, 그것은 내가 포기하고 싶은 감정을 느끼는 환자가 있을 때 가장 두드러지게 되고 영향력이 가장 강해진다. 만약 이것이 암묵적이기만 하다면, 이것은 신체 감각(무거움), 행동적 충동(이 사람을 밀어내기를 원하는 것), 감정(무망감) 및 지각(이 치료는 아무 효과가 없을 거야)과 같은 형태로 자신을 보여 줄 것이다. 그러면 이것은 내가 어린아이일 때 학습했던 어떤 것이 아니라 현재 이 순간의 진실로서 경험이 될 것이고 그러면 이것이 우리 둘을 이어 주는 공명회로를 따라 내 환자에게도 퍼져 나가게 될 것이다. 그러나 만약 이 암묵적 패턴에 대해 외현적인 알아차림을 내가 가지고 있다면, 나는 이 감각적인 경험을 좀 더 쉽게 나 자신의 것으로 알아차릴 수 있을 것이고 그러면 나는 이 절망을 더 잘 감싸 안을 수 있게 되어 내 환자에 대한 지지를 유지할 수 있을 것이다. 이런 방식으로 우리의 광범위한 암묵적 패턴은 관계 안에서 썰물과 밀물처럼 흐른다.

또한 우리는 환자들의 문제를 보여 주는 특정 마음의 상태를 담을 수 있는 우리의 능력 밑에 자리 잡고 있는 암묵적 정신모델을 체화시켜 왔다. 우리 자신이 회복 불가능할 것이라는 환자들의 확신과 마주했을 때, 치유가 이루어질 것이라는 믿음, 돌이킬 수 없게 부서진 감정의 가운데에서도 인간의 회복 탄력성에 대해 가지는 우리의 자신감, 환자들이 힘을 잃은 가운데에서 불굴의 끈기에 대한 우리의 경험 등이 그것이다. 이것들이 암묵적인 지식으로서 우리 존재의 기반에 닻을 내리고 있을 때, 이것들은 우리의 존재를 통해 방사되어 환자들을 공명시키고 그들의 가장 어려운 순간에 그들에게 든든한 바탕이 되어 줄 것이다. 우리 모두는 이런 두 종류의 암묵적 모델을 다 간직하고 있다.

반면에 해리된 신경망은 우리 환자들이 가지고 있는 특별한 경험에 반응하여 갑가지 튀어나올 가능성이 높다. 나의 동료 중 한 명은 환자의 기억이 그녀를 소풍 테이블 장면으로 이끌 때마다 항상 강렬한 불안을 느낀다고 말했다. 일단 그녀가 그 패턴을 알아차리게 되면, 이에 대해 좀 더 생각하게 되고, 그러면 그녀는 자신의 부모님이 곧 죽게 될 할머니의 죽음에 대해 슬퍼하는 목소리로 말하는 동안 공원에 있는 테이블에 앉아 있는 것을 확실하게 상기할 수 있었다. 이 특별한 할머니는 이 세 살짜리 여자아이에게는 따뜻한 연결의 근원이었다. 그래서 어린 아이가 이해할 수 없기에 생겨난 상실의 느낌은 많은 불안을 불러일으켰다. 우리가 두 종류의 암묵적 기억에 대해 더 많이 인식할수록 그리고 우리가 이들을 변화시키고 통합시키기 위한 치료 작업을 더 할수록, 우리 자신의 정신건강이 더 좋아지게 되면 이는 환자들을 위한 자산과 자원이 되어 줄 것이다.

우리가 우리의 명확한 신념에 살을 붙여서 일관성 있는 일련의 원칙이 되도록 할 때, 우리는 그것을 환자에게 제공해 주고 싶은 경험에 대한 지침으로 사용할 수 있다. 우리는 "어떤 연습이 이 특별한 사람을 위해 통합적인 신경가소성을 증진시켜 줄 가능성이 가장 높을까?"라고 물어볼 수 있을 것이다. 어떤 사람은 그 순간의 관계를 통해 주로 치료 작업을 하는 반면에, 또 다른 사람은 주로 그들의 내적 공동체를 통해, 또 다른 사람은 모래상자를 이용해서, 그리고 다른 사람은 크레용과 종이를 통해, 또 다른 사람은 마음챙김을 촉진시킴으로써 도움을 받을 수 있고, 안구운동 민감소실 재처리(EMDR)를 이용해서, 혹은 직접 신체를 통해 작업하는 정신치료를 통해서 도움을 받을 수 있다. 그러나 이들 모든 접근법은 신경과학적 발견의 원칙을 배경에 두고 있다. 여기에서 우리는 대인관계 신경생물학의 핵심 원리에 비추어 우리가 시행하는 연습의 기본적인 원칙에 대해 탐구하고 난 뒤 환자와 함께 치료 작업을 할 때 우리가 선호하는 방법을 어떻게 적용할 것인지에 대해 알아보려 한다. 우리가 환자를 위해 어떤 결정적인 일을 하고 있다는 생각은 없지만, 환자들로 하여금 일단 시작을 하게 만들어서 그들이 남은 인생을 사용할 수 있게 해 주는 일종의 조사 패턴을 확립하게 만드는 일을 하고 있다고 생각한다.

암묵적 기억의 최전선에서, 우리가 의미 있는 문제를 가지고 있다고 느꼈던 환자에게 우리는 이들의 몸과 마음을 불러낼 것이다. 때때로 우리의 에너지와 정보의 암묵적 흐름을 가장 설명해 주는 것이 바로 이 경험들이다. 이런 관점에서 우리는 암묵적 패턴을 찾아내고 변화시키는 데 있어 마음챙김적 알아차림을 이용할 수 있는 강력한 능력을 발달시켜서 이들을 우리의 동지로 만들어야 한다. 이 외 우리를 지지해 줄 수 있는 것으로는 호기심, 친절함, 부드러움에 대한 우리 자신의 경험 증가에 있다. 우리가 우리의 내적 조사를 시행하면서 누가 내적 공동체 안에서 특정한 암묵적 흐름을 옮기고 있는지에 대해 물어볼 수 있다. 때때로 나는 나의 내적 할아버지를 인식하고 있는데 이 분은 지적이지 않은 사람들에게 대해 경멸을 느끼는 아주 많이 배우신 분이었다. 나 자신에 대한 치료에서, 이 내적 존재에 대해 치료 작업을 하면서 나는 할아버지가 매우 어린 나이에 고통을 받았던 학대를 다루는데 이 지적인 힘에 대한 그의 숭배가 얼마나 방어적인 역할을 해 주었는지에 대해 알게 되었다. 이제 내가 우월함에 의해 흔들림을 느낄 때, 이 오래된 흐름을 조용하게 해 줄 수 있도록 내적인 그에게 확신을 주는 데 그 순간의 초점을 맞춘다. 다시 말하지만, 여기에서 우리는 진행 중인 치료 작업에 대한 기본적인 틀을 만들기 위해 작은 경험들을 골라낼 것이다.

우리는 왜 이 외현적이고 암묵적인 조사가 중요한 시도인지에 대해 질문할 수 있을 것이다. 많은 사람들이 나에게 그들의 패러다임을 명확하게 하는 것이 다음에 그들이 무엇을 할 것인지에 대해 너무 많이 초점을 맞추는 것으로부터 해방시켜 준다고 이야기하였다. 일단 치료 작업 원칙들이 우리 안에 내장되면 존재함과 행동하기 두 가지 모두 이 내적 샘물로부터 쉽게 흐르게 될 것이다. 이것은 환자의 모든 자기를 비판단적이고 자비심을 가지고 끌어안는데, 우리의 체화된 뇌와 마음을 좀 더 충분히 사용할 수 있도록 만들어 준다. 잘 확립되어 있고 또 본능적 알고 있는 패러다임에 의해 제공되는 명확하게 보기와 안정 없이는, 우리는 우리 환자들과 경험하는 공명에 의해, 우리가 그들에 대해 느끼는 자비심의 흐름에 의해, 혹은 우리 노력에 대한 불확실성에 의한 방해 등으로 인해 우리의 내적 기반이 흔들려 버릴 수 있다. 하지만 우리는 또한 이런 지지를 통해, 전뇌의 안정감 안에 기대어 안식을 취하게 될 수 있을 뿐만 아니라, 환자들의 내적 생활을 이해하는 자비심 자체도 크게 성장하게 된다.

치료 실제의 암묵적인 이야기와 외현적인 이야기 탐색하기

우리가 치료자로 성장하는 모든 단계에서, 이 훈련을 이끌어 주는 암묵적 및 외현적인 정보의 흐름을 가지고 있다. 내가 아주사 퍼시픽 대학(Azusa Pacific University)의 대학원에 나가고 있을 때 나의 마지막 과제는 그동안 우리가 교실에서 배웠던 것, 우리가 우리 자신의 치료에서 경험했던 것 및 학교를 다닐 동안 최소한 1년 동안 환자 중 한 명과 진행했던 치료 작업에서 발견했던 것을 기반으로 새로운 치료 패러다임을 만드는 것이었다. 우리는 단순하게 인지행동치료 치료자 혹은 정신역동치료자가 되기로 마음먹었다고 이야기하면 안 되었고 우리 자신만의 독특하고 새로운 패러다임에 대해 써야만 했는데, 이것이 나의 긴 학문 경력에서 가장 확실한 경험이었다.

8개의 원칙 재고하기

우리는 대인관계 신경생물학의 원칙에 대한 기초부터 시작하면서 내가 대학원 때 했던 것과 비슷한 것을 시도하려고 한다. 우리의 경험이 가져다주는 만큼의 다른 것들을 더하기 위해 문을 열어 놓은 상태로, 제2부에서 보여 준 8개의 원칙 목록이 우리의 시작점이 될 것이다. 우리가 이 목록을 읽는 동안 읽을 만큼 많이, 우리는 그것에 대해 암묵적이고 외현적인 반응을 보일 것이다. 각 원칙들을 취하면서 이것이 당신의 **몸, 감정 및 지각**에 주는 영향을 친절함을 가지고 알아차리도록 하라. 그러고 난 뒤에 이 개념의 기저에 자리 잡은 공간에 대한 당신의 암묵적 반응에 대해 간단하게 서술적인 단어를 사용하여 적어 보도록 하라. 시간이 지나면서 나는 이것들 중 하나 혹은 그 이상에 관해 때로는 미묘한 저항을 보이거나 아니면 특별히 강한 긍정적인 고조 반응을 보이는 것을 알게 되었다. 그 정보에 대해 호기심을 가지고 앉아 있는 것이 그것들이 나와 개인적인 연관을 가지고 있기 때문에 나를 이들 에너지와 정보의 흐름과 나의 관계 속으로 좀 더 깊게 들어갈 수 있도록 해 주었다. 이것은 또한 종종 어떤 내적 공동체 구성원들이 나의 저항을 자극하거나 호감을 자극하고 있는지도 밝혀 주었다.

우리가 이들 원칙과 함께할 때 우리는 항상 우리의 암묵적인 가설을 좀 더 넓은 통합으로 초대하고 있는 것이다. 당신이 서술적인 글쓰기를 하고 난 뒤에 이 목록을 다시 읽고, 이번에는 이들과 연결되어 일어나는 **생각들**에 대해 집중하도록 하라. 당신의 좌측 양식은 이들의 타당성과 유용성에 대해 무어라 이야기하려고 하는가? 가능한 한 많이 당신의 마음이 이야기하려 하는 모든 것에 대해 호기심, 친절함 및 개방성을 가지고 집중하도록 하라. 우리가 이런 심사숙고하는 태도를 가지고 우리의 생각을 들으려 하면, 이런 노력이 좌측 양식과 우측 양식이 합쳐지게 해서 이들 원칙들이 우리 자신과 우리의 치료 훈련에 대해 가지는 의미에 대해 좀 더 포괄적인 느낌을 가져다줄 것이다.

1. 우리의 초기 애착 역사와 연관된 문제들.

2. 우리의 신체는 모든 기억의 일부분이다.

3. 우리의 뇌는 항상 변할 수 있고 변한다—신경가소성은 실제다.

4. 신경 통합은 우리의 증가하는 안녕을 위한 기초이고 대인관계 안에서 증진될 수 있다.

5. 우리의 뇌는 항상 더 큰 복합성과 일관성을 향해 가고 있으며 이들 자연적인 과정은 제약 요소에 의해서만 방해를 받게 되는데, 제약 요소들은 변화될 수 있고 특히 공감적인 관계 안에서 변화될 수 있다.

6. 치유와 건강한 삶 모두는 우측 양식 과정과 좌측 양식 과정 모두를 필요로 한다.

7. 마음챙김적 주의집중은 변화를 위한 핵심 방법 중 하나이다.

8. 대인관계적으로 하나 됨은 실제이고, 치료자의 정신건강은 특히 중요하다.

이 목록은 단지 시작일 뿐이다. 치료에 대해 신경과학이 지니는 의미에 대한 당신 자신의 검토가 당신 및 당신의 치료 방식에 특별한 가치를 가지는 다른 원칙을 새롭게 보탤 수 있게 해 줄지 모른다. 그에 대해 여기에 적고 그들의 암묵적 · 외현적 의미에 대해 들어 보고 만약 당신이 더 써야 한다면 당신의 일지에 그것을 적도록 하라. 당신이 몇 번의 시도를 통해 이것을 더 보탤 수 있게 되면, 당신만의 기초 원칙 목록을 만들 수 있게 될 것이다.

당신 혼자 심사숙고한 후에, 이를 당신의 들어주는 파트너가 적은 것과 당신의 것을 비교해 보는 것이 특별히 도움이 될 수 있다. 당신과 파트너 간에 발전시켜 온 독특한 관계 및 이 자료들로 만든 각자의 독특한 관계가 아마도 다른 사람은 할 수 없는 당신만의 창조적 탐색을 지지해 줄 수 있을 것이다. 이들 핵심 원칙들을 살펴보는 것에 더해, 당신 자신에 대한 비판단 및 수용의 경험에 대해 이야기해 보는 시간을 가지는 것이 좋을 것이다. 이 부분은 우리 대부분에게 도전적인 것으로 느껴지는 경향이 있는데, 확립된 관계가 지닌 안전성이 우리의 싸움이나 도전을 위해서만이 아니라 우리에게 이익을 가져다줄 수 있는 좋은 공간이 된다. 이런 만남 후에, 당신은 당신에게 이 관계가 지니는 의미에 대해 무엇인가 써 보기를 원할 수도 있을 것이다.

장애와 치유에 대한 심사숙고

이들 원칙을 기준점으로 두고, 다음 두 가지 질문에 대해 생각해 보기로 하자. 우리는 사람들이 어떻게 병에 걸린다고 생각하는가? 그리고 그들은 어떻게 치유될까? 나는 우리의 뇌가 통합이 되지 않은 상태, 우리 마음이 일관적이지 못한 상태 및 우리가 공감적인 관계를 이끌어 내거나 제공하지 못하는 상태를 기술하는 데 있어 장애(질서의 결여; dis-order: 하이픈을 사용함에도 불구하고)라는 단어를 사용하는 데 어려움을 느끼고 있다. 나는 아직 의사소통에 오해를 일으키지 않는 더 나은 다른 단어를 발견하지는 못했다. 개인적으로 이 과정에 대한 이해를 시작하기 위해 당신 자신이 좋아하는 단어를 사용한다면 그렇게 해도 좋다.

우리가 말하고 있는 원칙들이 기초라면 우리는 치료라는 집의 구조를 만들기 위해 이들 두 질문에 대한 답을 생각해 보아야 할 것이다. **장애, 질서의 결여(dis-order)**로부터 시작해 보도록 하자. 어떻게 사람들이 질서가 결여되게(dis-ordered) 되는가? 즉 장애를 가지게 되는가? 이 과정에 대해 시간을 들여 생각해 보자. 메모 용지를 준비하도록 하라. 이 단계에서 혼란스러움은 우리에게 이득이 되는데 왜냐하면 이것이 편집을 거치지 않고 나타나는 다양한 생각들을 허용해 줄 수 있기 때문이다. 몇 가지 빠른 답이 마음을 스쳐 간다. 이들을 빨리 써 보도록 하라. 이제 예외에 대해 귀 기울여 보도록 하라. 그들은 어떻게 답의 일부가 되는가? 그런 뒤에 당신이 생각하는 이론과 함께 하면서 다양한 환자들을 당신 마음에 떠올리도록 하라. 이 그림 안에서 그들이 집에 있는가? 장애가 오면서 나타나는 다른 측면들은 어떤 것들인가? 당신 자신의 과거에서 이런 장애의 예를 찾아볼 수 있는가? 당신은 이런 다양하게 드러나는 현상의 아래에 존재하는 다양한 원칙이나 아니면 단일 원칙을 발견하고 있는가? 이 과정에 참여하는 특정한 내적 공동체 구성원이 있는가? 만약 그렇다면, 그들이 영향을 주고 있는 것은 무엇인가? 앞으로 1~2주에 걸쳐 매일 이들 질문에 대해 생각하는 것이 당신의 불이행망에게 당신이 이미 알고 있는 것과 당신이 새롭게 알게 되는 것을 통합할 수 있는 기회를 제공해 줄 것이고, 이것이 때로는 새로운 수준의 통합을 끌어낼 수도 있다. 당신이 만족할 수 있는 수준에 도착을 했다고 느낄 때, 당신은 장애라는 일종의 과정에 대한 당신의 현재 생각을 여기에 문장으로 정리해 볼 수 있을 것이다.

____

____

____

____

____

____

____

앞에서와 같은 혼돈에서 점차 일관성이 있는 쪽으로 가는 똑같은 전략을 사용해서 이번에는 치유에 대한 질문으로 차례를 넘기도록 해 보자. 이 페이지 안에서 당신이 수행한 치유 작업으로 시작하여 당신의 치유 과정에서 나타나는 원칙에 대해 처음으로 드는 생각은 무엇인가? 이제 당신의 마음 안에 있는 다양한 환자에게 같은 질문을 주고 탐색해 보도록 하라. 당신 환자들은 자신들의 치유 과정에 어떻게 기여하고 있는가? 그들의 치료자로서 당신이 기여하는 부분은 무엇인가? 특정한 치유 활동을 제외하고 장애로부터 일관성으로 가는데 그 밑에 깔려 있는 원칙에 초점을 맞추어 보도록 하라. 일단 당신이 일련의 원칙을 가지고 있다면 당신의 마음 안에 있는 **반대하는 또는 동의하는**(but or and) 논평에 대해 귀를 기울이도록 하라. 그리고 이렇게 추가된 것들에 대해 더 적어 보도록 하라. 내적 공동체의 목소리에도 귀를 기울이도록 하

라. 며칠에 걸쳐 충분히 시간을 보낸 다음 치유의 원칙에 대해 좀 더 일관성 있는 설명을 향해 움직이기 시작해 보고 여기에 그들에 대해서 써 보도록 하라.

이제 이 과정에 대한 당신의 경험에 대해 시간을 가져 보도록 하자. 그것이 싸움이었는가, 아니면 즐거운 경험이었는가, 좌절을 느끼는 훈련이었는가, 아니면 또 다른 어떤 것이었는가? 이것의 발현에 대해서 영원히 끝나지 않을 것 같다는 느낌이나 판단이 아니라 부드러움과 수용적인 태도를 가지고 달성을 하였는가 아니면 그 반대인가? 이것이 유용하였는가? 장애(disordering)와 치유(healing) 이 두 단어가 지니고 있는 것이 당신이 하는 치료 작업과 치료자로서의 당신 자신에 관련해 당신의 신체, 감정, 그리고 인식에 어떤 영향을 미치는가?

당신의 들어 주는 파트너가 적은 것과 비교하는 일은 이 경험을 풍요롭게 만들어 줄 수 있을 것이다. 당신과 파트너가 이야기하면서, 서로의 시각 차이가 당신의 몸, 감정 및 지각에 주는 영향에 대해 알아차려 보도록 하라. 이런 차이가 이런 과정들에 대한 자신의 생각을 더 확대시키게 만들어 주는 폭넓은 대화처럼 느껴지는가, 아니면 자신의 신념에 대해 불안하게 만드는 도전처럼 느껴지는가? 비슷한 점을 중심으로 함께할 뿐 아니라, 서로 간의 차이점을 수용할 수 있는 여지도 있는가? 이들 암묵적 반응에 대해 서로 이야기할 수 있는 것은 당신들 모두에게 당신들이 발견한 것 안에서 더 큰 안전감을 가지고 이들 과정을 볼 수 있는 당신만의 방식을 확립할 수 있도록 도와줄 수 있다. 당신과 파트너가 함께하는 시간을 가진 후에 당신을 위해 이 특별한 대화가 가지는 의미에 대해 짧게 써 보도록 하라.

이제 집은 기초를 튼튼히 하고 틀도 잘 갖추었다. 이제 부터는 치유 시도 시에 우리가 적용하는 특정한 방법에 대해 생각해 봄으로써 이 집에 벽도 만들고 방을 만들어 보도록 하자. 여기에는 **환자들에 대한 태도, 그들과 함께하는 방법 및 우리가 제공하는 구체적인 치료 과정**(예: 일지 쓰기 혹은 모래상자) 등이 포함될 것이다. 다양한 내적 공동체 구성원이 특별히 우리의 환자에 대한 태도에 영향을 줄 수 있고, 그들과 어떻게 함께하는 것이 최선인가에 대한 우리의 시각에 영향을 줄 수 있다. 항상 도움이 되는 메모 용지를 꺼내서 가능한 한 많이 발현될 수 있도록 특별한 순서 없이 또 유용성을 고려하지 말고 목록을 작성하라. 그 역할에 대한 당신의 경험에 대해 다시 느껴 보는 것뿐만 아니라 많은 다른 환자들을 기억해 보도록 하라. 서로 다른 사람에 의해 만들어진 서로 다른 경험의 흐름을 보기 위해 마음속에 있는 몇 가지 치료회기를 꼼꼼하게 살펴보도록 하라. 만약 당신이 치료회기 안에서 실제로 행했던 것에 대해 자기 비난을 하게 되는 것을 알아차리게 된다면 당신은 그것을 친절함과 수용을 가지고 만날 수 있다. 당신이 당신의 목록이 거의 완전하게 만들어졌다고 느낄 때까지 이 탐색 과정을 몇 회 반복한 후에 다음 부분에 참고가 될 수 있게 여기에 당신의 방법을 적어 보도록 하라.

이제 우리는 우리의 방법 안에서 장애와 치유에 대한 우리의 기본 원칙과 믿음에 빛을 비추는 데 시간을 보내려고 한다. 이런 종류의 통합을 끌어냄으로써 우리는 우리의 치료 작업에 더 큰 일관성을 부여하려고 한다. 일단 이것이 이루어지면, 이것은 우리에게 강력한 안정감을 가져다주는데, 이것은 우리 환자들에게는 희망, 수용 및 과정 안에서 편안함 등으로 느껴지게 된다. 치유에 대해 우리가 내적으로 아는 것이 우리가 실제로 하는 것과 일치하게 될 때, 우리는 각각의 특별한 사람에 대해 자비로움을 가지고 포용하는 것에 대해 순간적으로 초점을 맞추는 것에 더 큰 자유로움을 느낄 수 있게 된다. 치유 과정에 있어 이 부분이 어려우면 어려울수록 나타나는 어떤 투쟁이나 싸움도 결과를 더 가치 있게 만든다.

예를 들어 보도록 하자. 내가 나 자신에게 이런 비교 과정을 시도하고 있었을 때, 나는 사회적 대화에 나의 원칙들에 의해 보장된 것보다 더 많은 시간을 할애하고 있음을 깨닫게 되었다. 잠시 동안 폭주하는 자기 비난을 부드럽게 가라앉히고 난 후에 나는 나의 핵심적 치유 원칙 중 하나를 가져 왔는데 이는 내가 대인관계 신경생물학에 대해 배우기 훨씬 전부터 나와 함께 해 왔던 원칙이었다. 바로 '그 순간의 환자의 발달 상태를 충분히 고려하여 그 순간에 가장 공감할 수 있는 일을 하라.'가 그것이다. 이러한 대화의 몇 가지 예를 떠올리며, 나는 다음의 것들을 느낄 수 있었는데, ① 때로는 이러한 것들이 우리의 다음 단계를 촉진시킬 수 있는 연결로 우리를 이동시키는 데 도움이 되는 결합의 행위라는 것, ② 때로는 환자들이 자신들의 더 깊은 과정으로부터 멀어지고 싶어 하는 요구를 따르고 있었고(항상 도움이 되는 것은 아니지만), ③ 때로는 우리가 그들의 어린아이 상태와 하고 있는 치료 작업에 균형을 맞추기 위해 자신의 성인 마음 상태를 지지하기 위한 환자들의 발달학적인 요구에 대해 적절하게 존중을 해 주고 있었다 등이 그것이었다. 이 잘 정제된 과정은 사회적 대화가 가지고 있는 의미에 대해 그 순간에 가지는 느낀 알아차림(felt awareness)을 더 크게 가지기 시작하도록 도움을 주었는데, 사회적 대화가 나에게 공감적인지 또 도움이 될 때인지, 아니면 그것이 단지 내가 기분 전환을 하고 있는 것인지를 구분하는 데 도움을 주었다.

여기에서 하고 있는 우리의 친절하고 주의집중적인 이 모든 탐색은 이런 잘 정제된 결과를 가져 오게 할 수 있는데, 이런 정제된 결과는 그 순간에 치유 과정의 흐름에 대해 더 크게 자연스러운 민감성을 가질 수 있도록 발전하게 된다. 우리 자신에 대해 부드러운 태도를 유지하기 위해 우리는 이 과정이 끝이 없는 것이라는 것을 인식해야만 한다. 우리는 심지어 새로운 탐색 각각에 대해 호기심을 가지고 접근하면서 이렇게 펼쳐지는 경험을 즐기기까지 해야 한다.

앞에서 만들었던 당신의 치료 실제 목록으로 돌아가서, 당신은 이 중에 어떤 것은 당신의 원칙이나 치유 패러다임과 확실하게 일치하고, 또한 이들은 의심할 여지없이 통합을 위한 신경가소성 및 안전한 애착을 증진시켜 준다는 것을 알게 될 것이다. 당신의 목록에 포함된 일부의 것들은 어떤 경우에는 도움이 되나 또 다른 경우에는 도움이 되지 않는 것도 있음을 알게 될 수도 있고 또 적은 수이지만 또 다른 것은 명백히 도움이 되지 않는다는 사실을 알게 될 것이다. 메모 종이 위에 이들 평가를 써 본 후에 다음 공간에 대략적으로 만들어진 3개의 목록을 써 보도록 하라.

이런 태도를 사용하는 방법, 환자와 함께 있어 주는 방법, 그리고 명확하게 통합적인 구체적인 치료 방법들을 염두에 두는 것이 도움이 될 수 있다. 때로는 이 탐색이 당신의 마음에 다른 순간들을 제공해 줄 수도 있는데, 예를 들어 이것이 당신이 특정한 환자와 상호작용을 하는 데 통합적인 힘을 보태 줄 수도 있다. 지난 5년간을 동해 나는 내 환자들이 가진 자신의 내적 세계에 대해 명확함을 가진 조용한 힘에 대해 많은 생각을 해 왔다. 나는 이것이 치유에 필요한 그들의 마음의 영역으로 그들이 걸어 들어갈 수 있도록 상당할 정도의 넓은 문을 열어 주는 것을 보아 왔다. 이런 알아차림은 나의 수용적인 마음이 각각의 사람에 따라 움직일 수도 있도록 지켜 주었다. 당신의 목록으로부터 한 개 혹은 두 가지 실제 치료법을 골라서 이들이 치유에 가지는 효용성에 대해 여기서 깊게 생각해 보도록 하라.

나의 사회적 대화의 치유적인 사용과 마찬가지로, 우리의 많은 실제 치료법이 통합적인 신경가소성을 지지하거나, **아니면** 환자의 자기 보호적 마음 상태를 강화하거나 **혹은** 심지어 그들의 이상 조절을 더 강화시킬 수 있을 가능성이 있다. 이런 가능성을 탐색하는 과정에서 우리는 환자들의 암묵 세계로 빠져드는 순간에 더 민감해질 수 있을 것이다. 그러나 우리는 또한 처음에 언뜻 보기에는 도움이 되지 않을 것이라 생각했던 접근방식이나 우리가 함께 있어 주는 방식이 또 다른 특정 상황에서는 상당한 치유력을 가진다는 것을 발견할 수도 있을 것이다. 치유 작업은 우측 양식 과정과의 접촉을 포함한다는 나의 믿음을 바탕에 두고 나는 회피적 애착을 가진 나이 든 남자가 그의 몸과 연결되도록 도우려고 많은 시간 여러 시도를 해 보았지만 소용이 없었다. 우리 둘 모두가 포기하기 직전에, 나는 내 자신의 좌측 양식으로 끌려 들어감을 느꼈고 회피적 애착이 가지는 뇌 패턴에 대해 설명하기 시작하였다. 나는 내가 이야기할 때 그의 눈에서 불이 번쩍하는 것을 알아차리기 전까지 내가 이제는 어떤 식이든 간에 장애물을 뛰어넘고 있는 것을 느꼈다. 그는 처음으로 나에게서 생기를 느꼈다. 나중에 나는 그가 모든 시간을 보내고 있는 곳, 바로 좌측 양식 안에서 그와 결합을 했음을 깨달았고 그것이 내가 우측 양식적인 공감을 제공했을 때보다 더 그의 애착 체계를 더 많이 깨웠음을 알게 되었다. 수년 전의 이 경험은 어떤 순간에 공감적이 되는 데 있어 셀 수 없이 많은 길이 있다는 사실에 대한 나의 이해를 넓혀 주었다. 어떤 경우에는 도움이 되었으나 어떤 경우에는 도움이 되지 않았던 당신의 치료 실제를 한두 개 선택해서 그들이 치료를 진전시켰거나 그렇지 못했을 때에 대해 어땠는지에 대해 느껴 보는 시간을 가져 보라. 이런 식으로 그들을 구분해 보는 것이 그들의 치료적 효과에 대해 순간적인 알아차림을 증진시켜 줄 신경 경로를 만들어 줄 것이다.

어떤 치료법은 통합적 신경가소성과 안전한 애착을 만들어 낼 가능성이 적다는 사실을 겸허하게 인정할 수 있을 것이다. 그들은 일시적으로 증상을 완화시키는 데는 도움이 될 수 있지만 뇌 전체 구조를 통합하거나 지속적으로 기능을 증진시키는 데는 도움이 되지 않을 수 있다. 일부는 전혀 도움이 되지 않을 수도 있다. 이들 치료에서 무엇이 통합 혹은 애착을 지지하지 않는지에 대해 이해를 하는 것이 도움이 될 것이다. 내가 나의 동료와 이런 탐색 과정을 시행하고 있을 때 그는 나에게 감정이 동반되지 않은 직면(blunt confrontation)이 그가 가진 치료적 무기의 큰 자리를 차지하고 있다고 이야기한 바 있다. 우리는 함께 앉아서 안전함과 조율된 의사소통의 중요성에 대해 그가 이해하고 있는 것에 대해 이야기하였다. 내적으로 그가 직면적인 접근법을 사용했던 몇몇 회기를 다시 방문하였고, 그 순간에 그의 환자가 보여 준 우측 양식에 기반한 대화에 대해 관찰하였다. 그리고 그와 환자의 철퇴에 대해 공명을 하였고, 그리고 그의 아버지가 '자기 자신의 이익을 위해' 그를 감정이 없이 무뚝뚝하게 대했던 고통스러운 기억들과 연결될 수 있도록 들어갔다. 특정한 접근법을 선택하는 더 깊은 이유가 항상 이렇게 쉽게 드러나는 것은 아니다. 그러나 이 특별한 경우에서는, 안전성을 확립하는 것이 치료 과정을 위해 무엇을 할 수 있는가에 대한 내 동료의 감각적인 경험은 특히 그것이 그 순간에 가지는 공감적 영향을 고려하지 않고 당연한 것으로 처리되었을 때 그의 치료적 상호작용 방식에 주는 어려움을 조명하는 데는 아주 적절한 경험이었다.

우리 대부분은 시간이 흐르면서 다양한 치료법을 선택하게 되는데 종종 이들을 전체적인 치유 과정의 틀 속에 집어넣지 않게 되는 경우도 있다. 여기에는 우리가 환자들에게 가지고 있는 우리의 내적 태도, 그들과 함께 있어 주는 방식 혹은 우리가 제공하는 외적인 과정 등이 속할 수 있다. 우리는 환자들을 그들의 손상의 결과 그들이 상처를 받았거나 혹은 약해졌다고 보는 것과 그들의 뇌가 지니고 있는 통합을 향한 끊임없는 지향성 때문에 가지는 용감함이나 회복탄력성 및 치료에서 그들이 보여 주는 기꺼이 하고자 하는 마음을 가졌다고 보는 것 사이의 다른 점에 대해 이미 이야기한 바 있다. 보이지 않는 어떤 것이 치료가 어떻게 전개되는가에 대해 강력하고도 지속적인 영향을 미칠 수 있다.

우리가 도움이 되지 않을 것이라고 생각하는 태도와 치료 실제에 대해 살펴보면서 이들을 포기하는 것에 대해 우리의 몸과 감정이 어떻게 반응하는지에 대해 느껴 보도록 하라. 우리가 단지 그것들을 배웠기 때문에 그들을 지속적으로 사용을 한다든가 큰 그림의 관점에서 그들의 유용성에 대해 생각해 본 적이 없다든가 한다면, 이를 점검함으로써 우리는 종종 어렵지 않게 그들을 새롭게 바꿀 수가 있다. 그러나 반대로 만약 우리가 우리의 몸이나 감정에서 그들을 버린다는 생각만으로 화가 난다면 마치 나의 동료가 지속적으로 감정이 동반되지 않은 직면이라는 치료법을 사용했던 것처럼 아마도 그런 방법을 지속적으로 사용하고 싶은 암묵적 결합이 있다고 해야 할 것이다. 당신의 목록에서 감정이 부가되어 있는 것처럼 보이는 치료 실제 한두 개를 선택해 보도록 하라. 그러고 난 뒤 우리가 제1부에서 했던 것처럼, 당신의 깊은 마음에게 이에 대한 이해를 도울 수 있는 암묵적 연결이 있는지를 물어보도록 하라. 당신이 발견한 것에 대해 다음 칸을 이용해서 써 보도록 하라.

이 목록에 대해 당신이 전체적으로 숙고했다고 생각한다면, 당신이 그것들이 통합할 수 있는 기회를 가질 수 있도록 잠시 동안 그냥 내버려 두는 것이 도움이 될 수 있다. 당신이 중요한 변화를 만들어 내었을 때, 우리의 불이행망은 다양한 조각들을 재배열해서 새로운 것에 결합을 시키는 데 시간을 필요로 한다. 나는 이런 과정이 핵심 원칙에서 상처와 치유에 대한 나의 이해에 이르기까지 모든 것에 대한 새로운 통찰력을 항상 이끌어 낸다는 것을 알게 되었는데, 이것은 오래된 치료법에 대한 새로운 이해로 이어질 뿐만 아니라 종종 새로운 통찰력을 더해 주기도 한다.

당신이 탐색하고 있는 이 부분을 끝내기 위해 당신의 들어주는 파트너와 함께하는 시간을 보내면서 전 과정에 대해 재검토해 보도록 하라. 들어주는 행동은 깊이를 더해 주고 통합도 더 이루어지게 만들어 줄 수 있다.

우리의 암묵적인 세계 식별하기

우리는 우리 탐색의 이번 단계를 좀 더 좌측 양식 상태를 이용해서 시작해서 여기에 원칙들, 과정 및 치료 실제 그리고 장애와 치유의 경로의 더 깊은 의미에 대한 우측 양식적인 알아차림을 결합시키려 한다. 이제 우리는 환자들과 함께하는 방식에 영향을 주는 우리 자신의 우측 양식적 암묵 세계 안에 보이지 않게 존재하는 것들에 대해 마음챙김적인 주의력을 집중하려고 한다. 우리가 알고 있듯이 암묵적 패턴은 두 가지 양상으로 나타난다. 하나는 모든 생각, 느낌 및 행동(그것이 치유를 지지하든 안 하든 간에)에 영향을 주는 지속적인 강의 흐름을 말하고 또 다른 하나는 좀 더 캡슐화되어 있기 때문에 자극하게 되면 바로 표면으로 떠오르는 것을 말한다. 이 강과 캡슐 안에서 우리는 특정한 에너지와 정보의 흐름을 가지고 있는 내적 공동체 쌍이 상호작용하는 것을 알게 될 것이다. 우리는 희망, 회복 탄력성, 인내, 끈기 및 치유에 적합한 다른 모든 암묵적인 것들을 지지해 주는 이런 흐름들에 대해 많은 말을 할 필요가 없다.

그러나 이것이 잠재적으로 치료적 관계를 파괴할 수 있는 것들이 될 때, 우리는 시간이 지나면서 만들어진 한 가지 능력이 우리에게 있음을 알 수 있게 되는데, 바로 그것은 환자들과의 공명으로부터 생겨난 활성화와 환자들이 경험하고 있는 것에 의해 촉발되었으나 우리의 암묵 세계에 기인된 것들과 구분할 수 있는 우리의 능력인 것이다. 우리가 우리의 돌보는 관찰자를 발전시키게 되면 이런 구분을 만들어 내는 우리의 능력 또한 증가될 가능성이 높아질 것이다. 이때 한 가지 지침이 될 수 있는 표시는 우리가 에너지와 정보의 파도에 의해 삼켜지는 정도, 다르게 이야기한다면, 의식적이든 무의식적이든 우리와 닿고 있는 것이 무엇이든 간에 얼마나 그것을 지탱하고 있을 수 있는가 하는 정도다. 이미 우리는 힘든 곳을 딛고 서 있다는 것을 느낄 수가 있을 것인데 왜냐하면 우리는 환자들과의 우리의 공명이 그들의 내적 세계를 밝혀 주기를 원하고 있는데, 그 안에서 보이지 않는 것을 보려고 노력하고 있기 때문이다. 치료는 모든 종류의 공명을 불러와야 하기 때문에 이런 얽히고설킨 경험들을 피할 수 있는 간단한 방법을 찾는 것은 당연한 일이다. 이것은 우리가 우리 자신의 암묵적인 상처나 이런 상처의 정기적인 활성화로 빠져 들어가기 쉽게 된다는 것을 의미해 준다. 여기서 우리의 노력은 간단하게 이야기하면, 외현적인 알아차림을 끌어내어 이 순간 호기심에 차고, 친절한 마음이 그것을 이용할 수 있도록 해서, 우리가 저 깊은 속에서 흐르는 강력한 흐름을 감지할 때 우리가 정기적으로 의지할 수 있는 경로를 만드는 것이다.

한 가지 출발점은 우리가 힘들다고 이야기하는 환자들의 몸과 마음을 데려와서 우선 내적 공동체에서 누가 긴장을 경험하는지를 물어보아 가장 확실하게 우리 자신의 불편함의 내적 근원에 초점을 맞출 수 있도록 하는 것이다. 이럴 때 생길 수 있는 어려움은 예를 들어, 환자의 절망의 에너지가 환자와 우리 두 쌍 안에서 공명을 일으켜서 매우 심한 상처를 받은 환자의 절망의 세계로 우리가 어쩔 수 없이 빨려 들어가게 되는 것이다. 우리가 장기적인 절망에 빠지지 않고 또 거기에서 손을 떼어 우리 자신을 보호하려 하지 않으면서 이런 강렬한 흐름을 경험할 때, 우리의 통합된 신경이 이 강력한 해일 같은 급격한 고조를 지탱할 수 있을 가능성이 더 커질 것이다. 그러나 우리가 어떤 사람이 치료실에 들어오자마자 이 사람을 치유하기가 불가능하다고 믿기 시작할 때 혹은 우리의 몸이 죽은 것처럼 느껴지기 시작할 때, 우리는 아마도(may)—나는 이 **아마도**를 강조하고 있다—우리 자신의 치유되지 않은 암묵적 정신모델이나 해리된 신경망과 접촉하고 있는 것일 수 있다. 이런 징후들은 적어도 이런 경험과 얼마 동안의 심사숙고하는 시간을 보내는 것이 필요함을 보여 주는 것이다.

당신에게 힘들었던 사람을 몸과 마음으로 불러내도록 하라. 당신의 분석적인 마음의 관점에서 그 사람의 과거사를 감안할 때 당신이 어려워하는 경험이 이해될 만한가? 이것이 그 사람이 이 특정한 암묵적 에너지와 정보의 흐름과 접촉했을 때 당신이 공명을 일으킬 것이라 예상한 방식인가? 예를 들어 보도록 하자. 환자가 나에게 공공연하게 화가 나 있을 때, 나의 변연계가 이런 위험의 존재에 반응해서 활성화되는 것은 자연스러운 것이다. 만약 답이 예라면, 이런 공명이 당신 안에서 어떻게 작동하는지를 보기 위해 당신의 감각, 행동적 충동, 감정 고조 및 지각에 집중하면서 앉아 있어 보도록 하라. 이런 흐름 밑에 당신은 당신의 돌보는 관찰자가 이 사람 안에서 펼쳐지는 것에 대해 자비롭게 그리고 명확하게 볼 수 있도록 만들어 주는 것을 느낄 수 있는가? 혹은 다른 마음의 상태를 자기 자신에게서 찾기 위해 공명의 흐름 밑으로 들어가기가 어려운가? 후자의 경우, 당신의 깊은 마음에게 당신의 몸과 감정이 이와 똑같이 느꼈을 더 어린 시절을 공유하기를 청해 보는 것이 도움이 될 수 있다. 이렇게 일단 안으로 들어가게 되면 기억에 대해서만 마음을 여는 것이 아니라 이 신경망의 일부분이었던 내적 공동체의 구성원들에게도 마음을 열어야 한다. 당신의 뇌와 마음은 이제 이들 경로와 너무 친숙해졌기 때문에 이와 관련이 있는 암묵적 경험은 어떤 것이라도 쉽게 외현의 표면으로 떠오를 수 있다. 만약 이것이 감정적으로 생생한 변형적 경험과 만나게 되면 암묵적인 것들은 즉각적으로 변화될 수 있다. 이런 병치가 이용 가능하지 않은 경우라도 일단 암묵적인 것이 알아차림 안으로 들어오게 되면, 많은 경우 이제 이것이 치료 과정을 좌지우지할 수 있는 힘을 많이 잃게 된다.

때로 환자들의 내적 세계에 우리가 공명하는 것이 우리의 내적 경험을 이해할 수 있게 만들어 주는가에 대한 질문의 답이 "아니요"일 수도 있다. 이런 경우에 우리는 외적 혹은 내적인 사건 어느 하나에 의해 우리 안에서 암묵적 흐름이 활성화되었다고 비교적 확신할 수 있다. 앞에서와 같이 우리는 우리의 몸이 주는 메시지에 집중해서 이 암묵적 뿌리를 추적할 수가 있다. 다음의 빈칸에 당신이 어렵다고 지각했던 사람에 관해서 당신이 알아낸 것에 대해 써 보도록 하고, 처음의 어려움에서 암묵적 해결로 가는 경로를 감지하기 시작할 때까지 한 명 혹은 두 명의 환자를 대상으로 동일한 과정을 수행하도록 하라. 만약 치료 과오에 대해 내적인 보호 장치가 만드는 것이 가능하다면 이들 신경 회로를 그대로 더 강화시키도록 하라.

우리의 암묵적 세계가 치료에 영향을 주는 것을 이해하기 위한 또 다른 접근은 우리 자신의 애착 유형이 어떻게 우리의 치료적 관계에 영향을 주는가를 친절함을 가지고 관찰해 보는 것이다. 이것은 책 한 권 분량을 필요로 하는 주제일 수 있다. 따라서 여기서는 그냥 살펴보기만 할 것이다. 애착 패턴 밑에 자리한 뇌의 구조는 우리가 선택한 치료적 패러다임에 영향을 줄 수 있고 우리가 우리 환자들과 어떻게 관계를 맺는가 하는데도 지속적인 영향을 줄 수 있다. 이것은 또한 치료에서 우리 역할을 어떻게 지각할지를 이끌어 내기도 하고 우리를 만나러 온 사람들에 대한 우리의 기대에 영향을 주기도 한다. 한 가지 예를 들어 보도록 하자. 우리가 만약 현재 회피적 애착을 가지고 있다면(아이로서 회피적으로 애착된 후에 이차적으로 안전한 애착을 가지게 된 경우와 반대로), 우리는 좌측 양식 과정을 가장 편안하게 느낄 가능성이 높다. 선택할 수 있는 기회가 주어지면, 우리는 논리적이고, 언어에 기반한 선형적인 치료 개입에 근거를 둔 치료 방식으로 더 반응하려 하기 쉽다. 이런 경우 치료자로서 우리는 우리 자신을 애착 대상보다는 코치로 볼 가능성이 높고, 우리 환자들에게 감정적인 과정을 격려하기보다는 독립성과 자신감을 격려할 가능성이 높다. 물론 이것이 이런 반응이 치료 방식에 있어 회피적 애착이 보여 줄 수 있는 유일하게 가능한 결과라는 것을 보여 주는 것은 아니고 우리가 우리도 모르게 답습할 수 있는 일련의 예를 들고 있는 것이다.

아동기의 당신의 애착 유형에 대해 당신이 학습한 것을 그려 보면서 이것이 현재에 어떻게 영향을 주고 있으며, 이것이 ① 당신의 관계에서의 암묵적 정신모델, ② 당신의 치료 패러다임과 치료 방법의 선택, ③ 당신의 환자가 치료에 어떻게 참여할 것인가에 대한 당신의 기대나 예측, ④ 그들과의 관계에서의 당신의 역할 등과 어떤 연관이 있는 것처럼 보이는가? 이들은 포괄적인 질문이지만 이것이 몇 명의 환자와 관련하여 이러한 연결을 통해 생각함으로써 환자들에게 접근하는 데 도움을 줄 수 있을 것이다. 이에 대한 당신의 우측 양식과 좌측 양식이 느끼는 것 모두를 고려해서 당신이 이에 대해 느낀 첫인상을 적어 보도록 하라.

좀 더 깊게 들어가서 당신은 당신의 환자와 관계를 맺는 방식에 있어 지속적으로 보여지는 양상이 있는지에 대해 탐색해 볼 수가 있을 것이다. 예를 들어, 환자가 감정적으로 의존적이 되어 가는 것을 느꼈을 때 당신의 몸과 감정은 어떻게 반응하는가? 이것은 종종 치료자로서 우리에게 가장 어려운 경험 중 하나일 수 있는데 왜냐하면 이것이 우리로 하여금 바로 우리 자신의 애착 상실이나 그것을 잡고 있던 내적 공동체 쌍으로 들어가게 만들기 때문이다. 당신이 보는 모든 사람들에게 적용되는 가장 중요한 치료 결과라고 당신이 본능적으로 믿는 것은 무엇인가? 그리고 누가 그런 믿음을 가지고 있는가? 이것은 당신이 지적으로 치료결과라고 생각하는 것에 대해 물어보는 것이 아니라 당신 존재가 옳게 느껴지는 것을 무엇인지를 물어보는 것이다. 이것을 물어보는 다른 방법으로는, '당신의 환자들이 당신의 몸을 편안하게 해 주게 되면 당신은 어떤 이득을 보게 되는가?'라고 물어보는 것이다. 이에 대해서 간단히 적어 보도록 하라. 완벽한 문장을 만들려 하지 말고 이들 질문에 대해 당신의 우측 양식 과정에 생생하게 떠오르는 것에 대해 말로 표현하려 해 보고, 좌측 양식을 이용한 단어 쪽으로 움직여 보도록 하라.

당신은 이들 암묵적인 탐색 작업을 이제는 당신의 들어 주는 파트너와의 대인관계 신경생물학 신경 경로가 잘 확립되어 있기 때문에 당신의 들어주는 파트너와 함께 시도하고 있을 수도 있을 것이다. 만약 그렇지 않다면, 당신 둘은 당신의 애착 및 이것이 현재 치료 실제에 어떻게 영향을 주고 있는지에 관해 당신이 발견한 것에 대해 공유하기를 원할 것이다.

우리 내적 세계에 대한 이런 종류의 접촉이, 내담자가 우리에게 불편하게 느낀다는 것을 알아차리는 것을 통해서이건 아니면 애착 패턴이 현재에 우리의 관계 유형을 결정하고 있다는 것을 점검하는 것을 통해서이건 간에, 우리가 내적으로 변화하면서 일어나는 지속적인 전환에 대한 일생을 통한 탐색의 시작이 될 수 있다. 적어도 나는 1년에 한 달은 각 사람들을 만나고 난 뒤에 나의 감각, 움직이려는 충동, 감정, 지각 및 이미지, 즉 나의 암묵적 반응에 대해 기록하는 일지를 쓴다. 이를 통해 나는 좌측 양식에 의한 파고들기를 많이 하거나 의식적인 조직화 없이, 말이 그냥 페이지 위로 흐르도록 함으로써 의미 있는 변화를 이끌어 내는 가장 도움이 될 수 있는 방법을 발견했다. 우리가 환자들의 치유를 지지하는 데 우리의 심장이나 마음을 이용이 가능하도록 만드는 동안에 우리와 환자들의 상호작용은 역시 통합을 더할 수 있도록 내적인 문을 열어 준다.

요약하기

이 마지막 장에서 우리는 개인적인 성장과 전문가로서 이해를 높이기 위해 한 주제에서 다른 주제로 워크북을 따라 옮아 가면서 드러난 표면 아래에 엮여 있으면서 지속적으로 통합을 진행시키고 있는 우리 뇌에서 나오는 가닥들을 의도적으로 모았다. 우리는 원칙과 과정 및 치료 실제에 대해 전뇌적인 그림을 만들어 내는 것으로 시작하였고, 우리가 외현적으로 알고 있는 것 및 희망과 회복 탄력성 그리고 치료 실제의 한 가지 모델이 되기 위한 연결 등에 대한 암묵적 흐름에 대해서도 이야기하였다. 그런 후에 우리는 암묵적인 제약들이 의식으로 올라오도록 격려해서 우리가 알아차리게 될 수 있는 경로를 발전시키고, 그 뒤에는 전문적 효능성과 개인적 능력을 방해할 수 있는 것이라면 어떤 것이라도 해결하려 노력하였다. 우리는 우리의 들어주는 파트너와 명예로운 관계를 가지게 된 것을 축하하고 이를 통해 마음을 만드는 데 있어 공명과 조율의 힘을 경험할 수 있었다. 이것이 바로 대인관계 신경생물학의 핵심으로서, 한 사람의 마음을 다른 사람으로 연결시켜 주는 끊임없이 진동하는 줄이라 할 수 있다.

시작할 때 나는 이 워크북이 『벨벳 토끼 인형』 책처럼 아주 잘 사용되어 당신의 손에서 살아 있는 어떤 것이 되기를 희망했다. 이제, 여기에 더해서 우리는 뇌, 마음 및 관계의 복합적이고 흥미로운 상호작용에 대해 당신의 알아차림을 확장하면서 당신이 오랜 시간에 걸쳐 잘 가꿀 수 있는 집을 짓게 된 것을 축하하려고 한다. 그리고 또 나는 당신이 개인적으로, 그리고 공명적인 쌍 둘 모두의 노력을 통해 만든 이 길을 믿는다. 그리고 이 길이 당신의 발전을 이끌어 주고, 당신의 치료 실제에 기반이 되어 주며, 당신의 마음을 편하게 해 줄 수 있는 고속도로로 커지기를 바란다.

Adolphs, R. (2002). Trust in the brain. *Nature Neuroscience, 5*, 192–193.

Adolphs, R., & Tranel, D. (2004). Impaired judgment of sadness but not happiness following bilateral amygdala damage. *Journal of Cognitive Neuroscience, 16*, 453–462.

Adolphs, R., Tranel, D., & Damaiso, A. R. (1998). The human amygdala in social judgment. *Nature, 393*, 470–474.

Ainsworth, M. D., Blehar, J. C., Waters, E., & Wall, S. (1978). *Patterns of attachment: A psychological study of the strange situation*. Hillsdale, NJ: Erlbaum.

Alexander, F., & French, T. M. (1980). *Psychoanalytic therapy: Principles and application*. New York: NY: Ronald Press. (Original work published 1946)

Allen, G., Buxton, R. B., Wong, E. C., & Courchesne, E. (1997). Attentional activation of the cerebellum independent of motor involvement. *Science, 275*, 1940–1943.

Amedi, A., Merabet, L. B., Bermpohl, F., & Pascual–Leone, A. (2005). The occipital cortex in the blind: Lessons about plasticity and vision. *Current Directions in Psychological Science, 14*(6), 306–311.

Armour, J. A., & Ardell, J. L. (2004). *Basic and clinical neurocardiology*. Cambridge, MA: Oxford University Press.

Badenoch, B. (2008). *Being a brain–wise therapist: A practical guide to interpersonal neurobiology*. New York: NY: Norton.

Bargh, J. A., Chen, M., & Burrows, L. (1996). Automaticity of social behavior: Direct effects of trait construct and stereotype–activation on action. *Journal of Personality and Social Psychology, 71*, 230–244.

Bohart, A. C. (2003). Person–centered psychotherapy and related experimental approaches. In A. S. Gurman & S. B. Messer (Eds.), *Essential psychotherapies: Theory and practice* (2nd ed., pp. 107–148). New York: Guilford Press.

Bohart, A. C., Elliot, R., Greenberg, L. S., & Watson, J. C. (2002). Empathy. In J. C. Norcross (Ed.), *Psychotherapy relationships that work: Therapist contributions and responsiveness to patients* (pp. 89–108). New York: NY: Oxford University Press.

Bozarth, J. D., Zimring, F. M., & Tausch, R. (2002). Client–centered therapy: The revolution. In D. J.

Cain & J. Semman (Eds.), *Humanistic psychotherapies: Handbook of research and practice* (pp. 147–188). Washington, DC: American Psychological Association.

Brefczynski–Lewis, J. A., Lutz, A., Schaefer, H. S., Levinson, D. B., & Davidson, R. J. (2007). Neural correlaters of attentional expertise in long–term meditation practitioners. *Proceedings of the National Academy of Sciences of the United States of American, 104*(27), 11483–11488. doi:10.1073/pnas.0606552104

Brown, H. (2005, August 25). A brain in the head, and one in the gut. *New York Times*. Retrieved from http://www.nytimes.com/2005/08/24/health/24iht–snbrain.html

Buckner, R. L., Andrews–Hanna, J. R., & Schacter, D. L. (2008). The brain's default network: Anatomy, function, and relevance to disease. *Annals of the New York Academy of Sciences, 1124*, 1–38. doi:10.1196/annals.1440.011

Carter, S. C., Harris, J., & Porges, S. W. (2009). Neural and evolutionary perspective on empathy. In J. Decety & W. Ickes (Eds.), *The social neuroscience of empathy* (pp. 169–182). Cambridge, MA: MIT Press.

Chartrand, T. L., & Bargh, J. A. (1999). The chameleon effect: The perception–behavior link and social interaction. *Journal of Personality and Social Psychology, 76*, 893–910.

Courchesne, E., & Allen, G. (1997). Prediction and preparation: Fundamental functions of the cerebellum. *Learning and Memory, 4*, 1–35.

Cozolino, L. (2006). *The neuroscience of human relationships: Attachment and the developing social brain*. New York: NY: Norton.

Cozolino, L. (2010). *The neuroscience of psychotherapy: Healing the social brain* (2nd ed.). New York, NY: Norton.

Critchley, H. D. (2005). Neural mechanisms of autonomic, affective, and cognitive integration. *Comparative Neurology, 493*, 154–166.

Crick, F. (1994). *The astonishing hypothesis*. New York, NY: Scribners.

Dalai Lama. (2008). *Seeds of compassion conference*. Seattle, WA.

Damasio, A. (2000). *The feeling of what happens: Body and emotion in the making of consciousness*. New York, NY: Harvest Books.

Dobbs, D. (2006, April/May). Human see, human do. *Scientific American Mind*, 22–27.

Ecker, B. (2008). Unlocking the emotional brain: Finding the neural key to transformation. *Psychotherapy Networker, 32*(5), 42–47, 60.

Ecker, B. (2010). The brain's rules for change: Translating cutting–edge neuroscience into practice. *Psychotherapy Networker, 34*(1), 43–45, 60.

Ecker, B., & Hulley, L. (1996). *Depth oriented brief therapy: How to be brief when you were trained to be deep, and vice versa*. San Francisco, CA: Jossey–Bass.

Ecker, B., & Hulley, L. (2000a). Depth–oriented brief therapy: Accelerated accessing of the coherent unconscious. In J. Carlson & L. Sperry (Eds.), *Brief therapy with individuals and couples* (pp. 161–190). Phoenix, AZ: Zeig, Tucker & Theisen.

Ecker, B., & Hulley, L. (2000b). The order in clinical "disorder": Symptom coherence in depth–oriented brief therapy. In R. A. Neimeyer & J. Raskin (Eds.). Constructions of *disorder* (pp. 63–89). Washington, DC: American Psychological Association.

Ecker, B., & Hulley, L. (2008). Coherence therapy: Swift change at the core of symptom production. In J. D. Raskin & S. K. Bridges (Eds.), *Studies in meaning* (Vol. 3, pp. 57–84). New York, NY: Pace University Press.

Ecker, B., & Toomey, B. (2008). Depotentiation of symptom–producing implicit memory in coherence therapy. *Journal of Constructivist Psychology, 21*(2), 87–150. doi:10.1080/10720530701853685

Einstein, A. E. (1950). Letter to Robert Marcus, February 12, 1950. *Einstein Archives*.

Gusnard, D. A., Akbudak, E., Shulman, G. L., & Raichle, M. E. (2001). Medical prefrontal cortex and self–referential mental activity: Relation to a default mode of brain functioning. *Proceedings of the National Academy of Sciences, 98*(7), 4259–4264. doi:10.1073/pnas.071043098

Gusnard, D. A., & & Raichle, M. E. (2001). Searching for a baseline: Functional imaging and the resting human brain. *National Review of Neuroscience, 2*, 685–794.

Halgren, E. (1992). Emotional neurophysiology of the amygdala within the context of human cognition. In J. P. Aggleton (Ed.), *The amygdala: Neurobiological aspects of emotion, memory, and mental dysfunction* (pp. 191–228). New York, NY: Wiley–Liss.

Hariri, A. R., Bookheimer, S. Y., & Maziotta, J. C. (2000). Modulating emotional responses: Effects of a neocortical network on the limbic system. *NeuroReport, 11*(1), 43–48.

Hawkins, J., & Blakeslee, S. (2004). *On intelligence: How a new understanding of the brain will lead to the creation of truly intelligent machines*. New York, NY: Times Books.

Hebb, D. O. (1949). *The organization of behavior: A neuropsychological theory*. New York, NY: Wiley.

Hesse, E., & Main, M. (1999). *Unresolved/disorganized responses to trauma in non–maltreating parents: Previously unexamined risk factor for offspring. Psychoanalytic Inquiry, 19*, 4–11.

Hill, R. (2010, Spring). Some thoughts about the genetics of being you. *Connections and Reflections: The GAINS Quarterly*, 20–27.

Holder, M. K. (2005). What does handedness have to do with brain lateralization (and who cares)?

Retrieved from http://www.indiana.edu/primate/brain.html.

Holzel, B. K., Ott, U., Hempel, H., Hackl, A., Wolf, K., Stark, R., et al. (2007). Differential engagement of anterior cingulate and adjacent medical frontal cortex in adept meditators and non-meditators. *Neuroscience Letters, 421*(1), 16-21. doi:10.1016/j.neulet.2007.04.074

Fellows, L. K., & Farah, M. J. (2007). The role of the ventromedical prefrontal cortex in decision making: Judgement under uncertainty or judgement per se? *Cerebral, 17*(11), 2669-2674. doi:10.1093/cercor/bhl176

Field, T., Diego, M., & Hernandez-Relf, M. (2006). Prenatal depression effects on the fetus and newborn: A review. *Infant Behavior and Development, 29*(3), 445-455.

Fields, R. D. (2006, June/July). Beyond the neuron doctrine. Scientific *American Mind*, 21-27.

Fosha, D., Siegel, D. J., & Solomon, M. E. (Eds.). (2009). *The healing power of emotion: Affective neuroscience, development, and clinical practice*. New York, NY: Norton.

Fox, D. (2008, November 5). The secret life of the brain. *NewScientist Magazine, 2681*, 30-33.

Geller, J. D. (2003). Self-disclosure in psychoanalytic-existential therapy. *Journal of Clinical Psychology/In Session, 59*(5), 541-554.

Germer, C., & Salzberg, S. (2009). *The mindful path to self-compassion: Freeing yourself from destructive thoughts and emotions*. New York, NY: Guilford Press.

Gershon, M. D. (1998). *The second brain*. New York, NY: HarperCollins.

Gershon, M. D. (2009). Entering serotonergic neurons... finally! *Journal of Physiology, 587*(Pt 3), 507. doi:10.1113/jphysiol.2008.167676

Ginot, E. (2009). *The empathic power of enactments: The link between neuro psychosocial processes and an expanded definition of empathy. Psychoanalytic Psychology, 26*(3), 290-309. doi:10.3037/a0016449

Goldman, A. I. (2006). Simulating minds: The philosophy, psychology, and *neuroscience of mindreading*. New York: NY: Oxford University Press.

Greicius, M. D., Kiviniemi, V., Tervonen, O., Vainionpaa, V., Alahuhta, S., & Menon, V. (2008). Persistent default-mode network connectivity during light sedation. *Human Brain Mapping, 29*, 839-847.

Guillery, R. W., & Sherman, S. M. (2002). Thalamic relay function and their role in corticocortical communication. *Neuron, 33*(2), 163-175.

Horovitz, S. G., Fukunaga, M., de Zwart, J. A., van Gelderen, P., Fulton, S. C., & Duyn, J. H. (2008). Low frequency BOLD fluctuations during resting wakefulness and light sleep: A simultaneous EEG-fMRI study. *Human Brain Mapping, 29*, 671-682.

Iacoboni, M. (2007). Face to face: The neural basis of social mirroring and empathy. *Psychiatric Annals, 374*, 236–241.

Iacoboni, M. (2009). Imitation, empathy, and mirror neurons. *Annual Review of Psychology, 60*, 653–670.

Iacoboni, M., & Badenoch, B. (2010, Spring). Discovering our brain's many mirrors. *Connections and Reflections: The GAINS Quartely*, 3–9.

Jackins, H. (1982). *The human side of human beings: The theory of re–evaluation counseling*. Seattle, WA: Rational Island Publishing.

Kabat–Zinn, J. (2003). *Coming to our senses: Healing ourselves and the world through mindfulness*. New York, NY: Hyperion Press.

Kabat–Zinn, J. (2005). *Wherever you go, there you are: Mindfulness mediation in everyday life*. New York, NY: Hyperion Press.

Kabat–Zinn, J., Lipworth, L., Burney, R., & Sellers, W. (1986). Four year follow–up of a meditation–based program for the self–regulation of chronic pain: Treatment outcomes and compliance. *Clinical Journal of Pain, 2*, 159–173.

Kaufman, J., Yang, B., Douglas–Palumberi, H. Grasso, D., Lipschitz, D., Houshyar, S., et al. (2006). Brain–derived neurotrophic factor. *Biological Psychiatry, 59*(8), 673–680. doi:10.1016/j.biopsych.2005.10.26

Kornfield, J. (2007, June). *The wise heart and the mindful brain*. Paper presented at the R. Cassidy Seminar, San Francisco, CA.

Lazar, S. W., Kerr, C. E., Wasserman, R. H., Gray, J. R., Greve, D. N., Treadway, M. T., et al. (2005). Mecitation experience is associated with increased cortical thickness. *NeuroReport, 16*(17), 1893–1897.

LeDoux, J. E. (2002). *The synaptic self*. New York, NY: Viking.

Liu, M., Kuan, Y., Wang, J., Hen, R., & Gershon, M. D. (2009). 5–HT receptor–mediated neuroprotection and neurogenesis in the enteric nervous system of adult mice. *The Journal of Neuroscience, 29*, 9683–9699. doi:10.1523/JNEUROSCI.1145–09

Lutz, A., Brefczynski–Lewis, J., Johnstone, T., & Davidson, R. J. (2008). Regulation of the neural circuitry of emotion by compassion meditation: Effects of meditative expertise. *PLoS ONE, 3*(3), e1897, doi:10.1371/journal.pone.0001897

MacLean, P. D. (1990). *The triune brain in evolution: Role in paleocerebral functions*. New York, NY: Plenum Press.

Main, M. (1996). Introduction to the special section on attachment and psychopathology. 2.

Overview of the field of attachment. *Journal of Consulting and Clinical Psychology, 64*, 237–243.

Main, M. (2000). The Adult Attachment Interview: Fear, attention, safety, and discourse processes. *Journal of the American Psychoanalytic Association, 48*, 1055–1096.

Marci, C. D., Ham, J., Moran, E. K., & Orr, S. P. (2007). Psysiologic concordance, empathy, and social-emotional processing during psychotherapy. *Journal of Nervous and Mental Disease, 195*, 103–111.

Marci, C. D., & Reiss, H. (2005). The clinical relevance of psychophysiology: Support for the psychology of empathy and psychodynamic process. *American Journal of Psychotherapy, 259*, 213–226.

Mason, M. F., Norton, M. I., Van Horn, J. D., Wegner, D. M., Grafton, S. T., & Macrae, C. N. (2007). Wandering minds: The default metwork and stimilus-independent thought. *Science, 315*(5810), 393–395. doi:10.1126/science.1131295

Miller, J., Fletcher, K., & Kabat-Zinn, J. (1995). Three-year follow-up and clinical implications of a mindfulness-based stress reduction intervention in the treatment of anxiety disorders. *General Hospital Psychiatry, 17*, 192–200.

Milner, B., Squier, L. R., & Kandel, E. R. (1998). Cognitive neuroscience and the study of memory. Neuron, 20, 445–468.

Morgan, D. K., & Whitelaw, E. (2008). The case for transgeneratioal epigenetic inheritance in humans. *Mammalian Genome, 19*(6), 394–397.

Morris, J. S., Ohman, A., & Dolan, R. J. (1999). A subcortical pathway to right amygdala mediating "unseen" fear. Processings of the National Academy of *Science, USA, 96*, 1690–1685.

Mukamel, R., Ekstrom, A. D., Kaplan, J., Iacoboni, M., & Fried, I. (2010). Single-neuron responses in humans during execution and observation of actions. *Current Biology, 20*(8), 750–756. doi:10.1016/j.cub.2010.02.045

Newberg, A., d'Aquili, F., & Rause, V. (2001). *Why Gods won't go away: Brain science and the biology of belief*. New York, NY: Ballantine Books.

Ogden, P., Minton, K., & Pain, C. (2006). Trauma and the body: A sensorimotor approach to psychotherapy. New York, NY: Norton.

Panksepp, J. (1998). *Affective neuroscience: The foundations of human and animal emotions*. New York, NY: Oxford University Press.

Panksepp, J. (2008). The power of the word may reside in the power of affect. *Integrative Psychological and Behavioral Science, 42*(1), 47–55.

Pedreira, M. E., Perez-Cuest, L. M., & Maldonaldo, H. (2004). Mismatch between what is expected and actually occurs triggers memory reconsolidation or extinction. *Learning and Memory, 11*, 579–585.

Phelps, E. A., & LeDoux, J. E. (2005). Contributions for the amygdala to emotion processing: From animal models to human behavior. *Nature, 48*, 175–187.

Porges, S. W. (1998). Love: An emergent property of the mammalian autonomic nervous system. *Psychoneuroendocrinology, 23*(8), 837–861. doi:10.1016/50306–4530(98)00057–2

Porges, S. W. (2003). The polyvagal theory: Phylogenetic contributions to social behavior. *Physiology and Behavior, 79*(3), 503–513. doi:10.1016/50031–9384(03)00156–2

Porges, S. W. (2004). Neuroception: A subconscious system for detecting threat and safety. *Zero to Three: Bulletin of the National Center for Clinical Infant Programs, 24*(5), 19–24.

Porges, S. W. (2007). The polyvagal perspective. *Biological Psychology, 74*, 116–143.

Porges, S. W. (2009a). Reciprocal influences between body and brain in the perception and expression of affect: A polyvagal perspective. In D. Fosha, D. J. Siegel, & M. F. Solomon (Eds.), *The healing power of emotion: Affective neuroscience, development, clinical practice* (pp. 27–54). New York, NY: Norton.

Porges, S. W. (2009b). The polyvagal theory: New insights into adaptive reactions of the autonomic nervous system. *Cleveland Clinic Journal of Medicine, 76*(2), S86–90. doi:10.3949/ccjm.67.s2.17

Post, R. M., Weiss, S. R. B., Li, H., Smith, M. A., Zhang, L. X., Xing, G., et al. (1998). Neural plasticity and emotional memory. *Development and Psychopathology, 10*, 829–856.

Quiroga, R. O., Reddy, L., Kreiman, G., Koch, C., & Fried, I. (2005). Invariant visual representation by single neurons in human brain. *Nature, 435*, 1102–1107.

Ray, R. A. (Ed.). (2004). *In the presence of masters: Wisdom from 30 contemporary Tibetan Buddhist teachers*. Boston, MA: Shambhala.

Raichle, M. (2010, March). The brain's dark energy. *Scientific American*, 44–49.

Rossato, J. I., Bevilaqua, L. R. M., Medina, J. H., Izquierdo, I., & Cammarota, M. (2006). Retrieval induces hippocampal–dependent reconsolidation of spatial memory. *Learning and Memory, 13*, 431–440.

Rumelhart, D. E., & McClelland, J. L. (1986). *Parallel distributed processing: Explorations in the microstructure of cognition* (2 vols.). Cambridge, MA: MIT Press.

Saigh, P. A., & Bremner, J. D. (Eds.). (1999). *Posttraumatic stress disorder: A comprehensive text*. New York: NY: Allyn & Bacon.

Salzberg, S., & Kabat–Zinn, J. (2008). *Lovingkindness: The revolutionary art of happiness*. Boston, MA: Shambhala.

Schore, A. N. (2003a). *Affect dysregulation and disorders of the self*. New York, NY: Norton.

Schore, A. N. (2003b). *Affect regulation and the repair of the self*. New York, NY: Norton.

Schore, A. N. (2009a). Right brain affect regulation: An essential mechanism of development, trauma, dissociation, and psychotherapy. In D. Fosha, D. J. Siegel, & M. Solomon (Eds.), *The healing power of emotion: Affective neuroscience, development, and clinical practice* (pp. 112–144). New York, NY: Norton.

Schore, A. N. (2009b, August). *The paradigm shift: The right brain and the relational unconscious*. Plenary address, American Psychological Association annual convention, Toronto, Canada.

Schore, A. N. (in press). *The right brain implicit self lies at the core of psychoanalysis*. Psychoanalytic Dialogues.

Schwartz, R. C. (1997). *Internal family systems therapy*. New York: Guilford Press.

Schapiro, S. L., Walsh, R., & Britton, W. B. (2003). An analysis of recent meditation research and suggestions for future directions. *Journal for Meditation Research, 3*, 69–90.

Siegel, D. J. (1999). *The developing mind: How relationship and the brain interact to shape who we are*. New York: NY: Guilford Press.

Siegel, D. J. (2006). An interpersonal neurobiology approach to psychotherapy: Awareness, mirror neurons, and neural plasticity in the development of well-being. *Psychiatric Annals, 36*(4), 247–258.

Siegel, D. J. (2007). *The mindful brain: Reflection and attunement in the cultivation of well-being*. New York, NY: Norton.

Siegel, D. J. (2010a). *Mindsight: The new science of personal transformation*. New York, NY: Bantam.

Siegel, D. J. (2010b). *The mindful therapist: A clinician's guide to mindsight and neural integration*. New York, NY: Norton.

Siegel, D. J., & Hartzell, M. (2003). *Parenting from the inside out: How a deeper self-understanding can help you raise children who thrive*. New York, NY: Tarcher/Putnam.

Singer, T. (2006). The neuronal basis and ontogeny of empathy and mind reading: Review of literature and implications for future research. *Neuroscience and Biobehavioral Reviews, 30*(6), 855–863. doi:10.1016/j.neubiorev.2006.06.011

Suzuki A., Josselyn, S. A., Frankland, P. W., Masushige, S., Silva, A. H., & Kida, S. (2004). Memory reconsolidation and extinction have distinct temporal and biochemical signatures. *Journal of Neuroscience, 24*, 4787–4795.

Toomey, B., & Ecker, B. (2007). Of neurons and knowings: Constructivism, coherence psychology, and their neurodynamic substrates. *Journal of Constructivist Psychology, 20*(3), 201–245. doi:10.1080/10720530701347860

Toomey, B., & Ecker, B. (2009). Competing visions of the implications of neuroscience for psychotherapy. *Journal of Constructivist Psychology, 22*(2), 95–140. doi:10.1080/10720530802675748

Wallace, B. A. (2006). *The attention revolution: Unlocking the power of the focused mind.* Somerville. MA: Wisdom Publications.

Whitelaw, N. C., & Whitelaw, E. (2006). How lifetimes shape epigenotype within and across generations. *Human Molecular Genetics, 15*(15), R131–137.

Williams, M. (1983). *The velveteen rabbit.* New York: Henry Holt. (Original work published 1992)

Winston, J. S., Strange, B. A., O'Doherty, J., & Dolan, R. J. (2002). Automatic and intentional brain responses during evaluation of trustworthiness of faces. *Nature Neuroscience, 5*, 277–283.

Winters, B. D., Tucci, M. C., & DaCosta–Furtado, M. (2009). Older and stronger object memories are selectively destabilized by reactivation in the presence of new information. *Learning and Memory, 16*(9), 545–553.

Wipfler, P. (2006). *How children's emotions work.* Palo Alto, CA: Hand in Hand.

Wipfler, P. (2009, Autumn). Helping children labeled "ADD" or "ADHD." *Connections and Reflections: The GAINS Quarterly*, 4–10.

Whyte, D. (2007). *New and selected poems: 1984–2007.* Langley, WA: Many Rivers Press.

인명

내용

보니 바데노크(Bonnie Badenoch)는 결혼과 가족치료사(marriage and family therapist)로서, 포틀랜드 주립대학의 대인관계 신경생물학 인증 프로그램의 교수이고 밴쿠버의 마음 안에 뇌를 지닌 심장을 키우는 비영리 단체(the nonprofit Nurturing the Heart with the Brain in Mind)의 공동설립자이자 경영책임자이다. 그녀는 『뇌처럼 현명한 치료자가 되기(Being a Brain-Wise Therapist)』의 저자이다. nurturingtheheart.org를 통해 만날 수 있다.

이영호(Lee, Young Ho)

고려대학교 의과대학을 졸업하고 동 대학원에서 의학박사학위를 받았다. 정신건강의학과, 신경과 전문의로서 인제의대 서울백병원 신경정신과 교수와 과장을 역임하고 미국 North Dakota University 산하 식사장애 진료소에서 임상연구원을 지낸 뒤 현재는 나눔정신건강의학과의원, 서울대 입구역점의 원장으로 일하면서 인지행동치료, 도식 및 양식치료 그리고 수용전념치료 등의 임상 적용에 힘쓰고 있다. 주요 저서로는 『나는 왜 diet에 실패하는가』(엠엘커뮤니케이션, 2012), 『인지행동치료 쉽게 시작하기』(엠엘커뮤니케이션, 2012), 『식사장애』(엠엘커뮤니케이션, 2011), 『폭식증 스스로 이겨내기』(공저, 학지사, 2011), 『폭식비만 스스로 해결하기』(공저, 학지사, 2011), 『한국인을 위한 비만행동요법』(공저, 대한비만학회, 2010) 등이 있고, 주요 역서로는 『사이버심리학』(학지사, 2019), 『정신치료의 신경과학: 사회적인 뇌 치유하기』(3판)(공역, 학지사, 2018), 『행동으로 사랑하라』(학지사, 2018), 『마음챙김과 도식치료』(학지사, 2017), 『쉽게 쓴 대인관계 신경생물학 지침서』(공역, 학지사, 2016), 『정신치료의 신경과학: 사회적인 뇌 치유하기』(2판)(공역, 학지사, 2014), 『비만의 인지행동치료』(공역, 학지사, 2006), 『거식증과 폭식증 극복하기: 식사장애』(공역, 학지사, 2003), 『대인관계치료』(공역, 학지사, 2002), 『임상 실제에서의 신경심리학』(공역, 하나의학사, 1999), 『식이장애와 비만한 어린이를 둔 부모님들을 위하여』(공역, 하나의학사, 1998) 등이 있다.

대인관계 신경생물학을 치료 실제와 자신의 삶 안에 적용하기

뇌에 능통한 치료자가 되기 위한 워크북

뇌처럼 현명한 치료자가 되기 위한 동반서

The Brain-Savvy Therapist's Workbook:

A Companion to Being a Brain-Wise Therapist

2021년 8월 20일 1판 1쇄 인쇄
2021년 8월 30일 1판 1쇄 발행

지은이 • Bonnie Badenoch
옮긴이 • 이영호
펴낸이 • 김진환
펴낸곳 • (주) 학지사
04031 서울특별시 마포구 양화로 15길 20 마인드월드빌딩
대표전화 • 02)330-5114 팩스 • 02)324-2345
등록번호 • 제313-2006-000265호

홈페이지 • http://www.hakjisa.co.kr
페이스북 • https://www.facebook.com/hakjisabook

ISBN 978-89-997-2459-6 93180

정가 23,000원